国家社科基金重大项目《中国—东南亚铜鼓数字化记录与研究》（编号17ZDA163）阶段性研究成果

Research on bronze
in China and so
Aisa during the pre Qin
and Han Dynasties

中国与东南亚先秦两汉铜鼓研究

李昆声　黄德荣　著

云南出版集团
云南美术出版社

图书在版编目（CIP）数据

中国与东南亚先秦两汉铜鼓研究 / 李昆声，黄德荣著．-- 昆明：云南美术出版社，2020.10
ISBN 978-7-5489-4168-2

Ⅰ．①中… Ⅱ．①李… ②黄… Ⅲ．①铜鼓—研究—中国—秦汉时代②铜鼓—研究—东南亚—秦汉时代 Ⅳ．① K875.54 ② K883.305.54

中国版本图书馆 CIP 数据核字 (2020) 第 209320 号

出 版 人：李　维　刘大伟
责任编辑：张湘柱　何　花
责任校对：庞　宇　刁正勇　李金萍
装帧设计：张湘柱

中国与东南亚先秦两汉铜鼓研究

李昆声　黄德荣　著

出版发行　云南出版集团
　　　　　云南美术出版社（昆明市环城西路 609 号）
印　　刷　云南金伦云印实业股份有限公司
开　　本　787 mm × 1092mm　1 / 16
印　　张　24.25
字　　数　450 千
版　　次　2020 年 10 月第 1 版
印　　次　2021 年 1 月第 1 次印刷
ISBN 978-7-5489-4168-2
定　　价　90.00 元

图版一　NO.1

图版二　NO.2

图版三　NO.3

图解

图版一、楚雄万家坝

No.1 The exterior of the Wanjiaba ancient necropolis in Chuxiong City

图版二、晋宁区石寨山

No.2 The exterior of the Shizhaishan ancient necropolis in Jinning County

图版三、江川李家山

No.3 The exterior of the Lijiashan ancient necropolis in Jiangchuan District of Kunming City

图版四 NO.4

图版五 NO.5

图解

图版四、广南阿章村
No.4 The exterior of the Azhang Village in Guangnan County
(The place excavated to get the Guangnan bronze drum)

图版五、越南古螺城
No.5 The long shot of the site of Co Loa in Vietnam

图解

图版六、楚雄万家坝M23: 161号鼓

（云南省楚雄市万家坝出土，中国万家坝型铜鼓）

No.6 The M23:161 bronze drum of the Wanjiaba ancient necropolis of Chuxiong in Yunnan Province

（This was recovered at the Wanjiaba ancient necropolis of Chuxiong City in Yunnan Province, belongs to the Wanjiaba–Type bronze drums in China）

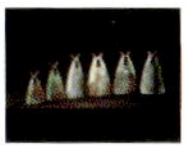

图版七、羊角编钟

（云南省楚雄市万家坝出土）

No.7 The horn shaped peals

（This was recovered at the Wanjiaba ancient necropolis of Chuxiong City in Yunnan Province）

图版六　NO.6

图版七　NO.7

图版八　NO.8

图版九　NO.9

图解

图版八、曲靖八塔台M1：1号鼓鼓面
（云南省曲靖市八塔台出土，中国万家坝型铜鼓）
No.8 The drum head of M1:1 bronze drum of the Batatai ancient necropolis in Qujing
（This was recovered at the Batatai ancient necropolis of Qujing City in Yunnan Province, belongs to the Wanjiaba-Type bronze drums in China）

图版九、曲靖八塔台M1：1号鼓鼓身
（云南省曲靖市八塔台出土，中国万家坝型铜鼓）
No.9 The drum body of M1:1 bronze drum of the Batatai ancient necropolis in Qujing
（This was recovered at the Batatai ancient necropolis of Qujing City in Yunnan Province, belongs to the Wanjiaba -Type bronze drums in China）

图解

图版十、砚山大各大鼓

（云南省砚山县大各大村出土，中国万家坝型铜鼓）

No.10 The Dageda bronze drum in Yanshan

（This was recovered at the Dageda Village of Yanshan County in Yunnan Province, belongs to the Wanjiaba-Type bronze drums in China）

图版十一、广南沙果村Ⅰ号鼓

（云南省广南县沙果村出土，中国万家坝型铜鼓）

No.11 The No.1 bronze drum of Shaguo Village in Guangnan

（This was recovered at the Shaguo Village of Guangnan County in Yunnan Province, belongs to the Wanjiaba-Type bronze drums in China）

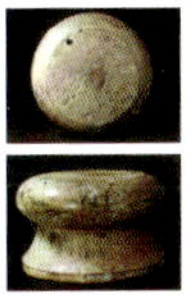

图版十二、广南沙果村Ⅱ号鼓

（云南省广南县沙果村出土，中国万家坝型铜鼓）

No.12 The No.2 bronze drum of Shaguo Village in Guangnan

（This was recovered at the Shaguo Village of Guangnan County in Yunnan Province, belongs to the Wanjiaba-Type bronze drums in China）

图版十　NO.10

图版十一　NO.11

图版十二　NO.12

图版十三 NO.13

图版十四 NO.14

图解

图版十三、文山平坝鼓
（云南省文山市平坝出土，中国万家坝型铜鼓）
No.13 The Pingba bronze drum in Wenshan
（This was recovered at Pingba of Wenshan County in Yunnan Province, belongs to the Wanjiaba-Type bronze drums in China）

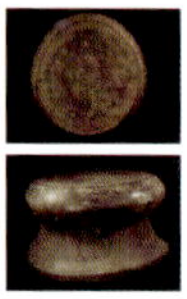

图版十四、丘北草皮村鼓
（云南省丘北县草皮村出土，中国万家坝型铜鼓）
No.14 The Caopicun bronze drum in Qiubei
（This was recovered at Caopi Village of Qiubei County in Yunnan Province, belongs to the Wanjiaba-Type bronze drums in China）

图版十五　NO.15

图解

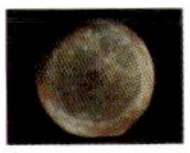

图版十五、广南者偏鼓
（云南省广南县者偏村出土，中国万家坝型铜鼓）
No.15 The Zhepian bronze drum in Guangnan
（This was recovered at Zhepian Village of Guangnan County in Yunnan Province, belongs to the Wanjiaba–Type bronze drums in China）

图版十六、弥渡三岔路鼓
（云南省弥渡县三岔路村出土，中国万家坝型铜鼓）
No.16 The Sanchalu bronze drum in Midu
（This was recovered at Sanchalu Village of Midu County in Yunnan Province, belongs to the Wanjiaba –Type bronze drums in China）

图版十六　NO.16

图版十七 NO.17

图版十八 NO.18

图版十九 NO.19

图版二十 NO.20

图解

图版十七、云县曼遮鼓
（云南省云县曼遮村出土，中国万家坝型铜鼓）
No.17 The Manzhe bronze drum in Yunxian County
（This was recovered at Manzhe Village of Yunxian County in Yunnan Province, belongs to the Wanjiaba–Type bronze drums in China）

图版十八、凤庆石簸鼓
（云南省凤庆县石簸村出土，中国万家坝型铜鼓）
No.18 The Shibo bronze drum in Fengqing
（This was recovered at Shibo Village of Fengqing County in Yunnan Province, belongs to the Wanjiaba – Type bronze drums in China）

图版十九、田东南哈坡A鼓
（广西田东县南哈坡出土，中国万家坝型铜鼓）
No.19 The Nanhapo A bronze drum in Tiandong
（This was recovered at Nanhapo of Tiandong County in Guangxi Province, belongs to the Wanjiaba –Type bronze drums in China）

图版二十、田东南哈坡B鼓
（广西田东县南哈坡出土，中国万家坝型铜鼓）
No.20 The Nanhapo B bronze drum in Tiandong
（This was recovered at Nanhapo of Tiandong County in Guangxi Province, belongs to the Wanjiaba –Type bronze drums in China）

图解

图版二十一、盐源鼓

（四川省盐源县毛家坝出土，中国万家坝型铜鼓）

No.21 The Yanyuan bronze drum

（This was recovered at Maojiaba of Yanyuan County in Sichuan Province, belongs to the Wanjiaba- Type bronze drums in China）

图版二十二、田东大岭坡鼓

（广西区田东县大岭坡出土，中国万家坝型铜鼓）

No.22 The Dalingpo bronze drum in Tiandong

（This was recovered at Dalingpo of Tiandong County in Guangxi Province, belongs to the Wanjiaba–Type bronze drums in China）

图版二十三、上农鼓

（越南富寿省三清县上农乡出土，越南东山铜鼓D型）

No.23 The Thuong Nong bronze drum （Vietnam）

（This was recovered at the Thuong Nong of Tam Thanh County in Vinh Phu Province, belongs to D Group of the Dong Son drums）

图版二十四、松林I号鼓

（越南河西省彰美县美良社松林寺出土，越南东山铜鼓D型）

No.24 The Tung Lam I bronze drum （Vietnam）

（This was recovered at the My Luong of Chuong My County in Ha Tay Province, belongs to D Group of the Dong Son drums）

图版二十一 NO.21

图版二十三 NO.23

图版二十二 NO.22

图版二十四 NO.24

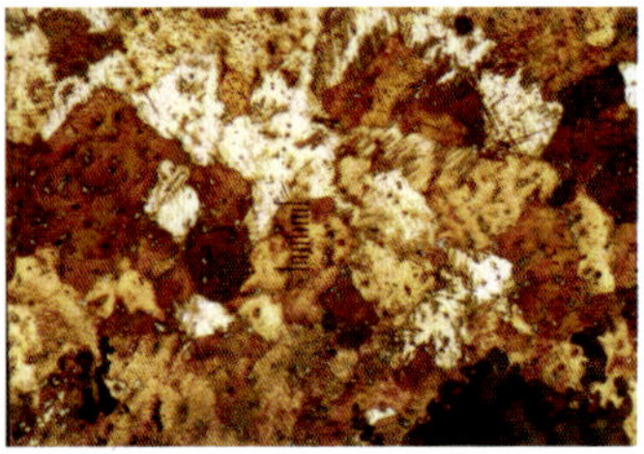

图版二十五　NO.25

图版二十六　NO.26

图版二十八　NO.28

图版二十七　NO.27

图解

图版二十五、丘北草皮村鼓金相照片（200×）
No.25 The phase diagrams of metals and alloys of the Caopicun bronze drum in Qiubei

图版二十六、广南铜鼓
（云南省广南县阿章村出土，中国石寨山型）
No.26 The Guangnan bronze drum
（This was recovered at Azhang village of Guangnan County in Yunnan Province, belongs to the Shizhaishan– Type bronze drums ）

图版二十七、广南铜鼓腰部纹饰
（云南省广南县阿章村出土，中国石寨山型）
No.27 The design on the waist of Guangnan bronze drum
（This was recovered at Azhang village of Guangnan County in Yunnan Province, belongs to the Shizhaishan–Type bronze drums ）

图版二十八、石寨山M1：58号鼓鼓面
（云南省昆明市晋宁区石寨山出土，中国石寨山型）
No.28 The M1:58 bronze drum of the Shizhaishan ancient necropolis
（This was recovered at Shizhaishan ancient necropolis in Jinning District of Kunming City in Yunnan I Province, belongs to the Shizhaishan–Type bronze drums ）

图解

图版二十九、石寨山M1：58号鼓鼓身

（云南省昆明市晋宁区石寨山出土，中国石寨山型）

No.29 The drum body of the M1:58 bronze drum of the Shizhaishan ancient necropolis

（This was recovered at Shizhaishan ancient necropolis in Jinning District of Kunming City in Yunnan Province, belongs to the Shizhaishan-Type bronze drums）

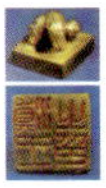

图版三十、滇王之印

（云南省昆明市晋宁区石寨山6号墓出土）

No.30 Gold Seal of the King of "Dian"（The king' s seal of Dian kingdom）

（This was recovered at the No.6 tomb in Shizhaishan ancient necropolis）

图版三十一、石寨山M14：1号鼓

（云南省昆明市晋宁区石寨山出土，中国石寨山型）

No.31 The M14:1 bronze drum of the Shizhaishan ancient necropolis

（This was recovered at Shizhaishan ancient necropolis in Jinning District of Kunming City in Yunnan Province, belongs to the Shizhaishan-Type bronze drums）

图版三十二、李家山M24：42a鼓

（云南省玉溪市江川区李家山出土，中国石寨山型）

No.32 The M24:42a bronze drum of the Lijashan ancient necropolis

（This was recovered at Lijiashan ancient necropolis in Jiangchuan District of Yuxi City in Yunnan Province, belongs to the Shizhaishan-Type bronze drums）

图版二十九　NO.29

图版三十　NO.30

图版三十一　NO.31

图版三十二　NO.32

图版三十三　NO.33

图版三十四　NO.34

图解

图版三十三、天子庙M41：117鼓
（云南省昆明市呈贡区天子庙出土，中国石寨山型）
No.33 The M41:117 bronze drum of the Tianzimiao ancient necropolis
（This was recovered at Tianzimiao ancient necropolis in Chenggong District of Kunming City in Yunnan Province, belongs to the Shizhaishan-Type bronze drums）

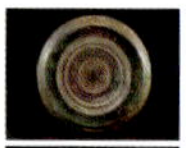

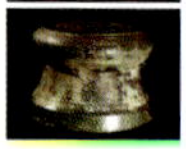

图版三十四、古木鼓
（云南省文山市古木村出土，中国石寨山型）
No.34 The Gumu bronze drum
（This was recovered at Gumu village of Wenshan County in Yunnan Province, belongs to the Shizhaishan- Type bronze drums）

图版三十五　NO.35

图解

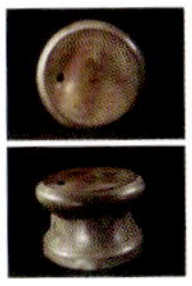

图版三十五、城子上鼓
（云南省麻栗坡县城子上出土，中国石寨山型）
No.35 The Chengzishang bronze drum
（This was recovered at Chengzishang Village of Malipo County in Yunnan Province, belongs to the Shizhaishan–Type bronze drums）

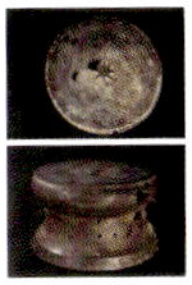

图版三十六、孟梅 I 号鼓
（云南省富宁县孟梅村征集，中国石寨山型）
No.36 The No.1bronze drum of Mengmei Village
（This was collected at Mengmei Village of Funing County in Yunnan Province, belongs to the Shizhaishan–Type bronze drums）

图版三十七、孟梅 II 号鼓
（云南省富宁县孟梅村征集，中国石寨山型）
No.37 The No.2 bronze drum of Mengmei Village
（This was collected at Mengmei Village of Funing County in Yunnan Province, belongs to the Shizhaishan–Type bronze drums）

图版三十六　NO.36

图版三十七　NO.37

图解

图版三十八、羊甫头19：151号鼓
（云南省昆明市羊甫头出土，中国石寨山型）
No.38 The M19:151 bronze drum of the Yangfutou ancient necropolis
（This was recovered at Yangfutou ancient necropolis in Kunming City in Yunnan Province, belongs to the Shizhaishan–Type bronze drums）

图版三十九、石寨山M10：3号鼓
（云南省昆明市晋宁区石寨山出土，中国石寨山型）
No.39 The M10:3 bronze drum of the Shizhaishan ancient necropolis
（This was recovered at Shizhaishan ancient necropolis in Jinning District of Kunming City in Yunnan Province, belongs to the Shizhaishan–Type bronze drums）

图版四十、元江鼓
（云南省元江县甘庄华侨农场出土，中国石寨山型）
No.40 The Yuanjiang bronze drum
（This was recovered at the Ganzhuang oversea Chinese farm of Yuanjiang county in Yunnan Province, belongs to the Shizhaishan–Type bronze drums）

图版三十八　NO.38

图版三十九　NO.39

图版四十　NO.40

图版四十一　NO.41

图版四十二　NO.42

图版四十三　NO.43

图版四十四　NO.44

图解

图版四十一、罗泊湾M1：10号鼓
（广西贵县罗泊湾出土，中国石寨山型）
No.41 The M1:10 bronze drum of Luobowan grave
（This was recovered at the Luobowan grave of Gui County in Guangxi Province, belongs to the Shizhaishan-Type bronze drums）

图版四十二、罗泊湾M1：11号鼓
（广西贵县罗泊湾出土，中国石寨山型）
No.42 The M1:11 bronze drum of Luobowan grave
（This was recovered at the Luobowan grave of Gui County in Guangxi Province, belongs to the Shizhaishan- Type bronze drums）

图版四十三、西林土280号鼓
（广西西林县普驮屯出土，中国石寨山型）
No.43 The No 280 bronze drum of Xilintu
（This was recovered at the Putuotun of Xilin County in Guangxi Province, belongs to the Shizhaishan-Type bronze drums）

图版四十四、西林土281号鼓
（广西西林县普驮屯出土，中国石寨山型）
No.44 The No.281 bronze drum of Xilintu
（This was recovered at the Putuotun of Xilin County in Guangxi Province, belongs to the Shizhaishan-Type bronze drums）

图版四十五　NO.45

图版四十六　NO.46

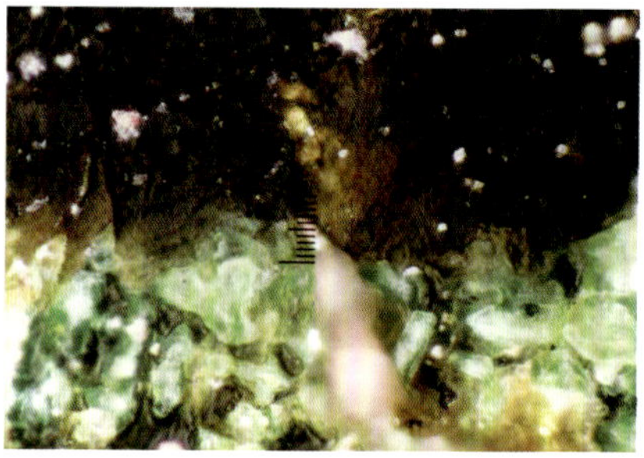

图版四十七　NO.47

图版四十八　NO.48

图版四十九　NO.49

图解

图版四十五、玉镂鼓
（越南河南宁省如琢社出土，越南东山铜鼓A型）
No.45 The Ngoc Lu bronze drum
（This was recovered at Nhu Trac of Ly Nhan County in Ha Nam Ninh Province, belongs to the A Group of the Dong Son drums）

图版四十六、古木鼓金相照片（200×）
No.46 The phase diagrams of metals and alloys of the Gumu bronze drum

图版四十七、古木鼓金相照片（1000×）
No.47 The phase diagrams of metals and alloys of the Gumu bronze drum

图版四十八、李家山M47：22号贮贝器
（云南省玉溪市江川区李家山出土，铜鼓形贮贝器）
No.48 The M47:22 shell container of the Lijiashan ancient necropolis
（This was recovered at Lijiashan ancient necropolis in Jiangchuan District of Yuxi City in Yunnan Province, belongs to the shell container by drum retrofitted）

图版四十九、李家山M68：287号贮贝器
（云南省玉溪市江川区李家山出土，铜鼓形贮贝器）
No.49 The M68:287 shell container of the Lijiashan ancient necropolis
（This was recovered at Lijiashan ancient necropolis in Jiangchuan District of Yuxi City in Yunnan Province, belongs to the shell container by drum retrofitted）

图解

图版五十、石寨山M12：1号贮贝器上盖
（云南省昆明市晋宁区石寨山出土，铜鼓形贮贝器盖）
No.50 The lid of the M12:1 shell container of the Shizhaishan ancient necropolis
（This was recovered at Shizhaishan ancient necropolis in Jinning District of Kunming City in Yunnan Province, belongs to the shell container by drum retrofitted）

图版五十一、石寨山M12：1贮贝器下盖
（云南省昆明市晋宁区石寨山出土，铜鼓形贮贝器盖）
No.51 The bottom lid of the M12:1 shell container of the Shizhaishan ancient necropolis
（This was recovered at Shizhaishan ancient necropolis in Jinning District of Kunming City in Yunnan Province, belongs to the shell container by drum retrofitted）

图版五十二、杀人祭铜柱贮贝器
（云南省昆明市晋宁区石寨山出土，铜鼓形贮贝器）
No.52 The shell container with the figure of ritual murder for the bronze totem pole
（This was recovered at Shizhaishan ancient necropolis in Jinning District of Kunming City in Yunnan Province, belongs to the shell container by drum retrofitted）

图版五十三、杀人祭铜鼓贮贝器器盖
（云南省昆明市晋宁区石寨山出土，铜鼓形贮贝器）
No.53 The cover of the shell container with the figure of ritual murder for the bronze drum
（This was recovered at Shizhaishan ancient necropolis in Jinning District of Kunming City in Yunnan Province, belongs to the shell container by drum retrofitted）

图版五十　NO.50

图版五十一　NO.51

图版五十二　NO.52

图版五十三　NO.53

图版五十四　NO.54

图版五十六　NO.56

图版五十五　NO.55

图解

图版五十四、杀人祭铜鼓贮贝器
（云南省昆明市晋宁区石寨山出土，铜鼓形贮贝器）
No.54 The shell container with the figure of ritual murder for the bronze drum
（This was recovered at Shizhaishan ancient necropolis in Jinning District of Kunming City in Yunnan Province, belongs to the shell container by drum retrofitted）

图版五十五、播种祭祀贮贝器
（云南省玉溪市江川区李家山出土，铜鼓形贮贝器）
No.55 The shell container with the figure of sacrificial rite for sowing
（This was recovered at Lijiashan ancient necropolis in Jiangchuan District of Yuxi City in Yunnan Province, belongs to the shell container by drum retrofitted）

图版五十六、战争场面贮贝器
（云南省昆明市晋宁区石寨山出土，叠鼓形贮贝器）
No.56 The shell container with the figure of war scene
（This was recovered at Shizhaishan ancient necropolis in Jinning District of Kunming City in Yunnan Province, belongs to the shell container by two drums superimposed）

图解

图版五十七、纳贡贮贝器
（云南省昆明市晋宁区石寨山出土，叠鼓形贮贝器）
No.57 The shell container with the figure of paying tribute scene
（This was recovered at Shizhaishan ancient necropolis in Jinning District of Kunming City in Yunnan Province, belongs to the shell container by two drums superimposed）

图版五十八、狩猎场面贮贝器
（云南省昆明市晋宁区石寨山出土，狩猎场面贮贝器）
No.58 The shell container with the figure of hunting scene
（This was recovered at Shizhaishan ancient necropolis in Jinning District of Kunming City in Yunnan Province, belongs to the shell container by two drums superimposed）

图版五十九、蛙崇拜贮贝器
（云南省玉溪市江川区李家山出土，蛙崇拜贮贝器）
No.59 The shell container with the figure of frog worship
（This was recovered at Lijiashan ancient necropolis in Jiangchuan District of Yuxi City in Yunnan Province, belongs to the shell container by two drums superimposed）

图版五十七　NO.57

图版五十八　NO.58

图版五十九　NO.59

图版六十　NO.60

图版六十一　NO.61

图版六十二　NO.62

图解

图版六十、羊甫头M113：2杖头饰
（云南省昆明市羊甫头出土）
No.60 The M113:2 sceptre ornament of the Yangfutou ancient necropolis
（This was recovered at Yangfutou ancient necropolis in Kunming city in Yunnan Province）

图版六十一、李家山M51：295-1杖头饰
（云南省玉溪市江川区李家山出土）
No.61 The M51:295-1 sceptre ornament of the Lijiashan ancient necropolis
（This was recovered at Lijiashan ancient necropolis in Jiangchuan District of Yuxi City in Yunnan Province）

图版六十二、李家山M51：338杖头饰
（云南省玉溪市江川区李家山出土）
No.62 The M51:338 sceptre ornament of the Lijiashan ancient necropolis
（This was recovered at Lijiashan ancient necropolis in Jiangchuan District of Yuxi City in Yunnan Province）

图版六十三　NO.63

图版六十四　NO.64

图版六十五　NO.65

图解

图版六十三、李家山M69：209杖头饰
（云南省玉溪市江川区李家山出土）
No.63 The M69:209 sceptre ornament of the Lijiashan ancient necropolis
（This was recovered at Lijiashan ancient necropolis in Jiangchuan District of Yuxi City in Yunnan Province）

图版六十四、羊甫头M113：27漆杖头饰
（云南省昆明市羊甫头出土）
No.64 The M113:27 sceptre ornament of the Yangfutou ancient necropolis
（This was recovered at Yangfutou ancient necropolis in Kunming city in Yunnan Province）

图版六十五、李家山M69：159杖头饰
（云南省玉溪市江川区李家山出土）
No.65 The M69:159 sceptre ornament of the Lijiashan ancient necropolis
（This was recovered at Lijiashan ancient necropolis in Jiangchuan District of Yuxi City in Yunnan Province）

图版六十六　NO.66

图版六十七　NO.67

图版六十八　NO.68

图解

图版六十六、李家山M68X1：47-1玉坠
（云南省玉溪市江川区李家山出土）
No.66 The M68X1:47-1 jade tassel of the Lijiashan ancient necropolis
（This was recovered at Lijiashan ancient necropolis in Jiangchuan District of Yuxi City in Yunnan Province）

图版六十七、李家山M69：177玉坠
（云南省玉溪市江川区李家山出土）
No.67 The M69:177 jade tassel of the Lijiashan ancient necropolis
（This was recovered at Lijiashan ancient necropolis in Jiangchuan District of Yuxi City in Yunnan Province）

图版六十八、李家山M68：248金鼓形饰
（云南省玉溪市江川区李家山出土）
No.68 The M68:248 drum shaped golden ornament of the Lijiashan ancient necropolis
（This was recovered at Lijiashan ancient necropolis in Jiangchuan District of Yuxi City in Yunnan Province）

图版六十九　NO.69

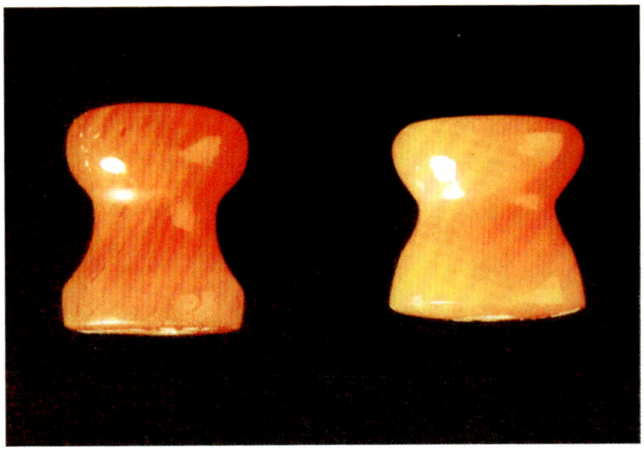

图版七十　NO.70

图版七十一　NO.71

图解

图版六十九、李家山M69：99银鼓形饰
（云南省玉溪市江川区李家山出土）
No.69 The M69:99 drum shaped silver ornament of the Lijiashan ancient necropolis
（This was recovered at Lijiashan ancient necropolis in Jiangchuan District of Yuxi City in Yunnan Province）

图版七十、石寨山红玛瑙鼓形饰
（云南省昆明市晋宁区石寨山出土）
No.70 The drum shaped cornelian ornament of the Shizhaishan ancient necropolis
（This was recovered at Shizhaishan ancient necropolis in Jinning District of Kunming City in Yunnan Province）

图版七十一、羊甫头M19：109鼓形头盔钮
（云南省昆明市羊甫头出土）
No.71 The M19:109 drum shaped knob of the tilting helmet of the Yangfutou ancient necropolis
（This was recovered at Yangfutou ancient necropolis in Kunming city in Yunnan Province）

图版七十二　NO.72

图版七十三　NO.73

图版七十四　NO.74

图解

图版七十二、李家山M47：25执伞俑
（云南省玉溪市江川区李家山出土）
No.72 The male bronze figure kneeling with an umbrella of the Lijiashan ancient necropolis
（This was recovered at Lijiashan ancient necropolis in Jiangchuan District of Yuxi City in Yunnan Province）

图版七十三、羊甫头M113：381跪坐女俑
（云南省昆明市羊甫头出土）
No.73 The lacquer penis with a kneeling female figure of the Yangfutou ancient necropolis
（This was recovered at Yangfutou ancient necropolis in Kunming city in Yunnan Province）

图版七十四、驯马场面贮贝器
（云南省玉溪市江川区李家山出土）
No.74 The shell container with the figure of breaking in the horse scene
（This was recovered at Lijiashan ancient necropolis in Jiangchuan District of Yuxi City in Yunnan Province）

图版七十五　NO.75

图版七十六　NO.76

图解

图版七十五、李家山纺织场面贮贝器
（云南省玉溪市江川区李家山出土）
No.75 The shell container with the figure of spinning and weaving scene of the Lijiashan ancient necropolis
（This was recovered at Lijiashan ancient necropolis in Jiangchuan District of Yuxi City in Yunnan Province）

图版七十六、李家山M47：23桶形贮贝器
（云南省玉溪市江川区李家山出土）
No.76 The M47:23 tub shaped shell container of the Lijiashan ancient necropolis
（This was recovered at Lijiashan ancient necropolis in Jiangchuan District of Yuxi City in Yunnan Province）

图解

图版七十七、鎏金铜鼓形器座面
（云南省玉溪市江川区李家山出土）
No.77 The head of drum shaped gilt bronze frame
（This was recovered at Lijiashan ancient necropolis in Jiangchuan District of Yuxi City in Yunnan Province）

图版七十八、鎏金铜鼓形器座
（云南省玉溪市江川区李家山出土）
No.78 The drum shaped gilt bronze frame
（This was recovered at Lijiashan ancient necropolis in Jiangchuan District of Yuxi City in Yunnan Province）

图版七十七　NO.77

图版七十八　NO.78

图版七十九　NO.79

图版八十　NO.80

图解

图版七十九、李家山M68X2：17铜剑
（云南省玉溪市江川区李家山出土）
No.79 The M68X2:17 bronze sword of the Lijiashan ancient necropolis
（This was recovered at Lijiashan ancient necropolis in Jiangchuan District of Yuxi City in Yunnan Province）

图版八十、李家山M57：28-1铜剑
（云南省玉溪市江川区李家山出土）
No.80 The M57: 28-1 bronze sword of the Lijiashan ancient necropolis
（This was recovered at Lijiashan ancient necropolis in Jiangchuan District of Yuxi City in Yunnan Province）

图版八十一、石寨山M71：32铜剑
（云南省昆明市晋宁区石寨山出土）
No.81 The M71;32 bronze sword of the Shizhaishan ancient necropolis
（This was recovered at Shizhaishan ancient necropolis in Jinning District of Kunming City in Yunnan Province）

图版八十一　NO.81

图版八十二　NO.82

图版八十三　NO.83

图版八十四　NO.84

图解

图版八十二、李家山M51：63狼牙棒
（云南省玉溪市江川区李家山出土）
No.82 The M51:63 bronze spiked club of the Lijiashan ancient necropolis
（This was recovered at Lijiashan ancient necropolis in Jiangchuan District of Yuxi City in Yunnan Province）

图版八十三、李家山M47：30狼牙棒
（云南省玉溪市江川区李家山出土）
No.83 The M47:30 bronze spiked club of the Lijiashan ancient necropolis
（This was recovered at Lijiashan ancient necropolis in Jiangchuan District of Yuxi City in Yunnan Province）

图版八十四、李家山M11：21铜勺
（云南省玉溪市江川区李家山出土）
No.84 The M11:21 bronze spoon of the Lijiashan ancient necropolis
（This was recovered at Lijiashan ancient necropolis in Jiangchuan District of Yuxi City in Yunnan Province）

图解

图版八十五、李家山M51：282铜戈
（云南省玉溪市江川区李家山出土）
No.85 The M51:282 bronze dagger-axe of the Lijiashan ancient necropolis
（This was recovered at Lijiashan ancient necropolis in Jiangchuan District of Yuxi City in Yunnan Province）

图版八十六、三骑士祭器
（云南省玉溪市江川区李家山出土）
No.86 The sacrificial vessel with three caballeros figures by drum retrofitted
（This was recovered at Lijiashan ancient necropolis in Jiangchuan District of Yuxi City in Yunnan Province）

图版八十五　NO.85

图版八十六　NO.86

图版八十七 NO.87

图解

图版八十七、四巫俑祭器
（云南省玉溪市江川区李家山出土）
No.87 The sacrificial vessel with four dancing witches' figures by drum retrofitted
（This was recovered at Lijiashan ancient necropolis in Jiangchuan District of Yuxi City in Yunnan Province）

图版八十八、诅盟贮贝器器盖
（云南省昆明市晋宁区石寨山出土）
No.88 The lid of the Zumeng shell container
（This was recovered at Shizhaishan ancient necropolis in Jinning District of Kunming City in Yunnan Province）

图版八十八 NO.88

图解

图版八十九、牡宜Ⅰ号鼓
（云南省广南县牡宜村出土，中国石寨山型）
No.89 The No.1 bronze drum of Muyi Village
（This was recovered at Muyi Village of Guangnan County in Yunnan province, belongs to the Shizhaishan-Type bronze drums ）

图版九十、黑尔Ⅰ号鼓
（云南省师宗县黑尔村出土，中国石寨山型）
No.90 The No.1 bronze drum of Heier Village
（This was recovered at Heier Village of Shizong County in Yunnan province, belongs to the Shizhaishan-Type bronze drums ）

图版九十一、黑尔Ⅱ号鼓
（云南省师宗县黑尔村出土，中国石寨山型）
No.91 The No.2 bronze drum of Heier Village
（This was recovered at Heier Village of Shizong County in Yunnan province, belongs to the Shizhaishan-Type bronze drums ）

图版八十九　NO.89

图版九十　NO.90

图版九十一　NO.91

图解

图版九十二、瑰宝607鼓
（越南征集品，中国石寨山型）
No.92 The No.607 bronze drum of Guibao
（This was collected in Vietnam, belongs to the Shizhaishan–Type bronze drums ）

图版九十三、瑰宝610鼓
（越南征集品，中国石寨山型）
No.93 The No.610 bronze drum of Guibao
（This was collected in Vietnam, belongs to the Shizhaishan–Type bronze drums ）

图版九十四、瑰宝611鼓
（越南征集品，中国石寨山型）
No.94 The No.611 bronze drum of Guibao
（This was collected in Vietnam, belongs to the Shizhaishan–Type bronze drums ）

图版九十二 NO.92

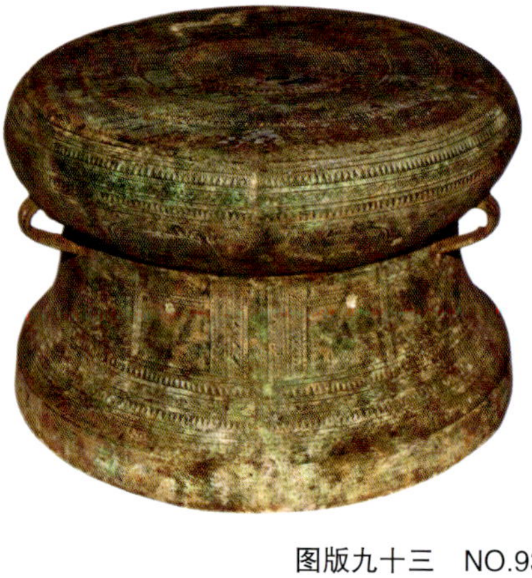
图版九十三 NO.93

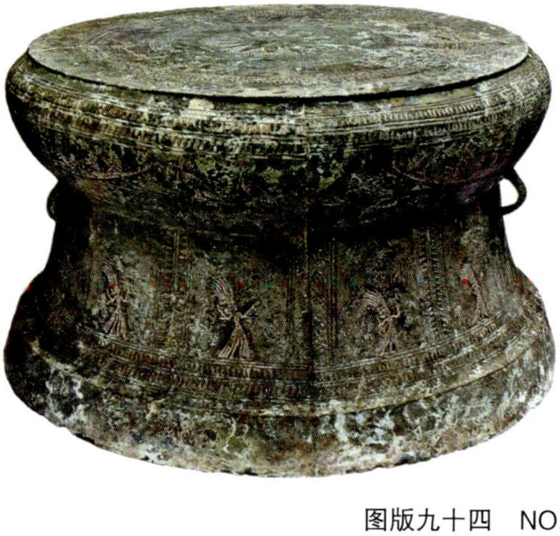
图版九十四 NO.94

目　录

前言 / 001

第一章　世界铜鼓研究简史 / 007

第一节　欧美学者的研究　/ 007

第二节　日本学者的研究 / 012

第三节　越南学者的研究 / 018

第四节　中国学者的研究 / 020

第二章　中国万家坝型铜鼓 / 040

第一节　在中国和东南亚的发现与分布 / 040

第二节　标准器、年代及其在分类中的位置 / 059

第三节　万家坝型铜鼓的分式 / 064

第四节　万家坝型铜鼓上的鼍纹 / 066

第五节　金属成分分析和铸造工艺 / 069

第六节　铅同位素检测 / 073

第三章　中国石寨山型铜鼓 / 077

第一节　在中国的发现和分布 / 077

第二节　标准器、年代及其在分类中的位置 / 109

第三节　石寨山型铜鼓的分式 / 116

第四节　石寨山型铜鼓上的船纹 / 120

第五节　石寨山型铜鼓中的“绿漆古”铜鼓 / 132

第六节　金属成分分析 / 140

第七节　铅同位素检测 / 145

第四章　石寨山型铜鼓的改装及改装后的功能 / 148

第一节　铜鼓形贮贝器 / 149

第二节　装饰功能铜鼓 / 160

第三节　实用功能铜鼓 / 166

第四节　连接功能铜鼓 / 175

第五节　特殊功能鼓形器——祭器 / 177

第六节　其他地区铜鼓的改装及功能 / 179

第五章　越南东山铜鼓（A型和B型） / 184
第一节　越南东山文化 / 184
第二节　东山铜鼓（A型和B型）的发现和分布 / 192
第三节　标准器、年代及其在分类中的位置 / 238
第四节　金属成分分析 / 246
第五节　铅同位素检测 / 250
第六章　黑格尔I型铜鼓 / 254
第一节　黑格尔I型铜鼓的三个亚型及分式 / 254
第二节　黑格尔I型铜鼓的年代与来源 / 262
第三节　铅同位素检测 / 266
第七章　东南亚发现的中国石寨山型和越南东山铜鼓（A型和B型） / 268
第八章　中国万家坝型铜鼓、石寨山型铜鼓、越南东山铜鼓（A型和B型）以及东南亚其他国家有关铜鼓之间的关系 / 277
第一节　石寨山型铜鼓是万家坝型铜鼓的直接继承者 / 277
第二节　中国石寨山型铜鼓与越南东山铜鼓（A型和B型）是黑格尔I型铜鼓的两个亚型；两者基本上是平行发展的关系 / 287
第三节　越南东山铜鼓（A型和B型）是在中国万家坝型铜鼓影响下出现的、在越南本土制造的铜鼓 / 291
第四节　中国万家坝型铜鼓、石寨山型铜鼓、越南东山铜鼓（A型和B型）以及泰国、老挝、柬埔寨、马来西亚、印度尼西亚铜鼓之间的关系 / 295
结　论 / 299
主要参考文献 / 301
附录一　万家坝型铜鼓登记表 / 305
附录二　石寨山型铜鼓登记表 / 311
附录三　越南东山铜鼓（A型和B型）登记表 / 324
附录四　东南亚发现的中国石寨山型和越南东山铜鼓（A型和B型）登记表 / 336
插图目录 / 339
后　记 / 347
再版后记 / 349

<Research on bronze drums in China and southeast Aisa during the pre Qin and Han Dynasties>

Li Kunsheng and Huang Derong

Contents

The forward / 001

Chapter 1: The research popular history for the ancient bronze drums in the world / 007

Section 1: The western scholars5 research for the ancient bronze drums / 007

Section 2: The Japanese scholars5 research for the ancient bronze drums / 012

Section 3: The Vietnam's scholars' research for the ancient bronze drums / 018

Section 4: The Chinese scholars5 research for the ancient bronze drums / 020

Chapter 2: The Wanjiaba-Type bronze drums in China / 040

Section 1: The discovery and distribution of the Wanjiaba-Type bronze drums in China and Southeast Asia / 040

Section 2: The standard artifacts and the age of the Wanjiaba-Type bronze drums, the location on the archaeological typology / 059

Section 3: The typological research of the Wanjiaba-Type bronze drums / 064

Section 4: The "Crocodile" shaped decoration on the Wknjiaba-Type bronze Drums / 066

Section 5: Metal Component Analysis and casting technique of the Wanjiaba-Type bronze drums / 069

Section 6: Lead isotope testing of the Wanjiaba-Type bronze drums / 073

Chapter 3: The Shizhaishan-Type bronze drums in China / 077

Section 1: The discovery and distribution of the Shizhaishan-Type bronze drums in China and Southeast Asia / 077

Section 2: The standard artifacts and the age of the Shizhaishan-Type bronze drums, the location on the archaeological typology / 109

Section 3: The typological research of the Shizhaishan-Type bronze drums / 116

Section 4: The boat, shaped decoration on the Shizhaishan-Type bronze drums / 120

Section 5: The "Ancient green paint" drums of the Shizhaishan-Type bronze drums / 132

Section 6: Metal Component Analysis of the Shizhaishan-Type bronze drums / 140

Section 7: Lead isotope testing of the Shizhaishan-Type bronze drums / 145

Chapter 4: The refit for the Shizhaishan-Type bronze drums, the functions of the refitted bronze drums / 148

Section 1: The shell container by drum retrofitted / 149

Section 2: The bronze drums with decorative function / 160

Section 3: The bronze drums with utility function / 166

Section 4: The bronze drums with linkage function / 175

Section 5: The drum-shaped containers with special function—Ritual vessel / 177

Section 6: The conversion and function of the drums of other areas / 179

Chapter 5: The Group A and Group B of Dong Son bronze drums in Vietnam / 184
Section 1: The introduce of the Dong Son Culture in Vietnam / 184
Section 2: The discovery and distribution of the Group A and Group B of Dong Son bronze drums / 192
Section 3: The standard artifacts and the age of Dong Son bronze drums, the location on the archaeological typology / 238
Section 4: Metal Component Analysis of Dong Son bronze drums,/ 246
Section 5: Lead isotope testing of the Dong Son bronze drums,/ 250

Chapter 6: The Heger I-Type bronze drums / 254
Section 1: The three subtype and the form of the Hegerr I-Type bronze drums / 254
Section 2: The age and source of the Hegerr I-Type bronze drums / 262
Section 3: Lead isotope testingof the Hegerr I-Type bronze drums / 266

Chapter 7: The Shizhaishan-Type bronze drums and the Group A and Group B of Dong Son bronze drums,found in Southeast Asia / 268

Chapter 8: The relationships of the Wanjiaba-Type bronze drums, the Shizhaishan-Type bronze drums, the Group A and Group B of Dong Son bronze drums,and the bronze drums found in other Southeast Asian countries / 277
Section 1: The Shizhaishan-Type bronze drums is the direct successor of the Wanjiaba-Type bronze drums / 277
Section 2: There are two subtypes of the Heger I-Type bronze drums, one is the Shizhaishan-Type bronze drum, another one is the Group A and Group B of Dong Son bronze drum; the two subtypes are basically parallel development / 287
Section 3: The Group A and Group B of Dong Son bronze drums, which created by the native person in Vietnam, appeared with the affection of the Wanjiaba-Type bronze drums / 291
Section 4: The relationships of the Wanjiaba-Type bronze drums, the Shizhaishan-Type bronze drums, the Group A and Group B of Dong Son bronze drums and the bronze drums found in Laos, Thailand, Cambodia, Malaysia, Indonesia / 295
Conclusion / 299

The main reference / 301

Appendix 1: The registration form of the Wanjiaba-Type bronze drums / 305
Appendix 2: The registration form of the Shizhaishan-Type bronze drums / 311
Appendix 3: The registration form of the A and B Group of Dong Son bronze drums / 324
Appendix 4: The registration form of the A and B Group of Dong Son bronze drums and Shizhaishan- Type bronze drums / 336

The catalogue of the illustration / 339

Postscript / 347

Postscript to reprint / 349

前　言

李昆声

余致力于考古学研究，凡四十载。涉足铜鼓研究，业已三十多年矣。铜鼓，乃我国南方诸多少数民族和东南亚的越南、老挝、泰国、缅甸、柬埔寨、印尼、马来西亚等国家诸多民族自古及今都崇拜的重器、神器。国际考古学界研究铜鼓已有一百多年的历史，余出生晚矣，无缘面聆先贤教诲。然于铜鼓研究，颇得“天时、地利、人和”之便。

先说“地利”。1975年10月，余从先前供职之安徽省博物馆调动回到余出生地昆明之云南省博物馆，当年底至翌年初，云博文物队发掘楚雄万家坝79座古墓，获5面后来被中国古代铜鼓研究会命名为“万家坝型”的铜鼓，也就是美国学者埃玛·邦克和日本学者今村启尔教授命名的“先黑格尔I型铜鼓”，这是铜鼓研究的“鼻祖”——奥地利学者弗朗茨·黑格尔在一百多年前从未见过的最早的铜鼓，依与鼓共生器物和^{14}C断代，其年代最早可到春秋早期。余曾躬逢其事，参加该次田野考古发掘月余时间，目验科学发掘出土之万家坝型铜鼓及其共生器物，为云博以外之国内学者所不具备的优势。在其后岁月里，有大量观察、测量铜鼓的机会，对“万家坝型”铜鼓之标准器，有比较多的感性认识。

再说“人和”。1975年9月，黄德荣君从北京大学考古系毕业分配来云南省博物馆工作，黄君与余既为“同道”，又是校友、学弟。彼于是年底与馆内数人共同主持了楚雄万家坝79座古墓的发掘，其中包括出土铜鼓之M1和M23两座春秋时期的墓葬。当时，黄君与余均对铜鼓研究产生兴趣，于铜鼓研究“志同道合”。以后共同研究铜鼓长达三十余载，对“万家坝型铜鼓”之研究颇有心得，于1980年在《昆明师院学报》第3期上发表《谈云南早期铜鼓》一文，提出古代铜鼓的起源地为“云南滇西至滇中一带”。1990年又在《考古》第5期上发表《论万家坝型铜鼓》一文，2007年在《考古学报》第2期上发表3万多字长篇论文《再论万家坝型铜鼓》，对此类型铜鼓做了全面系统的研究和总结。2016年在《考古学报》上发表2万多字长篇论文《论黑格尔I型铜鼓》，将黑格尔I型铜鼓分为三个亚型或三个式：石寨山式、文山式和东山式。

最后说“天时”。此乃改革开放后之学术环境也。1978年底，我国实行改革开放，吾辈学者遂有机会成立学术研究团体——中国古代铜鼓研究会，并有机会阅读国外学者之研究论文，有机会与国际同行相互认识、共同切磋。做到“知己知彼，百战不殆”。否则，“闭门造车”而得出的学术研究成果，其实外人在数十年甚至一百年前就已有文章在先，岂不贻笑大方？

自中国古代铜鼓研究会成立以来，已组织南方6省区学者历时数年调查、统计、测量铜鼓。并出版集综合研究及翔实资料为一体的专著——《中国古代铜鼓》。组织召开6次有关铜鼓研究的学术研讨会，余因长期担任云南省博物馆馆长（1984年至1988年为副馆长，1988年至2002年为馆长）和中国古代铜鼓研究会常务理事（1986年至今）。曾于1988年10月与童恩正教授在昆明共同主持中国古代铜鼓研究会第一次国际学术研讨会，此会为云南省博物馆和中国古代铜鼓研究会联合主办。当是时，余任云南省博物馆馆长，童恩正任中国古代铜鼓研究会理事长。此会名称为“中国南方及东南亚古代铜鼓暨青铜文化第一次国际学术讨论会”。与会学者来自8个国家，参会学者第一次在云南省博物馆内目睹了一批万家坝型铜鼓，包括万家坝型铜鼓的标准器——5面万家坝出土的铜鼓和祥云大波那鼓、楚雄大海波鼓等。这是中外铜鼓研究专家第一次聚首。

2002年5月，云南大学以引进人才方式将余调入该校工作，作为考古学学科带头人并成立考古研究中心，翌年开始招收博士研究生和硕士研究生。2004年8月，由云南大学和云南省文山州政府共同举办的文山铜鼓暨民族历史文化国际学术研讨会在云南文山召开，此会仍由余主持，受邀参会的7个国家的学者中，越南研究铜鼓的权威学者范明玄、叶廷花、黄春征、阮文好教授等均参加此会，虽学术观点不同，然在讨论发言中均心平气和，会上讨论，会外参访、交流中无不其乐融融。两国学者均展现了学者风范！

是年5月，余以“中国云南古代铜鼓的起源、传播及其与越南东山铜鼓的关系研究”为课题获国家社会科学基金（项目批准号04BKG006）。参与此课题研究的主要成员有黄德荣研究员和余之博士研究生董晓京等人。此课题进行中，余曾于2007年8月赴越南、老挝、泰国考察，在越南北部重点考察研究了一批“东山铜鼓”。对越南东山铜鼓从理论认识到感性认识，这在比较研究中是很重要的。2008年元月，此项国家社科基金课题项目结项与验收，获“优秀”。

余与黄德荣君合著本书，即系在该项课题结项报告的基础上，进行一次更加系统、深入、全面的总结，实质上是完成一本进行比较研究的著作。因为，长期以来，中国和越南的学者在古代铜鼓起源何处及哪类铜鼓是最早的铜鼓这两个在铜鼓研究中的重要学术问题存在着根本的分歧。通过比较研究才能得出科学、合理的解释。中国古代铜鼓研究会将铜鼓分为八个类型，涉及上述两个问题的铜鼓是万家坝型和石寨山型铜鼓。越南考古研究院将所有在越南发现的铜鼓统称为“东山铜鼓”，并将其分为A、B、C、D、E五型，涉及这两个问题的是东山铜鼓之A型、B型和D型。因此，进行中国和越南古代铜鼓之比较研究，就是万家坝型、石寨山型铜鼓与越南东山铜鼓之A型、B型和D型进行比较研究，才能得出科学结论。本书涉及的内容就是上述铜鼓，并非所有的古代铜鼓。

据余之学生们检索中外文献之结果：本书所搜集研究之万家坝型铜鼓及石寨山型铜鼓的资料，是目前中外所有论著中最全面完整的。而越南东山铜鼓的资料，则是在中国学者所有论著中最全面系统的。本书所收入的万家坝型铜鼓62面，石寨山70面，越南东山铜鼓113面，东南亚其他国家铜鼓27面，合计272面。以上这些铜鼓的发现地点分布在中国、越南、泰国、老挝、柬埔寨、马来西亚、印度尼西亚7个国家。如此，本书之出版，将为中外学者的铜鼓研究提供极大的方便。这也算是吾辈对铜鼓研究的一个小小的贡献吧！

本书的出版，可以预料得到的情况是：中国学者绝大多数会持赞同的意见；而越南学者绝大多数会持反对和批评的意见；日本学者可能大多数会赞同、少数会反对。

科学无国界，学问无止境。欢迎吾国和越南及各国学者批评、指正！

The foreword

Li Kunsheng

40 years ago, I began to dedicate myself to archaeological research. There has been more than three decades since I am engaged in the research of the ancient bronze drums. The bronze drums are the artifacts and very important ritual vessels, which are worshiped from ancient times to the present by the minorities in Southern China and many nations in Vietnam, Laos, Thailand, Myanmar, Cambodia, Indonesia and Malaysia. The research for the ancient bronze drums has experienced more than 100 years. I was born too late to listen to the tuition of predecessors, but there are three advantages for my research to the ancient bronze drums.

The first advantage is the "favorable geographical position". In October of 1975, I was transferred from the museum of the Anhui Province to the museum of the Yunnan Province, which is located in Kunming, the city I was born. The archaeological field excavation team of the Yunnan Province excavated the Wanjiaba ancient necropolis of Chuxiong city, when the end of this year to the beginning of the second year. In this excavation, the archaeological workers got 5 drums, which named the "Wanjiaba-Type" by "the research society of Chinese ancient bronze drums". They are also named the "Pre-Heger I" by Emma · Bunker and Keiji Imamura. The founder of the research for bronze drums F·Heger had never seen this type of bronze drums. We drew the conclusion for the drums' date by the carbon 14 dating method and attendant's symbiosis. The bronze drums had been dated at about BC770-BC550 (the early stage of Spring and Autumn Period in China), I was so lucky to discerned the Wanjiaba-Type bronze drums and other attendants excavated scientific, because of I taking part in this excavation more than a month. Because the drums are all kept in the museum of Yunnan Province, I have a lot of chances to observe and measure the drums. I especially have more perceptual knowledge for the index implements of the Wanjiaba-Type bronze drums. In my opinion, the scholars not from the museum of Yunnan Province are not provided with the chances.

The next advantage is the "unity and coordination". I have an excellent research partner-Huang Derong. In September of 1975, he was graduated from the archaeological department of Peking University and assigned to the museum of Yunnan Province. Mr. Huang is not only my colleague, but also my alumnus and junior. He and another archaeological worker in the museum of Yunnan Province took charge of the excavation to the ancient necropoles in Wanjiaba for 79 ancient thumbs, including the thumb M1 and M23 dated the Spring and Autumn Period, which contained the unearthed Wanjiaba-Type bronze drums. At that time, he and I both begun to be interested in the research to bronze drums. From then on, we have been having a common goal to study the ancient bronze drums and doing the cooperative research especially on the Wanjiaba-Type bronze drums for more than 30 years. In the past 30 years, I often have written in collaboration with Mr.Huang. In 1980, our article "the early bronze drums in Yunnan Province" was published in the issue 3 of *Journal of Kunming Normal College*. In 1990, our article "Some remarks on bronze drums of the Wanjiaba- Type" was appeared in the issue 5 of *Archaeology* (Beijing, China). In 2007, our article "Restudy of Wanjiaba-Type bronze drums", which is about 30,000 words, was published in the issue 2 *ACTA ARCHAEOLOGICA SINICA*.

There is a comprehensive and systematic study and summarize to the Wanjiaba-Type bronze drums in this article. In 2006, our article " Some remarks on bronze drums of the Heger I-Type ", which is about 20,000 words ,was published in the ACTA ARCHAEOLOGICA SINICA. In the article, we divided Heger I-Type bronze drums to three subtype, which are Shizhaishan-Type, Wenshan-Type an Dongson-Type.

The last advantage is the very good environment for academic research. After the reform and opening-up in China, the research society of Chinese ancient bronze drums was founded at the end of 1978. From then on, we have the challenges to communicate with the scholars from all over the world and to study the article and work written by the scholars from other countries. There is a Chinese ancient saying, "To know the enemy and know yourself, and you can fight a hundred battles with no danger of defeat." We must grasp the research situation of bronze drums all over the world to prevent do the repetitive research.

Since "the research society of Chinese ancient bronze drums" was established, the archaeological workers have investigated, gathered statistics and measured the ancient bronze drums for many years. The research society of Chinese ancient bronze drums has organized the academic symposium 6 times and publish the monograph, *The Chinese ancient bronze drums*, which set comprehensive study and detailed information together. I had served the post of the diraitor of the museum of Yunnan Provice and the managing director of the research society of Chinese ancient bronze drums for ages. I am so honored to host the first international academic discussion of bronze drums with Professor Tong Enzheng, which organized by the museum of Yunnan Province and the research society of Chinese ancient bronze drums. This discussion was named The first academic discussion of the ancient bronze drums and the bronze culture in Southern China and Southeast Asia. At that time, I was the the museum of the Yunnan Province's director, and Professor Tong was the president of the research society of Chinese ancient bronze drums. This discussion is the first good chance for the scholars from all over the world to communicate and discuss face to face. The scholars from 8 countries visited the museum of Yunnan Province, and discerned the 5 bronze drums excavated in Wanjiaba ancient necropolis, the Dabona drum in Xiangyun and Dahaibo drum in Chuxiong.

In May of 2002, I was transferred from the museum of the Yunnan Province to Yunnan University as the archaeological leading professor of Yunnan University. I established the archaeological center of the Yunnan University this year. I began to recruit the postgraduate and PHD candidate of archaeology in the archaeological center the next year. In August of 2005, the bronze drums & international conference on national history and culture of Wenshan was hold in Wenshan of Yunnan Province. Yunnan University and the Wenshan city's government sponsored this conference which hosted by myself. There are a lot of scholars from 7 countries to attend this conference, including the authoritative scholars from Vietnam for example Pham Minh Huyen, Nguyen Van Hao, Lai Van Toi. Although there are different academic views between us, we made speeches, visited, discussed and communicated with each other in a very harmonious atmosphere. The scholars from China and Vietnam revealed the great style.

In August of 2007, I went to Vietnam, Laos, Thailand to explore, especially explore the Dong Son Drums excavated in Northern Vietnam. Though the investigation, I have more conceptual knowledge and perceptual knowledge to the Dong Son Drums, which is more important to the comparative research to the bronze drums from the two countries.

For a long time, the Chinese scholars have the fundamental divergence with the Vietnam's scholars on the two problems, which place is the original place of bronze drums and which type drum is the first type of the bronze drums. We can get the scientific and reasonable conclusion only by the comparative research. The Chinese scholars from the research society of Chinese ancient bronze drums divided all of the bronze drums into 8 types,only the Wanjiaba-Type and Shizhaishan-Type are related to the two problems. The Vietnam's scholars divided the all Dong Son Drums found in Vietnam into 5 groups, which are the A\B\C\D\E 5 groups. The A group, B group and D group are related to the two problems. So we can get the scientific conclusion only by doing the comparative research between the Chinese bronze drums (Wanjiaba-Type and Shizhaishai-Type bronze drums) and the Vietnam's bronze drums (A group, B group and D group of Dong Son Drums). This monograph is only about these type or group bronze drums, not for all of the ancient bronze drums.

This monograph has the most comprehensive and completed materials of Wanjiaba-Type and Shizhaishan-Type bronze drums all over the world (My PHD Candidates and postgraduates have gathered the materials by looking up a lot of articles and academic books). There are the most comprehensive and systematic information about the Dong Son Drums of Vietnam in this monograph. There are the materials about 62 Wanjiaba-Type bronze drums, 70 Shizhaishan-Type bronze drums, 113 Dong Son Drums and 27 bronze drums from other Southeast Asian countries, which add up to 272 ancient bronze drums. All of the 272 ancient bronze drums are widely distributed in 7 countries for example China, Vietnam, Thailand, Malaysia, Indonesia, Laos and Cambodia. So the publishing of the monograph will bring the great the convenience to the scholars all over the world. I have dream, this monograph will contribute to the research for the ancient bronze drums.

第　一　章

世界铜鼓研究简史

第一节　欧美学者的研究

铜鼓是由中国、越南、缅甸、老挝、泰国、柬埔寨、马来西亚和印度尼西亚等东方国家制造、使用和流传的珍贵文物。

欧洲国家并不制造、使用铜鼓。然而，用近代科学的方法对铜鼓进行研究，却肇始于欧洲国家的学者。

从19世纪下半叶开始，欧洲国家的外交官、古董商、传教士陆续将中国和东南亚国家的铜鼓带到欧洲，引起欧洲学者的关注。

1880年，奥地利的汉斯·威尔切克伯爵从意大利佛罗伦萨一个古董商手中买下一面铜鼓。1883年，伯爵把这面铜鼓送到奥地利艺术与工业博物馆的青铜器展厅展览，轰动了欧洲考古界和艺术界。人们对这面铜鼓的来历众说纷纭，有的考古学家说它来自中亚，也有人说来自西亚，还有人说来自美洲的墨西哥。人们甚至不知道这面铜鼓是何物？有人指其为锅，有人指其为特殊形状的桌子。

终于，有位名叫安东·巴耶尔（Anton Payer）的奥地利人解开铜鼓之谜。此人曾去过东南亚，并在暹罗（今泰国）当过三年和尚，并长期在暹罗王宫供职。他告诉大家："这是一面鼓，它是来自暹罗。"另一位奥地利人，维也纳美泉宫动物园总监克劳斯（Alois Kraus）也证实这是一面鼓，因为他在曼谷也见过类似的鼓。

1883年，在荷兰阿姆斯特丹国际博览会的中国展馆里，展出了另一面鼓面边沿有青蛙和骑士塑像的铜鼓。因为不知其用途，展出时将鼓面朝下倒放在木架上。这是中国清朝古董商送来的展品。这面铜鼓的展品标签是这样说明的："汉，诸葛鼓，得自地下，年代约在3000年前。"尽管年代写错了，汉代也不在3000年前，他们总算知道：这是"鼓"。

翌年，1884年德国德累斯顿的枢密官迈尔（A. B. Meyer）博士在莱比锡出版《来自东印度群岛及其邻近区域的古文物》一书，发表了一批铜鼓照片。1897年，迈尔博士与其助手夫瓦（W. Foy）博士的专著《东南亚青铜器研究》在德累斯顿出版，并附13幅铜鼓图片。

1898年，荷兰汉学家狄葛乐（J. J. M. De Groot）教授《东印度群岛与东南亚大陆铜鼓考》于阿姆斯特丹皇家科学院《通报》中刊出。

首先对铜鼓进行类型学研究的，是迈尔博士和夫瓦博士，他们利用他们搜集到的52面铜鼓的资料，将其分成6个类型，（即MI—MVI，M=Meyer）。他们赖以研究的铜鼓中的40面，分别收藏于（德国）德累斯顿皇家人类学民族学博物馆、（奥地利）维也纳自然博物馆、维也纳商业博物馆、（意大利）罗马史前人类学与艺术博物馆、（法国）巴黎卢浮宫、法国吉美博物馆、枫丹白露宫中国馆、（英国）伦敦不列颠博物馆、（德国）柏林民族学博物馆、（印度）加尔各答印第安博物馆等一些博物馆内。两位博士赖以研究的铜鼓资料是可信的。

1902年，奥地利维也纳皇家自然历史博物馆人类学与民族学研究室的研究员弗朗茨·黑格尔（Fraz Heger）在德国莱比锡发表了他用德文写作的巨著《东南亚古代金属鼓》一书，此书为8开本上下两册，245页，上册为文字，下册为图版。①

弗朗茨·黑格尔在《东南亚古代金属鼓》一书的《序言》中说，他研究铜鼓长达18年。此书在迈尔和夫瓦两位博士所收50多面铜鼓的基础上，又大量增加铜鼓资料，最后收入165面铜鼓，根据这些铜鼓的形制和花纹，用考古类型学的方法将铜鼓分成四个类型和三个过渡类型。同时此书还涉及这些铜鼓分布、冶金、铸造、人类学、民族学等内容。黑格尔此书可以说是当时世界上对铜鼓进行全面系统研究的第一本权威著作。

黑格尔对铜鼓研究的最大贡献是他的分类法，即后世研究者通常所说的“黑格尔四分法”。黑格尔将铜鼓分成4个基本类型（即H_{I}、H_{II}、H_{III}、H_{IV}，H=Heger）和3个过渡类型（即I—IV型、I—II型和II—IV型）。当时世界上仅有的二种分类法关系如下：

H_{I}（黑格尔I型）=M_{I}+M_{II}（迈尔I型和II型）

H_{III}（黑格尔III型）=MVI（迈尔VI型）

H_{IV}（黑格尔IV型）=M_{III}+M_{IV}+M_{V}（迈尔III、IV、V型）

① [奥]弗朗茨·黑格尔:《东南亚古代金属鼓》，中国古代铜鼓研究会编，石钟健、黎广秀、杨才秀译，上海古籍出版社，2004年12月，上海。

黑格尔分类法大致可以概括如下：

H_{I}：黑格尔I型，基本型。其形态特征是：鼓面均有太阳纹，一般为十二芒。鼓面边沿多数有青蛙塑像。鼓身明显分为胸、腰、足三段。鼓耳一般为四只。黑格尔指出："一切特征表明，我们所说的I型便是一切鼓的基本型。其他类型，都是它在新的地区的流行中渐渐变化而成的。"

H_{I}型铜鼓共有35面，其中最重要的是东京（指当时的越南北部，下同）茂利鼓和东京盖列特I号鼓。和中国学者所熟悉的《西清古鉴》I号鼓。

黑格尔在其基本型H_{I}型鼓与H_{IV}型鼓之间划出一个过渡型：H_{I}—H_{IV}型。此过渡型下面又分三组，共10面铜鼓，其中关系如下：

H_{I}—H_{IV}型：

A组：曼德尔1号鼓、天津102号鼓、莱顿民族学博物馆IV号鼓、广东5号鼓、广东49号鼓。

B组：《西清古鉴》X号鼓。

C组：维也纳XIV号鼓、莱顿民族学博物馆V号鼓、广东22号和23号鼓。

黑格尔认为，在其基本型H_{I}型鼓和H_{II}型鼓之间，还有一个过渡型：即H_{I}—H_{II}型。此过渡型铜鼓有三面：《西清古鉴》V号鼓、《西清古鉴》VII号鼓，黑格尔说它们："大多数纹饰动摇于I型和II型之间。"

H_{II}：黑格尔II型鼓，基本型。共有12面铜鼓。黑格尔说："属于这一类的鼓，差不多都是大型或特大型"，"鼓面边沿都有蛙饰"。黑格尔抓住了这一类型铜鼓的特点。《东南亚古代金属鼓》出版80多年后，中国古代铜鼓研究会的分类法——"八分法"将黑格尔II型鼓细分为北流型和灵山型。这两类铜鼓是以鼓体硕大和鼓面装饰青蛙为其基本特征。当然还有其他许多纹饰特征。

黑格尔还列了一个过渡型即H_{II}—H_{IV}型，只有一件标本：广东3号鼓。黑格尔说此鼓的"鼓体和鼓耳的形状，完全是（黑格尔）IV型鼓所特有的。相反，鼓面星体及其纹饰又都和II型鼓十分相像"。由此，这面鼓"一身兼具两种类型相距甚远的鼓的特征"。

H_{III}：黑格尔III型，基本型。共有20面鼓，分别收藏在著名的巴黎卢浮宫、法国吉美博物馆以及维也纳、德累斯顿、罗马、柏林等博物馆。黑格尔说，这些铜鼓都"来自后印度的红、白克伦族"。黑格尔将其称为克伦型。"或者，更确切地说，它应该叫掸型。"这类鼓的形态特征是："这类鼓差不多分辨不出哪儿是鼓胸，哪儿是鼓腰和鼓足。"这种胸、腰、足不分，外形呈桶状的铜鼓就是我们今天所说的"西盟型鼓"。

H_{IV}：黑格尔IV型，基本型。共有62面铜鼓。分别收藏于欧洲各博物馆或私人收藏家中，少数几面著录于《西清古鉴》。黑格尔称之为“中国鼓”，基本正确。黑格尔IV型铜鼓今天我们称之为“麻江型”铜鼓，主要分布在中国云南、贵州、广西、广东等省区，在越南北部亦有少量分布。此类铜鼓是“活着的铜鼓”，今天我国苗族、瑶族、水族、侗族、彝族、壮族等民族仍在使用的铜鼓多数是此类铜鼓。这一类型铜鼓也是我国现存各类型铜鼓中数量最多的。

弗朗茨·黑格尔的《东南亚古代金属鼓》一书，影响世界铜鼓研究长达一个世纪左右，黑格尔研究铜鼓分类的“四分法”，基本符合考古类型学的研究方法。分类的总体框架是正确的，直到这本巨著问世80多年后，各国学者提出的各种分类法，以中国古代铜鼓研究会将铜鼓分成8个类型的“八分法”为例，显得更加科学合理。但并不是将黑格尔的“四分法”推翻，而是在黑格尔的基本框架内更加细化。如中国古代铜鼓研究会“八分法”中的“北流型”和“灵山型”，就是把黑格尔“四分法”之“II型”细化成两个类型而已。

应该看到，黑格尔的“四分法”有其历史局限性。黑格尔生前在欧洲能看到的铜鼓实物标本和东方国家关于铜鼓的著述和图案比现在要贫乏的多。拿实物标本来说，黑格尔可以研究的对象是数以百计的铜鼓，而今天的中国学者，可以研究的实物标本则是数以千计的古今铜鼓。以著述来说，黑格尔能利用的附有图像的著作，仅有中国清代印制的《西清古鉴》一本书。而今天各国学者可以利用的中文、越南文、日文及西文著作和论文是数以万计。更不用说今天的学者拥有考古学科学发掘的铜鼓作为研究对象了。

鉴于这种历史局限性，黑格尔“四分法”最大的缺陷是将黑格尔I型鼓说成是最早的铜鼓。I型鼓就是今天我们所说的石寨山型铜鼓和冷水冲型铜鼓。用现代考古科学方法发掘出一批比黑格尔I型更早的铜鼓，此类铜鼓在中国古代铜鼓研究会的“八分法”中是“万家坝型”铜鼓。黑格尔生前没有见过此类铜鼓，而把其“四分法”之I型鼓说成最古老的铜鼓是《东南亚古代金属鼓》最大的缺陷。然而，瑕不掩瑜，这本巨著直到今天仍然是铜鼓研究的鸿篇巨制，其权威地位不可颠覆。弗朗茨·黑格尔在全世界铜鼓研究中的权威地位是不容置疑的。此书问世已一百余年，欧洲学者在铜鼓研究方面至今没有任何人超越黑格尔。

第一次世界大战后至二战结束之前，欧洲铜鼓研究中心从欧洲本土转移到越南河内，但主要研究人员仍然是欧洲学者，因为此时法国在其殖民地越南河内设立法国远东博古学院，众多法国学者在越南从事考古发掘和研究工作。1908年，法国学者巴门特（H. Parmectier）在河内《远东博古学院集刊》上发表《古代青铜鼓》，发表23面铜鼓新材料，使铜鼓研究的资料从黑格尔分类的165面增加至188面。

1924年，河内远东博古学院的巴若（M. Pajot）在越南北部的清化省东山县东山村进行考古发掘，获489件青铜器和其他一些文物。1933年，海涅. 革尔登（R. H. Geldern）命名为"东山文化"。因东山文化中发现不少铜鼓，对东山文化的研究在当时掀起一阵研究铜鼓的高潮。

1927年，法国人戈鹭波（V. Goloubew）在《远东博古学院集刊》上发表《北圻和北中圻的铜器时代》一文，提出东山文化墓葬的时代为公元1世纪中、后期。东山铜鼓的铸造技术是中国人传给当地人的。

1942年，瑞典人高本汉（B. Karlgren）在《远东博古学院集刊》上发表《早期东山文化的年代》一文，不同意戈鹭波关于黑格尔I型铜鼓属东汉时期的结论。认为东山文化之上限在公元前4世纪，下限在公元后1世纪。但高本汉和戈鹭波都认为越南东山艺术和中国艺术有着相当深的亲缘关系。而命名"东山文化"的海涅. 革尔登却认为"东山文化主要是从西方渊源派生出来的"。"要寻找东山文化（包括东山铜鼓）的最重要的西方渊源必须一是着眼于高加索，一是着眼于下多瑙河国家"。[①②]

第二次世界大战后，欧洲学者研究铜鼓的文章逐渐减少，到20世纪60年代至80年代，欧洲学者中仅有法国皮拉佐里（M. Pirazzoli）教授在研究云南青铜文化时偶有关于铜鼓的论述，英国牛津大学出版社出版的《早期东南亚》一书中收入她的《石寨山的青铜鼓：他们的社会意义和宗教意义》以及《石寨山铜鼓在社会生活和宗教礼仪中的意义》等文章。德国海德堡大学的德麦玲（M. V. Dewall）女士和皮拉佐里的情况类似。

到20世纪80年代至90年代，在欧洲要找到研究铜鼓的专家犹如缘木求鱼。以至于本书作者之一的李昆声在维也纳奥地利国家民族博物馆内访问时发现展厅里铜鼓的标签都写错了。本书作者之一的黄德荣在瑞士丽特贝克博物馆短期工作时发现该馆藏品中的中国铜鼓"藏在深闺人未识"，便将其著录发表在国内的刊物上。

1988年，荷兰学者贝纳特. 坎普斯（A. J. Bernet Kempers）在鹿特丹出版了所著《东南亚铜鼓：青铜世界及其余波》一书，这本长达600页的著作具有很

① 中国古代铜鼓研究会编：《中国古代铜鼓》，文物出版社，1988年，北京。
② 蒋廷瑜：《古代铜鼓通论》，紫禁城出版社，1999年，北京。

强的资料性，此书对东南亚铜鼓的发现情况、形制、尺寸、纹饰、化学成分、收藏单位做了详细介绍，是一本很好的参考书。此外，对与铜鼓文化相关的一些东南亚铜鼓民族的风习的记述不仅对考古学者，而且对民族学家、历史学家也十分有用。该书的缺点是由于作者不懂中文和不熟悉中国铜鼓研究的情况，而对中国云南和广西铜鼓的论述有许多遗漏和一些错误。

美国研究铜鼓的学者犹如凤毛麟角，极为罕见。就我们所见著述，有埃玛·邦克（Emma. Bunker）和邱兹惠、彭南林。邦克女士较早地注意到还有比黑格尔I型铜鼓更古老的铜鼓。在1967年8月21—25日在美国纽约哥伦比亚大学召开的主题为早期中国艺术和它可能对太平洋流域的影响的学术研讨会上，邦克提交一篇题目为《滇文化与东山文化的关系》的学术论文，在此英文论文中，首次将比黑格尔I型更古老的铜鼓命名为“Pre-Heger I”即是“先黑格尔I型”铜鼓，也就是中国古代铜鼓研究会分类法之万家坝型铜鼓。1972年在纽约，1974年在台湾出版了研讨会英文和中文论文集。邦克成为全世界最早提出“先黑格尔I型鼓”这一概念的人。后来，这一提法在日本学者中广泛使用。

美籍华人学者邱兹惠女士也致力于铜鼓研究并关注万家坝型铜鼓。1997年在中国《民族艺术》增刊之《铜鼓和青铜文化的再探索》一书中发表《试论东南亚所见之万家坝I式铜鼓》。

另一位美籍华人彭南林先生也关注铜鼓研究，他大学毕业后在中国云南省博物馆工作期间就发表了一些东南亚考古的论文、译文，其中包含铜鼓的内容。2006年香港信知慧文苑出版彭南林编著的《英汉人类学辞典》，这本词典是第一本英汉人类学辞典，除人类学领域外，也涵盖考古学。辞典内“世界著名人类学家简介”中，除介绍人类学家外，也介绍了许多考古学家，包括中国古代铜鼓研究会前理事长童恩正教授（1935年—1997年）。

第二节　日本学者的研究

日本虽然并非铜鼓制造或分布流传地区，但早在一百多年前日本学者便开始研究铜鼓了。

日本研究铜鼓（准确说是介绍铜鼓）的“始作俑者”是松崎复。1810年，松崎复著《铜鼓考》一文，开日本学者研究铜鼓之先河。

1883年，大给恒出版《古铜鼓考》一书。但这两位日本学者的研究对象仅仅限于日本所收藏的几面铜鼓，同时查找中国古文献加以考证。

1902年7月至1903年3月，日本著名的民族学家鸟居龙藏（1870年—1959年）教授到中国湖南、贵州、四川、广西、云南、西藏进行民族调查，调查的对象以贵州苗族、四川、云南的彝族为主，同时对壮族、土家族、布依族、侗族、瑶族、傈僳族和藏族也进行民族调查。

1907年7月，东京帝国大学出版鸟居龙藏的《苗族调查报告》一书，在该书第八章《铜鼓》中，鸟居教授详尽介绍了铜鼓研究的历史、中国古文献关于铜鼓的记载、西方学者的研究，以及他所见铜鼓之花纹形制等，并将中国西南的铜鼓与日本的铜铎进行比较，试图找到铜铎的起源。因为此书的学术影响很大，1925年《苗族调查报告》再版发行。①

在《苗族调查报告》一书于1907年初版发行前后若干年，鸟居教授有一些关于铜鼓的论文和演讲问世。

1904年，日本东京《考古界》第1—4期发表鸟居《我携带回来的一面铜鼓》一文。同年，《考古界》第3—8期发表鸟居《如何研究铜鼓：现在有什么书可以用来研究它们？》以答问的方式发表的文章。

1905年，东京《史学界》第2—7期发表鸟居《黑格尔氏的“古铜鼓考”：铜鼓研究的手册》。

在20世纪初对铜鼓研究进行关注的另一位日本学者是东京帝国大学的史学地理学教研室的坪井九马三，他翻译了荷兰汉学家狄葛乐教授1898年在阿姆斯特丹皇家科学院《通报》上刊登的《东印度群岛与东南亚大陆铜鼓考》一文，于1902年在东京《史学杂志》第3、4、5—13期上发表。1903年，坪井在其编写的历史学入门书内详细论述了铜鼓对于历史研究的作用和意义。该书还附有丰富的铜鼓图版。

鸟居龙藏和坪井九马三是一百年前日本铜鼓研究的奠基人。

此后，日本学者对铜鼓的研究沉寂了二三十年。直到1924年巴若发掘越南东山遗址，10年后革尔登命名“东山文化”以后，日本学者又开始关注东山文化和东山铜鼓。1934年，从越南河内留学归国的松本信广在日本东京发表《印度支那的文化》。1936年，同样是从越南河内留学归国的小林知生在东京《考古学杂志》第11—26期发表《法属印度支那东京平地的古文化》。1937年，日本著名考古学家、东京帝国大学的原田淑人教授在《考古学杂

①［日］德岛县立博物馆：《鸟居龙藏所见的亚细亚》，德岛县立博物馆发行，1993年10月，日本德岛市。（原书系日文）

志》第2—27期上发表《关于铜鼓的制作年代的研究》。1939年日本著名考古学家山本达郎教授在东京《东方学报》第10期上发表《泰国、云南省及东京地区出土的几种青铜器》。1940年，八幡一郎在东京《新亚细亚》第3—11期上发表《南方民族与铜鼓》。

第二次世界大战结束前，日本学者对铜鼓的研究尚属起步阶段。二战后，日本学者对铜鼓的研究从数量上说，文章逐渐增多，从质量上说，也在向研究的深度发展。

在二战后研究铜鼓的日本学者中，首先要述及的是日本著名汉学家、民族学家和研究中国华南民族史的民族史学家白鸟芳郎教授。日本东京上智大学的白鸟芳郎虽然不是考古学家，但却是战后进入铜鼓的故乡中国云南直接观察铜鼓实物，实地参观踏勘出土铜鼓的云南晋宁石寨山古墓群遗址，并回国著文的第一位日本学者。

白鸟芳郎教授到云南考察铜鼓的时间是中国刚刚改革开放后的1979年。翌年，在日本山川出版社出版的纪念白鸟芳郎的老师山本达郎博士七十年诞辰的《东南亚·印度的社会和文化》一书中发表《铜鼓的形制和纹样之分类——以〈云南省博物馆铜鼓图录〉为中心》。白鸟芳郎教授所赖以研究的《云南省博物馆铜鼓图录》一书，出版于1959年。因为当时中国尚未开放，乃至20年后，白鸟芳郎教授访问云南省博物馆时获赠的这本图录，竟成为第一位读到此书的日本学者！白鸟芳郎在此文中将云南省博物馆对铜鼓的分类法与弗朗茨·黑格尔、闻宥、广西博物馆、汪宁生、李伟卿的分类进行详细对比研究，使日本考古界得以了解中国学者对于铜鼓分类的各种观点。

白鸟芳郎教授研究云南青铜时代的文化、铜鼓、民族的文章，业已译成中文的还有1976年在东京《石棚》第10期上发表的《石寨山文化的民族成分》、1976年在《东南亚历史与文化》一书中发表的《石寨山文化的承担者——中国西南地区所见斯基泰文化的影响》、1977年在日本山川出版社出版的《从石寨山文化看斯基泰文化的影响——种族、民族的交流和它所经过的路线》、1980年在《上智史学》第25期上发表的《铜鼓的来源及其文化史的意义——闻宥著〈四川大学历史博物馆所藏铜鼓考〉》。作为民族学家和民族史学家、白鸟芳郎教授主要的研究成果是在民族学和民族史领域，但他对古代铜鼓和云南青铜文化的研究也是功不可没的。在此特别提及的是，白鸟芳郎教授1979年底初次到云南省昆明市进行学术交流时与本书作者之一李昆声相识并进行学术座谈，白鸟芳郎当时已是61岁的著名教授，而李昆声当时仅是一个35岁的助理研究员，但白鸟芳郎教授那种儒雅、和蔼可亲的长者风度和对不熟悉的事物（如古代铜鼓）那种不耻下问的谦虚态度，令人至今难忘。在其后，白鸟教授几次到昆明，都有过学术交往。如今，斯人已逝，长者风范长存！教授学术长青！谨以这段文字表达对白鸟芳郎教授的追思。

二战后，日本学者研究中国铜鼓的另一个契机是1956年对昆明市晋宁区石寨山50座滇国墓地的发掘，其中出土了一批铜鼓和“滇王之印”。1959年，北京文物出版社出版了云南省博物馆编《云南晋宁石寨山古墓葬群发掘报告》及《图录》，引起日本学者的关注。1961年，九州大学的冈崎敬教授在《史渊》第86期上发表《云南石寨山遗址与铜鼓问题》。1962年，著名学者梅原末治教授在东京出版的由东方学会编的《东方学论集》上发表《南部亚洲的铜鼓》一文。一些日本学者开始把中国云南的青铜文化（包括铜鼓）与越南北部的东山文化进行比较研究。如近森正1959年在东京《史学》第32卷第1期上发表《关于云南的东山文化的问题》和1962年在《史学》第35卷第1期上发表《试论东山青铜文化的起源问题》。与此同时，在二战前曾在越南河内留学、非常熟悉越南及东南亚古代文化的著名学者松本信广教授于1965年在横滨出版的《印度支那研究：东南亚稻作民族文化综合调查报告》一书中发表《古代印度支那稻作民族宗教思想的研究：从古代铜鼓花纹所见》，对自己几十年来的铜鼓研究进行总结性的论述。[①]

从20世纪70年代至今近40年时间，日本学者对铜鼓的研究进入一个新时期。为什么我们说是“新时期”？有两个标志，一是日本学者对铜鼓的研究开始应用考古类型学的方法，其代表人物是东京大学考古学研究室的今村启尔教授（当时的学术职称是“助手”），代表性论文是1973年在东京《考古学杂志》59卷第3期上发表的《古式铜鼓的变迁与起源》一文。众所周知，考古学的基本理论是考古地层学和考古类型学两大理论支柱。日本学者没有条件参加中国的考古发掘，此外，中国和越南的古代铜鼓出土于遗址和墓葬者极少，能够使用考古地层学进行铜鼓研究的机会对于中国和越南的考古学者来说都很困难。因此，日本学者能使用考古类型学的方法进行铜鼓研究，已经是很不容易的事了。

二是日本学者能直接观察铜鼓实物标本，参观考察古遗址和古墓，进行田野调查，甚至直接参加考古田野发掘。历史学的研究，以中国古代史为

① ［日］吉开将人：《日本学者研究铜鼓的百年回顾简史》，中国古代铜鼓研究会编印：《中国古代铜鼓研究通讯》第19期，2003—2004年，南宁。

例，历史学家只要守着一部二十四史去刻苦钻研，便可“足不出户”“秀才不出门，能知天下事”，进而发表研究。而考古学赖以研究的对象不是古书，而是实物标本，因此，仅在书斋里研究铜鼓，未免有“隔靴搔痒”之嫌。日本研究铜鼓的先驱鸟居龙藏教授、山本达郎教授，都是曾到过中国或越南，先观察铜鼓，而后发表论文的。

当代在中国最有影响的日本铜鼓研究专家、东京大学考古学研究室的今村启尔教授和上智大学文学部史学科的量博满教授，也是较早到中国云南和越南实地考察遗址和观察铜鼓的学者。1988年10月，云南省博物馆和中国古代铜鼓研究会在昆明市联合举办中国南方及东南亚地区古代铜鼓暨青铜文化第一次国际学术讨论会，应当时任云南省博物馆馆长的李昆声和当时任中国古代铜鼓研究会理事长的童恩正教授的邀请，量博满教授和今村启尔参加了此次会议。这次会议期间，云南省博物馆专门举办了一个铜鼓展览，展品中包括1975年—1976年该馆在云南楚雄万家坝进行科学发掘出土的5面万家坝型铜鼓，也就是今村启尔教授所说的“先黑格尔I型”鼓，会后，云南省博物馆又专门安排车辆陪他们参观考察了晋宁石寨山和江川李家山古墓群遗址。1990年至1993年，日本和越南进行联合考古发掘项目，发掘地点为出土过鼎乡（Lang Vac）铜鼓的鼎乡遗址。日本方面参加该项目的是量博满教授、今村启尔、宇野公一郎、东京大学的硕士研究生西村昌也和吉开将人。在此期间，新田荣治教授和横仓雅幸教授也参观考察了越南的考古发掘现场。

这一时期研究铜鼓的文章有1979年今村启尔在《东京大学考古学研究室考古学研究文集》上发表《关于先黑格尔I型铜鼓》。1980年近森正、市原常夫在日本《中国大陆古文化研究》第9卷第10期上发表《西河、红河水系流域的铜鼓分布》。1982年，名古屋博物馆的梶山胜在京都《古代文化》第34卷第8期、第10期上发表与铜鼓问题密切相关的《贮贝器考》，梶山先生还有许多研究云南青铜文化的文章发表，据我们所知，研究云南青铜时代文化的日本学者中，发表文章最多的大概是梶山先生了。正因为如此，梶山胜在云南考古界有很高的知名度。同时，他也是我们的老朋友，20世纪80年代和90年代，本书作者之一的李昆声在日本东京和名古屋都与梶山先生进行过学术交流。1984年鹿儿岛大学的新田荣治教授在日本《考古学杂志》70卷第2期上发表《越南、两广地区的青铜提筒及其演变》。1984年7月，云南省博物馆青铜器展览在东京古代东方博物馆展出，时任馆长和日本考古学会会长的著名考古学家江上波夫教授为展览的日文图录《中国云南省博物馆青铜器展》撰写题为《寄语云南博物馆青铜器展》的长篇序言。1985年，上智大学文学部史学科的量博满教授在东京出版的《三上次男博士喜寿纪念论文集》上发表《云南的早期铜鼓》一文。同年，新田荣治教授在日本《史录》第18期上发表《云南、北越、泰国发现的先黑格尔I型铜鼓》。1986年，今村启尔在东京《出光美术馆馆报》第56期上发表《出光美术馆所藏先黑格尔I型铜鼓：采用失蜡法铸造的先黑格尔I型铜鼓的发现与意义》。

20世纪90年代，日本学者中发表比较重要的研究铜鼓的文章有1990年新田荣治教授在熊本市出版的《乙益重隆先生古稀纪念文集》中的《东南亚的早期铜鼓及其影响》。西江清高教授1991年在东京上智大学的《上智史学》第36卷上发表的《评越南东山铜鼓》。

当然，20世纪90年代最重要的文章是今村启尔教授发表在《东京大学考古学研究室研究纪要》1992年第2号上的《黑格尔I型铜鼓的两个系列》。今村启尔把在中国和越南发现的黑格尔I型铜鼓分成两个亚型。大致可图示如下：

黑格尔I型铜鼓 —
- 石寨山系（喇叭形截头圆锥形腰，宽三角锯齿纹，鼓面之外圈翔鹭纹……）
- 东山系（圆筒形腰，细长三角锯齿纹，栉纹，鼓面之内圈乐舞纹，外圈翔鹭纹……）

这篇文章科学地说明中国的石寨山型铜鼓和越南的东山铜鼓属同一种类型，但从其不同的型制和不同的纹饰上又可分成两个系统，或称两个亚型。今村这一学术观点得到中国研究铜鼓的学者认同。1995年，俵宽司在东京《日本中国考古学会会报》第5期上发表《古式铜鼓的编年与分布》。同年，铃木正崇在东京《史学》64卷第3、4期上发表《关于铜鼓之礼仪与世界观的研究》。1998年，吉开将人在东京大学的《东洋文化》第78期上发表《铜鼓传统“改编”的时代》。1999年吉开又在东京《考古学季刊》第66期上发表《铜鼓的传统》。

进入21世纪以来，以日本东南亚埋藏文化财保护基金会资助的西村昌也和北海道大学的吉开将人等为代表的日本研究铜鼓和中国、东南亚考古学文化的新生代学者崭露头角。他们都有在中国或者越南等东南亚国家从事田野考古的经验，将来他们的研究成果必将有更高的水平。

2000年，鹿儿岛大学的新田荣治教授发表《关于湄公河流域的文明化过程的考古学研究》。2001年，西村昌也以他若干年来在越南进行考古调查和研究的积累，在东京日本东南亚史学会的《东南亚：历史与文化》第30卷上发表《关于红河三角洲的古城址Lung Khe遗址的新认识与诸问题》。

在21世纪开始这8年内，日本最重要的与铜鼓相关的著作是2004年在东京大学用英文发表的越南—日本联合考古调查团编撰的考古报告：《鼎乡遗址》。

第三节 越南学者的研究

越南是拥有古代铜鼓数量第二多的国家（拥有古代铜鼓数量最多的国家是中国）。越南在19世纪末论为法国殖民地，铜鼓的研究主要掌握在法国和其他欧洲学者手中。

越南学者对铜鼓的研究是在第二次世界大战结束，越南取得民族独立、建立民主共和国以后。

1959年，越南科学出版社出版了河内师范大学陶维英教授的《越南古代史》一书。该书第三编《铜器文化和骆越铜鼓》占全书约30%的篇幅，第三章《骆越铜鼓》统计，截至当时（1959年）越南共有50多面铜鼓，收藏于河内博物馆33面，其中9面属黑格尔第一类型。陶维英教授将此类铜鼓命名为“骆越铜鼓”，并认为“铜鼓起源是在越南北方，创制铜鼓的人是骆越人”。

1963年，河内科学出版社出版了黎文兰、范文耿、阮灵编著的《越南青铜时代的第一批遗迹》，这是20世纪60年代越南青铜时代最重要的一本著作，当时的越南文物保护司司长邓春韶在为该书写的序言中认为“这本书是一部在编排和叙述方面尽量做到较有系统的考古资料集”。该书作者在“引论”中说：“《越南青铜时代的第一批遗迹》是关于这个时代的第一部考古学书籍”。

据该书统计，截至1963年，在越南已发现70多面黑格尔I型铜鼓（包括明器鼓）。该书将越南的黑格尔I型铜鼓分成5式。1式鼓以玉缕鼓、黄下鼓和沱江鼓为代表，还包括中国云南的开化鼓。此式鼓的特征是体型中等，鼓身呈直柱形，纹饰丰富多彩，有人物、船、鸟等。2式鼓以庙门鼓为代表，还有章美鼓、平府鼓等。鼓的体型矮小，装饰纹样有人物、船、鸟。3式鼓以富维鼓为代表，包括瑰山鼓和玉镂II号鼓等。此式鼓的体型细高，鼓身呈直柱形，装饰纹样没有1式鼓丰富，没有人物、动物、船纹等，仅有鸟纹。4式鼓以右钟鼓为代表，包括义安鼓、广昌I号鼓、农贡鼓，体型与1式和2式类似，花纹却大不相同，已趋于图案化，鼓面出现立体蛙饰。5式鼓年代最晚，代表性的鼓是三面同文鼓。同文I号鼓之鼓面仅有太阳纹，十二芒和平行线。同文II号鼓鼓面太阳纹十二芒，图案化羽人，鸟纹。同文III号鼓鼓面仅有太阳纹，十二芒，芒间翎眼纹。这本发掘报告将东山遗址的年代确定如下：“最早的墓葬群大约在西汉前（公元前2世纪），稍后的主要是属于汉代的墓（公元初年）”。

在20世纪50年代至70年代，越南学者关于铜鼓的论述有很多是围绕对“东山文化”的研究进行的。比较重要的还有1960年河内教育出版社出版的陈国旺、何文晋著《越南共产主义制度史》。该书将东山文化年代定在公元前一千年至西汉。叶廷花在越南《考古学》1969年第2期著文《我国铁器时代初期和雄王——安阳王问题》和1974年《考古学》著文《古铜鼓的功用》，认为东山文化及东山铜鼓的年代为公元1至3世纪。

这一时期越南研究铜鼓收入资料最全的著作是1975年越南历史博物馆出版阮文煊、黄荣著《越南的东山铜鼓》，书中收集了52面铜鼓资料，这是当时收入铜鼓资料最多的著作。此书对铜鼓的起源、分类、分布、纹样、功能均有论述。其观点主要是：铜鼓起源于越南北方，以玉镂鼓为代表的黑格尔I型鼓是世界上年代最早的铜鼓。中国、缅甸、老挝、泰国、柬埔寨、印尼、马来西亚的铜鼓都晚于玉镂铜鼓，是从越南北方传入的。以玉镂铜鼓为代表的东山铜鼓的年代是公元前7世纪至公元前3世纪。

1977年，越南社会科学委员会主编的《越南历史》（第一集）认为东山文化的年代为公元前3世纪以前，这也是东山铜鼓的年代。

1987年，范明玄、阮文煊、郑生所著《东山铜鼓》一书统计，“东山铜鼓”在越南发现的达到144面。并且对在中国发现的148面“东山铜鼓”和在东南亚国家发现的55面“东山铜鼓”也做了记录。并进行了类型学研究。

1990年，越南考古研究院范辉通院士任主编，范明玄教授，阮文好教授和赖文道博士编著的大型图录《越南的东山铜鼓》一书，由越南社会科学出版社出版，在日本东京用越文和英文印刷发行，英文书名为*Dong Son Drums In Vietnam*，直译应该是“越南的东山鼓”。此书是迄今为止收集东山铜鼓资料最全面的著作。此书收入越南收藏的115面东山铜鼓，还收入中国云南收藏的3面，奥地利国家民族博物馆收藏的1面铜鼓（即云南开化鼓，19世纪流入欧洲，现更名为维也纳鼓）。范辉通院士在该书导言中，将东山文化的时代定为“青铜时代及早期铁器时代，存在于公元3世纪以来的时期”，“东山鼓是在国家形成时由东山文化的主人在越南土地上铸造的”，并且说：“根据分类学，东山铜鼓等同于黑格尔I型铜鼓”，“我们支持（黑格尔）4型的分类法”。

“导言”中说：“实际上在越南已知东山铜鼓的清单包括144面铜鼓（其中115面有完整的资料，15面不能分类，14面未经考察）”，并指出“越南东山铜鼓是当今越南学术界的重要贡献”。

《越南的东山铜鼓》一书将书中所收的119面铜鼓分成5型22式。与中国古代铜鼓研究会8分法之对照关系如下表：

中外铜鼓分类表

中国分类法	时代	外国分类法		
		黑格尔	越南	美国日本
万家坝型	春秋早期——战国晚期		东山铜鼓D型	先黑格尔I型
石寨山型	战国晚期——西汉晚期	I型	东山铜鼓A型B型	
冷水冲型	西汉中期——南朝	I型	东山铜鼓C型	
遵义型	唐——宋	I型	东山铜鼓E型	
麻江型	南宋——晚清	IV型		
北流型	西汉——唐	II型		
灵山型	东汉——唐	II型		
西盟型	唐——现代	III型		

从上表可以看出，越南学者把在越南发现的所有铜鼓都称为“东山铜鼓”。在分类上基本上属中国学者分类的石寨山型、冷水冲型和遵义型。另有6面属万家坝型（在越南北部少数民族中还有少量的麻江型，系由中国传入，也没有收入《越南的东山铜鼓》一书）。

越南学者把东山铜鼓分为A、B、C、D、E5型22式。其中A型和B型是石寨山型，时代早的为A型，晚者属B型，C型属冷水冲型，E型属遵义型。A型和B型的时代早于C型和E型，那么D型即万家坝型，越南学者认为是最晚的、退化了的铜鼓，与中国学者将万家坝型铜鼓的流行时代定为春秋（早期或更早）至战国晚期、是所有铜鼓的鼻祖的观点大相径庭，这也是中国和越南学者在铜鼓研究中最主要的分歧。据越南考古研究院阮文好教授统计，截至2004年越南共有东山铜鼓250面。

第四节　中国学者的研究

一、中国古代文献关于铜鼓的文字和图像记载

中国古代文献典籍关于铜鼓最早的记载是《世本》：“巫咸作铜鼓”。《世本》乃先秦典籍，《汉书·艺文志·六艺略》收《世本》15篇。《世

本》乃春秋时期鲁国历史学家、《左传》作者左丘明所著。所以，这是关于铜鼓的最早记载。

然后，就是晋人裴渊在《广州记》里的记载："俚僚贵铜鼓，唯高大为贵，面阔丈余，方以为奇。初成，悬于庭，克晨置酒，招致同类，来者盈门。其中富豪子女，以金银为大叉执以叩鼓。竟，留遗主人，名铜鼓钗。"

再次，南朝时期的宋人范晔所著《后汉书·马援传》："（马）援好骑、善别名马。于交趾得骆越铜鼓，乃铸为马式。"此为东汉伏波将军马援于公元43年征交趾之事。

晋朝虞喜《志林》记载："（东汉）建武二十四年，南郡男子献铜鼓，有铭。"这是公元48年之事。

晋朝还有另外有关铜鼓的记载，即《晋书·食货志》上关于禁止熔化铜钱去铸造铜鼓的记载："（晋）孝武帝太元三年，诏曰：'钱，国之重宝，小人贪利，销坏无已，监司当以为意。'广州夷人，宝贵铜鼓，而州境素不出铜。闻官私贾人，皆于此贪比输钱，斤两差重，以入广州。货与夷人，铸败作鼓。其重为禁制，得者科罪。"这是公元375年关于铜鼓的记载。

后魏郦道元《水经注》也有关于铜鼓的记载："铜鼓即骆越也。有铜鼓，因得其名。"

《陈书·欧阳頠传》记载欧阳与少数民族作战时缴获铜鼓之事："梁左卫将军兰钦之少也，与頠善，故頠常随钦征讨……钦南征夷僚，擒陈文彻，所获不可胜记。献大铜鼓，累代所无。"

《隋书·地理志》不仅记载了铜鼓，还说明了铜鼓的"号令部众"的功能："自岭已南二十余郡……诸僚皆然，并铸铜为大鼓。初成，悬于庭中，置酒以招同类，来者有富豪子女，则以金银为大钗，执以扣鼓。竟，乃留遗主人，名曰铜鼓钗。俗好相杀，多构仇怨。欲相攻则鸣此鼓，到者如云。有鼓者号为都老，郡情推服。"

唐代以降，记载铜鼓的文献逐渐增多，并在诗歌中出现对铜鼓的描述，绘画作品中也见到具象铜鼓。

唐《六典》："升军鼓之制有三，一曰铜鼓，二曰战鼓，三曰铙鼓。"

《旧唐书·南蛮传》："击铜鼓吹大角，歌舞以为乐。"唐人杜佑在《通典》里还描述了铜鼓的大体形状："铜鼓，铸铜为之，虚其一面，覆而击其上。岭南富豪家则有之，大者广丈余。"

《新唐书》记载："东谢蛮，居黔州西三百里，贵人赏有功者以牛、马、铜鼓。”

唐人刘恂在《岭表录异》中也详细记载了铜鼓的形状和纹饰以及铜鼓出土情形：“蛮夷之乐，有铜鼓焉。形如腰鼓，而一头有面。鼓面圆二尺许。面与身相连，全用铜铸。其身遍有虫鱼花草之状，通体均匀，厚二分以外。炉铸之妙，实为奇巧。击之响亮，不下鸣鼍。贞元中，骠国进乐，有玉螺铜鼓。即知南蛮酋首之家，皆有此鼓也。咸通末，幽州张直方贬龚州刺史。到任后，修葺州城，因掘土得一铜鼓，任满，载以归京。到襄汉，以为无用之物，遂舍于延庆禅院，用代木鱼，悬于斋室，今见存焉。僖宗朝，郑絪镇番禺日，有林蔼者为高州太守。有乡墅小儿，因牧牛闻田中有蛤鸣，牧童遂捕之。蛤跃入一穴，遂掘之，深大，即蛮酋冢也，蛤乃无踪。穴中得一铜鼓，其色翠绿，土蚀数处损阙，其上隐起，多铸蛙黽之状。疑其鸣蛤即鼓精也。遂状其缘由，纳于广帅，悬于武库，今尚存焉。”

在唐代诗人的诗歌作品中，出现了有关铜鼓的诗句。如唐代大诗人白居易《骠国乐》中的名句：“玉螺一吹椎髻耸，铜鼓千击纹身踊。”白居易另一首诗《送客春游岭南二十韵》有：“牙樯迎海舶，铜鼓赛江神。”类似诗句还有许浑《送客南归有怀》中的诗句：“瓦樽留海客，铜鼓赛江神。”唐代另一诗人温庭筠的《河渎神》词中有“铜鼓赛神来，满庭幡盖徘徊”这样脍炙人口的好词句。

最早将铜鼓画在绘画作品的时代，也在唐代。唐代南诏国（618年—902年）时期流传至今的一幅绘画作品《南诏图传》，共由两个长卷组成，一卷是画卷、纸本、设色，长5.73米、高0.3米，又称《南诏中兴画卷》或《南诏中兴二年画卷》。另一卷是文字卷，详细说明画卷上所画的故事。南诏国中兴二年是公元899年，这是《南诏图传》的年代，该画现收藏在日本京都藤井友邻馆内。1992年本书作者之一的李昆声教授和云南大学尹教授访问日本时，承蒙藤井善三郎馆长美意，将当时没有展出的《南诏图传》从文物库房内提出，供云南学者观摩。

《南诏图传》文字卷内容为“观音七化”，讲述南诏开国故事，表达“君权神授”思想。其中“第六化”文字为“圣僧行化至忙道大首领李忙灵之界焉。其时人机闇昧，未识圣人。虽有宿缘，未可教化。遂即腾空乘云，化为阿嵯耶像。忙灵惊骇，打鋛鼓，集村人。人既集之，仿佛犹见圣像，放大光明。乃于打鋛鼓之处，化一老人云：‘乃吾解熔铸，作此圣容所见之形，毫厘不异。’忙灵云：‘欲铸此像，恐铜鋛未足。’老人云：‘但随铜

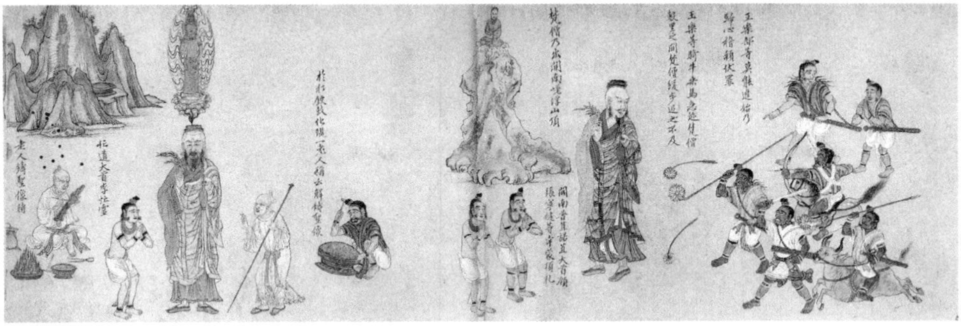

图 I-1　《南诏图传》所见铜鼓（公元 12—13 世纪）

鞕所在，不限多少。’忙灵等惊喜从之，铸作圣像，乃集村人鞕鼓，置于山上焉。”文中提到的“鞕鼓”“铜鞕”对照画卷，就是画得很逼真的铜鼓（见图I-1）。美国学者海伦·查平博士认为现存日本京都藤井友邻馆内的《南诏图传》是宋代大理国时期12—13世纪的摹本，即便如是，这也是目前世界上最早出现铜鼓的具象的绘画作品。

宋代，关于铜鼓的记载数量更多。内容更加详尽，描述更加具体。

宋《太平御览》785卷引晋人裴渊《广州记》：“俚僚贵铜鼓，唯高大为贵，面阔丈余，方以为奇。……有是鼓者，极为豪强。”

宋王应麟《玉海》：“乾德四年（公元966年）四月辛亥，南蛮进铜鼓，以请内附。……景德元年（公元1004年）四月癸酉，象州贡铜鼓，高一尺八寸，阔二尺五寸，旁有四耳，衔环，镂人骑花蛤，椎之有声。”

宋人范成大《桂海虞衡志》记述：“铜鼓，古蛮人所用，南边土中时有掘得者。相传为马伏波所遗。其制如坐墩，而空其下。满鼓皆细花纹，极工致。四角有小蟾蜍。”

宋人朱辅《溪蛮丛笑》记载：“麻阳有铜鼓，盖江水中掘得。如大钟长箭，三十六乳，重百余斤……其纹环以甲士，中空无底，名铜鼓。”

宋人周去非在《岭外代答》中对铜鼓有甚为详细的描述：“广西土中铜鼓，耕者屡得之，其制正圆，而平其面，曲其腰，状若烘篮，又类宣座。面有五蟾，分据其上，蟾皆累蹲，一大一小相负也。周围款识，其圆纹为古钱，其方文如织簟，或为人形、或如琰壁、或尖如浮屠、如玉林，或斜如豕牙，如鹿耳，各以其环成章，合其众纹，大类细画圆阵之形，工巧微密，可以玩好。铜鼓大者阔七尺，小者三尺，所在神祠佛寺皆有之，州县用以为更点。交趾尝私买以归，复埋于山，不知其何义也……或谓铜鼓铸在西京以前。此虽非三代彝器，谓铸当三代时可也。亦有极小铜鼓，方二尺许者，极可爱玩，类为士大夫搜求无遗矣。”

从周去非的著作可知，早在宋代，铜鼓就被文人士大夫喜爱并当成古董珍玩艺术品收藏了。

明代关于铜鼓最有名的记载是《明史·刘显传》，记载刘显征伐少数民族时“（刘显）克寨六十余……得诸葛铜鼓九十三……阿大泣曰：‘……得鼓二三，便可僭号称王，鼓山巅，群蛮毕集今已矣。’……鼓失则蛮运终矣！”

明人邝露《赤雅》：“伏波铜鼓，深三尺许，面径三尺五寸……两粤滇黔皆有之……夷俗赛神宴客，时时击之。重资求购，多至千牛。”

明代朱国祯《涌幢小品》：“蛮中诸葛铜鼓……藏二三面者，即得僭号为寨主矣！”

清代有关铜鼓的文献记载多不胜数，仅举数例。

清人檀萃《说蛮》：“马流人常识其处，时击铜鼓祀伏波，盖所祖也。”《滇海虞衡志》“铜鼓，粤人以为伏波，滇人以为诸葛，而实蛮之自铸也。”清代学者已经知道铜鼓非马援、孔明所造，而是少数民族自铸。

清代学者正式将铜鼓收入金石图录著作。乾隆十四年（1749年）成书的《西清古鉴》40卷中，著录14面铜鼓线图。（图I-2）乾隆五十八年（1793年）成书的《西清续鉴甲编》著录4面铜鼓线图，《西清续鉴乙编》著录5面铜鼓线图。

图I-2 《西清古鉴》所见铜鼓（公元18世纪）

清代有关少数民族风情的著述中，有大量铜鼓的文字描述和绘画。

清《百苗图·补笼仲家》：“在贵阳……以十二月朔为大节，岁时击铜鼓为欢，若掘地得铜鼓，即以为先，谓云武侯南征所遗。”这段文字配以清代壮族击铜鼓娱乐场景。（图I-3）

二、中国学者的研究

1. 初始阶段（1936年—1977年）

自秦汉以降至清末，中国古文献关于

铜鼓的记载，均系古代史官（如《后汉书》、《明史》作者）和在少数民族地区做官任职的汉族，以及汉族文人士大夫，对铜鼓——这种少数民族文物作为“奇珍异物”或古董（宋以降）加以记述，一般仅涉及铜鼓之形制、用途，有关传说等内容，因此，还谈不上对铜鼓的研究。本书在上一节归为古文献记载。

图 I–3 《〈百苗图〉抄本汇编》所见铜鼓（公元 18—19 世纪）

我国对铜鼓的研究，从近代科学意义上的研究，当肇始于上海博物馆郑师许氏，其代表作是1936年出版的《铜鼓考略》。郑氏对当时上海博物馆馆藏的几面铜鼓作了科学记录。但该书大量的篇幅是介绍奥人弗朗茨·黑格尔对铜鼓的分类方法和日人鸟居龙藏氏著作中关于铜鼓的记载。因此，严格意义上讲，该书并非研究著作，而是一本以介绍为主的著作。但不管怎么说，郑氏毕竟开了中国人研究铜鼓的先河，为后人的研究在资料上提供了很大的方便。

在这一阶段研究铜鼓的代表人物是罗香林和徐松石。徐松石1927年便开始对少数民族的铜鼓进行田野调查，并于1938年出版《粤江人民流域史》一书，内有《铜鼓研究》一章，对铜鼓的来源、民族、功能等进行了初步的研究。罗氏于1940年3月由国立编译馆中华丛书编审委员会出版的《百越源流与文化》上册中有《古代百越文化考》一文，文中第四部分为《铜鼓之制作及其纹饰》。该文全面征引中国古代文献关于铜鼓的记载，介绍了奥人黑格尔的分类法，并指出铜鼓为古越族所创制：“古代越族铜鼓，盖为其族工匠所自制，非雇中原之工匠或其他部族之工匠为之。此观于秦汉以前中原系统之铜器，并无铜鼓一类之制作，及边地其他部族皆不铸造铜鼓为宝器可以知之。”罗氏于1943年8月在独立出版社出版的《中夏系统中之百越》中有《古代百越分布考》一文，在该文附论中指出“越族在铜器时代，以铸造铜鼓为其文化特征”，并指出铜鼓的地理分布为：“以四川岷江与金沙江相汇处一区域为最北，以长江出海处之希伯岛为最东，而西南如滇、黔、桂、粤各省，经安南、暹罗、缅甸以至马来西亚群岛，更达于纽几内亚（New Guinea）附近之奎岛（Cayes）皆并有发现。”在65年前，对铜鼓的认识和了解到这个程度，殊为不易。

1949年，云南通志馆编纂出版了《新纂云南通志》，内有方国瑜《金石考》一文，论述了云南铜鼓，1919年出土的著名的“广南铜鼓”就首次发表于这篇文章内。

这一时期在铜鼓的类型学研究中，比较重要的有闻宥于1954年出版的《古铜鼓图录》。闻氏将铜鼓分为甲式（东式）乙式（西式）丙式。云南省博物馆编辑、云南人民出版社1959年出版的《云南省博物馆藏铜鼓图录》，将铜鼓分为甲、乙、丙、丁4型。1964年，黄增庆在《考古》1964年第11期上发表《广西铜鼓初探》一文，将铜鼓分成一型、二型、三型、四型4种类型。1974年，广西博物馆研究小组以“洪声”为笔名，在当年《考古学报》第1期上发表《广西古代铜鼓研究》，将广西铜鼓分甲、乙、丙、丁4种类型。

以上诸家在铜鼓类型学方面的研究，均未脱离黑格尔4分法的窠臼。

这一时期对铜鼓研究的著名学者还有冯汉骥，冯氏于1974年在《文物》第1期上发表《云南晋宁铜鼓研究》一文，首次将石寨山型铜鼓鼓面主晕上飞鸟花纹考订为“翔鹭纹”，为后来诸多学者沿用遵行。

2. 繁荣阶段（1978年—2020年）

铜鼓研究的繁荣阶段开始的标志是汪宁生教授在《考古学报》上发表的《试论中国古代铜鼓》一文。此文发表于1978年第2期，因此，1978年为中国铜鼓研究的繁荣阶段的开始时间。

繁荣阶段的另一篇标志性的重要论文是李伟卿先生在1979年第1期《考古》上发表的《中国南方铜鼓的分类和断代》。

繁荣阶段的第三个标志是1980年在南宁成立的中国古代铜鼓研究会以及该会集体编著、于1988年出版的《中国古代铜鼓》一书，以及40年来该会会员发表的数百篇高质量高水平的著作论文。主要的代表人物是石钟健、汪宁生、李伟卿、童恩正、王克荣、蒋廷瑜、李昆声、黄德荣、万辅彬、梁志明、张世铨、王振镛、郭立新、王大道、何纪生、庄礼伦、梁太鹤、宋世坤、罗坤馨、蒋英等。下面选择其中最主要的科研成果加以评述。

（1）汪宁生对铜鼓类型学的贡献：汪氏“6分法”

汪宁生教授在《考古学报》1978年第2期上发表《试论中国古代铜鼓》一文，此文对铜鼓进行考古类型学研究，令人耳目一新。其研究方法是仿照郭沫若对商周青铜器的研究，先找出古代铜鼓中不同类型铜鼓的“标准器”，尽可能用考古发掘出土、有共生器物和有明确断代依据的铜鼓作为“标准器”，再研究各类铜鼓之分布、年代以及它们之间的相互关系。该文顺便还述及功能、用途、图像、起源等，但这些研究的重要性远不如其类型学的研究。

汪宁生“6分法”与中外各家分类法之对照表

<table>
<tr><th>标准器
学者</th><th>祥云鼓</th><th colspan="2">晋宁鼓、江川鼓、西林鼓、贵县鼓</th><th>晋宁M10:3鼓、杨粲墓两鼓</th><th>灵山鼓</th><th>纪年诸鼓</th><th>西盟鼓</th><th>备注</th></tr>
<tr><td>汪宁生</td><td>A</td><td colspan="2">B</td><td>C</td><td>D</td><td>E</td><td>F</td><td>《试论中国古代铜鼓》</td></tr>
<tr><td>［奥］黑格尔</td><td>无</td><td colspan="3">I类（包括中间）类型I—II</td><td>II类</td><td>IV类（包括中间类型I—IV、II—IV)</td><td>III类</td><td>《东南亚古代金属鼓》</td></tr>
<tr><td rowspan="2">闻宥</td><td rowspan="2">无</td><td rowspan="2">乙式</td><td colspan="2">初期</td><td rowspan="2">甲式（前期、后期）</td><td rowspan="2">丙式</td><td rowspan="2"></td><td rowspan="2">《古铜鼓图录》</td></tr>
<tr><td colspan="2">中期、后期</td></tr>
<tr><td>云南省博物馆</td><td colspan="3">甲式</td><td>乙式</td><td>无</td><td>丁式</td><td>丙式</td><td>《云南省博物馆铜鼓图录》</td></tr>
<tr><td rowspan="2">洪声</td><td rowspan="2">无</td><td rowspan="2">丙型</td><td colspan="2">I—II</td><td rowspan="2">甲型（I—VI式）
乙型（I—III式）</td><td rowspan="2">丁型（I—IV式）</td><td rowspan="2">无</td><td rowspan="2">《广西古代铜鼓研究》</td></tr>
<tr><td colspan="2">III—VII</td></tr>
</table>

汪宁生“6分法”学术上的贡献是：他跳出了黑格尔“四分法”的窠臼，划分出比黑格尔I型鼓更早，更原始的汪宁生A型鼓，而黑格尔I型鼓在汪氏分类中相当于汪宁生B型和C型鼓。汪宁生在该文中正确地指出：“（汪氏）B型是A型的发展。”“B型到西汉时仍大量流行，而A型鼓已可确定在西汉以前。又A型就目前所知只分布于云南（本书作者注：汪著发表30年后已知A型分布于中国云南、广西、四川和越南、泰国），B型除云南外已扩大到广西西部、四川南部及贵州部分地区。这些迹象似暗示着A型的出现较B型略早，B型是A型的发展。A型素面无纹饰，正说明其代表的是铜鼓的初创阶段。”

关于各类铜鼓的流行年代，汪氏以下表说明：

汪宁生“6分法”各类铜鼓流行年代表

类型＼时代	先秦	秦汉	魏晋南北朝	隋唐	宋	元	明	清
A型	——							
B型	——	——	——	——				
C型		——	——	——	——			
D型			——	——	——	——	——	——
E型					——	——	——	——
F型							——	——

汪宁生关于其分类法中六类铜鼓的发展、演变及渊源关系则以下图加以解释：

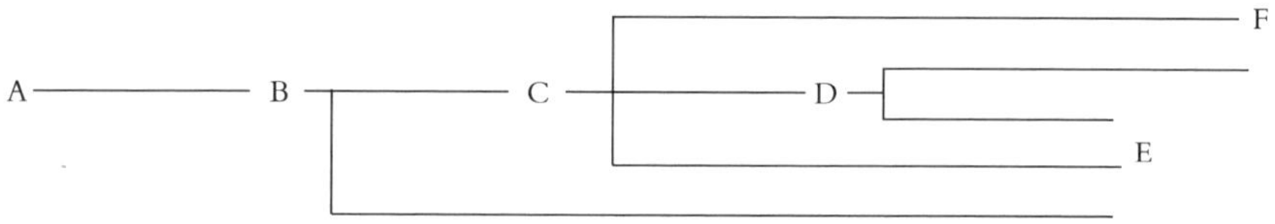

汪氏总的看法是：“（铜鼓）各型之间并不存在一种直线发展关系，一种类型往往受其前几种类型的影响。同时，一种新型的出现也并不意味以前诸型的消失，它们还可以并存一个时期。关系是错综复杂的。”

以今天的研究水平来评价汪氏40年前的“6分法”：此种分类法并非十分完美而无懈可击。汪氏“6分法”对每一类型铜鼓的器形、花纹特征研究略显粗糙，有的类型则太笼统，如汪氏C型鼓跨度太大，包括了冷水冲型和遵义型鼓，而汪氏D型鼓则含北流型和灵山型鼓，而这两个类型的铜鼓虽然很相似，但其区别仍然是明显的。

但是，瑕不掩瑜。汪宁生“6分法”对铜鼓类型学研究的贡献在世界铜鼓研究史上仍然是功不可没的。

汪宁生教授是中国考古界德高望重的资深学者，著作等身，铜鼓研究并非汪氏主要研究方向。

（2）李伟卿对铜鼓类型学的贡献：“李氏3型7式分类法”

比汪宁生稍晚半年多，李伟卿先生在《考古》1979年第1期上发表《中国南方铜鼓的分类和断代》，该文将铜鼓分为3种型7种式，产生了“李氏3型7式分类法”，见下表：

李伟卿“3型7式分类法”与中外各家分类法之对照表

分类者	分类							资料出处
李伟卿	Ⅰ型a式	Ⅰ型b式	Ⅰ型c式	Ⅱ型a式	Ⅱ型b式	Ⅲ型a式	Ⅲ型b式	《中国南方铜鼓的分类和断代》，《考古》，1979年第1期。
[奥]黑格尔		Ⅰ型（包括Ⅰ—Ⅳ过渡型）		Ⅱ型（包括Ⅱ—Ⅳ过渡型）		Ⅲ型	Ⅳ型	《东南亚古代金属鼓》，上海古籍出版社，2004年。
闻宥		乙式（西式）		甲式（东式）			丙式	《古铜鼓图录》，上海，1954年。
云南省博物馆		甲式	乙式			丙式	丁式	《馆藏铜鼓图录》，云南人民出版社，1959年。
黄增庆		二型		三型	一型		四型	《广西铜鼓初探》，《考古》，1964年第11期。
洪声		丙型		乙型	甲型		丁型	《广西古代铜鼓研究》，《考古学报》，1974年第1期。
汪宁生	A	B	C	D		F	E	《试论中国古代铜鼓》，《考古学报》，1978年第2期。

从上表可以看出，李伟卿几乎与汪宁生同时在铜鼓类型学研究上跳出奥人黑格尔氏的窠臼，在分类中列出“李氏Ⅰ型a式”铜鼓，是比黑格尔Ⅰ型鼓更早的一种类型的铜鼓，这是李伟卿在学术上的创新，“李氏Ⅰ型a式鼓”在分类上与“汪氏A型鼓”属同类。“汪氏A型鼓”之标准器为“祥云鼓”。“李氏Ⅰ型a式鼓”列出11面铜鼓，最令人瞩目的是楚雄万家坝5面铜鼓，这是经考古学家科学发掘的，有共生器物可做断代研究，有碳十四可做测定年代依据的重要科学标本，其年代可早至春秋时期。李伟卿氏、汪宁生氏当时均在云南省博物馆工作，而楚雄万家坝古墓群为1975年底至1976年初由该馆文物工作队负责发掘。两氏熟知发掘情况，并可直接观察实物标本。“春江水暖鸭先知”，汪李两氏敏锐地认识到，这批考古发掘出土的铜鼓是补充、修正黑格尔分类法最主要的科学资料，几乎同时发表了在学术上创新的“汪氏6分法”与“李氏3型7式分类法”。

“李氏3型7式分类法”与“汪氏6分法”不同之处在于：汪氏D型鼓失之笼统，李氏将其细分为Ⅱ型a式和Ⅱ型b式，弥补了这一缺陷。

李氏分类法的不足之处是以罗马数字为“型”以英文字母为“式”，对铜鼓没有研究的人读起来有些吃力和费解。

李氏关于各型式铜鼓之年代用以下简表加以说明：

李伟卿“3型7式分类法”年代简表

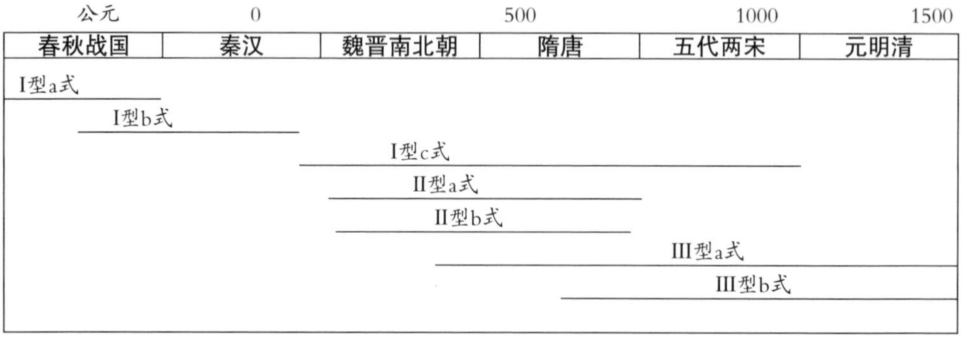

关于各类型铜鼓之间的发展演变关系，李氏则以下表加以说明：

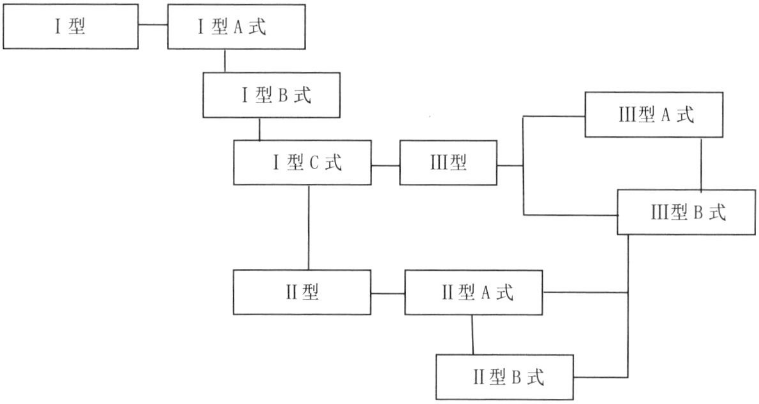

实际上，古代铜鼓的发展演变关系、渊源谱系十分复杂，仅靠理论研究可能解决不了这个学术难题。目前引进国际上用铅同位素分析的研究方法从实验室得出的数据或许可以验证理论研究结论的正确与否。举个例子：李氏II型鼓的起源，至今没有科学合理的解释。

李伟卿氏在40年前对铜鼓类型学的研究是有重要贡献的，其研究水平与汪宁生氏不分伯仲，应该载入世界铜鼓研究史册。李氏后来还有专著《铜鼓及其纹饰》问世。

（3）中国古代铜鼓研究会在铜鼓研究中的主导地位

当今学界，对某一学科的研究，不一定在该学科之学术团体——学会中出现最高水平。铜鼓研究则不然，当今中国，在铜鼓研究领域，论研究成果，无论是论文、专著、召开国际、国内学术研讨会、获得研究基金等，基本上都出自中国古代铜鼓研究会会员之手。

下面分述之：

①中国古代铜鼓研究会对铜鼓的分类："八分法"

1980年4月，中国古代铜鼓研究会在南宁市成立后，即组织研究人员对我国各文化文博单位：博物馆、考古研究所、文物管理所、文化馆、图书馆、高等院校等科研单位收藏的铜鼓进行全面调查、统计、测量、记载。结果显示，当时在我国以上机构收藏，也就是国家所有的铜鼓数量为1400多面，此数不包含私人收藏的大量铜鼓。

在此基础上，中国古代铜鼓研究会1988年出版了集体编著的《中国古代铜鼓》一书，该书是中国第一本全面研究铜鼓的综合性专著，举凡铜鼓的起源、年代、族属、功能、用途、纹饰、冶金、铸造均设专章分述。该书最重要的贡献，是提出中国古代铜鼓研究会在铜鼓分类上的新方法"八分法"。将铜鼓分成8个类型：万家坝型、石寨山型、冷水冲型、遵义型、麻江型、北流型、灵山型、西盟型。

"八分法"所确立的标准器是一组而非一面铜鼓，见下表：

中国古代铜鼓分类法

中国古代铜鼓研究会，1988年

类型名称	标准器
万家坝型	云南省楚雄市万家坝M23:158、159、160、161号铜鼓，M1:12号铜鼓
石寨山型	云南昆明市晋宁区石寨山M1:32A、M1:58、M3:3、M6:2、M6:120、M11:1、M12:205、M13:2、3、M14:15、M14:18、M15:7、M16:1、3、M17:4号铜鼓
冷水冲型	广西壮族自治区藤县冷水冲出土的100号铜鼓
遵义型	贵州省遵义市南宋播州土司杨粲夫妇墓出土的B1.47.26，B1.47.27号铜鼓
麻江型	贵州省麻江县谷峒火车站古墓葬出土的B1:2198号铜鼓
北流型	广西壮族自治区北流市水桶庵出土的101号铜鼓
灵山型	广西壮族自治区灵山县绿水村出土的粤01号铜鼓
西盟型	云南省西盟县征集的西盟1号铜鼓

"八分法"中各类铜鼓之间的发展演变关系如下图：

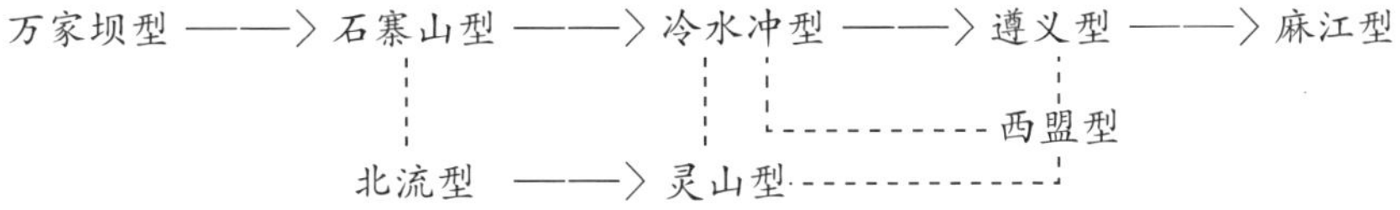

迄今为止，所有中外重要分类法列表如下：

中外各家分类法对照表

中国分类法	外国分类法			中国前人分类法					
	黑格尔	越南	美国日本	汪宁生	闻宥	云南省博物馆	洪声	黄增庆	李伟卿
万家坝型		东山铜鼓D型	先黑格尔I型	A型					I型a式
石寨山型	I型	东山铜鼓A型B型		B型	乙式	甲式	丙型	二型	I型b式
冷水冲型	I型	东山铜鼓C型		B型	乙式	甲式	丙型	二型	I型b式
遵义型	I型	东山铜鼓E型		C型	乙式	乙式	丙型	二型	I型c式
麻江型	IV型			E型	丙式	丁式	丁型	四型	III型b式
北流型	II型			D型	甲式		乙型	三型	II型a式
灵山型	II型			D型	甲式		甲型	一型	II型b式
西盟型	III型			F型		丙式			III型a式

自中国古代铜鼓研究会“八分法”诞生30多年来，这种分类法以其科学性而获得中国与铜鼓研究相关的学者认同和普遍采纳，国外研究铜鼓学者也熟悉此种分类法。

总而言之，中国古代铜鼓研究会的“八分法”以其强大的学术生命力被中国学术界所公认和采纳。

②蒋廷瑜对铜鼓研究的贡献

蒋廷瑜教授曾长期担任铜鼓的主要分布地区——广西壮族自治区博物馆馆长，是继首任理事长石钟健教授、第二任理事长童恩正教授之后的第三任理事长。如今，石钟健和童恩正两位在学术界备受尊敬的理事长均已先后仙逝。蒋廷瑜八十高龄仍活跃在铜鼓研究的第一线，著书立说、田野调查、参加学术会议、进行课题研究、与国外同行合作研究等等，实在令人佩服！

蒋廷瑜对铜鼓研究的主要贡献是在综合研究方面。近40年来，蒋氏先后著述并出版9部有关铜鼓的著作：《铜鼓史话》（1982年）、《铜鼓艺术研究》（1988年）、《北流型铜鼓探秘》（合著，1990年）、《广西铜鼓图录》（合编，1991年）、《古代铜鼓通论》（1999年）、《铜鼓——南国奇葩》（2001年）、《壮族铜鼓研究》（2005年）、《铜鼓文化》（合著，2007年）、《铜鼓》（合著，2008年）。

其中，最重要的一部是《古代铜鼓通论》，这本由紫禁城出版社出版的专著对有关铜鼓的基本知识和最新研究成果做了系统、全面的论述。内容包括铜鼓的记载、收藏、起源、分布、类型、年代、族属、用途、铸造工艺、装饰艺术、音乐、舞蹈等等，资料丰富翔实、论述周到具体。该书还大量引用壮、布依、水、侗、苗、瑶、彝、仡等少数民族使用铜鼓、保存铜鼓的习俗。这些民族学资料有不少是蒋氏本人在少数民族地区调查铜鼓所得，尤为珍贵。

此书为“20世纪研究铜鼓的集大成之作”应该是当之无愧的。

③万辅彬对铜鼓研究的贡献

万辅彬教授曾长期担任广西民族学院副院长（现为广西民族大学），现为该大学资深教授。

万辅彬系物理学教授，长期从事古代铜鼓研究，自1992年至2003年11年内在铜鼓研究方面获三项国家自然科学基金和一项国家社会科学基金。它们分别是1992年国家自然科学基金项目“中国南方少数民族铜鼓矿料来源及声学特征研究”（项目批准号：1896001），2002年国家自然科学基金项目“麻江型铜鼓振动模式及调音机理研究”（项目批准号：10164002），2002年国家自然科学基金项目“运用现代物理技术对东南亚与中国古乐器铜鼓综合研究”（项目批准号：10264002），2003年国家社会科学基金项目“铜鼓文化的保护、继承与发展研究”（项目批准号：03BMZ016）。

万辅彬应用多种现代物理技术对不同时期、不同类型、不同地区的铜鼓所特有的声学特征、调音技术及合金成分、材质、物相、传统铸造工艺和矿料来源进行研究。其中包括对越南东山铜鼓标本的研究，对中国与越南等东南亚国家的文化和技术交流提供宝贵的自然科学研究支持。

万辅彬与房明惠、韦冬萍在2003年第6期《广西民族学院学报》上发表《越南东山铜鼓再认识与铜鼓分类新说》，提出一种新的铜鼓分类法，万氏铜鼓“四分法”。将铜鼓分为四期：第一期，滥觞期，万家坝型铜鼓。第二期，成熟期，石寨山型铜鼓和东山早期型铜鼓。第三期，发展期，北流型、灵山型、冷水冲型和东山晚期型铜鼓。第四期，式微期，遵义型、麻江型、西盟型及东南亚其他国家的铜鼓。

万氏“4期10型分类法”各类铜鼓的类型与发展关系图示如下：

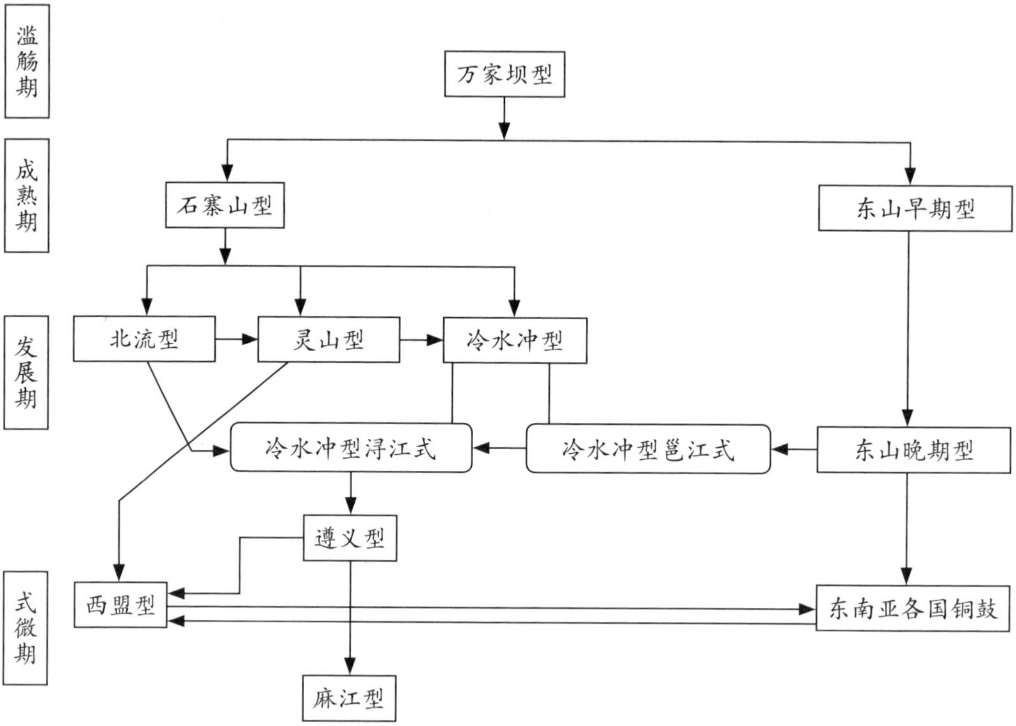

万氏分类的重要依据是对中国和越南的铜鼓进行铅同位素分析的结果，认为中国石寨山型铜鼓和越南早期型东山铜鼓是平行发展关系，而晚期型东山铜鼓对中国冷水冲型铜鼓之邕江式产生影响，并可将冷水冲型铜鼓红河式与越南东山晚期铜鼓单独分型。

万氏“4期10型分类法”的不是之处是提出论点后没有详细论述，证据略嫌不足。

此外，1990年万辅彬还与姚舜安、蒋廷瑜合著《北流型铜鼓探秘》一书，对北流型铜鼓的特征、源流、分布、年代、族属、装饰、社会功能、铸造工艺、矿料来源、声学特征与调音技术进行了全面、系统的研究。

1992年，万辅彬等人出版《中国古代铜鼓科学研究》一书，是从自然科学角度研究铜鼓的第一本专著。该书之研究建立在实验基础之上。万氏领导的“铜鼓矿料来源和铸造地点的研究”课题组，对万家坝型、石寨山型、冷水冲型、麻江型、北流型和灵山型等6个类型铜鼓进行铅同位素分析，据此进行铜鼓矿料来源考证，旁及铜鼓的冶金铸造、声学调音等方面均有研究和论述。2008年，万辅彬与蒋廷瑜、韦丹芳合著《铜鼓》一书。

④李昆声、黄德荣对古代铜鼓起源地的研究

关于古代铜鼓起源于何国何地区，是一百多年来各国学者研究的重大学术课题。同时，也是长期以来国际学术界争论最为激烈的学术难题。大致有以下观点：

A. 古代铜鼓起源于印度说

1896年，森民诺（J. D. E. Schmeltz）在*Bronze—Pauken in Indischen Archipel Intarnaticnales Archivfur Ethnographie*一书中提出古代铜鼓起源于印度。他的依据是中国元代人马端临在《文献通考》中的一段话：“大铜鼓……出自南蛮，天竺之国也。”

B. 起源于柬埔寨说

德国学者迈尔和夫瓦1898年出版*Bronze Drums in Southeast Asia*一书中提出古代铜鼓起源于柬埔寨，理由是他们所见铜鼓鼓身上有大象和孔雀花纹。因此，古代铜鼓起源于有这两种动物的柬埔寨海滨地区。

C. 越南北方起源说

1902年，奥地利人黑格尔在《东南亚古代金属鼓》一书中首先提出，在黑格尔对古代铜鼓分类的“四分法”中，黑格尔I型鼓被认为是最早的铜鼓，黑格尔认为此类铜鼓起源于越南北方。其后巴门特和戈鹭波同意此说。现在越南考古界和史学界绝大多数学者都赞同此说。

D. 起源于中国广东、广西西南部说

此说为狄葛乐1901年在*Die autiken brouze—Pauken im ostiudischen Archipel und auf dem Festlande Von sudose—Asiaen, Mitteilangen des Seminars fur orientalische sprachen*一文中提出。

E. 起源于中国中部“云梦泽”说

此说为台湾学者凌纯声1950年在《台湾大学文史哲学报》第1期上发表的《记本校二铜鼓兼论铜鼓的起源及其分布》一文中提出。

F. 起源于中国云南滇池地区说

此说为日本学者冈崎敬于1962年在《云南石寨山遗迹与铜鼓问题》一文中提出。

G. 起源于中国云南滇中至滇西地带说

此说系李昆声和黄德荣于1980年8月在《昆明师院学报》当年第4期上发表的《谈云南早期铜鼓》一文中首先提出。目前，已被中国考古界和史学界绝大多数学者赞同。

目前在国际学术界，古代铜鼓起源地的争论已集中在越南北部或是中国云南滇中至滇西地带。越南学者认为铜鼓起源于越南北部，中国学者认为铜鼓起源于中国云南滇中至滇西。

李昆声和黄德荣1980年在《谈云南早期铜鼓》一文中率先指出："我们研究了云南发现的早于黑格尔第一类型的云南早期铜鼓（黑格尔没有见过的铜鼓）后得出的结论是：最先制造和使用铜鼓的地区是我国云南的滇西—滇中地区。"该文中还指出"早期铜鼓"（即万家坝型铜鼓）"在滇西—滇中产生后，很快往东、北、南三个方向传播。往东传播的结果是在滇池区域的晋宁、江川、呈贡等地发展成为纹饰精美的石寨山型铜鼓……往北和东北方向传播，在滇东北曲靖珠街八塔台出现了承先启后的铜鼓。在四川会理、贵州赫章产生了石寨山型铜鼓。往西南方向传播，在云县产生石寨山型铜鼓。往南和东南方向传播，在文山产生了开化鼓、麻栗坡鼓（均为石寨山型）"。

李昆声、黄德荣关于铜鼓起源于云南滇西至滇中一带的看法，被中国古代铜鼓研究会所采纳。在中国古代铜鼓研究会编、文物出版社1988年出版的《中国古代铜鼓》一书第二章《古代铜鼓的起源》之第三节《铜鼓的起源地区》中说："本世纪五十年代以来，许多学者根据不断发现的新考古材料，趋向于云南中部偏西的楚雄、祥云、弥渡、昌宁一带为起源地。楚雄万家坝类型的铜鼓，其年代最早，又带有发生期的鲜明特征，这是其他地区出土的铜鼓所不能相比的，而这种原始形态铜鼓的发现又集中在这一带。那么把这一带看成古代铜鼓的发源地，是顺理成章，十分自然的事了。"

中国古代铜鼓研究会理事长，中国著名的铜鼓研究专家蒋廷瑜教授也赞同铜鼓起源于云南的观点，蒋氏在其专著1999年紫禁城出版社出版的《古代铜鼓通论》第二章《铜鼓的起源和分布》之第三节《铜鼓起源地区》中说："从目前发现铜鼓的情况来看，原始形态的铜鼓都集中发现于云南中部偏西地区，如楚雄、弥渡、祥云、昌宁等好几个县，在这个地区以外，很少发现过这些古老的铜鼓。这种早期铜鼓往后发展，就是石寨山型铜鼓。云南中部地区出土的铜鼓从早到晚可以排成队列，自成系统，发展脉络清晰。而原始类型铜鼓又从当地出土的铜釜、陶釜的形态上可以找到渊源关系，证明它们完全在这里土生土长。由此可见，铜鼓最初发生于云南。"

1980年，李昆声、黄德荣提出铜鼓起源于云南滇西至滇中地区所依据的考古资料是16面“早期铜鼓”，即万家坝型铜鼓。1990年，李昆声、黄德荣在研究了中国和东南亚发现的29面万家坝型铜鼓的基础上，在《考古》1990年第5期上发表《论万家坝型铜鼓》一文，仍坚持认为：“我们仍然认为，滇中至滇西一线是古代铜鼓的起源地。万家坝型铜鼓在滇中至滇西一线产生后，很快即往东、北、南三个方向传播。”该文进一步指出：“由此可见，云南是世界铜鼓的起源地，云南发现的26面铜鼓是全世界铜鼓的祖先无疑。”同时，在考古类型学研究上，该文首次将万家坝型铜鼓分为4式，年代为春秋早期至战国晚期。

2007年，李昆声、黄德荣以中国、越南、泰国发现的62面万家坝型铜鼓为基础，并参照用铅同位素方法对一些万家坝型铜鼓的检测分析结果，写成《再论万家坝型铜鼓》一文，发表于《考古学报》2007年第2期。在此文中，对“滇中至滇西是古代铜鼓起源地”的观点，用自然科学的结论，即对万家坝型铜鼓进行铅同位素分析的结果，支持了铜鼓起源于云南的观点。

从1980年李昆声、黄德荣首次发表古代铜鼓起源地在中国云南滇中至滇西一带的观点，至今40年时间，已为大多数中国研究铜鼓的学者所赞同。

三、台湾和香港学者的研究

（一）台湾学者的研究

1. 台湾典藏的铜鼓

台湾不是古代铜鼓的制造、流传和分布地区。1949年因故宫部分文物迁台、私人收藏等原因，台湾相关机构和私人均典藏一些古代铜鼓。根据龙村倪教授的统计，台湾共收藏铜鼓30面左右，其中，相关机构收藏23面，私人收藏7面左右。

台湾相关机构收藏铜鼓情况如下：

台北“故宫博物院”11面，分别来源于原“中央博物馆”接收清朝奉天（沈阳）行宫之收藏；1949年国民党迁台时，从北京故宫博物院藏品中携往台北。这批铜鼓科学价值较高，多数曾著录于清乾隆时期《西清古鉴》一书。这11面铜鼓分属冷水冲型和麻江型。历史博物馆3面，属北流型。

台湾大学考古人类学系2面，1面为冷水冲型、1面为北流型。

台湾博物馆7面，为麻江型和灵山型。[①]

---

① 龙村倪：《台湾蒐藏的铜鼓》，中国古代铜鼓研究会编印：《中国古代铜鼓研究通讯》第10期，1994年12月，南宁。

2. 台湾学者的研究

台湾逢甲大学胡志佳教授曾对台湾学者对铜鼓的研究著有专文论述，今据胡氏论文简介如下：关于古代铜鼓的分类、分期、断代等方面，有陈万鼐在《美育》1998年第101期上发表的《试以汉代音乐文献和出土文物资料研究汉代音乐史——讨论汉代击奏乐器与西南夷民族乐器》，吴远山在《美育》1997年第87期上发表《云南古代铜鼓之美》，龙村倪在台北“故宫博物院”1992年出版的《“中国艺术文物讨论会”论文集》上发表的《铜鼓鼓面中心太阳纹的演变——兼谈越南东山鼓》，曾瀚霈在台湾《“中央大学”社会文化学报》1998年第7期上发表的《铜鼓的认知与中原文化本位的思考推论》；在铜鼓艺术研究方面，有台湾文化大学艺术研究所的2篇硕士学位论文，1993年吴远山的《云南古代铜鼓研究兼论其地域性纹饰造型之演变》，1995年刘客养的《广西壮族铜鼓音响的研究》，2005年台湾逢甲大学刘静敏教授的《蛙类造型艺术综论》。[1]

总的来说，因接触铜鼓的机会不多，台湾学者对铜鼓的研究人数不多，文章亦少。

（二）香港学者的研究

香港学者对铜鼓的研究，最重要的学者是徐松石和饶宗颐两教授。

徐松石自1927年便开始对少数民族的铜鼓进行田野调查，并于1938年出版的《粤江流域人民史》一书，内有《铜鼓研究》一章，对铜鼓的来源、民族、功能等，进行了初步的研究。1974年，香港东南亚研究所以丛书形式，作为“远东民族史研究”第五册，出版了徐松石的《百粤雄风　岭南铜鼓》一书。该书共22章，全面研究了广东、广西分布的“粤式铜鼓”。关于铜鼓起源于何物？徐氏认为：“铜鼓的制作，似乎是脱胎于木鼓”。关于创制铜鼓系何种古代民族？徐氏在书中说：“岭南俚僚创造铜鼓，必在交趾人铸造铜鼓之前。”关于古代铜鼓起源的年代，徐氏说：“大约在秦末汉初，岭南俚僚已经开始铸造铜鼓了。”关于铜鼓功能、用途，徐氏以自己在岭南的田野调查为依据，列举了铜鼓的24种用途，如“音乐用”，即铜鼓作为乐器的基本功能；“豪富的表示”，即铜鼓有显示财富的功能；“殉葬用”“祈雨用”“年节双庆用”等等功能。

饶宗颐教授于1973年在台湾《东吴大学中国艺术史集刊》第1期上发表

① 胡志佳：《铜鼓研究在台湾》，《声震神州——文山铜鼓暨民族历史文化国际学术研讨会论文集》，云南人民出版社，2005年10月，昆明。

《说錞于与铜鼓》。次年，即1974年在同一刊物第3期上发表铜鼓续论，在铜鼓起源于何物的研究方面，倾向于铜鼓起源于錞于，在起源地研究方面则倾向于起源于巴蜀即四川地区。1982年元月，香港《中华书局》出版饶氏论文集《选堂集林史林》，内《铜鼓余论》文中"说錞于与铜鼓"倾向于铜鼓起源于錞于与"鼓"的结合。原因为"朱氏以为铜鼓之制作，乃斟酌錞于与鼓二者而为之，其说较徐氏以铜鼓出自錞于，更近情理"。

饶氏此文集中有《记海外铜鼓兼论出口鼓》一文，记述马来西亚、新加坡、印度尼西亚公立机构及私人收藏铜鼓。其中有1964年6月在马来西亚东部海岸发现的两面铜鼓，其中一面铜鼓的装饰花纹有带桨的船纹，连续三角锯齿纹，应当是石寨山型铜鼓。在此节文字中饶氏提出中国古代铜鼓向海外播迁，即"出口鼓"的问题，应当引起重视和深入调查研究。

第　二　章

中国万家坝型铜鼓

第一节　在中国和东南亚的发现与分布

万家坝型铜鼓的分布是：中国50件，其中云南46件、广西3件、四川1件，越南8件，泰国3件，共计62件。

1．中国云南　40件

楚雄大海波11号鼓

1960年出土于楚雄市敦仁乡大海波。面小于胸，胸径最大处居中偏下，腰上窄而下宽，足较陡，口沿内折，胸腰间有半环茎小耳两对，通体光素。高27厘米、面径26.5厘米。现藏于云南省博物馆。①

楚雄万家坝M23：158号鼓

1975年出土于楚雄市鹿城镇万家坝M23号墓。鼓面太阳纹呈圆饼形突起，无芒，无晕。面小于胸，胸部最大径居中偏下。腰部纵分为十六空格，格下边近足处饰勾连雷纹一周。鼓身两道合范线，鼓内壁对称如意云纹二组。外有烟熏痕迹。高40厘米、面径46.5厘米。现藏于云南省博物馆。②

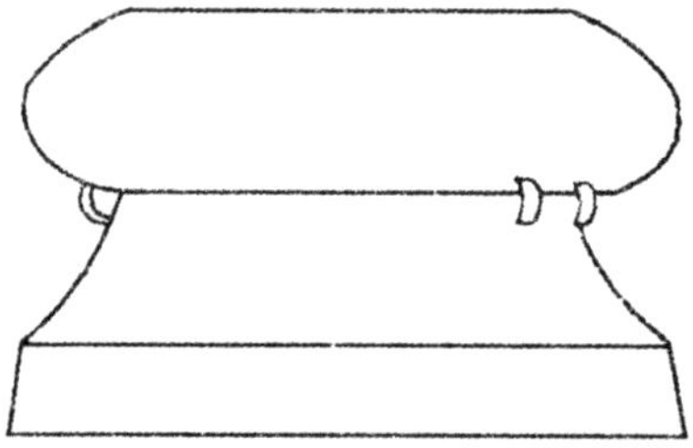

图Ⅱ-1　楚雄大海波11号鼓

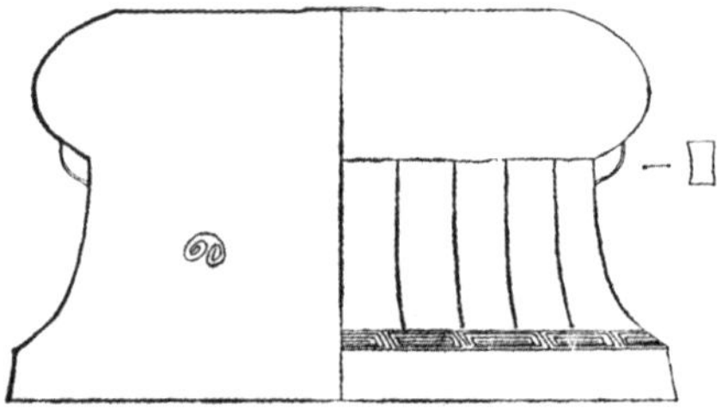

图Ⅱ-2　楚雄万家坝M23：158号鼓

① 李昆声、黄德荣：《论万家坝型铜鼓》，《考古》，1990年第5期。
② 云南省文物工作队：《楚雄万家坝古墓群发掘报告》，《考古学报》，1983年3期。

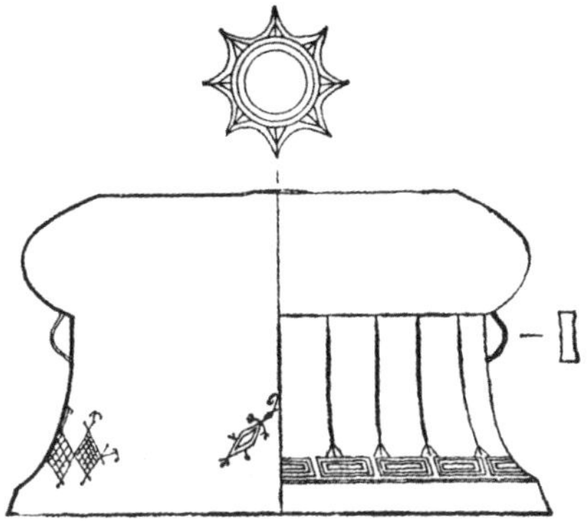

图 II-3 楚雄万家坝 M23：159 号鼓

楚雄万家坝M23：159号鼓

1975年出土于楚雄市鹿城镇万家坝M23号墓。鼓面太阳纹呈圆饼形突起，外绕三道弦纹，周围由阳线勾出八角形光芒。面小于胸，胸部最大径居中偏下，腰较粗壮，胸腰间有小扁耳两对，足较矮，足沿内折。腰由三叉足阳线纵分为十二空格，格下边近足处饰勾连雷纹一周。鼓内壁环列正面鼍纹三组，如意云纹三组，侧身鼍纹一个。高37厘米、面径41.5厘米。现藏于云南省博物馆。[①]

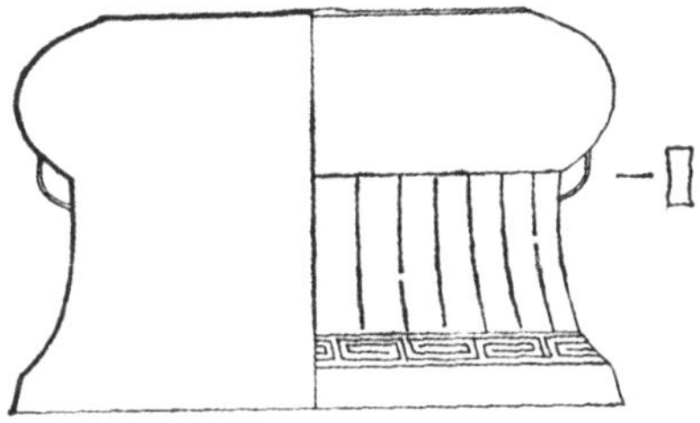

图 II-4　楚雄万家坝 M23：160 号鼓

楚雄万家坝M23：160号鼓

1975年出土于楚雄市鹿城镇万家坝M23号墓。鼓面太阳纹呈圆饼形凸起。鼓腰由单线纵分成二十四空格，格下边近足处饰勾连雷纹一周，皆阳纹。胸腰间有窄条小扁耳两对，足沿也内折。高34厘米、面径38厘米。现藏于云南省博物馆。[②]

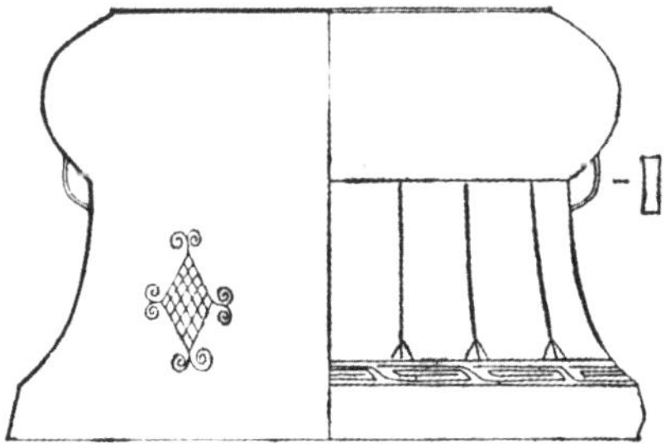

图 II-5　楚雄万家坝 M23：161 号鼓

楚雄万家坝M23：161号鼓

1975年出土于楚雄市鹿城镇万家坝M23号墓。鼓面太阳纹凸起，周围线画十八个角形光芒，芒尖弦纹一道。胸腰间有窄条小扁耳两对，足沿也内折。腰由三叉足单线纵分成十五空格，格下边近足处饰勾连雷纹一周。足部内壁也有鼍纹。高39厘米、面径41厘米。现藏于

① 云南省文物工作队：《楚雄万家坝古墓群发掘报告》，《考古学报》，1983 年 3 期。
② 同上。

云南省博物馆。①

楚雄万家坝M1：12号鼓

1975年出土于楚雄市鹿城镇万家坝M1号墓。鼓面仅中心呈圆饼形凸起。胸腰际有窄条小扁耳两对。腰部由单线纵分为十六空格，格下边有两道弦纹，内壁无纹饰。足沿直口。高38.5厘米、面径46厘米。现藏于云南省博物馆。②

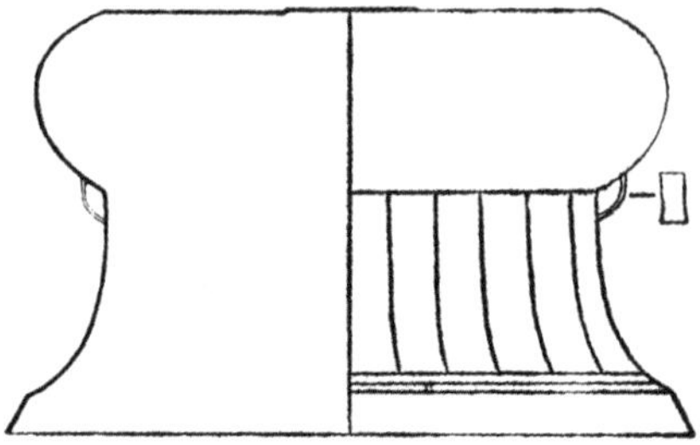

图 II–6 楚雄万家坝 M1：12 号鼓

牟定小贝苴鼓

1962年出土于牟定县戌街公社香贝大队小贝苴村。出土时鼓面朝下，鼓面无芒、无晕。胸部最大径在中部偏上处，腰部被下端为短斜线之垂直线分为十格，格间饰羽纹六道，其中有两道并连在一起，腰部下端饰长方形雷纹一周。胸、足部光素。四扁耳，鼓身两道合范线。高33厘米、面径41厘米、腰径62厘米、足径72厘米、壁厚0.8厘米。现藏于牟定县文管所。③

牟定小铜鼓

20世纪80年代，牟定县一山村农民掘土时发现，被他砸成碎片卖给废品站。云南民族学院博物馆闻讯后征集到23块残片，并修复成型。该鼓体形小，胸部最大径偏上，原有四对绳纹耳，现存五耳，鼓面中心有凸起圆饼状光体，鼓身光素。出土地点、情况不明。高17.8厘米、面径22厘米、足径22.4厘米。现藏于云南民族大学博物馆。④

牟定县吴家山鼓

1992年，农民在牟定县军屯乡余丁村公所吴家山种地时偶然发现。鼓面饰太阳纹，六角形光芒。胸、腰素面，胸部膨胀，最大径在中部偏上。胸腰部有两只扁耳，鼓身明显有两道合范线。高32厘米、面径26.5厘米、胸径40

① 云南省文物工作队：《楚雄万家坝古墓群发掘报告》，《考古学报》，1983 年 3 期。

② 同上。

③ 李昆声、黄德荣：《论万家坝型铜鼓》，《考古》，1990 年第 5 期。

④ 玉腊：《民院博物馆文物珍品选介》，《云南民族学院报》，1996 年 11 月 5 日。

厘米、足径44.2厘米。现藏于牟定县文管所。[①]

禄丰麦地冲鼓

1983年2月出土于禄丰县碧城镇胜利大队麦地冲，出土时鼓面朝上，鼓足斜向下。鼓面中央饰太阳纹。胸、足部素面，腰被垂直线分为十二格，近足处饰弦纹二道，足内沿有折边。鼓身两道合范线。高26厘米、面径24.2厘米、足径32厘米、厚0.25厘米。现藏于禄丰县文管所。[②]

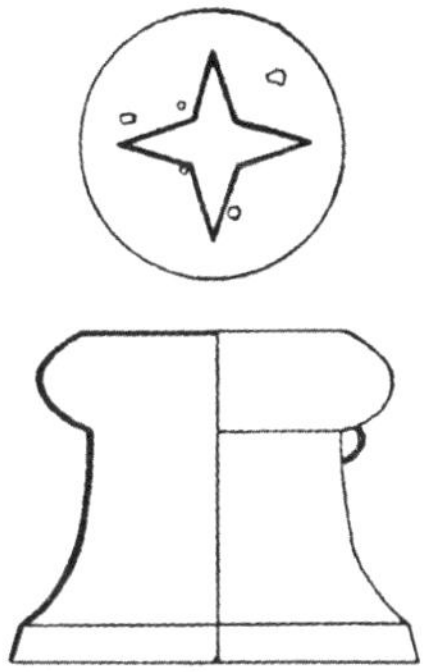

图 II-7　祥云大波那 M1：19 号鼓

祥云大波那M1：19号鼓

1964年出土于祥云县刘厂乡大波那村M1号墓。鼓面仅中央凸起四角形太阳纹。鼓身光素。胸腰际有窄条小扁耳两对，足沿直口。高27.8厘米、面径23厘米。现藏于云南省博物馆。[③]

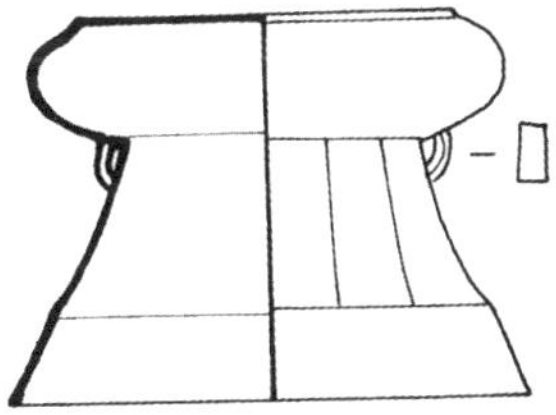

图 II-8　楚雄市三街鼓

楚雄市三街鼓

1985年9月，农民在楚雄市三街镇丫口田山坡上锄草时发现。鼓面有圆饼状光体，无光芒。胸部膨胀，光素，最大径在中部偏上。腰部和足部各有二道弦纹。胸腰之间有两对扁耳，鼓身有两道清晰的合范线。发现时鼓面朝下。高37厘米、面径38.5厘米、胸径47厘米、足径50厘米。现藏于楚雄州博物馆。[④]

姚安县营盘山鼓

1986年5月，在姚安县仁河乡青蛉村营盘山被农民种烟叶地时偶然发现。与此鼓伴生有19件青铜器，有斧、矛、削、铃、镞等。鼓面太阳纹仅有光体而无光芒，鼓身通体光素，胸、腰、足三段

① 李昆声、黄德荣：《再论万家坝型铜鼓》，《考古学报》，2007 年第 2 期。
② 李昆声、黄德荣：《论万家坝型铜鼓》，《考古》，1990 年第 5 期。
③ 云南省文物工作队：《云南祥云大波那木椁铜棺墓清理报告》，《考古》，1964 年 12 期。
④ 李昆声、黄德荣：《再论万家坝型铜鼓》，《考古学报》，2007 年第 2 期。

分明，胸部最大径偏上，是典型的万家坝型铜鼓，发现时鼓面朝下放置。此鼓通高30厘米、面径27厘米。现藏于姚安县博物馆。[1]

姚安县下新屯I号、II号鼓

2000年5月，农民在姚安县龙岗乡下新屯种地时掘获2面铜鼓，无伴生器物。此两鼓形制相同，大小有别。鼓面均饰太阳纹，仅有光体而无光芒。胸、腰、足三段分明，大鼓腰部有二十一条纵线，足部有一圈绳辫纹，小鼓腰部有十三条纵线。根据民族学调查资料，云南现代少数民族在使用铜鼓时，常常分公鼓母鼓。两鼓在同一地点发现，形制相同，大小不一，疑是一对公母鼓。大鼓高28厘米、小鼓高27厘米。现藏于姚安县博物馆。[2]

大姚县七街鼓

1996年，七街村民锄地时发现。出土时鼓面朝下，鼓面饰太阳纹，十三芒。腰部由纵线分格，格间饰羽状纹，其下有三道弦纹，胸腰间铸一对桥形耳，足饰三角形纹。高38厘米、面径25.5厘米、足径39厘米。现藏于大姚县文管所。[3]

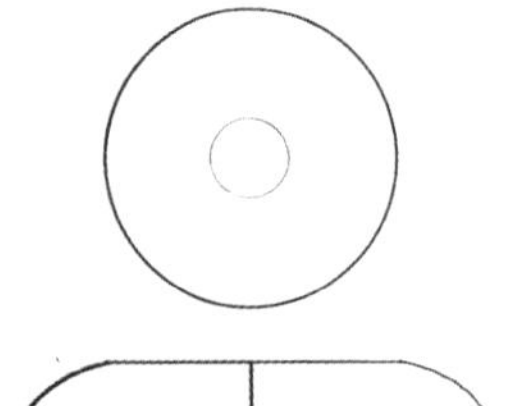

图 II-9　姚安营盘山鼓

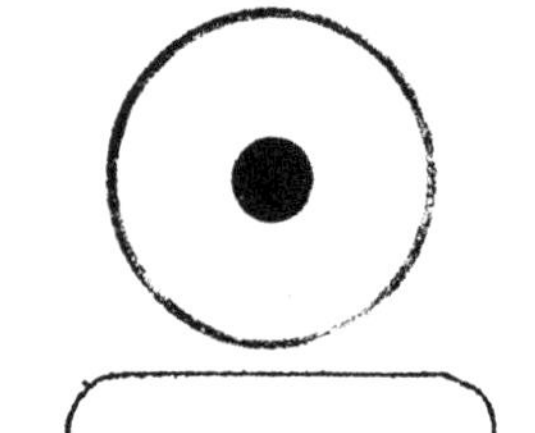

图 II-10　姚安县下新屯 II 号鼓

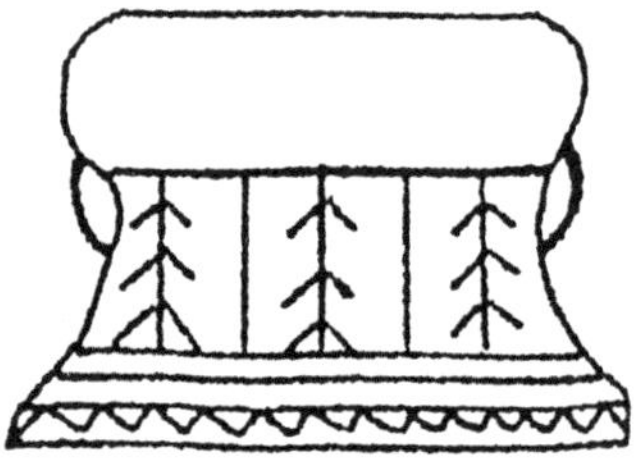

图 II-11　大姚县七街鼓

① 李昆声、黄德荣：《再论万家坝型铜鼓》，《考古学报》，2007 年第 2 期。

② 同上。

③ 同上。

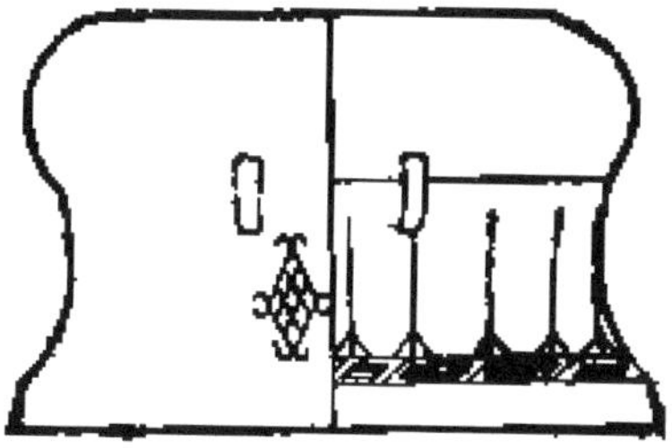
图 II-12　弥渡三岔路鼓

弥渡三岔路鼓

1978年出土于弥渡县苴力镇三岔路村。鼓面中心饰太阳纹，内层饰八个交叉的三角形纹。腰部急收，由三叉足阳线纵分为十八空格，格下边近足处饰勾连雷纹一周。鼓内壁有鼍纹一对。高26厘米、面径26.8厘米。现藏于弥渡县文管所。[①]

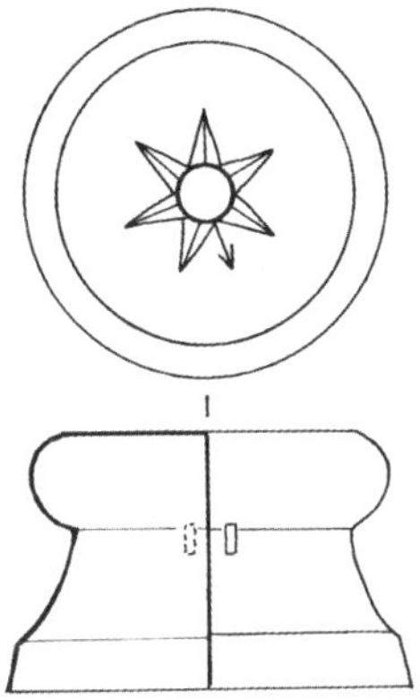
图 II-13　弥渡青石湾鼓

弥渡青石湾鼓

1979年出土于弥渡县苴力镇青石湾村。鼓面中央太阳纹，周边作六角芒纹，另在两芒之间夹角饰一箭头纹。鼓身光素，胸部特别膨胀，腰部急收，足部外扩。高33.5厘米、面径34.5厘米。现藏于大理州博物馆。[②]

南涧县三岔河鼓

1990年8月，三岔河村民在村后山上发现。出土时鼓面朝下，鼓面饰太阳纹，腰部被纵线分为八格，格间无纹。鼓身两道合范线，四扁耳。高29.9厘米、面径29.5厘米、足径47.5厘米。现藏于大理州博物馆。[③]

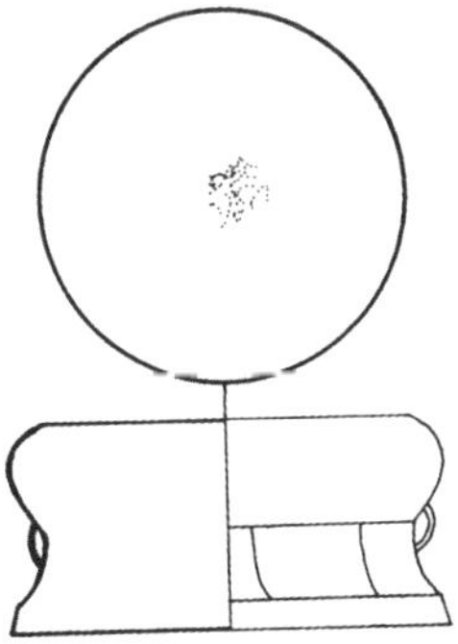
图 II-14　砚山县大各大鼓

砚山县大各大鼓

1997年6月出土于砚山县阿基乡大各大村。出土时鼓面朝下，体型大，稍扁矮，鼓面小，胸部突出，距面边沿5.5厘米处有一圈浇铸残留的垫片痕迹，鼓面中央锈蚀严重，腰部以单线纵分成八格，胸腰间铸有两

① 大理州文化馆：《云南弥渡县苴力公社出土两具早期铜鼓》，《考古》，1981年第4期。
② 同上。
③ 李昆声、黄德荣：《再论万家坝型铜鼓》，《考古学报》，2007年第2期。

对条形小扁耳，鼓身两道合范线，足部略残，高40厘米、面径65厘米、足径81厘米。现藏于文山州博物馆。①

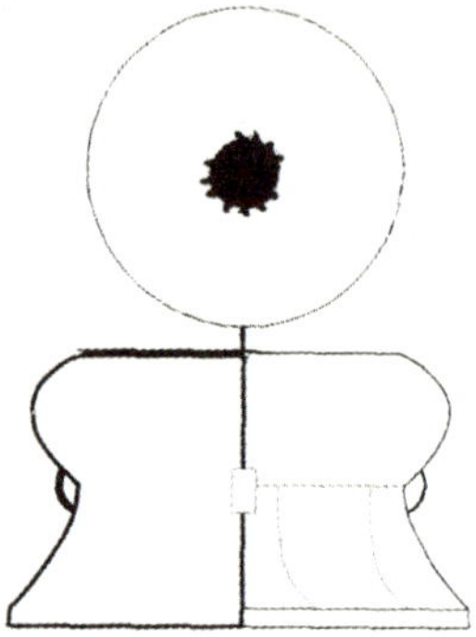
图 II–15　广南沙果村 I 号鼓

广南沙果村I号鼓

1980年代广南沙果村先后出土了2面铜鼓，沙果村位于广南县之西南60千米，2面铜鼓分别出土于沙果后山之南、北坡。1983年3月出土，出土时鼓面朝下，鼓面中央饰太阳纹，其外十三芒、八芒不清楚。胸、足部素面，腰被垂直线纵分为八格，格间无纹。鼓身可见许多垫片疤痕，有的垫片已脱落。四扁耳，铜色偏紫。高37.1厘米、面径45—47厘米、胸径55.5厘米、腰径42.1厘米、足径62.8厘米，重29千克。现藏于广南县文管所。②

图 II–16　广南沙果村 II 号鼓

广南沙果村II号鼓

1985年3月出土，距I号鼓出土地约500米，出土时鼓面朝下。鼓面中央饰一直径约9厘米的太阳纹，除此之外均为素面。胸部最大径偏下，此鼓仅铸两扁耳，两耳大小不一且氧化严重。高31.3厘米、面径40.3厘米、胸径55.1厘米、腰径41厘米、足径53厘米、壁厚0.2—0.6厘米。现藏于广南县文管所。③

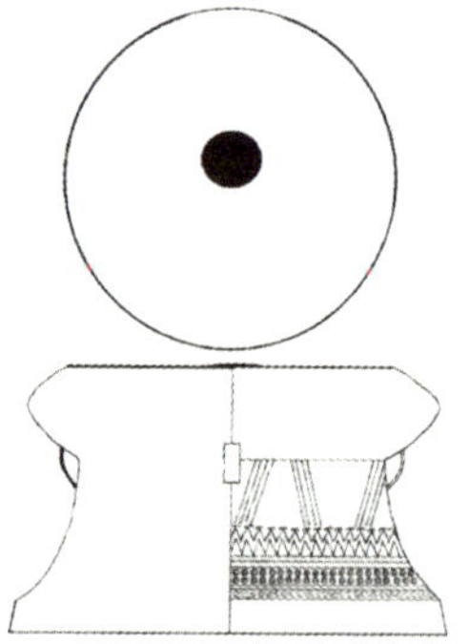
图 II–17　文山平坝鼓

文山平坝鼓

1926年出土于文山平坝地区，出土后一直保存在民间，1987年6月被文山州文物部门发现。鼓面一太阳纹，无芒、无晕。胸部最大径偏上，胸、足部光素。腰部由4或5条斜线组成的纹带纵分成八格，腰部六晕，一晕为带卷云的三角形纹；二、三、五晕光

① 文山州文化局编著（黄德荣主编）：《文山铜鼓》，云南人民出版社，2004 年 7 月，昆明。
② 李昆声、黄德荣：《论万家坝型铜鼓》，《考古》，1990 年第 5 期。
③ 同上。

素；四晕为对称排列的同心圆纹；六晕为绳纹。四扁耳，鼓身两道合范线，合范线明显错位，鼓身通体可见垫片94枚。高26.5厘米、面径33厘米，重13.8千克。现藏于文山州博物馆。①

丘北草皮村鼓

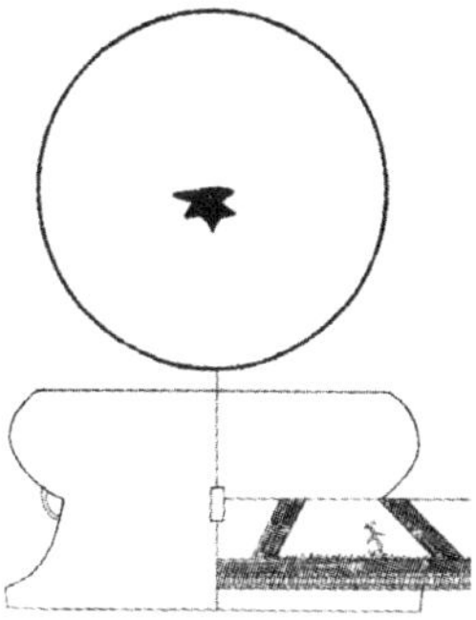

图 II-18　邱北草皮村鼓

1962年7月在丘北县草皮村东面约700米之龙山，距地表约50厘米深处发现。出土时鼓面朝下，鼓内伴有铜矛、铜钺等兵器。鼓面中央饰太阳纹，六芒，无晕。胸部最大径偏上，胸、足部光素。腰部已形成上下分格，上格以八道约5厘米宽的雷纹将其分为大小不等的八格，其间饰十三个鼍纹。下格五晕，一晕锯齿纹，二晕雷纹，三晕点纹，四晕圆涡纹，五晕点纹。四半环扁耳。鼓身两道合范线，合范线明显错位。值得注意的是合范线两侧各有二个对称的圆形乳柱高出器表，乳柱高1.5、直径约1厘米。内外壁可见浇铸时残留的垫片疤痕，共9圈169枚。高39厘米、腰径55厘米、足径74厘米、壁厚0.3—0.8厘米。现藏于文山州博物馆。②

广南县者偏鼓

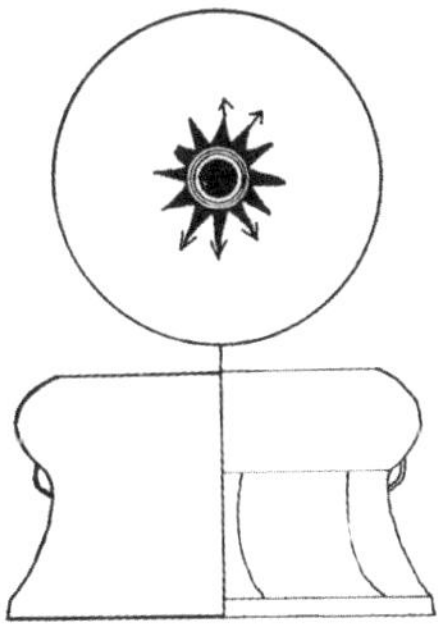

图 II-19　广南县者偏鼓

2001年7月6日，在广南县者兔乡者偏村安得克山出土。该鼓出土时鼓面朝下，距地表1米左右。鼓胸、腰、足三段分明，面径小于足径，面与胸之接合部平滑，腰部纵剖面呈喇叭状，足部短矮外侈。鼓面中心太阳纹，光体外饰三道圆圈纹，圆圈上十二道长三角形光芒，其中有五道光芒之芒尖上有箭头纹。胸部光素无纹，胸腰间铸四只绳纹小耳。腰部以八条单垂线分格。胸腰部可见两条合范线，鼓内及鼓胸部残留浇铸时留下的垫片疤痕各5枚。高36厘米、面径45厘米、足径64厘米。现藏于广南县文管所。③

① 李昆声、黄德荣：《论万家坝型铜鼓》，《考古》，1990 年第 5 期。

② 同上。

③ 文山州文化局编著（黄德荣主编）：《文山铜鼓》，云南人民出版社，2004 年，昆明。

昌宁八甲大山鼓

1973年出土于昌宁县达丙乡九甲村八甲大山。鼓面中央有圆饼形太阳纹凸起，胸部光素，腰部纵分十二格，近足处有两道合范线。高39.8厘米、面径41厘米。现藏于昌宁县文管所。[①]

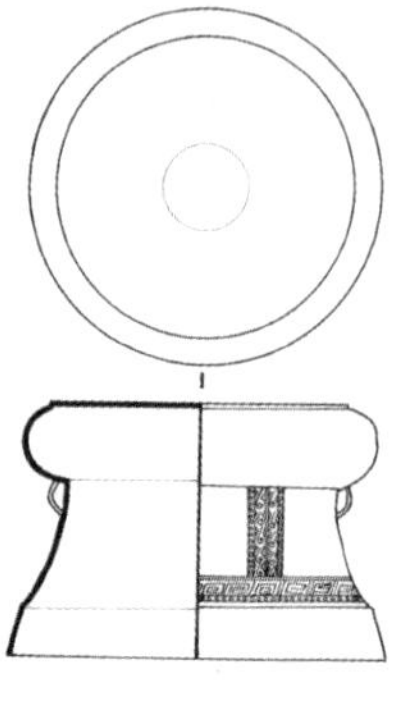

图 II–20 云县曼遮鼓

云县曼遮鼓

1992年12月，发现于云县幸福乡曼遮村。出土时鼓面朝下，鼓面饰太阳纹，腰部被纵向卷云纹带分为六格，腰部下饰云雷纹。高43厘米、面径47厘米。现藏于云县文管所。[②]

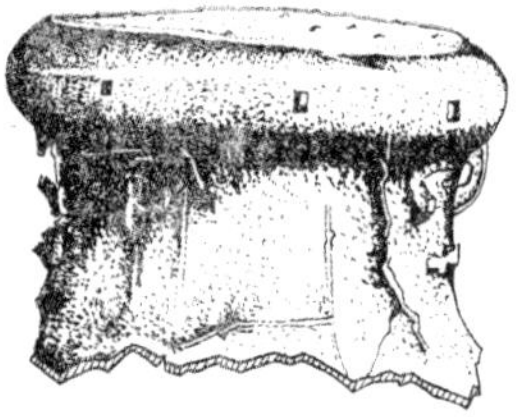

图 II–21 腾冲固东鼓

腾冲固东鼓

1981年7月发现于腾冲固东茶子圆二龙山（距小钟山约4千米）。该鼓通体无纹饰，锈蚀严重，胸部最大径稍低。高30厘米、面径45厘米、足径50厘米。现藏于腾冲市文管所。[③]

腾冲苦草坡脚鼓

1985年8月出土于中缅边境的古永区苦草坡脚，西南距苏江林场1.5千米，系民工建涵洞取土时发现。鼓距地表约10厘米，出土时鼓面朝下。鼓面中央饰太阳纹，无芒、无晕。胸、足部素面，腰部被纵线十条分为十格，格间无纹，四扁耳。胸部和腰部存垫片脱落形成的穿孔十四个，每孔面积约1.5平方厘米。高26厘米、面径34.5厘米、胸径42.7厘米，腰径35.6厘米、足径45厘米。现藏于腾冲市文管所。[④]

腾冲县中和鼓

1992年，发现于腾冲市中和乡东坪村小卧龙山寨。胸、腰、足三段分

① 云南省博物馆：《近年来云南出土铜鼓》，《考古》，1981 第 4 期。
② 李昆声、黄德荣：《再论万家坝型铜鼓》，《考古学报》，2007 年第 2 期。
③ 同上。
④ 同上。

明，胸部膨胀显著，足部较高。鼓面太阳纹有光体而无光芒，腰靠近足部处有二道弦纹，鼓面内壁铸凸起四饰物，鼓足内有折边。高43.5厘米、面径43.5厘米、足径55厘米。现藏于腾冲市文管所。①

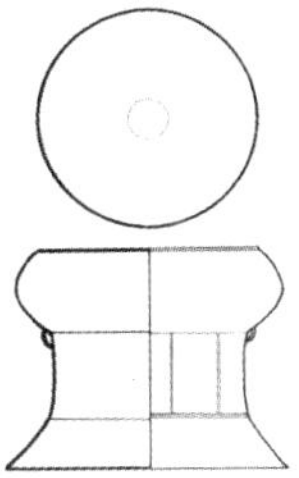

图 II–22
腾冲县中和鼓

梁河县勐来鼓

1994年，农民在梁河县河西乡勐来村高营盘山地开挖菜园时掘获，2000年11月被云南省腾冲市文物管理所征集。发现时鼓面朝下，鼓内填满泥土，未有伴出物。鼓面中央有太阳纹，十二芒。腰部由十二道下端为叉头形纵线分为十二格，足部五道弦纹，腰内壁有由三组鼍纹和螺旋纹组成的图案装饰。高34厘米、面径36.5厘米。现藏于腾冲市文管所。②

曲靖市八塔台2号鼓

1990年10月13日，曲靖市文化局范利军副局长下乡时，在曲靖市珠街乡三元村公所董家村村民张永周家屋内发现，其时该鼓被作为花盆使用，后征集并收藏在曲靖市麒麟区文物管理所内。著名的曲靖八塔台古墓群就位于董家村外，经调查，张永周于1977年10月在八塔台二号堆挖土时掘获，而曲靖八塔台1号墓则位于一号堆。因而，报道此事的文章作者将此鼓确定为在1号墓出土并“暂称为曲八M1：0号铜鼓”，这是不科学的。云南省文物考古研究所收藏的曲八M1：1号铜鼓是1号墓内出土的，该鼓属于万家坝型IV式鼓，为万家坝型向石寨山型过渡时期的铜鼓，时代显然比所谓“曲八M1：0号铜鼓”要晚，不是同一时期的器物。因而可以确定此鼓并非曲靖八塔台1号墓出土，但可以确定为曲靖八塔台二号堆出土铜鼓，本文命名此鼓为八塔台2号鼓。

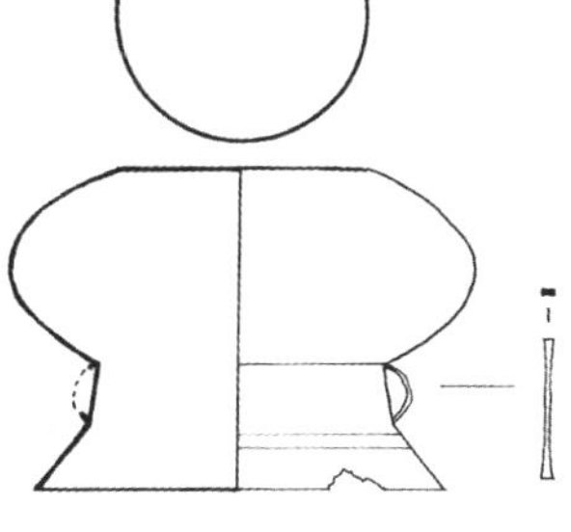

图 II–23
曲靖八塔
台 2 号鼓

八塔台2号鼓铸工粗糙，鼓身明显分为胸、腰、足三段。鼓面较小而胸部

① 耿德铭：《哀牢国与哀牢文化》，云南人民出版社，2003年，昆明。
② 李昆声、黄德荣：《再论万家坝型铜鼓》，《考古学报》，2007年第2期。

膨胀较大，鼓面及胸、腰光素，足部饰二道弦纹。腰部有两扁耳，鼓身两道合范线。高28.5厘米、面径19厘米、胸径40厘米、足径35.5厘米。现藏于曲靖市麒麟区文管所。①

曲靖八塔台M1：1号鼓

1978年出土于曲靖市珠街乡董家村八塔台。胸腰之际有窄条小扁耳两对。鼓面中部由单弦分隔成三层晕圈，当中是锐角形光芒的太阳纹，芒间夹复线角形纹，第二晕环绕云雷纹，第三晕为四只鼍纹。鼓腰由双线叉足纹纵向分为六格，每格饰鼍纹，格下边为斜线、雷纹、点纹、圆圈纹等五层花纹。高23.3厘米、面径45.6厘米。现藏于云南省文物考古研究所。②

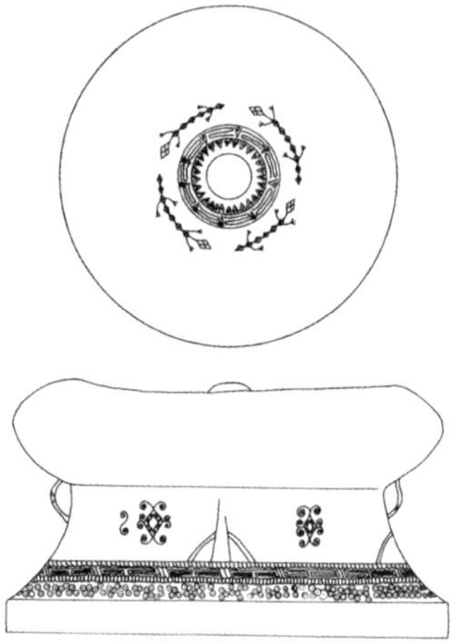

图 II-24 曲靖八塔台 M1：1 号鼓

永胜严家箐A鼓

1986年4月在永胜金官区军和乡严家箐出土大、小各1面铜鼓和1铜杯，鼓距地表40—60厘米。出土时鼓面朝上，鼓下各置1陶罐，二鼓相距约4米，大鼓在右，小鼓居左，两鼓上方约1.5米处出土1青铜杯，三者出土位置成三角形，出土地还发现一些残陶器和小的青铜装饰物。鼓面中心一太阳纹，其外饰二弦纹，八芒。胸、腰、足部素面。腰内壁有一对对称的鼍纹，该纹旁饰一只写实的鼍纹（鳄鱼纹）。四扁耳，耳间相距为10厘米，鼓身两道合范线。高37.6厘米、面径37厘米、胸径51.5厘米、足径58厘米、壁厚1.2厘米。重21.8千克。现藏于永胜县文管所。③

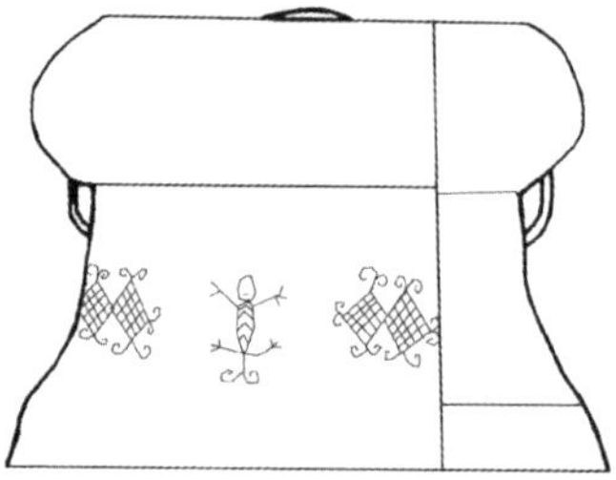

图 II-25 永胜严家箐 A 鼓

① 李昆声、黄德荣：《再论万家坝型铜鼓》，《考古学报》，2007 年第 2 期。
② 云南省博物馆：《近年来云南出土铜鼓》，《考古》，1981 年第 4 期。
③ 李昆声、黄德荣：《论万家坝型铜鼓》，《考古》，1990 年第 5 期。

永胜严家箐B鼓

1986年出土于永胜县金官区军和乡严家箐。鼓面中心饰一太阳纹，无芒、无晕。胸、足部素面，腰内壁饰鼍纹，近足处外壁饰圆点纹，足内壁饰一不知名的纹饰，四扁耳，鼓身两道合范线。高27厘米、面径28厘米、足径41厘米、壁厚1.7厘米，重12.5千克。现藏于永胜县文管所。[①]

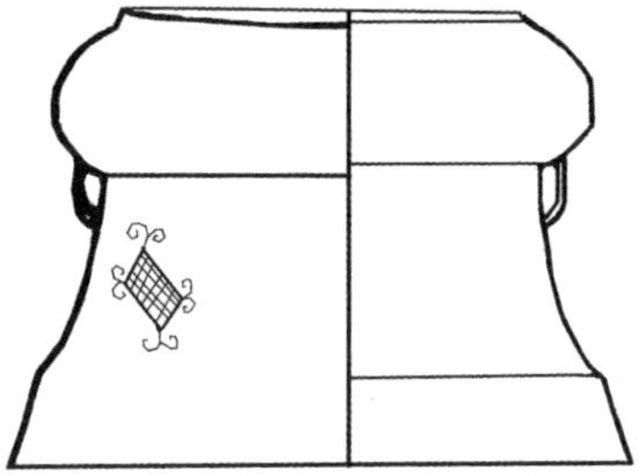

图 II-26　永胜严家箐 B 鼓

蒙自县鸣鹫鼓

1989年6月，蒙自市鸣鹫中学在平整球场时掘获。出土时鼓面朝上，未见伴生物。鼓面无纹饰，鼓身明显分三段，胸部膨胀，腰部靠近足部之位置有绳纹一圈和绳纹组成的三角形纹饰。高23.5厘米、面径24厘米。现藏于蒙自市文管所。[②]

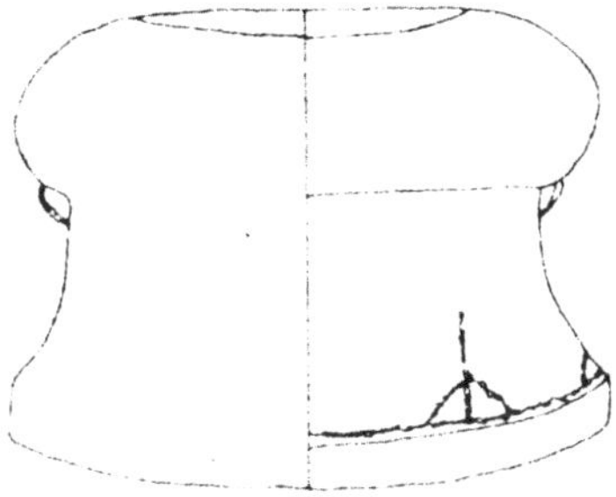

图 II-27　蒙自县鸣鹫鼓

凤庆县石簸鼓

1993年8月出土于凤庆县凤山镇石簸村。鼓面太阳纹，腰部被纵线分为二十格，腰足交界处饰三道弦纹，鼓腰之内壁饰四只鼍纹。高34厘米、面径37厘米。现藏于凤庆县文管所。[③]

安宁市太极山鼓

1993年，安宁市太极山发掘出土，出土时鼓面朝下。鼓面饰太阳纹，五芒，外有四道弦纹，胸部饰一圈波折纹，腰被纵向三角形纹分为六格，腰下部饰一周菱形纹。高22厘米、面径34厘米、足径36厘米。现藏于安宁市文管所。[④]

---

① 李昆声、黄德荣：《论万家坝型铜鼓》，《考古》，1990 年第 5 期。
② 尹天钰：《云南蒙自县鸣鹫出土一面铜鼓》，《文物》，1992 年第 5 期。
③ 李恩凤：《临沧地区的铜鼓》，《云南日报》，2002 年 1 月 23 日。
④ 李昆声、黄德荣：《再论万家坝型铜鼓》，《考古学报》，2007 年第 2 期。

勐海县曼囡鼓

1995年3月19日，勐海县布朗山乡曼囡村在修林区公路时，民工岩金等人在曼囡村公所西北7千米处的班麻曼山之山腰发现。1995年7月20日岩金将此铜鼓交给勐海县文化体育局。此鼓出土时鼓面朝下，距地表60厘米。在鼓腰近足处之内壁有对称的一对鼍纹，鼓足内壁有尖角形纹饰，鼓足上有五道弦纹。此鼓出土时有十二处残破，鼓耳仅余一耳。高29.5厘米、面径40厘米、足径51厘米，重12.5千克。现藏于勐海县档案馆。①

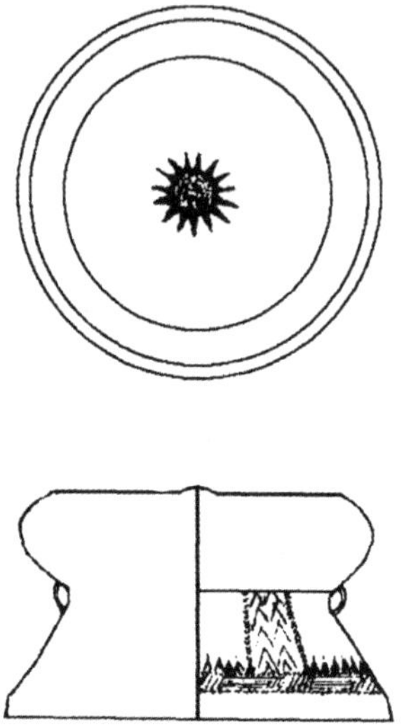

图 II-28　田东县南哈坡 A 鼓

2. 中国广西　3件

田东县南哈坡A鼓

1993年3月18日，在广西田东县祥周乡联合小学门前南哈坡出土。鼓面中心饰太阳纹，十五芒，芒不规整。胸部膨胀，最大径偏上。腰部呈直壁喇叭形，腰上部有几条长方形纵向分格纹带，纹带由三角形斜直线组成，格中光素。腰下部饰一道弦纹，下饰一周“回”形纹带。鼓胸腰之间有两对小扁耳，整鼓器形显矮胖。高32厘米、面径50厘米、胸径60.5厘米、足径66厘米，重33.5千克。现藏于广西区田东县博物馆。②

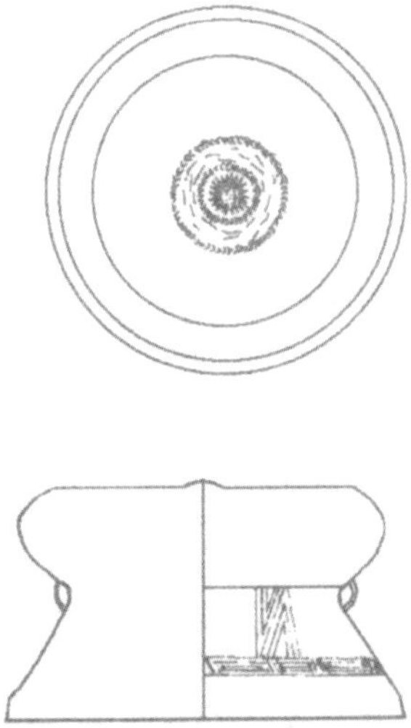

图 II-29　田东县南哈坡 B 鼓

田东县南哈坡B鼓

与南哈坡A鼓同时同地发现。鼓面中心太阳纹圆饼状光体，二十二道粗短光芒，外围饰绳纹一圈，往外一圈是环绕太阳纹的Z形折线纹，可能是石寨山型铜鼓鼓面翔鹭纹的雏形，暂名“原

① 李昆声、黄德荣：《再论万家坝型铜鼓》，《考古学报》，2007 年第 2 期。

② 陈其复、黄振良：《田东县出土两面“万家坝”铜鼓，填补了广西铜鼓发展序列的空白》，中国古代铜鼓研究会编印：《中国古代铜鼓研究通讯》9 期，1993 年，南宁；万辅彬、田丰、蒋廷瑜：《论田东出土万家坝型铜鼓的意义》，《广西民族学院学报（哲学社会科学版）》19 卷 3 期，1997 年。

始翔鹭纹”。再外一圈为绳纹。胸部膨胀，最大径偏上。鼓腰上部有纵向分格纹带，下部饰带尖芒的三角纹，近足处有像平行四边形一样的回纹带一周，纹带上下边为绳纹。此鼓与南哈坡A鼓出自同一座墓，伴出器物有夔纹铜罍1件、玉管钏、玉玦等物，时代为春秋晚期或战国早期。高37厘米、面径50厘米、胸径60.5厘米、足径66厘米，重41千克。现藏于广西区田东县博物馆。①

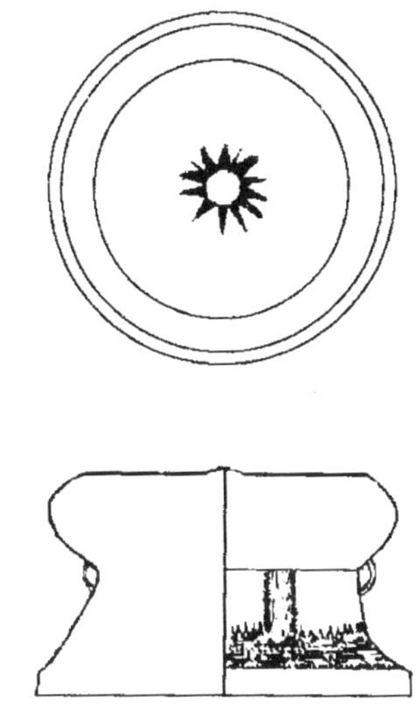

图 II-30　田东县大岭坡鼓

田东县大岭坡鼓

1994年6月13日，农民在田东县林蓬乡和同村大岭坡种地时偶然发现一面铜鼓。鼓面中心饰十一芒太阳纹，芒长5厘米。胸部素面，最大径居中。鼓腰呈喇叭形，腰上部有四道纵格，以绳索纹为界，内填斜线三角纹。腰下部饰带芒三角纹，靠近足部有两道绳纹夹两道“回”形纹构成二方连续带纹。胸腰间有两对扁耳。发现此鼓次日，农民又在同地发现青铜甬钟1件。这两件器物同出一墓，墓葬时代属春秋晚期或战国早期。高29厘米、面径34厘米、胸径40厘米、足径50厘米，重18.5千克。现藏于广西区田东县博物馆。②

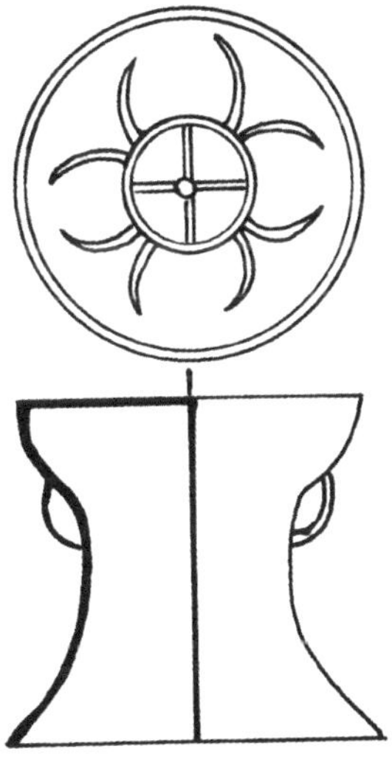

图 II-31　四川盐源鼓

3．中国四川　1件

盐源鼓（盐临11）

1999年前发现于四川凉山彝族自治州盐源

① 陈其复、黄振良：《田东县出土两面“万家坝”铜鼓，填补了广西铜鼓发展序列的空白》，中国古代铜鼓研究会编印：《中国古代铜鼓研究通讯》9期，1993年，南宁；万辅彬、田丰、蒋廷瑜：《论田东出土万家坝型铜鼓的意义》，《广西民族学院学报（哲学社会科学版）》19卷3期，1997年。

② 陈其复、黄振良：《广西田东县再次出土万家坝型铜鼓》，中国古代铜鼓研究会编印：《中国古代铜鼓研究通讯》第10期，1994年12月，南宁。

县。鼓面饰双圆圈为太阳纹，内饰双线“十”字纹，双圆圈太阳纹外饰四对牛角形纹饰，似为光芒之变体。鼓面外缘有一圈凸起弦纹。鼓胸腰处有一对扁耳，胸、腰光素，腰足不分，鼓身有合范印模痕迹，鼓足外侈呈喇叭状，整体瘦高。高25.8厘米、面径25.2厘米、足径28.6厘米，重3.8千克。现藏于四川省凉山州博物馆。[①]

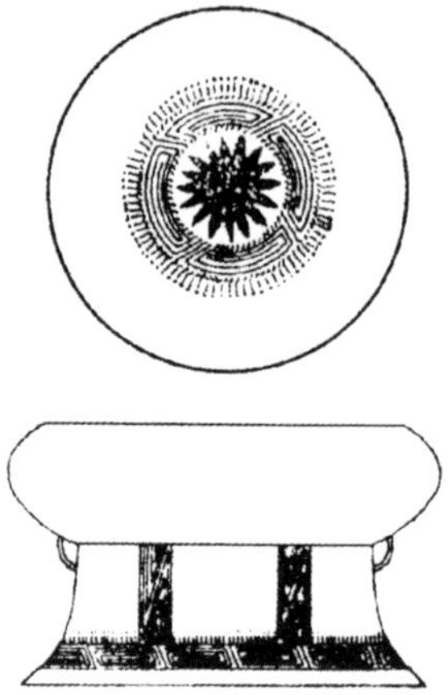

图 II−32 越南松林 I 号鼓

4. 越南 8件

松林I号鼓

1932年出土于越南河东省（现为河西省）彰美县美良社松林寺附近田野地表下0.5米深处。鼓面饰十六芒太阳纹，芒外分别饰曲纹、雷纹、纵线纹、点纹等纹饰。胸径大于足径，其最大径偏上，胸、足部素面，腰分为上下格，上格以斜线三角纵纹带分格，格内无纹，下格分别为点纹、纵线纹、云雷纹。高38厘米、面径52厘米。该鼓与雀波鼓（Chobo）一度被视为不同的两鼓，引起一些混乱，最后证实雀波鼓即松林鼓，虽有两个名称而实为一面铜鼓。现藏于越南历史博物馆。[②]

松林II号鼓

1973年发现于越南河西省彰美县美良社松林寺。发现时已残破，仅存鼓面。鼓面饰太阳纹，呈圆饼状突起光体，十六芒。其外由五组弦纹组成第一晕，鱼骨纹组成第二晕。面径38厘米。收藏于越南历史博物馆。[③]

上农鼓

1981年2月，农民范文包在越南富寿省三清县上农社逢仓村挖水池时偶

---

① 凉山州博物馆、西昌市文管所、盐源县文管所：《盐源近年出土的战国西汉文物》，《四川文物》，1999 年第 4 期。

② ［越］阮明玄、黄荣：《在越南发现的东山铜鼓》（越南文），1975 年，河内。

③*Pham Minh Huyen, Nguyen Van Hao, Lai Van Toi, Dong Son Drums in Vietnam.The Vietnam Social Science Publishing House, 1990*。（本文作者注：《越南东山铜鼓》一书由越南社会科学出版社 1990 年在日本东京用英文印刷出版）越南考古研究院阮文好教授在 2004 年 12 月 13 日写给李昆声教授的信中认为，1932 年发现的松林 I 号鼓和 1973 年发现的松林 II 号鼓为一对公母鼓。

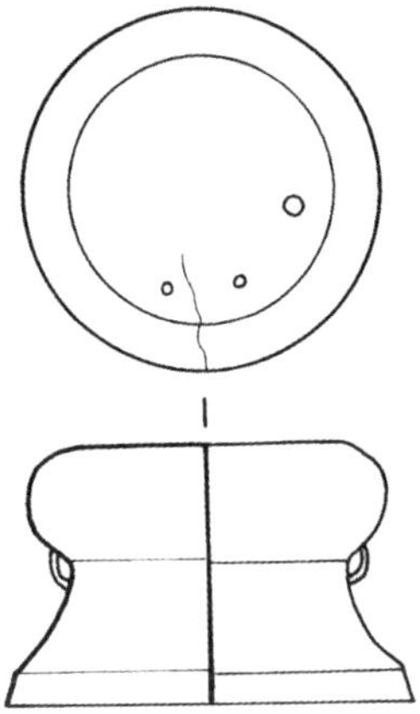

图 II-33　越南上农鼓

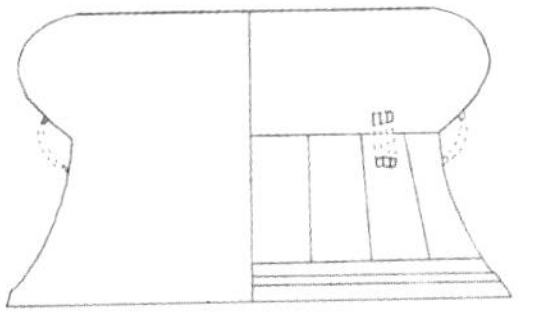

图 II-34　越南老街 XI 号鼓

尔发现。在离地表1米处出土，鼓面朝下。通体光素，鼓面中央微凹，鼓身胸、腰、足三段分明，胸部膨胀。鼓面有三个圆洞，足部有一个圆洞。胸腰部有一对绳纹单耳，旁有两道合范线。高26厘米、面径32厘米、足径43厘米。现藏于越南富寿省博物馆。①

老街XI号鼓

1991年8月，越南老街从黄连山省划成为老街省。1993年1月至7月，在新省会老街市的建筑工程中，在红河右岸发现一大批文物，包括编号为XI的老街铜鼓。此鼓从腰部残断，鼓面中心饰太阳纹，有圆饼状凸起光体而无光芒。胸部光素，胸腰之间有两对单耳痕迹。腰上部被二十二条直线分格，下部饰三道弦纹。高37厘米、面径45厘米。现藏于越南老街省博物馆。②

老街XII号鼓

出土情况和时间与老街XI号鼓相同。此鼓较小，发现时已残破，仅存部分鼓面及腰，鼓面中央饰太阳纹，八芒。残高5.6厘米、面径28厘米。现藏于越南老街省博物馆。③

绍运鼓

2000年，在越南北部清化省绍化县绍运社云龟村发现。该鼓胸、腰、足三段分明，鼓面中心饰太阳纹，有凸起圆饼状光体，腰部被十二条纵线分格，二对绳纹耳。高29.5厘米、面径38.5厘米、足径44厘米。现藏于越南清化省博

① ［日］新田荣治著，黄德荣译：《东南亚早期铜鼓及其起源》，原文载《乙益重隆先生古稀纪念》，《九州上代文化论集》，（日文）1990年，日本；译文载《云南文物》，1999年第1期。

② 此鼓资料由越南考古研究院阮文好教授提供。

③ 同上。

物馆。①

永绥鼓

河江省永绥县村民在河里淘金时发现。体高，腰细，鼓面饰太阳纹，腰部被纵线分为八格，腰下部近足处饰绳纹。高32.5厘米、面径30.5厘米，重7.5千克。现藏于越南河江省永绥县。②

茂东鼓

发现于安沛省文安县茂东社。鼓身胸、腰、足三段分明，鼓面饰太阳纹，十三芒，芒外五组雷纹。胸部光素，腰部上下两组纹饰，上部为斜线纹和三角纹，下部为雷纹，一对扁耳。该鼓高31.5厘米、面径47.5厘米、胸径62厘米、足径70厘米，重33千克。现藏于越南安沛省文安县茂东社。③

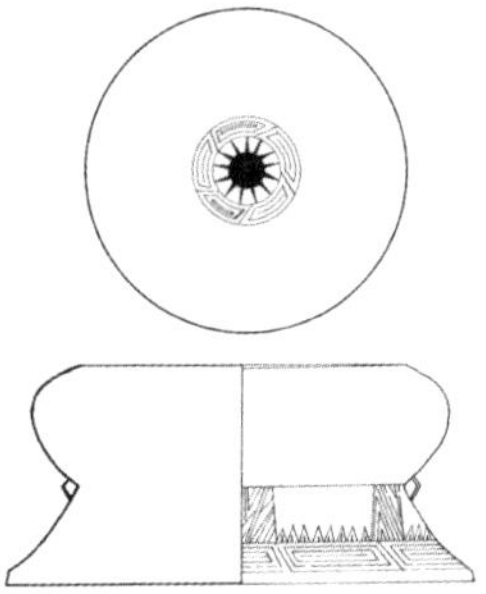

图 II-35 越南茂东鼓

5. 传世品 10件（中国云南7件，泰国3件）

云南省博物馆收购1面

鼓面三十二芒，有晕纹，腰部以绳纹、人字形纹分为六格，足部残缺。高23（残）面径36厘米。现藏于云南省博物馆。④

云南省文物商店收购的I鼓3

形状与楚雄大海波鼓相似，通体素面。高31.7厘米、面径35.5厘米。现藏于云南省文物商店。⑤

①*Pham Minh Huyen*, *Recent Dong Son Drum Discoveries in Vietnam:Some issues of significance.*《文山铜鼓暨民族历史文化国际学术研讨会论文集》，云南人民出版社，2005年10月。

② 同上。

③2005年10月14日越南考古研究院阮文好教授在给李昆声教授的信中，从越南安沛省博物馆阮文光馆长所著越文《安沛的史前及早期历史时期》一书中摘录了该书所介绍的越南安沛省文安县茂东出土的茂东铜鼓之尺寸及该书图68茂东鼓之线图和照片，因而能判断此鼓为万家坝型铜鼓。

④ 云南省博物馆：《云南省博物馆铜鼓图录》，云南人民出版社，1959年，昆明。

⑤ 云南省博物馆：《近年来云南出土铜鼓》，《考古》，1981年第4期。

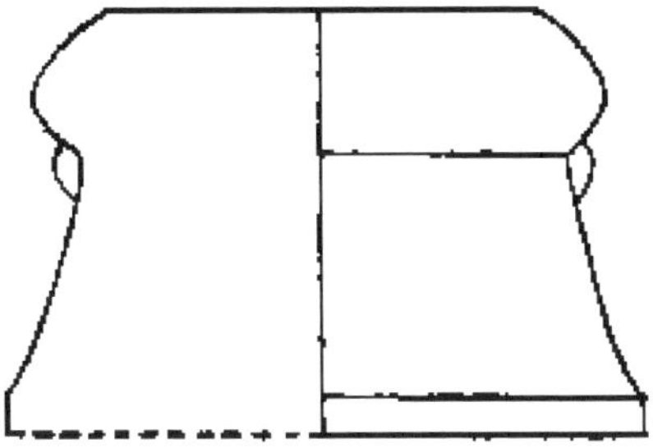

图 II-36　昆明 I 式 3 鼓

云南省文物商店收购的I式3鼓

鼓面五芒、无晕，胸部最大径偏下，腰、足内壁分别饰四组鼍纹，二组羽纹，绳辫状耳。高30厘米、面径30厘米。现藏于云南省文物商店。[1]

云南省文物商店收购的I鼓2

鼓面五芒、无晕，胸部最大径偏上。高29厘米、面径30.2厘米。现藏于云南省文物商店。[2]

云南省文物商店收购的I鼓5

形状与楚万M1：12号鼓相似，足内壁饰一组鼍纹。高33.5厘米、面径45厘米。现藏于云南省文物商店。[3]

昆明市博物馆藏鼓

此鼓系昆明市博物馆从物资再生资源部门征集，出土地点不明。鼓身之胸、腰、足三段分明，鼓面饰太阳纹，六芒。胸、足光素，腰部被下端为叉头形的纵线分为八格。高33厘米、面径42厘米、足径54厘米。现藏于昆明市博物馆。[4]

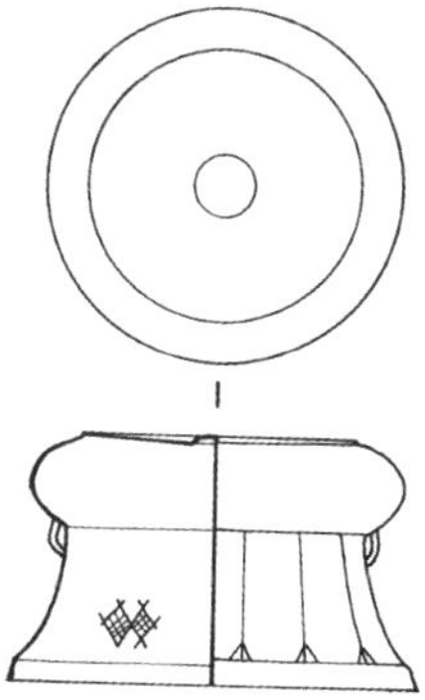

图 II-37　大理市博物馆藏鼓

大理市博物馆藏鼓

1990年7月，大理市古城居民杨振荣在邓川沙坝街旧货市场购得此鼓，出土地点不明，交大理市文物管理所。1998年初移交大理市博物馆收藏。鼓胸、腰、足三段分明，面径小于胸径，胸部膨胀，足部外侈。鼓面中央饰太阳纹，有圆饼状光体而无光芒。胸部光素，腰

① 云南省博物馆：《近年来云南出土铜鼓》，《考古》，1981 年第 4 期。
② 同上。
③ 同上。
④ 李昆声、黄德荣：《再论万家坝型铜鼓》，《考古学报》，2007 年第 2 期。

部四周有十八组叉头纹，内壁饰鼍纹。胸、腰部有两对残缺扁耳，仅一耳完好，腰部多处残破。高28.2厘米、面径42.5厘米、足径47厘米。现藏于大理市博物馆。[①]

泰国东北部鼓

1972年日本上智大学量博满教授在曼谷一古董商店发现。鼓内壁粘有班清文化特有的彩陶，推测出自班清及其附近，因此该鼓也被称为班清鼓。该鼓通体素面，无耳，形状类似祥云大波那鼓。具体尺寸不详。该鼓原藏于泰国曼谷一古董店，现不知在何买家手中。[②]

泰国曼谷鼓

1984年日本鹿儿岛大学新田荣治教授在曼谷一古董店里发现。1985年被日本东京出光美术馆购买。鼓面中央饰太阳纹，无芒。胸、腰、足部光素。唯腰部内壁饰8条垂直线，其中一条底部为叉头形，另一条为分叉形，胸部最大径偏上，四绳辫纹耳。胸、腰、足部稍残。日本学者认为该鼓是用失蜡法铸造的。高33.3厘米、面径32.5厘米、胸径42.3厘米、底径49.1厘米。现藏于日本东京出光美术馆。[③]

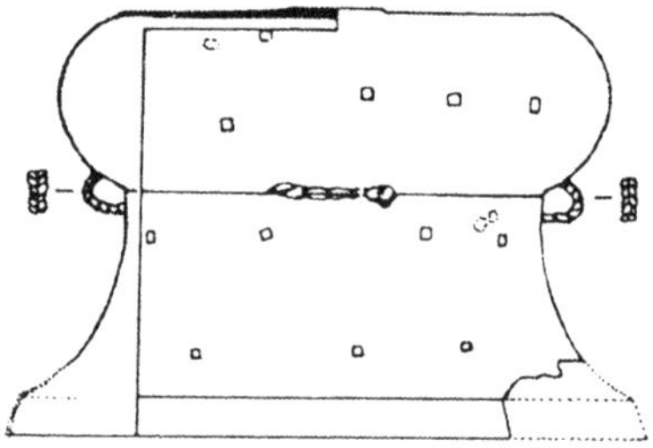

图 II-38　泰国曼谷鼓

泰国克规鼓

发现于泰国南部，仅存鼓面，由于此鼓资料甚少，出土情况不明，尺寸也不详。[④]

① 段进明：《大理市博物馆收藏的一面万家坝型铜鼓》，《云南文物》，2002 年第 2 期。

② ［日］量博满：《班清彩陶概观》，1977 年，东京。

③ ［日］今村启尔：《用失蜡法铸造的一面先黑格尔 I 式铜鼓的发现》，中国南方和东南亚古代铜鼓暨青铜文化国际学术讨论会论文，1988 年，昆明。

④ 邱兹惠：《试论东南亚所见之万家坝式铜鼓》，《铜鼓和青铜文化的再探索》，《民族艺术》，1997 年增刊。

第二节　标准器、年代及其在分类中的位置

万家坝型铜鼓是中国古代铜鼓研究会对铜鼓分类的“八分法”中最早的一种类型的铜鼓。分布在中国（云南省、四川省、广西壮族自治区）和越南、泰国，目前已知共有62面。标准器是在中国云南省楚雄县（现为楚雄市）万家坝古墓群中出土的5面铜鼓。

楚雄万家坝古墓群是1974年3月在农田基本建设中发现。1975年5月，云南省博物馆文物队试掘了一座大墓，编号M1。1975年10月至1976年元月正式发掘79座墓。《文物》1978年第10期发表《发掘简报》。[①]《考古学报》1983年第3期发表《发掘报告》。[②]

在楚雄万家坝79座古墓中，有2座墓内出土铜鼓，即第1号墓（M1）和第23号墓（M23）。M1系竖穴土坑墓，位于墓群中部靠北，墓底长5米、宽2.5米、深6.2米。在先秦时期的云南古墓葬中，属于大墓。墓底西侧有一个“腰坑”，长1.45米、宽0.8米、深6.2米。“腰坑”内放置1面铜鼓，1件铜釜和6件铜羊角钮编钟。“腰坑”上横置垫木三根，垫木之上两侧正中有木痕。墓内棺木腐朽无存。此墓共出土各种青铜器多达110件之多。显示墓主具有相当高的身份地位。M1是一座带“腰坑”的墓葬，简称“腰坑墓”。铜鼓就在腰坑发现。

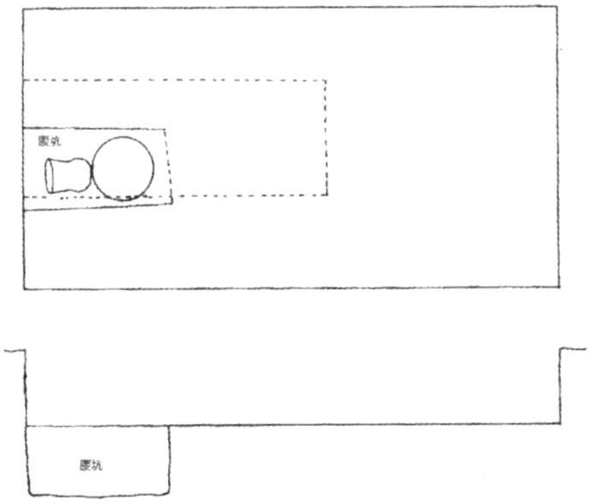

图Ⅱ-39　云南楚雄万家坝春秋腰坑墓M1平、剖面图

从图中可见，“腰坑墓”的特点是在墓坑之底部，在墓主人的腰部位置再挖一个小坑，内置随葬器物。甚至殉人、狗置于腰坑之中，“腰坑墓”始

① 云南省博物馆文物工作队、四川大学历史系考古专业：《云南省楚雄县万家坝古墓群发掘简报》，《文物》，1978年第10期。

② 云南省文物工作队：《楚雄万家坝古墓群发掘报告》，《考古学报》，1983年第3期。

于新石器时代，起源于湖北省，对中原产生影响，在商周时期流行，春秋战国至西汉时期，在福建、广东、广西、云南等省区均发现过腰坑墓。①

在此墓中，铜鼓是作为一种重器而置入腰坑中随葬的。这面器物编号为M1：12的铜鼓的尺寸和形制如下：

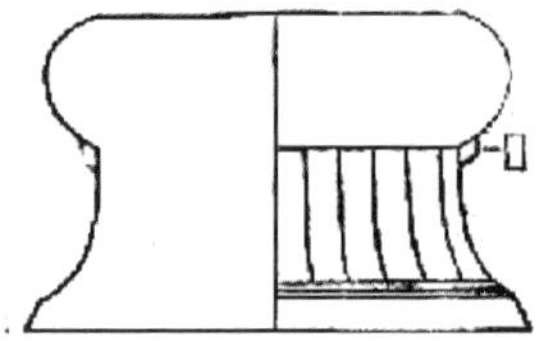

图 II-40　云南楚雄万家坝 M1：12 号铜鼓

M1：12号铜鼓，鼓面直径46厘米、胸径59厘米、腰径45.5厘米、足径64厘米、通高38.5厘米。鼓面中央太阳纹，仅有光体、无光芒，无晕亦无其他花纹。胸部膨胀较大，光素无纹，最大径偏上。腰部被纵线分为十八格。近足处二道弦纹。鼓身四扁耳、两道合范。

M1：12号铜鼓所在的M1年代测定如下：

地理坐标：东经101° 35'，北纬25°

测年单位：中国社科院考古研究所实验室

测年方法：放射性碳14

测年样本：M1残存棺木

标本编号：ZK—373

年代：距今2375 ± 80年（公元前425 ± 80年）

距今2310 ± 80年（公元前360 ± 80年）②

北京大学碳14实验室用同样方法测定M1年代，结果如下：

距今2350 ± 85年（公元前400 ± 85年）。③

这些科学的测定年代数据表明，楚雄万家坝M1：12铜鼓年代在春秋战国时期，远比石寨山型铜鼓要早。

M23亦系竖穴土坑墓，位于墓群中央。墓室长5.6米、宽2米、深6.5—6.7米。是云南的先秦大墓。墓内有木棺，棺盖由两块树木拼合而成，棺身由整段大树之树干制成，整座棺木比较原始粗犷。棺木下有三根垫木，其下有4面铜鼓，分一大一小两对并列放置，鼓面朝下，应为4面2对“公母鼓”。墓内共随葬各类器物577件。

① 杨华：《中国南方先秦时期腰坑墓葬俗文化的考古研究》，《湖南考古 2002 下》，岳麓书社，2004 年 5 月，长沙。

② 中国社科院考古研究所实验室：《放射性碳素测定年代报告（五）》，《考古》，1978 年第 4 期。

③ 北京大学历史系考古专业碳 14 实验室：《碳 14 年代测定报告》续一，《文物》1978 年第 5 期。

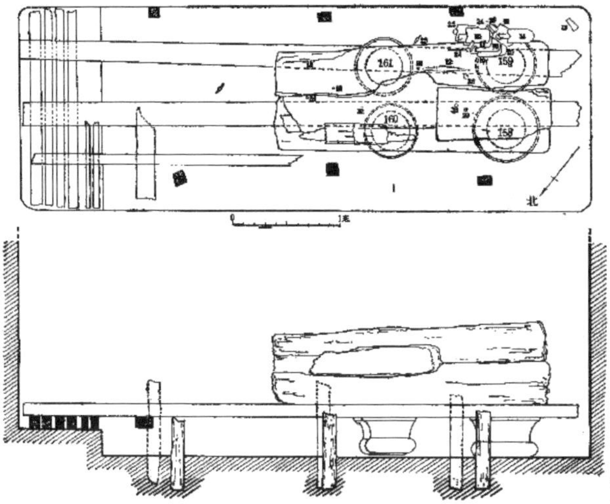

图 II-41　云南楚雄万家坝 M23 平面、剖面图

在M23中出土的4面铜鼓的器物编号分别是M23：158、M23：159、M23：160、M23：161号从图II-41中可以看到这4面铜鼓出土时的状况。

M23墓中出土的4面铜鼓之尺寸和形制如下：

M23：158号铜鼓，鼓面直径46.5厘米、胸径65厘米、腰径51厘米、足径70厘米、通高40厘米。鼓面中央太阳纹，仅有凸出之光体，无光芒，无晕亦无其他纹饰。胸部膨胀较大，无纹饰。胸部最大径偏下。腰部纵线分为十六格，内壁饰二组卷云纹，近足部有一圈云雷纹。鼓身四扁耳，双合范，有烟熏痕迹。此鼓系M23出土4面铜鼓中尺寸最大的一面。

M23：159号铜鼓，鼓面直径41.5厘米、高37厘米。鼓面中央饰太阳纹，凸起的光体外有三圈弦纹，八道植物叶状光芒。胸部光素无纹，最大径偏下。腰部被朝下的3叉头纵线分为十二格，近足处有一圈云雷纹，腰内壁饰正面和侧面的鼍纹。足部内有折边。鼓身四扁耳，双合范，上有烟熏痕迹。

M23：160号铜鼓，鼓面直径38厘米、胸径52厘米、腰径43厘米、足径43厘米、通高34厘米。鼓面中央饰太阳纹，有凸起的光体、无光芒、无晕圈。胸部光素无纹，最大径偏下，腰部被纵分成二十四格，格间无纹饰。腰部下方近足处有一圈云雷纹。鼓身四扁耳，双合范线，有烟熏痕迹。

M23：161号铜鼓，鼓面直径41厘米、胸径53厘米、腰径43厘米、足径59.3厘米、通高39厘米。鼓面中央饰太阳纹，十八芒，其中三芒不规则，芒外有一弦纹。胸部光素无纹，最大径偏下。腰部被分叉纵线分成十七格，近足处有一圈云雷纹，内壁有四只鼍纹。鼓身有四只扁耳，双道合范，有烟熏痕迹。鼓足有折边。

楚雄万家坝23号墓内与铜鼓共生的青铜兵器见图II–42：

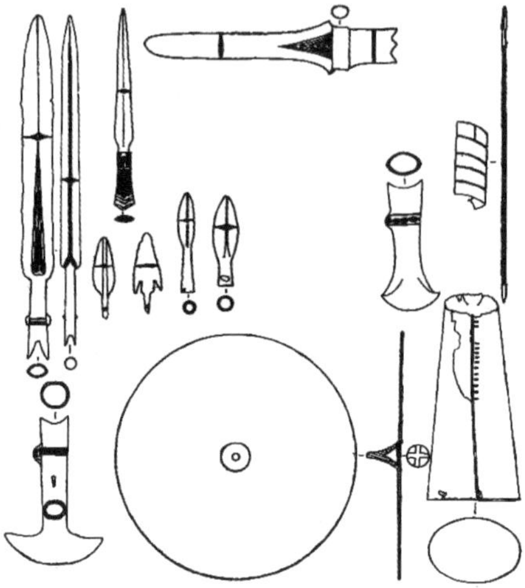

图 II–42 云南楚雄万家坝 M23 号墓青铜兵器

以上4面铜鼓所在的M23年代测定如下：

地理坐标：东经101° 35'，北纬25°

测年单位：中国社科院考古研究所实验室

测年方法：放射性碳14

测年样本：M23棺木

标本编号：ZK—374

年代：距今2405±80年（公元前455±80年）

距今2340±80年（公元前390±80年）[①]

北京大学碳14实验室用同样方法测定M23年代，结果如下：

距今2640±85年（公元前690±85年）

国家文物保护科学技术研究所用同样方法测得如下数据：

距今2635±80年，树轮校正后年代为2710±130年[②]

根据北京大学和文保所测出的年代，云南楚雄万家坝第23号墓的年代在

① 中国社科院考古研究所实验室：《放射性碳素测定年代报告（五）》，《考古》，1978年第4期。

② 北京大学历史系考古专业碳14实验室：《碳14年代测定报告》续一，《文物》1978年第5期。

春秋中期甚至还可早到春秋早期。

这样，M23出土的4面铜鼓的年代可以定为春秋中期或更早。因此，万家坝型铜鼓的年代上限可定为春秋中期，下限定为战国晚期。此类铜鼓不但年代早，而且在形态上原始、古朴，在冶铸工艺上粗糙、简单。这是研究铜鼓的鼻祖黑格尔氏在一百多年前所未曾见过的。因而，黑格尔关于铜鼓的“四分法”没有万家坝型铜鼓的位置。

当代研究铜鼓的学者将此类铜鼓定名为“万家坝型铜鼓”“早期铜鼓”“原始铜鼓”“汪氏A型”“李氏Ia式”“先黑格尔I型铜鼓”等。现将重要文章列表如下：

早期研究万家坝型铜鼓的中外学者与论著

研究者／名称	埃玛·邦克	汪宁生	李伟卿	今村启尔	李昆声 黄德荣	量博满	新田荣治	中国古代铜鼓研究会
万家坝型铜鼓	先黑格尔I型铜鼓	A型	Ia式	先I式铜鼓	早期铜鼓	早期铜鼓	早期铜鼓	万家坝型铜鼓
论著发表时间	1972年	1978年	1979年	1979年	1980年	1985年	1985年	1988年
论著题目及发表刊物和出版社	《滇文化和东山文化的关系》	《试论中国古代铜鼓》，《考古学报》，1978年第2期	《中国南方铜鼓的分类和断代》，《考古》，1979年第1期	《关于先I式铜鼓》，《考古学研究》	《谈云南早期铜鼓》，《昆明师院学报》，1980年第4期	《云南的早期铜鼓》，《三上次男喜寿纪念文集》	《泰国发现的早期铜鼓》，《NOA》	《中国古代铜鼓》，文物出版社

特别应该指出的是，在此表中，较早对万家坝型铜鼓进行分类的是汪宁生、李伟卿和中国古代铜鼓研究会。美国学者埃玛·邦克，日本学者今村启尔较早发表研究文章，并将此类鼓定名为：“先黑格尔I型铜鼓”或“先I型铜鼓”，中国学者李昆声、黄德荣和日本学者量博满、新田荣治较早研究此类铜鼓并提出“早期铜鼓”这一名称。

近年来，中国学者已基本采用中国古代铜鼓研究会“八分法”中的定名——“万家坝型铜鼓”，一般不再使用“早期铜鼓”“原始铜鼓”等名称。

第三节 万家坝型铜鼓的分式

以上60余面铜鼓从纵的方面来看可以归为万家坝型铜鼓。但从形制、纹饰上具体分析还是有差别，时代也有早晚之分。也就是说它们可以进一步分式，我们将其分为四式。

I式：胸部最大径在中部以下，通体光素，个别鼓饰太阳纹，腰部被分格，有的足内无折边。此式的标准器为楚雄大海波鼓。在万家坝型铜鼓的四式鼓中，为最原始者。主要有：广南县沙果村II号鼓、腾冲固东鼓、曲靖市八塔台2号鼓、牟定县吴家山鼓、姚安县营盘山鼓、云南文物店的I鼓3鼓、越南上农鼓。上农鼓通体光素，应当属于此式。年代为春秋早期或者更早。

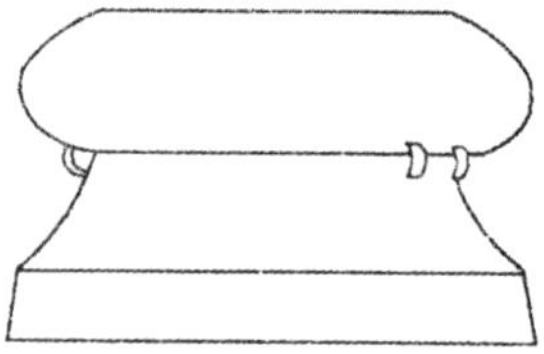

图 II-43 楚雄大海波 11 号鼓

II式：鼓面饰太阳纹并有光芒，胸部最大径在中部以下，腰部已经形成分格，格间无纹饰，腰、足内壁饰翼纹。足内沿一般有折边，鼓身带烟熏痕迹。此式的标准器为楚雄万家坝M23号墓的四面鼓，其他有弥渡三岔路鼓、永胜严家箐A鼓和B鼓、楚雄三街鼓、梁河县勐来鼓、凤庆县石簸鼓、南涧县三岔河鼓、腾冲市中和鼓、勐海县曼囡鼓、云南省文物店的I式3鼓、I鼓5鼓、大理市博物馆藏鼓。年代为春秋中期。

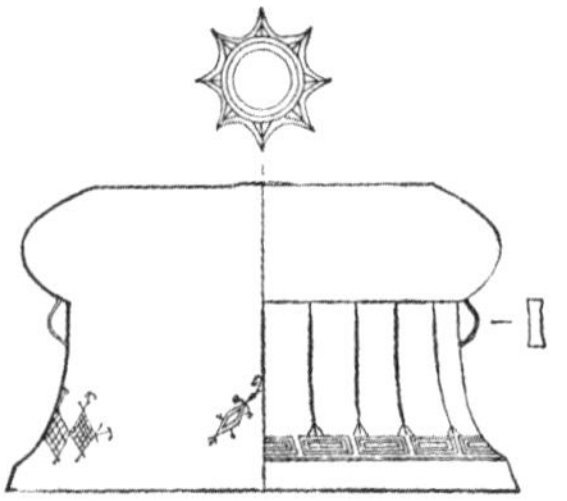

图 II-44 楚雄万家坝 M23：159 号鼓

III式：鼓面通常饰太阳纹并有光芒，胸部最大径在中部以上，腰部分成数格，格间无纹饰，腰内壁无纹，鼓身无烟熏痕迹，此式的标准器为楚雄万家坝M1：12号鼓、祥云大波那鼓，其他有弥渡青石湾鼓、广南沙果村I号鼓、腾冲苦草坡脚鼓、禄丰麦地冲鼓、姚安县下新屯I、II号鼓、牟定小铜鼓、砚山县大各大鼓、广南县者偏鼓、蒙自县鸣鹫鼓、云南文物店I鼓2鼓、昆明市博物馆藏鼓、广西田东县南哈坡A鼓和B鼓、大岭坡鼓、越南老街XI号鼓、绍运鼓、永绥鼓、泰国东北鼓、泰国曼谷鼓。年代为战国早期。

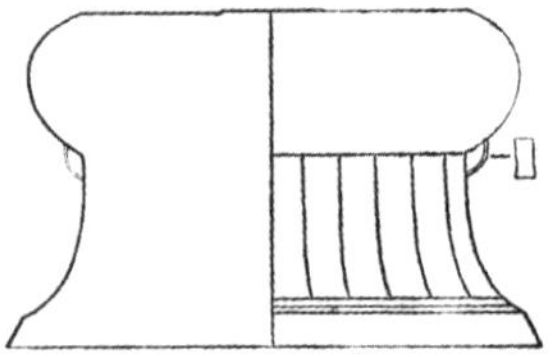

图 II-45 楚雄万家坝 M1：12 号鼓

Ⅳ式：鼓面除太阳纹外，已出现晕圈，但是无主晕纹，胸部最大径在中部以上，腰部通常采用上下分格形式，上格有的鼓格间有纹饰，有的则无，下格由若干晕构成。此式的标准器为曲靖八塔台M1：1鼓，其他有牟定小贝苴鼓、文山平坝鼓、邱北草皮村鼓、大姚县七街鼓、云县曼遮鼓、安宁市太极山鼓、《云南省博物馆铜鼓图录》第5鼓、越南松林Ⅱ号鼓、茂东鼓。年代为战国中期至战国晚期。

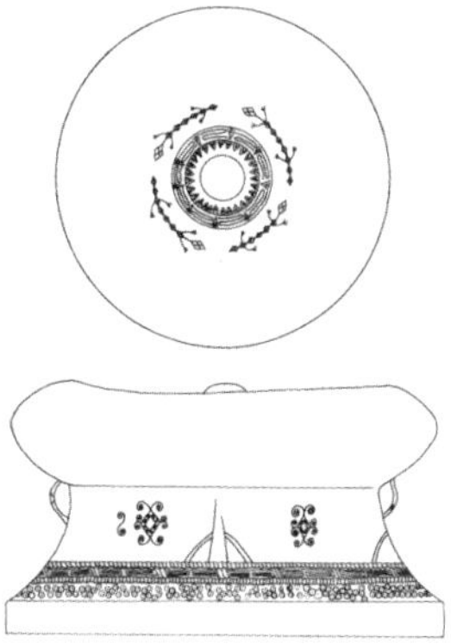
图Ⅱ-46　曲靖八塔台M1：1号鼓

越南老街Ⅻ号鼓、泰国克规鼓因太残，无法分式。

四川盐源县出土的一件鼓形状特殊，体高，束腰明显，腰、足无分界线，扁耳一对，鼓面中心铸双圆圈纹，圆圈纹内为正“+”字符号，外饰四对光芒的变体——牛角纹，铸造技术粗糙，胸、腰、足部光素，与通常见到的万家坝型铜鼓体型差别甚大，无法将其归类，只好作为异型处理。

四式鼓的年代早晚有别，Ⅱ式鼓中的楚雄万家坝的年代经^{14}C测定M23距今2640±90年，约相当于春秋中期，从器物比较得出的年代也与^{14}C测定年代相吻合，故Ⅱ式鼓的年代为春秋中期左右。Ⅲ式中的两面鼓即楚雄万家坝M1：12号鼓和祥云大波那鼓系科学发掘品，两墓之棺木都经^{14}C测定过，楚雄万家坝M1距今2350±85年，祥云大波那木椁铜棺墓年代距今2350±75年，二者年代相近，约为战国早期。此年代应为Ⅲ式的年代。至于Ⅰ式鼓虽无科学发掘品，但从形制上看比较原始，基本无纹饰，年代显然要比Ⅱ式古老，推测为春秋早期或者更早。Ⅰ式鼓中楚雄大海波鼓及云南文物店的Ⅰ鼓3鼓是该式中年代最早的两面，通体素面无纹。Ⅳ式鼓共有10面，其中以曲靖八塔台鼓年代最晚，鼓面及鼓腰已出现若干晕，石寨山型铜鼓就是在它的基础上发展起来的。它的年代早于石寨山型铜鼓，晚于Ⅲ式万家坝型铜鼓，大约为战国晚期。Ⅳ式鼓的年代约为战国中期至战国晚期。

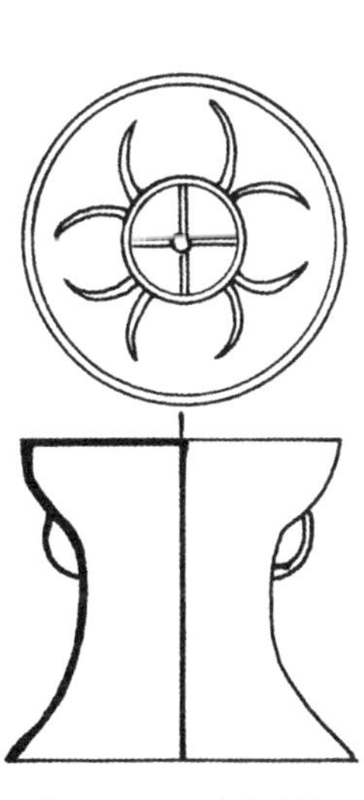
图Ⅱ-47　四川盐源鼓

综上所述，万家坝型铜鼓大致可分为四式，年代上限为春秋早期或更早，晚到战国末。

第四节 万家坝型铜鼓上的鼍纹

万家坝型铜鼓的形态特征是：制作粗糙、形制古拙，鼓身明显分为胸、腰、足三段。其胸径大于面径，腰部收缩程度较大，足部外侈。鼓面一般有太阳纹，极少数出现晕圈。胸部和足部一般素面无纹。腰部下段靠足部处有云雷纹和弦纹。部分鼓的内壁有纹饰，类似纹饰在个别的鼓面上也出现过。

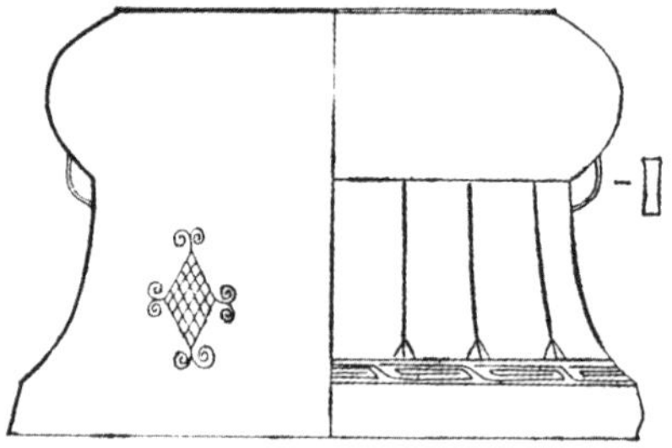

图 II-48 楚雄万家坝 M23：160 号鼓内壁上的鼍纹

1975年至1976年，在楚雄市万家坝古墓群中，曾发掘出5面万家坝型铜鼓。其中编号为M23：159号铜鼓发掘报告上是这样描述的："鼓面中央凸起一太阳纹，外有三道弦纹，八芒，复线，芒间填以一直线。腰部被叉头线分为十二格，近足处有云雷纹一周，鼓内壁饰四足爬虫，菱形网状纹……"编号为M23：161号铜鼓，"鼓面一太阳纹，十八芒，其中三芒不规则，芒外一弦纹，腰部被叉头形垂线分为十七格。近足处云雷纹一周，内壁有四菱形网状纹，网四角带卷云纹……"此外，在1980年—1982年曲靖市珠街八塔台的发掘中出土的曲八M1：1号鼓，"鼓面中央由单弦纹隔成三层晕圈。中心一晕为锐角形光芒太阳纹，芒间夹复线角形纹。第二晕环绕云雷纹。第三晕为四只四足爬虫纹。鼓腰由双线叉足纹纵分为六格，每格饰菱形网状纹……"[①]

1986年4月，在永胜县金官区军和乡严家箐出土A鼓和B鼓，其中A鼓"内壁对称地饰有一对菱形网纹，角侧部延伸出一对称的云涡纹，在两块菱形网纹中间，有一处饰有四足爬虫纹样。似人似蛙"，B鼓"腰内壁饰菱形网纹"。

以上这5面铜鼓以及弥渡三岔路鼓、云南文物店I式3号鼓上的"菱形网状纹"和"四足爬虫纹"究竟是什么？我们认为，所谓"菱形网状纹"和"四

① 云南省文物工作队：《楚雄万家坝古墓群发掘报告》，《考古学报》，1983年第2期。

足爬虫纹”就是甲骨文“鼍”。[①]

鼍是生长在温带的淡水鳄鱼，属鼍亚科，鼍属，本属有两种，一种是仅见于我国长江中下游的鼍，即扬子鳄。此外还有蛟，即湾鳄的记录。古文字专家解释这个字：“象鳄鱼形，非初文，盖因卜人对它比较生疏，所以不能过肖，仅刻书其背甲文。”鼍字之甲骨文写法见图II-49，万家坝型铜鼓内壁的“菱形网状纹”正是甲骨文鼍字的图案化。康殷先生释鼍为鳄鱼，[②]祁庆富先生进一步说明，这甲骨文鼍字，恰似“四足展开，沿着腹部至尾剖剥展开的鳄鱼皮”[③]。这精辟的见解与我们所要讨论的早期铜鼓内壁“菱形网状纹”关系极大。而万家坝型铜鼓上所谓“四足爬虫纹”，正是甲骨文的龙字。而这甲骨文的龙，是有四足、有鳞甲和巨口，显然不是蛇的形状。贾兰坡院士、甄朔南教授认为龙是以爬行动物蛇、蜥蜴、鳄为基本形象。[④]祁庆富教授明确指出是鳄鱼的形象，说准确一些，是鳄的侧面形状。

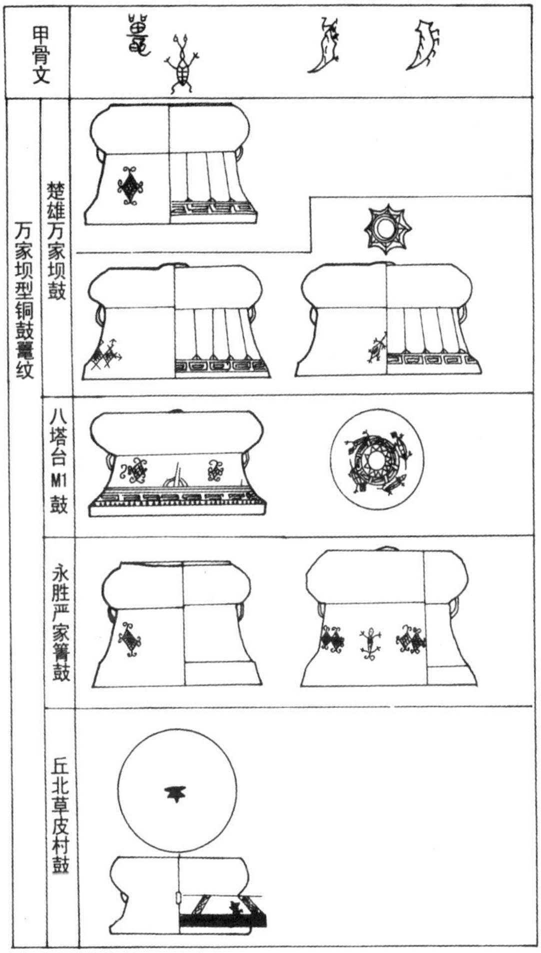

图 II-49　万家坝型铜鼓上的鼍纹

万家坝型铜鼓上装饰鳄鱼

① 李昆声：《释早期铜鼓鼍纹》，《李昆声文物考古论集》，台湾逢甲大学出版社，2007 年，台中。

② 康殷：《文字源流浅说》，1979 年，荣宝斋。

③ 祁庆富：《释鼍》，《考古与文物丛刊》第二号，《考古与文物》编辑部出版，1983 年，西安。

④ 贾兰坡、甄朔南：《龙和龙骨》，《化石世界》，科学出版社，1978 年，北京。

图案意义何在?

首先，鼍（鳄鱼）之鸣声如鼓。陆佃《埤雅·释鱼》引晋安《海物记》：“鼍宵鸣如桴鼓，今江淮之间谓鼍鸣为鼍鼓。”

其二，古代早已用鳄鱼皮蒙鼓，名曰鼍鼓。《诗经·大雅·灵台》：“鼍鼓逢逢。”考古发掘资料证明，鼍鼓的历史可以上溯至新石器时代。在山西襄汾陶寺墓地发掘中，大型墓内就出土鼍鼓，鼓身皆作竖立桶形，当为树木挖制而成，外壁绘彩绘。鼓皮已朽，但鼓腔内常见散落的鳄鱼骨板数枚至数十枚不等，由此可证，原以鳄鱼皮蒙鼓，即古文献中记载的鼍鼓。①在大汶口新石器时代墓葬内也发现“鳄鱼鳞片”。因数量少，发掘报告作者没有指明就是鼍鼓。②在侯家庄商代墓葬中发现一面双面皮鼓，发掘报告认为是蟒皮鼓，发掘报告编写者高去寻先生怀疑是鳄鱼皮鼓。③祁庆富先生对照侯家庄与大汶口的图片，认为侯家庄1217号大墓的木身皮鼓就是鼍鼓。

其三，在商代青铜制的鼓（与我国南方少数民族创制和使用的铜鼓是不同的系统）面上有用铜仿制的鳄鱼皮花纹和钉鳄鱼皮的三行鼓钉。在南方湖北崇阳出土的一件铜制的鼓上，也有与北方鼓同样的花纹。

其四，不仅在铜鼓上，而且在与万家坝型铜鼓同时代的祥云大波那铜棺上也有鳄鱼形象。而且，是很写实的形象，这是因为铜棺体积很大，鳄鱼花纹可以铸造成写实的。铜棺上其他动物也如是，一是写实，二是图形较大。而铜鼓没有那么大，只好抽象化，而且图形也小很多。

综上所述，万家坝型铜鼓上装饰鳄鱼花纹是有特定意义的，若以“菱形网状纹”和“爬虫纹”来解释，则毫无意义，尤其是铸造在铜鼓内壁的“菱形网状纹”和“爬虫纹”连装饰意义都没有。另外，从鼍纹的发展轨迹、时空线索来看，这种纹饰是南北文化交流的结果，是中原文化对云南的一种影响。

① 考古所山西队：《1978年至1980年山西襄汾陶寺墓地发掘简报》，《考古》1983年第1期。

②《大汶口——新石器时代墓葬发掘报告》，文物出版社，1974年，北京。

③ 高去寻：《侯家庄（河南安阳侯家庄殷代墓地）》第六本，1217号大墓，1968年，台北。

第五节　金属成分分析和铸造工艺

一、金属成分分析

绝大多数铜鼓为青铜器，即铜锡二元合金鼓，也有少量铜鼓是铜锡铅三元合金鼓，个别是红铜鼓，即纯铜铜鼓。但其合金成分究竟如何，则需要科学的检测和分析。

首先，为什么中国云南会保存大量的古代铜鼓？因为云南有生产铜鼓的物质基础——铜矿。据研究，中国的铜矿资源主要分布在四个地带：1. 长江中下游铜矿带。2. 云南的东川、易门等矿区。3. 中条山矿区。4. 甘肃的白银厂、金川矿区。[①]

在中国青铜时代，从商代到战国这一时期，在钟鼎文或先秦典籍记载中，没有发现中原有开采锡矿的记载。易言之，中原不产锡。当时，这种资源主要来自中国南方。[②]在《汉书·地理志》记载中，云南有产铜、产锡、产铅的记载："俞元怀山出铜……来唯出铜。""律高，西石空山出锡……出银、铅。""贲古，北采山出锡，西羊山出银、铅，南乌山出锡。"西汉时期之俞元县在今天云南省澄江县，玉溪市江川区、红塔区一带。西汉时期来唯县在今云南省南涧县一带。西汉时律高县在今云南省通海县一带。西汉贲古县在今云南省蒙自、个旧、峨山一带。[③]

万家坝型铜鼓的分布中心区和密集地带在云南中部至西部一带。这一地带是已知云南青铜时代早期遗址所在地，最早的遗址是剑川县海门口遗址，年代为公元1115±90年，相当殷商末期。[④]这一带发现的一批万家坝型铜鼓则在春秋战国时期。这批铜鼓先后经北京科技大学孙淑云教授[⑤]、李晓岑博士[⑥]和北京大学吴小红教授、崔剑峰博士[⑦]进行金属成分分析（见万家坝型铜鼓金属成分表）：

① 华觉明：《中国古代金属技术》，大象出版社，1999年4月，郑州。

② 童恩正：《中国西南民族考古论文集》，文物出版社，1990年，北京。

③《新纂云南通志·地理考》，云南通志馆印行，1949年，昆明。

④ 云南省博物馆筹备处：《剑川海门口古文化遗址清理简报》，考古通讯，1958年第6期。中国社科院考古研究所：《中国考古学中碳十四年代数据集1956—1981》，文物出版社，1983年，北京。

⑤ 孙淑云：《广西、云南铜鼓合金成分及金属材质的研究》，《中国铜鼓研究会第二次学术讨论会论文集》，文物出版社，1986年。北京。

⑥ 李晓岑：《中国铅同位素考古》，云南科技出版社，2000年5月，昆明。

⑦ 吴小红、崔剑峰：《云南青铜器矿物原料的来源分析与中国青铜文明研究》结项报告，2005年3月，昆明。

万家坝型铜鼓金属成分表

样品名称	出土地点	采样位置	化学成分（%）							材质
			铜	锡	铅	铁	锌	锑	总和	
●楚大11号	楚雄市大海波	足沿	83.4	7.60	1.60	0	0	0	92.6	锡青铜
楚万M1：12	楚雄市万家坝	足沿内侧	96.95	1.15	0	0.16		<0.05	98.26	红铜
●楚万M23：158	楚雄市万家坝	足沿	95.63							
●楚万M23：159	楚雄市万家坝	足沿	94.1	3.50	3.50		0.1～0.2		101.3	铅锡青铜
◆楚万M23：159	楚雄市万家坝	足沿	88.22	4.48	2.62	0.071	0.012		95.40	铅锡青铜
楚万M23：160	楚雄市万家坝	足沿内侧	93.68	2.86	0.86	0.32		<0.05	97.72	锡青铜
●楚万M23：160	楚雄市万家坝	足沿	89.3	1.83	1.58		0		92.7	红铜
◆楚万M23：161	楚雄市万家坝	足部	91.84	2.31	3.42	0.20	0.086		97.86	铅锡青铜
祥大M1：19	祥云县大波那	腰部	87.96	6.87	3.43	1.64			99.9	铅锡青铜
祥大M1：19	祥云县大波那	足部	82.97	7.07	6.11	0.31	0.0086		96.47	铅锡青铜
◆三岔路鼓	弥渡县三岔路	足沿	91.65	2.56	2.36	0.076	0.006		96.65	铅锡青铜
青石湾鼓	弥渡县青石湾	足部口沿毛刺	82.97	7.59	9.12	0.29		0	99.97	铅锡青铜
◆青石湾鼓	弥渡县青石湾	足沿	78.76	9.74	6.49	0.24	0.012		94.9	铅锡青铜
●曲八M1：1	曲靖市珠街	面和胸各一块	93.63	0.11					93.74	
●八甲大山鼓	昌宁县八甲大山	口沿	93	4.64	0.388	0.18			98.11	锡青铜
◆八甲大山鼓	昌宁县八甲大山		88.59	5.18	0.43	1.96	0.033		96.19	锡青铜
昆明市博物馆藏鼓	昆明市博物馆征集	足沿	96.19	0.75	0	0.54		<0.05	97.48	红铜
大各大鼓	砚山县大各大村	一耳一端铸造毛刺	93.79	2.08	0	1.6		0	97.47	锡青铜
草皮村鼓	丘北县草皮村	一耳一端铸造毛刺	88.31	9.5	0	0.46		0	98.27	锡青铜
平坝鼓	文山市平坝村	鼓胸部残破处	96.91	0.51	0	0.44		<0.05	97.86	红铜
沙果村I号鼓	广南县沙果村	一耳内部铸造毛刺	84.4	14.82	0.3	0.47		0	99.99	锡青铜
沙果村II号鼓	广南县沙果村	足部残缺处	89.48	9.81	0	0.7		0	99.99	锡青铜

样品名称	出土地点	采样位置	化学成分（%）							材质
			铜	锡	铅	铁	锌	锑	总和	
者偏鼓	广南县者偏村	残片	77.42	11.71	10.3	0.5		<0.05	99.93	铅锡青铜
上农鼓	越南福寿省	残片	99.38	0.48	0	0.12		0	99.98	红铜

资料来源：● 采自《中国铜鼓研究会第二次学术讨论会论文集》
◆ 采自《中国铅同位素考古》
未标注符号者由北京大学考古文博学院文物保护实验室检测

从上表可以知道，有少数万家坝型铜鼓是红铜铜鼓，即几乎是用纯铜材质铸造的鼓。在铸造红铜材质的万家坝型铜鼓时，红铜在融化过程中很容易从空气中吸收氧气而发脆。或者从水中吸收氢气，在铜溶液凝固时会产生气泡，从而使铜鼓铸件存在气孔或针孔等缺陷，严重影响铸件的机械性能。另外，红铜在高温熔化时因强度较低，铸件之收缩率较大，在铸造过程中容易产生裂纹。所以，红铜铸件一般不容易铸好。万家坝型铜鼓在器形上铸工粗糙、纹饰简单的特征正反映了它是尚处于初创时期的铜鼓。此外，春秋时期的万家坝型铜鼓之锡和铅的含量较少，随着时间的推移，到战国晚期至西汉时期，冶铸技术进步，在铜中加入较多的锡或铅，从而降低了熔点，提高合金的铸造性能，达到一定数量的锡还可以提高铸件的强度和硬度。从而产生了铸工精良、鼓体光滑、纹饰繁缛、造型美观的石寨山型铜鼓。

二、铸造工艺

万家坝型铜鼓是如何铸造出来的？明朝人宋应星在《天工开物》里记载了泥范法和失蜡法两种铸造工艺。万家坝型铜鼓之鼓身上都有两道合范缝，表明已知的万家坝型铜鼓都是采用泥范法铸造，而不是用失蜡法铸造的。

万家坝型铜鼓铸造工艺表

吴坤仪 1986年

序号	原编号	类型	垫片			范缝			浇口位置	铸造工艺		
			疏	密	无	四	二	无		泥型	蜡型	不详
1	万M23：158	万家坝	√				√		鼓面太阳纹光体或足沿	身耳		
2	万M23：159	万家坝	√				√		鼓面太阳纹光体或足沿	身耳		
3	万M23：160	万家坝	√				√		鼓面太阳纹光体或足沿	身耳		
4	万M23：161	万家坝	√				√		鼓面太阳纹直径80毫米	身耳		
5	祥云19	万家坝	√				√		鼓面太阳纹光体或足沿	身耳		
6	昌宁鼓	万家坝	√				√		鼓面太阳纹光体或足沿	身耳		
7	曲八M1：1	万家坝	√				√		鼓面太阳纹光体	身耳		

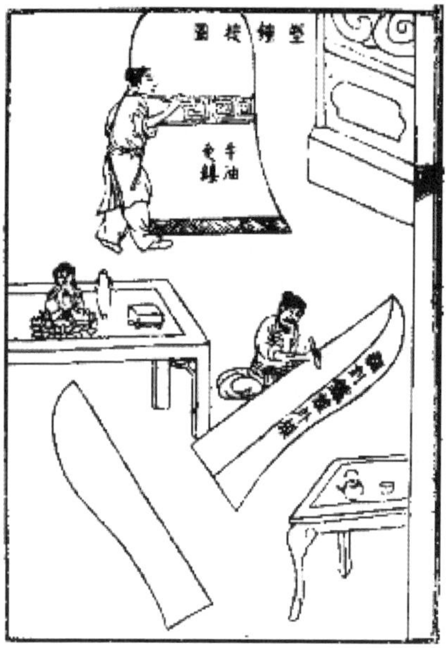

图 II-50　《天工开物》铸钟图

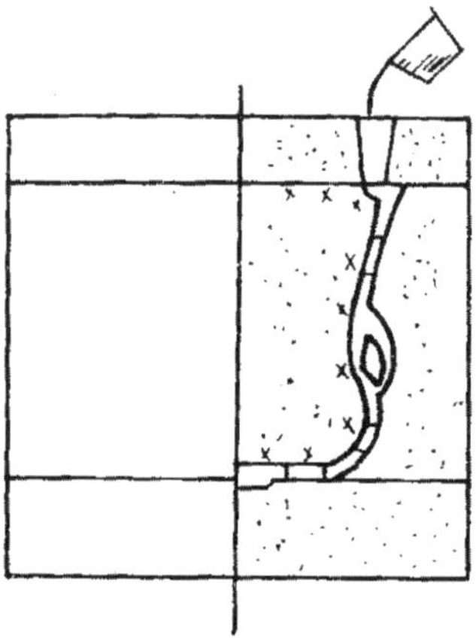

图 II-51　周边顶注式浇注法

《天工开物》的铸钟图绘出古代泥范铸造法。

据北京科技大学吴坤仪教授研究，古代铜鼓的铸造采用4个步骤12道工序。[①]第一步骤是准备阶段，含备料和整理铸造作坊2道工序。第二步骤是制范，含制模型、骨架、刮板；制内范、外范；制附件；刻花纹；干燥及烘烤5道工序。第三步骤是合范浇铸，含合范、焙烧预热和浇注3道工序。第四步骤含修整及定音2道工序。

万家坝型铜鼓系采取周边顶注式和中心顶注式两种方法浇注铸造的。

其中一种是足部有折边的鼓，如楚雄万家坝M23：159、M23：160、M23：161号鼓、楚雄大海波11号鼓、牟定小贝苴鼓、禄丰麦地冲鼓、姚安营盘山鼓、弥渡青石湾鼓、腾冲中和鼓、梁河勐来鼓、凤庆石簸鼓等万家坝型铜鼓，均为足部有折边的鼓，折边有两个作用，一是可使铜液直接注入加宽了的足沿，不必再设置外浇口和浇道，将整个足沿敞开进行浇注。还可以借助加宽的内向折边来存放铜液，以利于铸件凝固过程中进行补缩和切除浇口。这种方法是周边顶注式浇注法，以上有折边的万家坝型铜鼓可能系用此法铸造。

还有一些万家坝型铜鼓鼓面太阳纹之光体突出，鼓面夹杂等铸造缺陷较多，采用中心顶注式浇注法，以鼓面太

① 吴坤仪：《广西、云南铜鼓铸造工艺初探》，《中国铜鼓研究会第二次学术讨论会论文集》，文物出版社，1986年，北京。

阳纹之光体部位为浇注口而进行浇注，如沙果村II号鼓、永胜严家箐A鼓、越南绍运鼓，很可能系采用此法铸造而成。

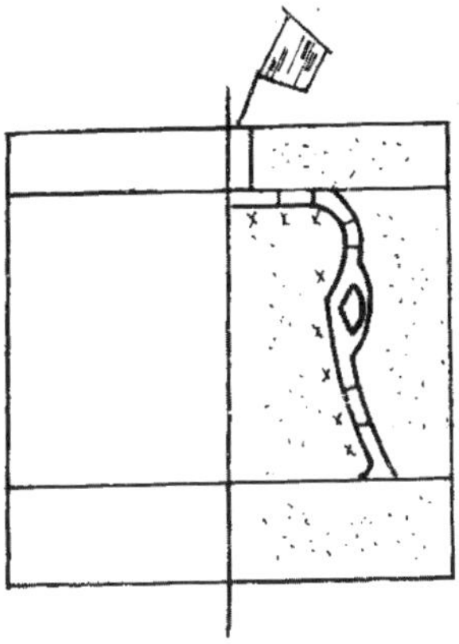

图 II–52　中心顶注式浇注法

此外，有少数万家坝型铜鼓的鼓身和鼓耳不是整铸成型，而是分铸的。经过检测的是文山州丘北县戈寒乡草皮村发现的草皮村鼓，此鼓系1962年7月在草皮村东700米之龙山，距地表50厘米深处发现。鼓出土时鼓面朝下，鼓内有铜矛、钺等青铜兵器共生。鼓面中央太阳纹，六芒，无晕圈。胸部最大径偏上，光素无纹。腰部分成上、下格，上格分八格，格间饰鳄鱼、羊等纹饰。下格五晕，依次为锯齿纹、雷纹、点纹、圆涡纹、点纹。鼓足光素。鼓身两道合范，四只半环状扁耳。

2002年，北京大学吴小红教授、崔剑峰博士对此鼓在鼓耳部位取微量进行化学成分分析，含锡9.5%。进行金相分析，发现其金相组织是等轴晶组织。说明此铜鼓在铸造过程中受到长时间加热。因取样部分为鼓耳，故可以确定此铜鼓系先铸造鼓耳，然后用铸接的方法铸到鼓身上，在铸接过程中鼓耳受到两次加热，相当于对其进行退火处理，产生了组织的均匀化。[1]

草皮村鼓属万家坝型IV式铜鼓，其年代约在战国中期。[2]属万家坝型铜鼓中时代较晚的一种，分铸法大约产生在这一时期。

第六节　铅同位素检测

铅有四种同位素，即^{204}Pb、^{206}Pb、^{207}Pb、^{208}Pb，其中^{204}Pb不具备放射性，其他三种具备放射性，它们形成有一个很长的放射性衰变过程，是由放射性元素铀和钍衰变产生的。因此，现代铅应该由两部分组成：现代铅=原始铅+放射性成因铅。

原始铅是指地球形成初期的铅，在地壳未凝固时期，所有铅都是混合好的，呈现为一个固定值，这个值在任何铅矿中都固定不变。放射性成因铅是

① 吴小红、崔剑锋：《云南青铜器矿物原料来源分析与中国青铜文明研究》结项报告，2005 年 3 月，昆明。

② 李昆声、黄德荣：《论万家坝型铜鼓》，《考古》，1990 年第 5 期。

指从地球形成到矿石和铀、钍分离的这段时间中，铀、钍衰变而增加的铅。

铅矿石形成的时候，铅与铀、钍发生分离，放射性成因铅停止产生，由于各个矿产的成矿时间不同，每个矿床放射性成因的铅同位素也不同，测出矿床铅同位素组成就可以用来计算矿床的成矿年代，同时又能够用来寻找该矿山。也就是说，只要知道矿石的铅同位素组成，就能够找到对应的矿山，这就是用铅同位素寻找产地的原理。铅同位素技术有其他技术无法相比的优点：一是样品量少，1~10毫克便可，二是青铜器表面经常会产生铜绿锈，它也能用于检测。

按照铅同位素组成可以将矿床分为两种，即正常铅和异常铅，正常铅又称为普通铅，其特点是同一矿床（或矿区）的铅同位素组成相对稳定，能够参照单阶段成矿模式（即矿石铅从岩浆中一次结晶出来后，延续至今再未受到热的作用）推算出矿床的地质时代。异常铅（也称高射性铅）的铅同位素变化大，^{206}Pb、^{207}Pb、^{208}Pb含放射性成分无法用单阶段成矿模式计算出矿床的地质年代。高放射性铅是指相对普通铅而言铅同位素成因组分特别高的一种铅，^{206}Pb、^{207}Pb、^{208}Pb含量特别高，如果以$^{207}Pb/^{206}Pb$比值来看，中国地质上的铅矿一般都在0.8400以上，只有云南滇东北个别在0.7500左右。从分布视之，世界范围内高放射性铅矿产为数不多，美国密西西比河矿区最为有名。欧洲尤其是地中海沿岸多普通铅矿，中国地质情况复杂，两类矿均有。

铅属于重金属，分子量大于200，在冶炼矿石、铸造器物时铅同素位保持不变，仍保持矿石的铅同位素特征。

铅同位素技术考古是一门年轻的学科。最早在1966年，美国学者布雷尔（R. H. Brill）首次把铅同位素技术引进考古学研究，用铅同位素的比值来研究含铅的古代玻璃、颜料的矿源。当年在美国考古学会上宣读了他们的论文《古代铅的同位素研究》。[①]最初，铅同位素考古检测的对象仅局限于铅器、铅玻璃、铅釉陶器和铅青铜等含铅较多的器物中，后来，英国学者盖尔（N. H. Gale）和德国学者佩尔尼卡（E. Pernicka）和汪奈尔（G. A. Wannell）把铅同位素技术用于研究古代青铜器，确定了地中海东部古代青铜器之矿源。在欧洲学术界，铅同位素考古学已成为一门独立学科。[②]

20世纪80年代，金正耀教授最早把铅同位素技术引入中国，他研究商代

①R. H. Brill and J. M. Wampler *Isotope studies of ancient lead*，American Journal of Archaeology，1967，1.

② 崔剑峰、吴小红：《铅同位素考古研究》，文物出版社，2008 年 4 月，北京。

青铜器铅同位素比值后发现，商代青铜器中很大一部分铜铅矿料可能来自云南。[①]产生了“商代青铜器矿料云南说”这一令人耳目一新的说法。中国科技大学的金正耀检测了安阳殷墟妇好墓中的12件青铜器，其中6件是高放射性铅，这种高放射性铅属于地质中十分罕见的异常铅，在中国当时仅发现云南永善金沙厂的铅锌矿产属于此类矿，据此，金正耀提出了商代青铜器的矿料来自云南永善金沙厂。[②]此后在郑州商城、江西新干大洋洲、湖北盘龙城、四川三星堆、江西吴城等地的青铜器中也发现这种高放射性铅。2002年从事地球化学研究的朱炳泉等中国学者进一步论述滇东北作为商代高放射性铅青铜器产地的可能性，指出：“该区铅锌矿床的铅同位素组成是目前中国南方铅锌矿床中最接近商代青铜器的高放射成因铅……这些矿床的上部已开采的部分有可能存在具有商代青铜器高放射成因铅同位素组成特征的矿石……因此滇东北应是商代这种高放射成因铅青铜原料矿产地的首选地区”[③]。

然而，21世纪初，崔剑峰博士与吴小红教授也应用同样的方法，对云南省各地出土的青铜器进行铅同位素矢量填图得出的结论恰恰相反：云南的青铜器矿料在商代并未输入中原。[④]崔剑峰、吴小红并指出：金正耀的“商代青铜器矿料云南说”是建立在与现代矿山铅同位素数据进行对比的基础上，“而实际上如果能直接使用两地青铜器的铅同位素数据进行对比，则会使得结论更具说服力”。

铅同位素考古的最终目的是建立古代青铜器与矿源间的对应关系。

如果套用遗传学来做一个不一定恰当的比喻：铅同位素比值就是古代青铜器里的“DNA”，用它可以找到其“诞生地”——矿源。

铜鼓是青铜器中的一种重要器物，历史上曾经广泛流行中国南方各省，探讨铜鼓的起源涉及两个重要问题：起源地及起源时间，中国学者用传统的考古学方法论证了铜鼓起源于滇中至滇西一带，万家坝型铜鼓是最原始的一类铜鼓，石寨山型铜鼓是由万家坝型铜鼓发展而来的。越南学者的观点与中国学者的观点截然不同，认为东山铜鼓是年代最早的铜鼓，铜鼓的起源地在

① 金正耀：《晚商中原青铜器矿料来源研究》，《科学史论集》，中国科技大学出版社，1987年，合肥。

② 金正耀：《晚商中原青铜器矿料来源研究》，《科学史论集》，中国科技大学出版社，1987年。

③ 朱炳泉、常向阳：《评“殷商青铜器高放射性成因铅”的发现》，《古代文明》第1卷，文物出版社，2002年，北京。

④ 崔剑峰、吴小红：《铅同位素考古研究》，文物出版社，2008年4月，北京。

越南，万家坝型铜鼓是东山铜鼓的退化型，年代晚于东山型铜鼓。上述争论的焦点之一是铜鼓的产地问题，此问题正是铅同位素技术能够解决的问题，用现代科学技术手段解决考古界一些难以回答的问题是考古学发展的方向。

迄今为止，全世界共发现万家坝型铜鼓62面。[1]李晓岑[2]、崔剑峰与吴小红先后用铅同位素技术对12面万家坝型铜鼓进行过测定。李晓岑测定的6面万家坝型铜鼓均为云南发现的。崔剑峰、吴小红测定的有5面是中国云南的，1面是越南的万家坝型铜鼓。他们分别测定过的同一面铜鼓是云南省弥渡县青石湾鼓，铅同位素比值见表：

万家坝型铜鼓铅同位素比值表

北京大学考古文博学院 2002 年测定

鼓名	^{207}pb／^{206}pb	^{208}pb／^{206}pb	^{206}pb／^{204}pb	^{207}pb／^{204}pb
楚万M23：160	0.83746 0.0028	2.0865115 0.0054	18.66979 0.0035	15.63574 0.0065
丘北县草皮村鼓	0.841354 0.0056	2.0844701 0.0051	18.56273 0.0418	15.6176 0.0425
广南县者偏鼓	0.849061 0.0025	2.1052839 0.0027	18.47678 0.0126	15.68682 0.0122
弥渡县青石湾鼓	0.838136 0.0025	2.0880578 0.0025	18.65622 0.015	15.63646 0.0158
广南县 沙果村I号鼓	0.844063 0.0212	2.1023505 0.0286	18.37386 0.3479	15.50561 0.3648
（越南）上农鼓	0.868063 0.0415	2.1210648 0.0366	17.77262 0.4447	15.422 0.45

万家坝型铜鼓铅同位素比值表

采自《中国铅同位素考古》

鼓名	^{207}pb／^{206}pb	^{208}pb／^{206}pb	^{206}pb／^{204}pb
弥渡县三岔路鼓	0.86736	2.1170	18.164
弥渡县青石湾鼓	0.84016	2.0887	18.377
楚万M23：159	0.83779	2.0876	18.574
楚万M23：161	0.84582	2.1132	18.496
祥云县大波那鼓	0.86912	2.1136	18.027
昌宁县八甲大山鼓	0.78545	2.0249	19.919

① 李昆声、黄德荣：《再论万家坝型铜鼓》，《考古学报》，2008 年第 2 期。
② 李晓岑：《中国铅同位素考古》，云南科技出版社，2000 年 5 月，昆明。

第　三　章

中国石寨山型铜鼓

第一节　在中国的发现和分布

石寨山型铜鼓就目前掌握的资料而言，发现最早的是云南的开化鼓和广南鼓，开化鼓出土的时间大约为19世纪末期，广南鼓出土的时间为1919年。2面鼓都属于非科学发掘品，单鼓出土，除了实物本身外，还有涉及这2面鼓的一些文献记载。

迄今为止，根据不完全统计，中国境内石寨山型铜鼓共发现70面。如果按照发现的情况来看，能够分成以下三种：一是科学发掘品；二是单鼓出土的非科学发掘品；三是传世品，包括社会上流传，来源不明的铜鼓以及目前仍保存在一些民族村寨中的石寨山型铜鼓，下面按此顺序叙述。

一、科学发掘品

科学发掘品是以田野考古为标志，云南的田野发掘始于吴金鼎等1939年3月对大理马龙遗址的发掘。石寨山型铜鼓的最初科学发掘品是1955年晋宁石寨山第一次发掘的2面鼓。截至2007年石寨山型铜鼓科学发掘品共计44面，全部都出自墓葬之中，与铜鼓伴出的器物比较多，年代准确，系铜鼓研究中的标准器。

中国除了云南发掘出土较多外，广西、贵州也有一批科学发掘出土的铜鼓。

云南科学发掘品主要出自石寨山、李家山、天子庙、羊甫头等墓地，数量占云南石寨山型铜鼓的绝大多数，主要出自滇文化的大型墓葬之中。共计34面。

石寨山1955年3月第一次发掘时，在M1后端出土2面鼓，2鼓相互扣合，内盛满海贝[1]，上鼓残，下鼓保存完好。1956年11月至1957年1月石寨山第二次发掘期间，在M3、M10、M11、M13、M14、M15、M16、M17这8座墓中

① 云南省博物馆：《云南晋宁石寨山古遗址及墓葬》，《考古学报》，1956 年第 1 期。

出土15面铜鼓，[①]出土时铜鼓置于墓坑的前端或后端，一些鼓上放置1件大铜俑，9件倒置，鼓内装满海贝。8座墓中出土铜鼓数量不等，M3、M10、M17这3墓各出1面铜鼓，M13、M14、M15这3墓各出2面，M11、M16这2墓各出3面鼓。出土2面以上的墓，铜鼓分置于前、后两端，出土1面的墓一般置于后端。铜鼓多出自墓葬分期的I、II类型墓，即早期墓，III、VI类型墓（晚期墓葬）不出铜鼓，如M6虽是滇王墓，却未出铜鼓，出土的是2件铜鼓形贮贝器。石寨山后来又进行过第三、第四、第五次发掘，都未发现铜鼓。石寨山第一、第二次发掘共发现17面铜鼓，在科学发掘品中位居第一。

李家山墓地经过1972年1月至5月、1991年12月至1992年5月两次发掘，出土14面铜鼓。第一次发掘27座墓中，在M17、M23、M24这3墓中发现8面鼓，出土时多数正置，M17、M23各出2面，分别置于墓坑两端，M24出土4面，其中2面置于棺两端，另外2面互相套合，内装满海贝，放于墓坑西北角，3座墓都属于早期的第一类型墓葬，[②]即战国末至西汉初。第二次发掘60座墓葬，在M47、M50、M57、M68、M69这5座墓中发现6面铜鼓，M69出土2面，其余4座墓各出土1面。M47（此墓为二男合葬）的1面置于右侧主棺头端，左侧陪葬棺未出。M50的1面位置比较少见，铜鼓属大件器物，一般放在棺外，此墓的铜鼓放在棺内头端（图III-1）。M57将铜鼓置于边厢头端。M68将铜鼓置于足端。M69系2女合葬墓，2面铜鼓分别放在主棺的两端，侧棺未出。[③]6面铜鼓分别出自第二期（M47、M57、M68）第三期（M69）的大型墓葬中，第四期未出。李家山墓群的铜鼓也是出自大型墓中，但是不一定大型墓都会出铜鼓，如第一次发掘的M11、M18、M21、M22，第二次发掘的M51、M71、M85等墓就未出。合葬墓铜鼓仅放在主棺的一端或两端，陪葬棺不出。李家山墓地出土的铜鼓数量仅次于石寨山墓地，居第二，14面。

呈贡天子庙墓地1975年2月、1979年12月至1980年1月、1992年6月至7月发掘过三次，第二次发掘44座墓葬，M41、M33大型墓中各发现1面铜鼓，M41是该墓地中最大的1座，1椁1棺，铜鼓放在木椁北侧底板上，鼓倒置，鼓内置铜枕、纺织工具、漆器、植物叶片。在M33中，铜鼓放于墓底西端。天子庙墓地分三期，M41、M33都属于一期墓，年代约为战国中、晚期，二、三期未发现铜鼓。[④]

---

① 云南省博物馆：《云南晋宁石寨山古墓群发掘报告》，文物出版社，1959年，北京。

② 云南省博物馆：《云南江川李家山古墓群发掘报告》，《考古学报》，1975年第2期。

③ 云南省文物考古研究所等：《江川李家山——第二次发掘报告》，文物出版社，2007年，北京。

④ 昆明市文物管理委员会：《呈贡天子庙滇墓》，《考古学报》，1985年第4期。

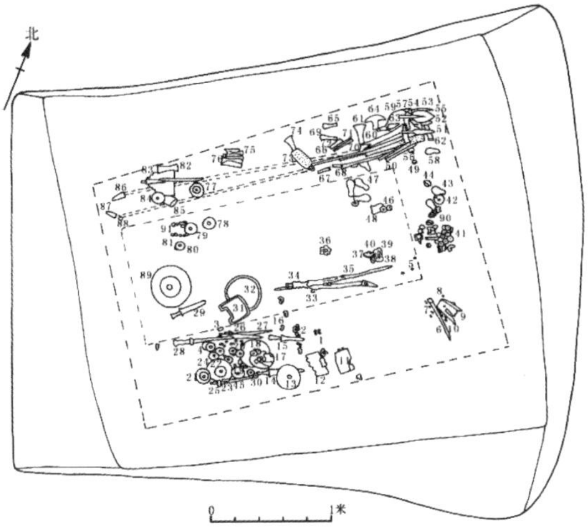

图 III-1　李家山 M50 平面图

昆明羊甫头墓地1998年—1999年度、2000年度、2001年度分别进行过三次发掘，共清理滇文化及汉式墓葬839座，在第一次发掘期间，于M19中发现1面铜鼓，M19是大型墓葬，1棺1椁，铜鼓放在椁室东北端，侧放。[①]羊甫头墓地大型墓葬有6座，唯此墓出铜鼓。

广西在贵县高中、罗泊湾、西林县普驮、田东锅盖岭等地的战国、西汉墓中出土一批科学发掘铜鼓，共计8面。

1955年2—3月在贵县清理一座木椁汉墓，出土铜鼓1面，置于墓坑左侧，伴出铜壶、铜镜、铜博山炉、120枚西汉五铢。[②]

1972年7月在西林县八达公社普合大队普驮粮站清理1座用4面铜鼓作葬具的特殊墓葬，此葬式仅发现这1座。墓坑为圆形，墓口用石板盖住，石板下面放12块石条，石条下面又放4面铜鼓，呈互相套合状，随葬品一部分放在铜鼓周围，一部分放在铜鼓内，骨骸置于最内层的铜鼓中，2面曾被锯开。3面铜鼓胸腰部贴有孔雀羽毛。[③]

1976年7月在贵县罗泊湾清理1座带墓道、车马坑的竖穴土坑木椁墓，年代为西汉，墓中出土一大一小2面铜鼓，大鼓出自西坑内，倒置，鼓内放3件铜盆、2件铜盘。小鼓出自东坑内。[④]

---

① 云南省文物考古研究所等：《昆明羊甫头墓地》，科学出版社，2005 年，北京。
② 黄增庆：《广西贵县汉木椁墓清理简报》，《考古通讯》，1956 年第 4 期。
③ 广西壮族自治区文物工作队：《广西西林县普驮铜鼓墓葬》，《文物》，1978 年第 9 期。
④ 广西壮族自治区博物馆：《广西贵县罗泊湾汉墓》，文物出版社，1988 年 8 月，北京。

1977年在田东锅盖岭清理过2座战国时代的墓葬，M1中出土1面铜鼓。M1位于岭顶，有封土堆。[①]

贵州在1978年发掘赫章可乐战国至东汉时期的207座墓葬，于M153中出土1面铜鼓，它是贵州现存唯一经考古发掘的铜鼓，出土时此鼓置于墓坑一端，侧立，鼓内腔罩在死者头部，鼓面朝墓壁。[②]

浙江安吉县上马山墓地在1989年—1990年期间发掘8座墓葬，M10出土1面铜鼓（M10：32）。伴出物有陶器、铁剑、玉器。[③]

二、单鼓出土的非科学发掘品

此类鼓的数量仅次于科学发掘品，出土时多数无伴出物，以单鼓形式出土，未见墓坑痕迹，基本上都是在耕种、改土过程中发现。云南、贵州、四川、广西等省区均发现过，共计18面。

云南出土12面，具体是晋宁梁王山出土4面，都是残件，广南鼓、文山古木鼓、麻栗坡县城子上鼓、云县下曼品鼓、腾冲县古永鼓、腾冲县小钟山鼓、昭通诸葛营鼓、元江县元江鼓。

广南鼓由于出土时间较早，地方史书曾经做过记录，这对了解广南鼓的发现有所帮助，1949年刊印的《新纂云南通志・金石考》对著名的广南鼓有以下描述："又一鼓民国八年（1919年）在广南县阿章寨农民耕地得之，鼓面直径二尺四分，围七尺五寸，腰围六尺，底围七尺七寸，高一尺四寸，旁有四耳，鼓面波纹，胴部花纹两层，上层有人散发跳舞，下层数人乘船撑渡之状，今存广南县团保局。"据此条史料可知，中华人民共和国成立前此鼓保存在广南县团保局，中华人民共和国成立初期经广南转藏于云南省博物馆，是我国最精美的铜鼓之一。

广西出土3面，它们是百色县百01号鼓、隆林县共和村鼓、贺县龙中鼓。

贵州出土1面，赫章县罗戈寨鼓（60.2.6712）。

四川出土2面，会理县会理3号鼓、盐源县盐源鼓。

① 广西壮族自治区文物工作队：《广西田东发现战国墓葬》，《考古》，1979年第6期。
② 贵州省博物馆：《赫章可乐发掘报告》，《考古学报》，1986年第2期。
③ 安吉县博物馆：《浙江安吉县上马西汉墓的发掘》，《考古》，1996年第7期。

三、传世品

这类鼓出土地点不明，来源情况复杂，多数系博物馆从各地不同渠道征集而来，少数鼓是现代民族村寨保存、使用，后被文物部门征集并收藏，出处不清楚。

云南、四川、上海、广东、河南等地的各级文物部门分别保存有这类铜鼓，共计8面。

云南4面，它们是开化鼓、富宁县孟梅I号鼓、孟梅II号鼓、甲式IA鼓。

开化鼓在黑格尔1902年出版的《东南亚古代金属鼓》一书中曾详细介绍过，被称之为东京（盖列特1号）（82）鼓，1899年3月黑格尔收到当时驻安南（越南）Muong Dan总督茂利关于铜鼓的回信，信中茂利提到开化鼓的来源："我知道这两件铜器（其中1件为开化鼓）都是从云南来的，是中国的旧货商带过来的。当地古老的部族为生活所迫而离开了自己的故土"①。从这段文字中可知，开化鼓至少1899年就流散到了越南。

上海2面，T4753号鼓、24339号鼓，后者是1992年4月上海博物馆从云南富宁县普阳乡孟梅村征集而来的。

广东1面，3–796号鼓。

河南1面，罗山鼓。

从分布地区上看，石寨山型鼓主要分布在中国南方的云南、广西、贵州、四川等省，云南发现的数量居第一，而且分布地点也广，滇池地区分布较密集，晋宁、江川、昆明、呈贡为其中心，西南方向有腾冲、云县，南边到元江，东南方向的文山、广南、麻栗坡、富宁等县都有分布，东北方向昭通也有发现。广西也是石寨山型鼓的重要分布区，西部地区（汉代句町国范围）发现较多，分布较密，集中在西林、隆林、百色、田东等地。另外，中部的贵县，最东达贺县也有分布。四川分布在南部地区，会理、盐源均有发现。

从数量上看，中国境内共发现石寨山型铜鼓70面，其中云南发现50面，占据总数的71.43%。广西次之，数量为11面，占总数的15.71%。四川、贵州、上海各2面，分别占总数的2.85%。广东、河南、浙江各1面，分别占总数的1.43%。

70面石寨山型鼓中，科学发掘品有44面，占总数的62.86%，远远超过其

① 弗朗茨·黑格尔著，石钟健、黎广秀、杨才秀译：《东南亚古代金属鼓》，上海古籍出版社，2004年12月，上海。

他来源的铜鼓，而且像石寨山、李家山这样集中出土众多的石寨山型铜鼓，是国外其他地区所不可比拟的，这些铜鼓伴出物众多，年代准确，材料可靠，是研究中的标准器。单鼓出土的非科学发掘品18面，占总数的25.71%，18面鼓中有12面出自云南，广西3面、贵州1面、四川2面。传世品8面，占总数的11.43%，其中云南4面、上海2面，广东、河南各1面，后二类鼓中包含不少精品。

1.中国云南

（1）晋宁

M1：32A鼓

1955年出土于晋宁区石寨山。鼓面二弦分晕，中心有破孔，残留主晕饰四翔鹭纹，最外两晕为锯齿纹。鼓胸上部及腰下部双弦分晕，各饰二晕相背锯齿纹，腰上部被羽纹带纵分成八个空格。绳纹扁耳两对，鼓皆阳纹。高23.5厘米、面径30.2厘米、足径35.4厘米。现藏于云南省博物馆。①

M1：58鼓

1955年出土于晋宁区石寨山。鼓面中央饰凸起太阳纹，芒间填斜线。芒外七晕，双或单弦分晕。第一、二、三、五、六、七晕均为锯齿纹夹同心圆纹，第四晕为主晕纹，饰四只顺时针飞翔的翔鹭间四凫鸟。胸上部和腰下部饰锯齿纹夹同心圆纹，胸下部饰六组船纹，船尾、船首翘起，首尾不分，各立一鸟，每船上有二至四人，皆裸体，椎髻。鼓腰被叶脉纹纵分为两部分，每部分饰二组船纹，船间有牛、鸟及舞人。绳纹耳两对。高30厘米、面径36厘米、足径44厘米。现藏于云南省博物馆。②（图Ⅲ–2）

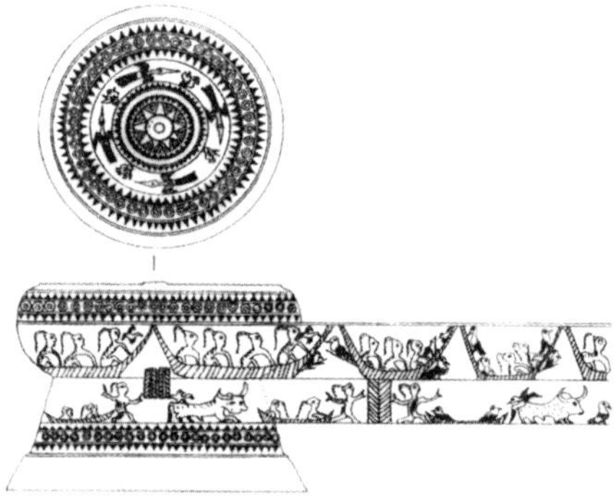

图Ⅲ–2　石寨山M1:58鼓

① 云南省博物馆：《云南晋宁石寨山古遗址及墓葬》，《考古学报》，1956年第1期。
② 云南省博物馆：《云南晋宁石寨山古遗址及墓葬》，《考古学报》，1956年第1期。

M3：3鼓

1956年出土于晋宁区石寨山。鼓面中央饰凸起的十芒太阳纹，芒间填以复线角形纹。芒外五晕，单、双弦分晕。第一晕饰点纹，第二晕为主晕纹，饰四只逆时针飞翔的翔鹭纹，第三到五晕饰锯齿纹夹同心圆纹带。胸上部饰锯齿纹纹带，胸下部饰四组船纹，船上坐两人，人像模糊，似为裸体，椎髻。腰上部由羽纹纵分为两半，花纹模糊，腰下部饰锯齿纹。皆阴纹。足部残。高32厘米、面径40.6厘米、足径51厘米。现藏于云南省博物馆。[①]（图III–3）

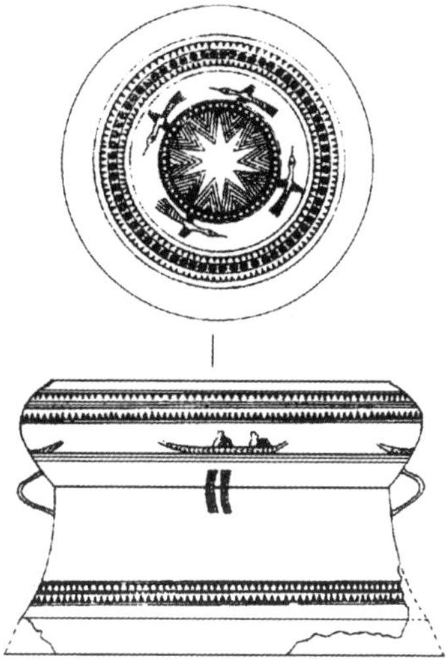

图 III–3 石寨山 M3:3 鼓

M10：3鼓

1956年出土于云南晋宁区石寨山。鼓面边沿上立4只实心蟾蜍，鼓面中央饰凸起的六角光芒太阳纹，芒间填以复线三角纹。芒外四晕，双弦分晕。第一晕饰同心圆涡纹，第二晕为主晕纹，素面，第三晕饰圆涡纹，第四晕饰三角锯齿纹，胸上部、腰下部各饰二晕同心圆纹、锯齿纹，胸下部饰船纹。腰间被叶脉纹纵分为八格，格内无纹饰。四绳纹耳，在石寨山发掘的全部铜鼓中，面上立蟾蜍的仅有此件。高19厘米、面径21.1厘米、足径25.5厘米。现藏于云南省博物馆。[②]（图III–4）

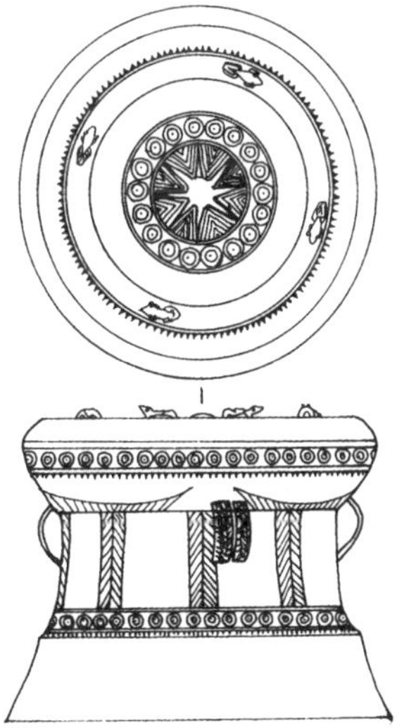

图 III–4 石寨山 M10:3 鼓

M11：1鼓

1956年出土于晋宁区石寨山。鼓面的太阳纹模糊，有结疤，主晕无纹，

① 云南省博物馆：《云南晋宁石寨山古墓群发掘报告》，文物出版社，1959 年，北京。
② 云南省博物馆：《云南晋宁石寨山古墓群发掘报告》，文物出版社，1959 年，北京。

其外环绕内外向锯齿纹夹勾连雷纹。鼓胸上部饰锯齿纹夹雷纹纹带，胸下部饰4组船纹，每船上有三、四人，皆裸体、椎髻。皆阴纹。足部及鼓耳残失，面径39.5厘米。现藏于云南省博物馆。[①]

M11：2鼓

1956年出土于晋宁区石寨山。鼓面中央饰凸起的十二芒太阳纹，芒间填以羽纹。芒外七晕，二或三弦分晕。第一、二晕饰羽纹，第三晕为主晕纹，饰五只逆时针飞翔的翔鹭纹，第四至六晕饰锯齿纹与斜线图案。鼓胸上部饰锯齿纹，胸下部饰六只船纹，船的两头上翘，每船有一头戴羽冠、裸体、手执鹭鸟羽毛的人。皆阴纹。腰残，足部及鼓耳均失，面径36厘米。现藏于云南省博物馆。[②]

M11：3鼓

1956年出土于晋宁区石寨山。鼓面饰十芒太阳纹，芒间填以复线角形纹。现藏于云南省博物馆。[③]

M13：2鼓

1956年出土于晋宁区石寨山。鼓面有破孔，仅保存着最外三晕饰锯齿纹夹点纹。胸上部与腰下部饰锯齿纹夹点纹，胸下部饰六组船纹。腰上部由锯齿纹或网纹带纵分为九个空格。皆阴纹。胸腰间铸辫纹扁耳两对。高28.5厘米、面径36.4厘米、足径45.4厘米。现藏于云南省博物馆。[④]

M13：3鼓

1956年出土于晋宁区石寨山。鼓胸上部、腰下部各饰一晕点纹，二晕相背锯齿纹，胸下部有船纹，船间补刻舞人、武士、孔雀、鱼虾等纹样。腰上部被相背锯齿纹带纵分成十格，格中原铸牛纹，后又补刻骑士、武士、虎、孔雀、猴等纹样。皆阴纹。胸腰间铸辫纹扁耳两对。鼓面残失，胸部残破。残高28厘米。现藏于云南省博物馆。[⑤]

① 云南省博物馆：《云南晋宁石寨山古墓群发掘报告》，文物出版社，1959年，北京。
② 同上。
③ 同上。
④ 同上。
⑤ 同上。

M14：1鼓

1956年出土于晋宁区石寨山。鼓面饰凸起的十芒太阳纹，芒间填以斜线纹。芒外六晕，单、双弦分晕。第一、二晕饰勾连圆圈纹，第三晕为主晕纹，饰四只逆时针飞翔的翔鹭纹，第四、五、六晕饰锯齿夹圆圈纹。胸上部及腰下部各饰三晕锯齿夹圆圈纹。胸下部为四组船纹，每船上有四个裸体的人像，其中二人戴羽冠，二人披发，两船间饰一海龟。腰上部被锯齿纹夹同心圆纹带纵分为八格，每格立一舞人，戴羽冠，手执干戚。画风潦草，鼓面为阴纹，胸腰为阳纹。绳纹扁耳两对。较大，最完整。高31.2厘米、面径40.7厘米、足径48.1厘米。现藏于云南省博物馆。[①]（图III–5）

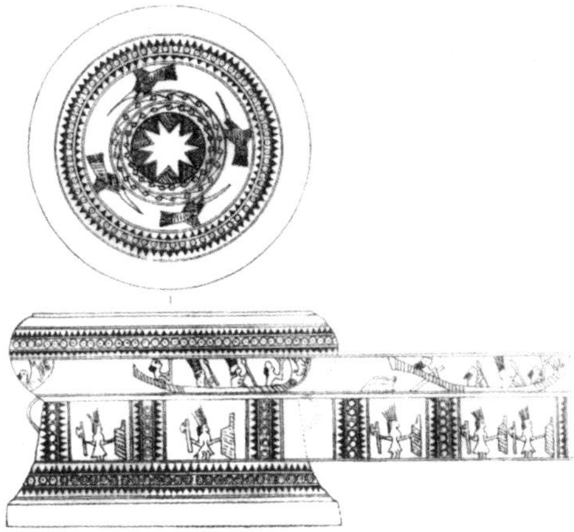

图 III–5　石寨山 M14:1 鼓

M14：18鼓

1956年出土于晋宁区石寨山。鼓面中央饰凸起的十芒太阳纹，芒间填以复线角形加圆圈纹。芒外五晕。第一晕饰变体雷纹，第二晕为主晕纹，饰翔鹭纹，第三、四、五晕饰点纹夹同心圆纹纹带。胸上部和腰下部均饰三晕点纹、锯齿纹，腰上部被羽纹带纵分成八格。胸、腰、足部线刻着动物纹，惜纹饰模糊，不知为何种动物。出土时腰、足部分残。高23厘米、面径27.8厘米。现藏于云南省博物馆。[②]

M15：1鼓

1956年出土于晋宁区石寨山。鼓面、胸、腰、足残。花纹、尺寸不详。现藏于云南省博物馆。[③]

① 云南省博物馆：《云南晋宁石寨山古墓群发掘报告》，文物出版社，1959年，北京。
② 同上。
③ 同上。

M15：7鼓

1956年出土于晋宁区石寨山。鼓面中部有一大孔，太阳纹已失，孔外四晕，双弦分晕。第一晕为主晕纹，饰四只逆时针飞翔的翔鹭纹，第二、三、四晕饰点纹、锯齿纹夹勾连圆圈纹。胸上部与腰下部各饰二晕点纹、二晕锯齿纹。胸下部饰四组船纹，每船上有三个裸体、项髻的人。腰上部被羽纹带纵分成十格，其中四格各饰一高峰牛纹。绳纹耳两对。高28厘米、面径32.8厘米、足径40.2厘米。现藏于云南省博物馆。①

M16：1鼓

1956年出土于晋宁区石寨山。鼓面中央饰凸起的十芒太阳纹，芒间填以斜线纹。芒外四晕，双弦分晕。第一晕饰勾连圆圈纹，第二晕为主晕纹，饰四只逆时针飞翔的翔鹭纹，第三、四晕饰内外向的锯齿纹。鼓胸上部和腰下部纹饰相同，饰上下向的锯齿纹。胸下部饰双弦纹，腰上段由斜网格纹带纵分成八个空格。皆阳纹。胸腰际有窄条粗辫纹扁耳两对。高23.8厘米、面径29厘米、足径37.2厘米。现藏于云南省博物馆。②

M16：3鼓

1956年出土于晋宁区石寨山。鼓面正中为破孔，鼓形、尺寸、纹饰与M16：1鼓相同。四绳纹耳。高23.8厘米、面径29厘米、足径37.2厘米。现藏于云南省博物馆。③

M16: 33鼓

1956年出土于晋宁区石寨山。花纹不详。高20厘米、面径21厘米、足径27.7厘米。现藏于云南省博物馆。④

M17：4鼓

1956年出土于晋宁区石寨山。鼓面、足部残缺，腰仅为残片。胸上部饰四晕，分别为点纹、锯齿纹、雷纹，胸下部饰牛纹、点纹。腰部纹饰模糊不

① 云南省博物馆：《云南晋宁石寨山古墓群发掘报告》，文物出版社，1959年，北京。
② 同上。
③ 同上。
④ 同上。

明。面径40厘米。现藏于云南省博物馆。[①]

英国伦敦大英博物馆（The British Museum）20世纪40年代末期先后两次收集到一些出土于自云南晋宁的青铜器，数量大约70件。1948年10月收集到第一批约25件。1950年5月又收集到第二批约40件。它们是1947年弗雷泽（N. D. Fraser）博士在昆明市场上购买的，出土于时间应在这之前。据大英博物馆报道，它们出自晋宁梁王山。这些青铜器中有9件石寨山型铜鼓残片，分别为鼓面、胸、腰部残片，有4件可以拼对，根据化学成分分析，这9件能够分成四组，即代表四面铜鼓。需要说明的是大英博物馆使用的器物号与我国通用的方法不同，他们对于征集、捐赠或发掘出土于的文物通常采用年、月、日的记法作为器物号，如一面铜鼓的器物号为1948.10-13.2，则表示这面铜鼓是1948年10月13日登记的第2件文物。[②]

第一鼓

此鼓为残片三件。其中2件（1948.10-13.3，1950.4-5.9）为胸部残片，能粘对。胸部纹饰有三晕，双弦分晕，自上而下分别为，第一晕饰勾连圆点纹，第二晕饰锯齿纹，内饰点纹，第三晕为主晕纹，饰二船纹及一大嘴鸟纹，一船纹残留前半部大部分，船首为鹢鸟状，上坐二羽人，呈划船状，船身饰勾连圆点纹。另一船纹只剩一高翘的船尾，上饰勾连圆点纹，一人在做摇橹状。残长34厘米。（图III-6）

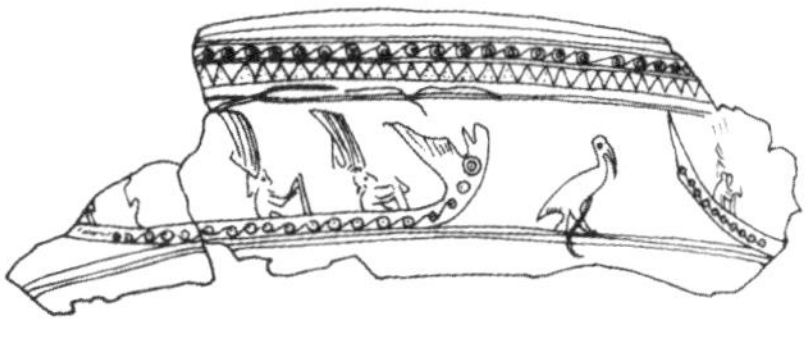

图Ⅲ-6　梁王山第一鼓
（1948.10-13.3，1950.4-5.9）

第3件（1950.4-5.8）为足、腰部残片，足部素面，腰下部饰三晕，双弦分晕。第一、三晕饰锯齿纹，第二晕饰勾连圆点纹。腰上部被叶脉纹分成二格。其纹饰、合金成分与上述胸部残片接近，应为同一鼓。（图III-7）

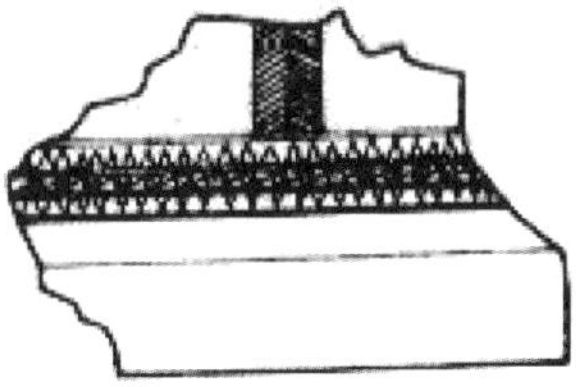

图 III-7　梁王山第一鼓（1950.4-5.8）

① 云南省博物馆：《云南晋宁石寨山古墓群发掘报告》，文物出版社，1959年，北京。

② 黄德荣：《大英博物馆收藏的一批云南晋宁梁王山出土的青铜器》，《考古学集刊》10，地质出版社，1996年12月，北京。

图 III-8　梁王山第二鼓（1948.10-13.1、2）

第二鼓

此鼓为残片三件，其中两件（1948.10-13.1、2）能拼成基本完整的一鼓面，鼓面中部饰略凸的十二芒太阳纹，芒间填以三角形纹。芒外六晕，双弦分晕。第一、三、六晕饰斜线纹，第二晕为主晕纹，饰四只逆时针飞翔的翔鹭纹，第四、五晕饰锯齿纹。面径约40厘米。（图III-8）

第3件（1950.4-5.10）。与鼓面系同一鼓，为侧面部分，分别饰锯齿纹、圆圈纹、弦纹等。（图III-9）

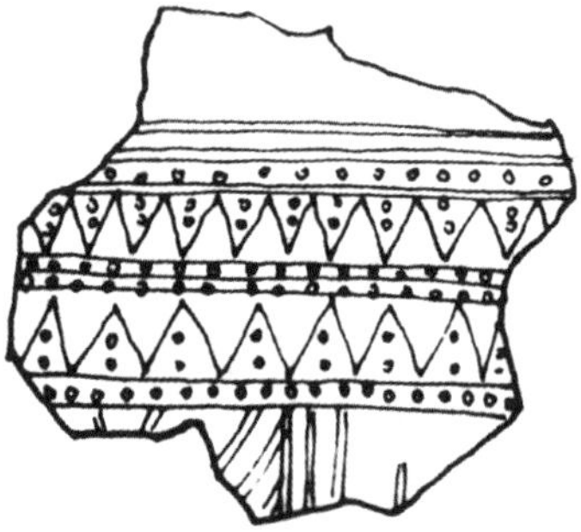

图 III-9　梁王山第二鼓（1950.4-5.10）

第三鼓

此鼓为残片一件（1950.4-5.14）。为胸、腰部分，带一绳辫纹耳，胸部饰斜线纹，腰部饰弦纹。（图III-10）

第四鼓

此鼓为残片二件（1950.4-5.11，1950.4—5.12）。两件均为胸部上的小残片，上饰锯齿纹、弦纹、回纹等。厚0.2厘米。

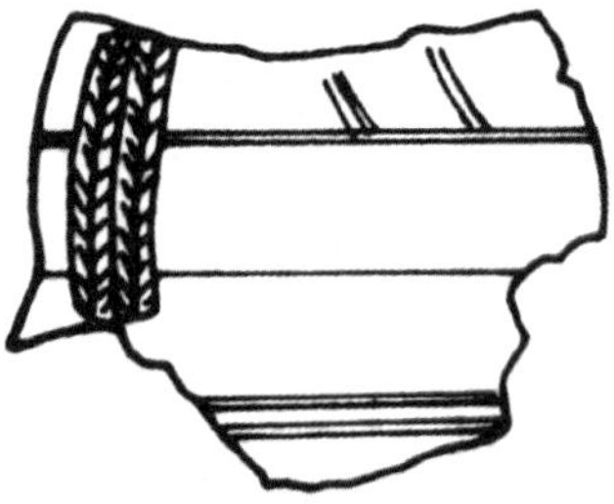

图 III-10　梁王山第三鼓（1950.4-5.14）

（2）江川

M17：10鼓

1972年出土于玉溪市江川区李家山。鼓面中央穿孔，孔外保存四晕，双弦分晕。第一晕为主晕纹，饰四只翔鹭纹，第二、三晕饰相背锯齿纹。胸上部、腰下部纹饰相同，各饰相背锯齿纹，胸下部素面。腰上部被羽纹带纵分成八个空格。皆阳纹。胸腰际有辫纹扁耳两对。高24.5厘米、面径30.8厘米、足径36.7厘米。现藏于云南省博物馆。[①]

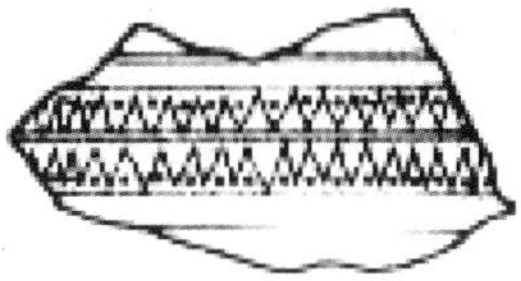

图 III-11　梁王山第四鼓（1950.4-5.11，1950.4-5.12）

M17：30鼓

1972年出土于玉溪市江川区李家山。鼓面中心破孔，残留部分凸起太阳纹光芒，芒间填以斜线纹。芒外六晕，单弦分晕。第一晕饰点纹，第二晕较宽，为素晕，第三至六晕与胸上部、腰下部皆饰点纹和锯齿纹纹带。胸下部环绕四组船纹，每船上有三或四人，皆裸体，挽髻，发尾下垂。鼓腰上部由点纹、锯齿纹带或羽纹纹带纵分成八个空格。皆阳纹。绳纹扁耳两对。高21.9厘米、面径26.7厘米、足径34.2厘米。现藏于云南省博物馆。[②]（图III-12）

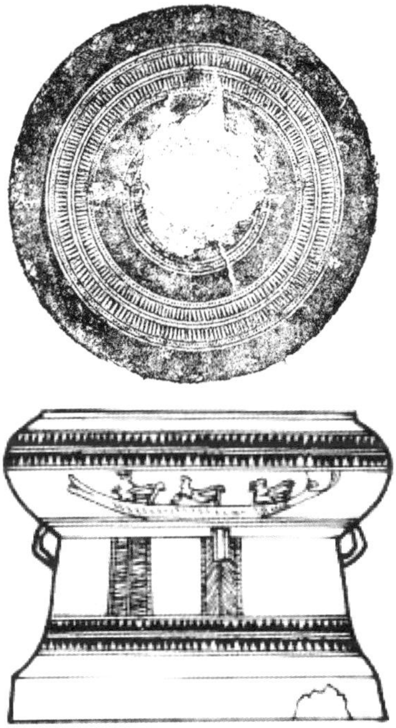

图 III-12　李家山 M17:30 鼓

M23：10鼓

1972年出土于玉溪市江川区李家山。出土于时鼓面朝上，鼓面中央有一破孔，仅见太阳纹的部分角芒，芒间填以斜线纹。芒外四晕，双弦分晕。第一晕为主晕纹，饰四只翔鹭纹，第二、三晕饰互相背向锯齿纹。胸上部饰二晕相背锯齿纹，胸下部素面。腰上部被锯齿纹带纵分成八格，格间无纹。绳纹夹耳两对。高21.5厘米、面径25.7厘米、足径35.9厘米。现藏于云南省博物馆。[③]

① 云南省博物馆：《近年来云南出土铜鼓》，《考古》，1981 年第 4 期。

② 云南省博物馆：《云南江川李家山古墓群发掘报告》，《考古学报》，1975 年第 2 期。

③ 云南省博物馆：《近年来云南出土铜鼓》，《考古》，1981 年第 4 期。

M23：30鼓

1972年出土于玉溪市江川区李家山。出土于时鼓面朝上，鼓面中央有一破空，太阳纹已残，仅存八芒，芒间填以斜线纹。芒外三晕，第一晕为主晕纹，饰四只翔鹭纹，第二、三晕饰锯齿纹。胸上部、腰下部均饰二晕锯齿纹、切线圆圈纹，纹饰相同，胸下部素面，腰上部被网纹带纵分成八格，格间无纹。高20.9厘米、面径25厘米、足径33厘米。现藏于云南省博物馆。①

M24：36鼓

1972年出土于玉溪市江川区李家山。出土于时鼓面朝上，鼓面中央饰凸起的十芒太阳纹，芒间填以复线角形纹。芒外五晕，双弦分晕。第一晕为主晕纹，饰四只翔鹭纹，第二、五晕饰点纹，第三、四晕饰锯齿纹。胸上部、腰下部饰锯齿夹点纹，腰上部被羽纹、点纹、锯齿纹带纵分成八格，格间饰舞人。皆阳纹。绳纹扁耳两对。高31厘米、面径39厘米、足径47.5厘米。现藏于云南省博物馆。②

M24：60鼓

1972年出土于玉溪市江川区李家山。出土于时鼓面朝上。鼓面中央饰太阳纹，已残，芒数不清，芒间填以复线三角形纹。芒外四晕。第一晕为主晕纹，饰四只翔鹭，第二、四晕饰锯齿纹，第三晕饰切线圆圈纹。胸上部、腰下部均饰锯齿纹、切线圆圈纹。腰上部被锯齿纹、圆圈纹带纵向分成八格，二格素面，六格各有一羽人。高31.5厘米、面径37.9厘米、足径47.5厘米。现藏于云南省博物馆。③

M24：42a鼓

1972年出土于玉溪市江川区李家山。出土时M24：42b扣在M24：42a上，鼓面朝下。鼓面中央饰凸起的十芒太阳纹，芒间填以斜线纹。芒外五晕，双弦分晕。第一晕为主晕纹，饰七只翔鹭纹。第二晕至第五晕饰点纹、锯齿纹夹同心圆纹。胸上部与腰下部为点纹、锯齿纹夹同心圆纹。胸下饰四组船纹，其中三船上有四个裸体、项髻的人像，另一船上有五人，其中有三人裸

① 云南省博物馆：《近年来云南出土铜鼓》，《考古》，1981 年第 4 期。

② 同上。

③ 同上。

体，另二人头戴羽冠。船间有鸬鹚和鱼纹。腰上部由切线圆圈纹带纵分为八格，其中七格饰高峰牛和水鸟，一格为磨秋图，人物皆头戴羽冠、裸体。皆阴纹。辫纹扁耳两对。高33厘米、面径37.5厘米、足径47厘米。现藏于云南省博物馆。[①]（图III-13）

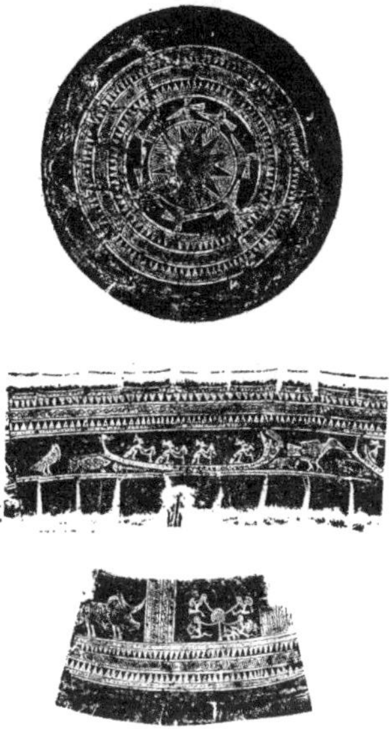

图 III-13　李家山 M24：42a 鼓

M24：42b鼓

1972年出土于玉溪市江川区李家山。鼓面朝上。鼓面中央饰凸起的十二芒太阳纹，芒间填以斜线纹。芒外五晕，双弦分晕。第一晕饰同心圆纹，第二晕光素，第三晕至第五晕饰锯齿纹夹同心圆纹。胸上部与腰下部饰锯齿纹夹同心圆纹。胸下部饰四组船纹，每船上有四或五个戴羽冠、裸体、划桨的人。腰上部被锯齿纹夹圆圈纹带纵分成八格，其中二格饰立牛，三格为羽人舞蹈图，三格素面。皆阳纹。辫纹扁耳两对。高30厘米、面径39.8厘米、足径50厘米。现藏于云南省博物馆。[②]（图III-14）

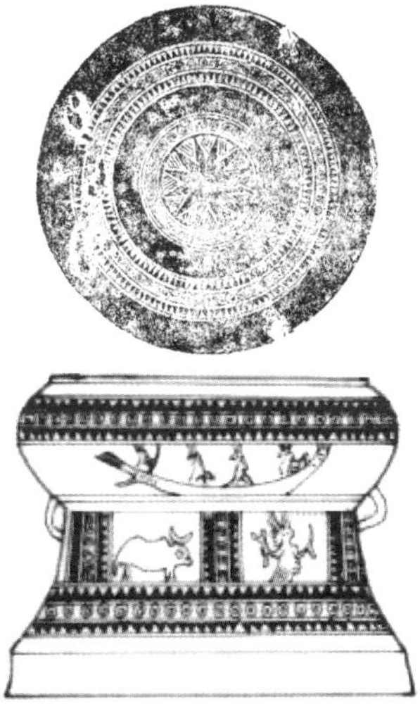

图 III-14　李家山 M24：42b 鼓

M47：21鼓

1991年出土于玉溪市江川区李家山。出自M47主棺外头端（西端），侧棺不出鼓，出土时鼓面朝上，鼓面上置三件木器盖。腰部剖面略呈长方形，足外侈，制作粗糙，素面，通体镀锡。四绳纹耳。高27厘米、面径31.7厘米。现藏于云南李家山青铜器博物馆。[③]

① 云南省博物馆：《云南江川李家山古墓群发掘报告》，《考古学报》，1975 年第 2 期。
② 云南省博物馆：《近年来云南出土铜鼓》，《考古》，1981 年第 4 期。
③ 云南省文物考古研究所等：《云南江川李家山——第二次发掘报告》，文物出版社，2007，北京。

M50：89鼓

1991年出土于玉溪市江川区李家山。出自M50棺内头端（西端），出土于时鼓面朝上，腰部剖面略呈长方形，下部外侈，足部外侈，制作粗糙，形制不圆。四绳纹耳，通体素面。高22.3厘米、面径27.5厘米。现藏于云南李家山青铜器博物馆。①

M57：84鼓

1991年出土于玉溪市江川区李家山。出自M57边厢头端（西端），边厢在左侧，右侧为木棺。鼓已变形，不甚圆，腰部剖面略呈长方形，足部外侈。四绳纹耳，制作粗糙，通体素面。高20.5厘米、面径25.8~26.2厘米。现藏于云南李家山青铜器博物馆。②

M68:285鼓

1991年出土于玉溪市江川区李家山。胸部突出，最大径偏上，足外侈，足径大于胸径，鼓面平，腰部剖面呈梯形。胸腰间四绳纹单耳。表面镀锡，通体素面。高21厘米、面径25.5厘米。现藏于云南李家山青铜器博物馆。③（图III–15）

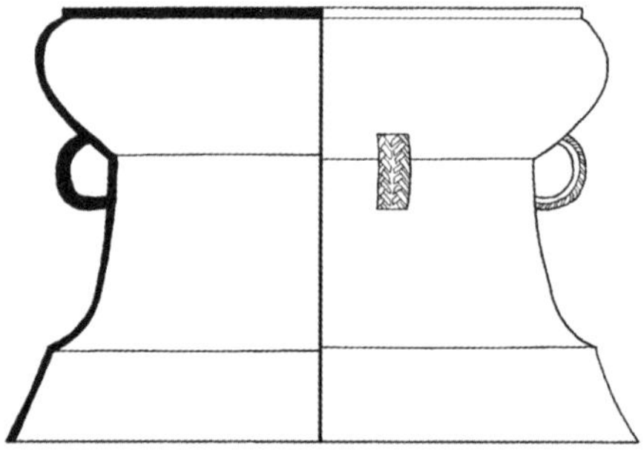

图 III–15　李家山 M68：285 鼓

M69:171鼓

1991年出土于玉溪市江川区李家山。胸部最大径偏上，腰略斜近直，足

① 云南省文物考古研究所等：《云南江川李家山——第二次发掘报告》，文物出版社，2007，北京。

② 同上。

③ 同上。

外侈。鼓面中央饰凸起的九芒太阳纹，芒间填以复线三角纹。芒外五晕，双弦分晕。第一、四晕饰同心圆纹，第二晕为主晕纹，饰六只逆时针飞翔的翔鹭纹，翅呈长方形状，尾作长三角形状，长喙，第三、五晕饰三角齿纹相间同心圆纹。胸上部、腰下部各饰三晕锯齿纹夹同心圆纹，胸下部为头戴羽冠，手持长羽，屈膝侧坐，足股相连的羽人一周，共十八羽人。腰上部用羽状纹纵分成六格，每格内有一羽人，头戴羽冠，左手持长羽，右手外张。胸腰间四对叶脉纹耳，鼓表镀锡。高23.4厘米、面径27.6厘米。现藏于云南李家山青铜器博物馆。[①]（图III–16）

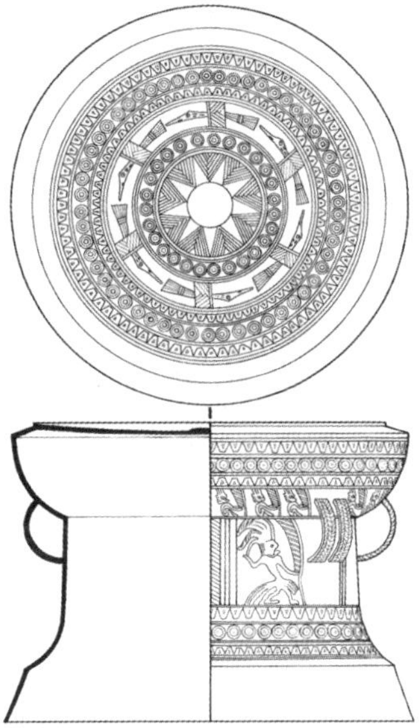

图 III–16　李家山 M69：171 鼓

M69:192鼓

1991年出土于玉溪市江川区李家山。器形最小，铸制粗糙，不甚圆。胸部最大径在中部，腰部剖面呈梯形，足外侈，足径大于胸径。胸腰间四叶脉纹单耳，耳四等距离分布。表面镀锡，通体素面。高11.2厘米、面径10.7～11.2厘米、足径14.4～14.7厘米。现藏于云南李家山青铜器博物馆。[②]（图III–17）

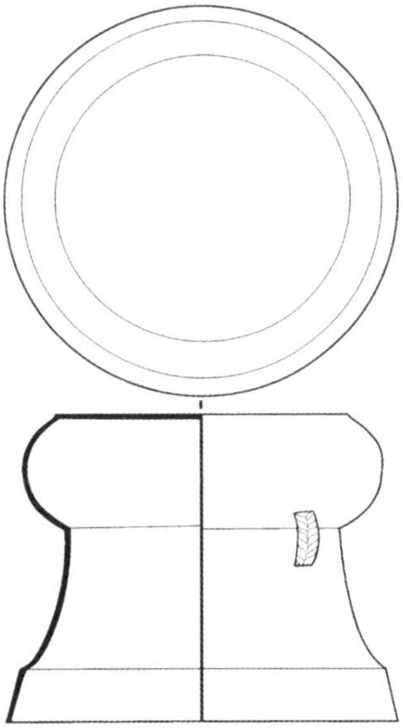

图 III–17　李家山 M69：192 鼓

（3）文山

广南鼓

1919年出土于广南县黑支果阿章寨。形体大，略显低矮，腰部剖面为梯形，足矮，铸工精湛。鼓面中央饰二十一芒太阳纹，芒

① 云南省文物考古研究所等：《云南江川李家山——第二次发掘报告》，文物出版社，2007，北京。

② 同上。

间填斜线纹。芒外十三晕。第一至六晕饰点纹、勾连雷纹和锯齿纹，第二、七晕素面，第八至十三晕饰点纹夹内外向锯齿纹。胸上部、腰下部六晕，四晕点纹，二晕锯齿纹，纹饰相同。胸中部饰四组船纹，每组船上有七至八人，皆裸体、项髻。其中第一、第四人戴羽冠，人腰系二襜，执羽仪，第五人坐于台上击鼓，第七人髻插双羽掌舵，其余划桨。胸下部饰三晕，二晕点纹，一晕锯齿纹。腰上部被锯齿纹夹菱形纹或锯齿纹夹羽纹带纵分成十四格，格中有羽人对舞和剽牛等图案。剽牛图案是其中最特殊的两幅，图幅的中心是一根长长的立柱，立柱上端饰有羽葆等物，下方系一头高峰牛，牛的正前方有一人举斧相向，牛的背后有一人扬钺下砍。与此相关方格内，每一格各有两位化装成鹭鸟的舞人，他们或曲张双手，作翔鹭飞，或一手执钺，举手蹬腿，作等待上场砍牛之状。与砍牛图相邻的另一侧，则有一幅猜拳罚酒图像。辫纹小扁耳两对。高46厘米、面径68.5厘米、足径84厘米。现藏于云南省博物馆。[①]（图III–18）

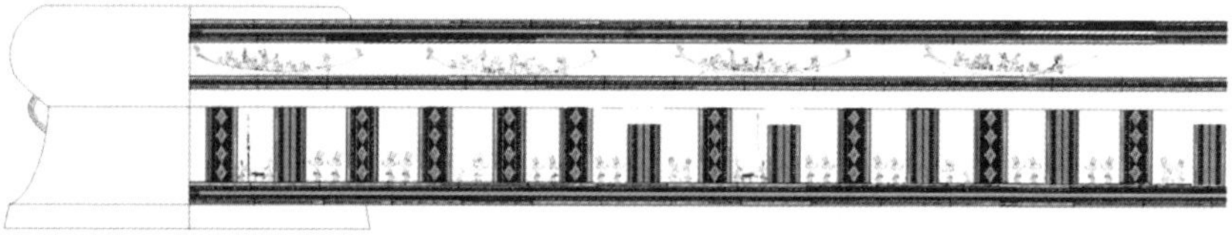

图 III–18　广南鼓

古木鼓

1989年11月出土于文山市古木村。鼓面中央饰凸起的十四芒太阳纹，芒间填以斜线纹。芒外六晕，双弦分晕。第一晕饰羽状纹，第二和六晕素面，第三和五晕饰点纹，第四晕饰锯齿纹。胸上部单弦分晕，第一、三晕饰点纹，第二晕饰锯齿纹，胸下部饰四人船纹共四组，四人皆裸体、项髻，作划船状，裸人身上有点纹，船下饰羽状纹。腰上部被点纹、羽状纹带纵分为八格，格间饰一站鹭，腰下部分三晕，第一、三晕饰点纹，第二晕饰向下锯齿纹。窄条辫纹扁耳两对于胸腰间，耳长4.5厘米，足部素面。鼓身二合范线。高24厘米、面径29.5厘米、足径39厘米。现藏于文山州博物馆。[②]（图III–19）

① 文山壮族苗族自治州文化局编著（黄德荣主编）：《文山铜鼓》，云南人民出版社，2004年6月，昆明。

② 同上。

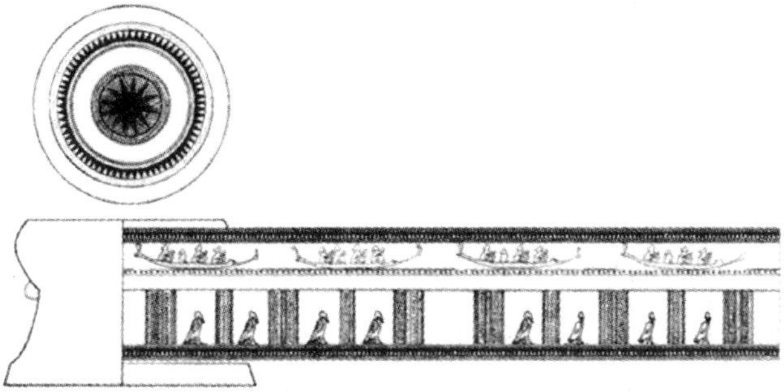

图 III-19　古木鼓

城子上鼓

1975年7月出土于麻栗坡县南温河城子上。鼓身明显分三段，面小于胸部，胸部突出。最大径在其中分线以上，腰收束较大，足短外侈。鼓面中央饰凸起的十二芒太阳纹，芒外六晕，单弦分晕。第一晕为主晕纹，饰四只逆时针飞翔的翔鹭纹，第二、六晕饰点纹，第三、五晕饰锯齿纹，第四晕饰圆圈纹。胸上部、腰下部分五晕，第一、五晕饰点纹，第二、四晕饰锯齿纹，第三晕饰圆圈纹。胸下部饰四只船纹，有的已模糊不清，从一船纹看到有四个裸体羽冠人执桨划船。腰上部被网纹和羽纹带纵分为十格，其中四格饰立牛，另六格不清。四小耳，每耳由两扁耳平窄条构成。高28.3厘米、面径36.5厘米、足径43厘米。现藏于文山州博物馆。[①]（图III-20）

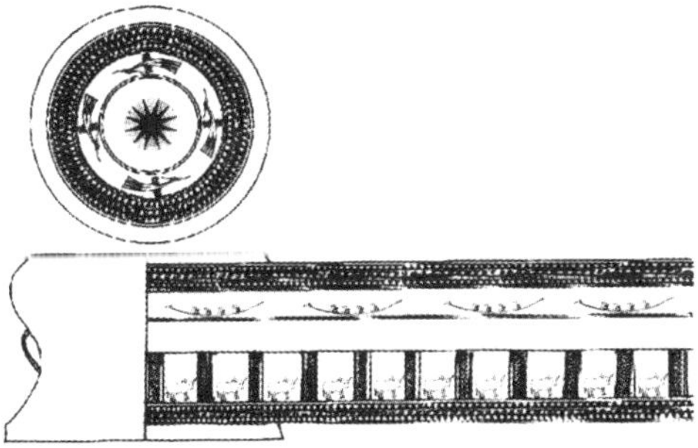

图 III-20　城子上鼓

① 文山壮族苗族自治州文化局编著（黄德荣主编）：《文山铜鼓》，云南人民出版社，2004 年 6 月，昆明。

孟梅I号鼓

1992年4月从富宁县普阳乡孟梅村征集。鼓面中央饰八芒太阳纹，芒间填复线三角形纹。芒外十二晕，单弦分晕。第一、三、五、七、九、十一、十二晕素面，第二、四、八、十晕饰锯齿纹，第六晕为主晕纹，饰四瘤牛和两只翔鹭。胸上部、腰下部五晕，第一、三、五晕素面，第二、四晕饰锯齿纹。胸下部饰三人、二人船纹各三组，船形状相同，船上的人均裸体，三人船上的人头戴羽冠，二人船上的头发后梳成髻，手持羽毛。腰上部被双连梯子格和双连锯齿纹带纵分成七格，五格间饰瘤牛，二格素面。两对辫纹扁耳，足部素面，鼓身二合范线。高25.2厘米、面径41.2厘米、足径46.5厘米。现藏文山州博物馆。[①]（图III–21）

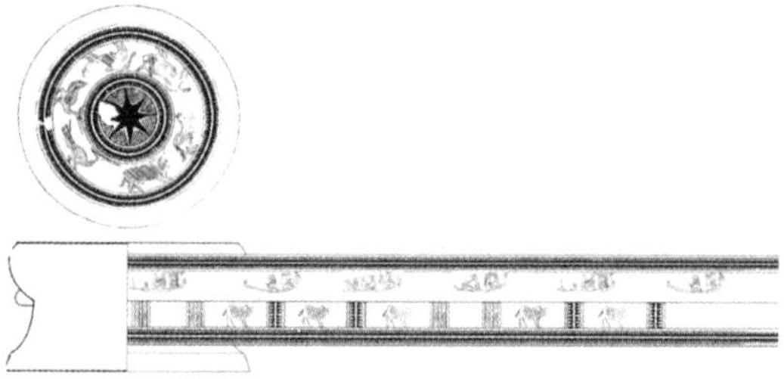

图 III–21
孟梅 I 号鼓

孟梅II号鼓

1992年4月从富宁县普阳乡孟梅村征集。鼓面中央饰凸起的八芒太阳纹。光体与芒混为一体，芒间填以复线三角形纹。芒外十六晕，单弦分晕。第一、三、五、七、九、十一、十三、十五、十六晕素面，第二、六、十、十四晕饰锯齿纹，第四、十二晕饰同心圆纹，第八晕为主晕纹，饰翔鹭和瘤牛各四只，相互间隔。胸上部饰二晕相背锯齿纹，胸下部有船纹（图案化）各三组，上立有四个几何状物。腰上部被双连梯子纹带纵向分八格，六格间饰瘤牛，二格素面，腰下部有同心圆纹、锯齿纹。绳纹扁耳两对于胸腰间，合范线两道，足部素面。鼓面部完好，鼓身破损严重。高24厘米、面径40厘米、足径43厘米。现藏文山州博物馆。[②]（图III–22）

① 文山壮族苗族自治州文化局编著（黄德荣主编）：《文山铜鼓》，云南人民出版社，2004 年 6 月，昆明。

② 同上。

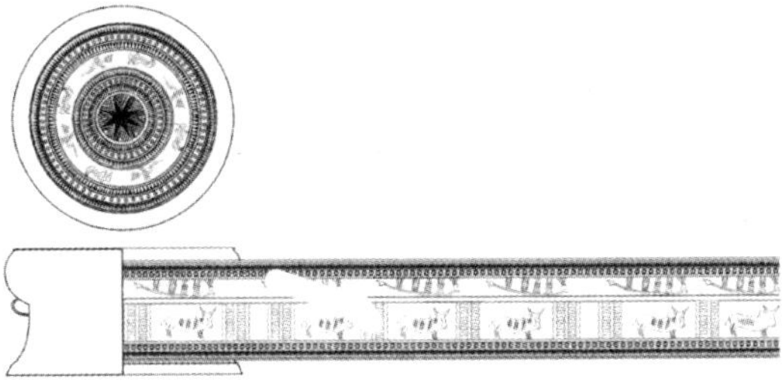

图 III-22
孟梅 II 号鼓

开化鼓

先为云南开化府（今文山州）的苗族酋长收藏，后来流至越南，最后转至欧洲。鼓面中央饰十二芒太阳纹，芒间填以坠形纹。芒外十五晕，单弦分晕。第一至五晕饰点纹、勾连圆圈夹勾连雷纹带，第六晕为主晕纹，有两组舞人纹，每组有奏乐者四人（包括吹葫芦笙、击铜鼓者），徒手舞者七人，另有编锣一架，干栏式房屋两间，屋顶立大鸟，屋内有铜鼓台和罐类容器。第七至九晕饰点纹夹勾连云纹纹带，第十晕饰十八只逆时针飞翔的翔鹭纹，第十一至十五晕是点纹、锯齿纹夹勾连雷纹纹带。胸上部所饰纹带与鼓面第十一至十五晕相同，胸下部有羽人划船纹六组，再下是一条已模糊的纹带。腰上部被点纹、斜线纹夹勾连云纹纹带纵分为六格，每格饰一持盾羽人，腰下部所饰纹带与鼓面第十一至十五晕相同。高53.5厘米、面径65厘米、足径71厘米。现藏于奥地利国立民族博物馆。[①]（图III-23）

图 III-23　开化鼓

① 文山壮族苗族自治州文化局编著（黄德荣主编）：《文山铜鼓》，云南人民出版社，2004 年 6 月，昆明。

（4）昆明

甲式1A号鼓

云南省博物馆征集。胸部最大径上移，接近鼓面，足外侈，足径大于面径。鼓面纹多模糊，隐约可见十二芒太阳纹，芒间填以复线三角形纹。胸上部与腰下部纹饰相同，均饰三晕锯齿纹夹同心圆纹。胸下部隐约可见为孔雀纹。腰上部被锯齿纹夹同心圆纹带纵分成大小十二格，其四大格中各饰一牛纹，格下边为一周勾连圆圈纹与锯齿纹。皆阴纹。胸腰间铸四对绳纹耳。高30.4厘米、面径44.5厘米、足径51厘米。现藏于云南省博物馆。[①]

羊甫头M19：151鼓

1998年出土于昆明羊甫头墓地。胸部突出且高，足矮，胸部最大径与足径相当。四条形耳，耳上饰竖线纹。鼓面中央饰十二芒太阳纹，芒间无纹饰。芒外饰二晕锯齿纹。胸上部、腰下部均饰点纹夹锯齿纹。胸下部为四组船纹，船上的人像多模糊。腰上部由点纹间锯齿纹纵分为十格，其中花纹模糊。皆阳纹。高26.4厘米、面径35.8厘米、足径37.6厘米。现藏于云南省文物考古研究所。[②]（图III–24）

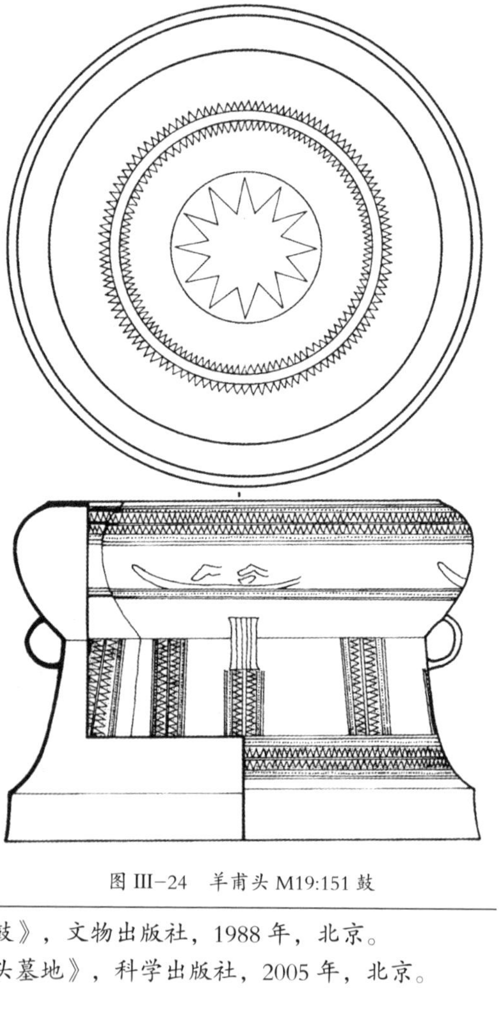

图 III–24　羊甫头 M19:151 鼓

（5）呈贡

M33：28鼓

1979年出土于呈贡区天子庙M33。出土时倒置，已被压变形，体小，鼓面无纹，带烟

① 中国古代铜鼓研究会编：《中国古代铜鼓》，文物出版社，1988年，北京。
② 云南省文物考古研究所等：《昆明羊甫头墓地》，科学出版社，2005年，北京。

奂，有补钉多处，足内壁有线刻鸟纹。高约20厘米、面径18.5厘米、足径28厘米。现藏于昆明市博物馆。[①]

M41：117 鼓

1979年出土于呈贡区天子庙M41。出土时倒置。鼓面中央饰十芒太阳纹，芒间填以斜线纹。芒外五晕，双弦分晕，第一晕饰同心圆纹，第二晕为主晕纹，饰四只逆时针飞翔的翔鹭纹，第三晕饰点纹，第四、五晕饰锯齿纹。胸上部、腰下部纹饰相同，各饰三晕锯齿纹、点纹，腰上部被锯齿纹带纵分成八格，格间无纹。足内沿有折边一周。胸、腰部之间铸扁平绳纹耳两组各二个。高25厘米、面径34.4厘米、足径43.2厘米。现藏于昆明市博物馆。[②]

（6）云县

云县曼品鼓

1972年出土于云县幸福公社下曼品生产队。鼓出土时倒置。鼓面中央饰十二芒太阳纹，芒间填以复线角形纹。芒外九晕。第一、三、五、九晕饰点纹，第二、七晕饰同心圆纹，第四晕为主晕纹，饰六只逆时针飞翔的翔鹭纹，第六、八晕饰锯齿纹。胸部四晕，第一、三晕饰锯齿纹，第二晕饰同心圆纹，第四晕饰四组船纹，划船者头戴羽冠、项髻、裸体。腰上部被点纹与切线圆圈或切线同心圆纹带纵分为十格，其中八格有高峰牛纹。腰下部五晕，第一、五晕饰点纹，第二、四晕饰锯齿纹，第三晕饰同心圆纹。鼓面为阴纹，身为阳纹。绳纹夹耳两对。无共生物，内有烧炭。高30.5厘米、面径40.3厘米、足径48.4厘米。现藏于云县文管所。[③]

（7）腾冲

古永鼓

1979年出土于腾冲市古永公社猴桥大队大横山的耕土层中。鼓面已失，鼓身完整。胸部近面处有同样两晕锯齿纹夹一晕同心圆纹的纹带，其下环以六条船纹。船纹首尾高翘，首尾顶端有的各饰一同心圆，每船皆二人，或对

① 昆明市文物管理委员会：《云南呈贡天子庙滇墓》，《考古学报》，1985年第4期。
② 同上。
③ 云南省博物馆：《近年来云南出土铜鼓》，《考古》，1981年第4期。

坐或同向坐，双翎插于椎髻，双手平伸握桨作划船状。腰上部被羽纹带纵分成八格，格内饰牛纹，腰下部三晕纹饰与胸上部纹饰相同。四组绳辫纹双耳。出土时鼓面局部残破，倒置向下，鼓内淤满泥土，无共存物。高39厘米、面径27厘米、足径42厘米。现藏于腾冲市文管所。[①]（图III-25）

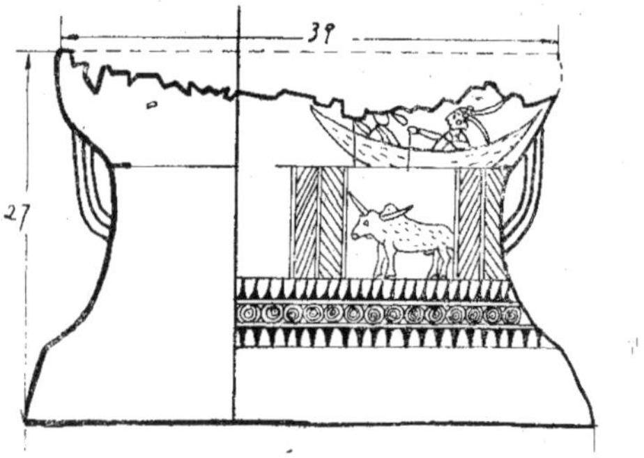

图 III-25　古永鼓

碗窑小钟山鼓

1976年在腾冲市城西北马站区碗窑乡小钟山顶当地农民挖地时发现。胸径大于足径，腰、足部略直，大耳。鼓面无纹饰，残存方孔两个，每孔约2平方厘米，胸部突出，有小孔6个，每孔约1.1～1.5平方厘米，腰上部被锯齿纹、立体蛙纵分成数格，格间无纹。有立蛙4只，蛙头向下。腰下部纹带由三角形、菱形和回纹组成。胸腰间铸四耳。此鼓被发现者砸成碎片，现存碎片重10.7千克。高38.6厘米、面径50厘米、足径48.2厘米。现藏于腾冲市文管所。[②]（图III—26）

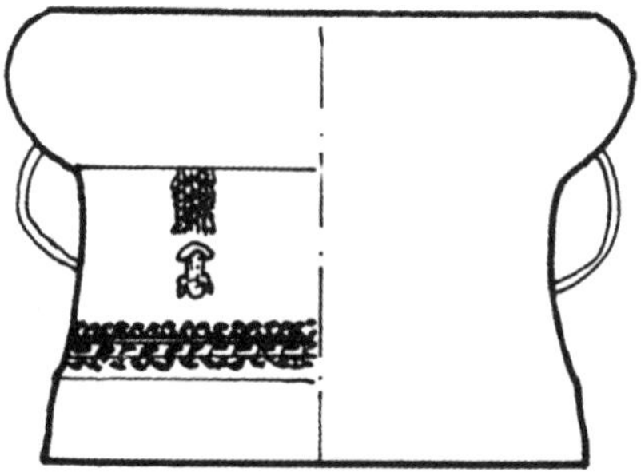
图 III-26　小钟山鼓

（8）昭通

诸葛营鼓

出土于昭通市诸葛营，鼓已失，仅存鼓面拓片。鼓面中央有一缺孔，太阳纹及芒不明，孔外纹饰保存完好，共三晕。第一晕为主晕纹，饰四只逆时

① 杨复兴、吕蕴琪：《云南腾冲出土的古代铜鼓》，《中国古代铜鼓研究通讯》第 2 期，1982 年 10 月，南宁。

② 吕蕴琪、李淳信：《腾冲新发现二具铜鼓》，《中国古代铜鼓研究通讯》第 5 期，1987 年 8 月，南宁。

针而飞的长嘴翔鹭纹，尾呈梯形状，双翼呈三角形状，二只已残。第二晕饰锯齿纹，四分之三锯齿向内，四分之一锯齿向外，这种一晕中锯齿方向相反的现象极为少见。第三晕向外锯齿纹。鼓面边沿等距离存十八方形垫片孔。面径29.4厘米。拓片现藏于昭通市文管所。[①]（图III–27）

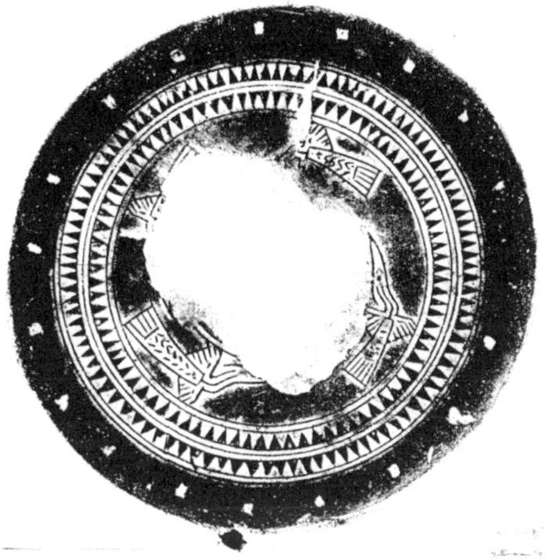

图 III–27　诸葛营鼓

（9）元江

元江鼓

1989年出土于元江县甘庄华侨农场甘坝分场马母格勒黑山北侧。鼓面中央饰十二芒太阳纹，芒间填以斜线三角纹。芒外七晕。分别是第一、三、七晕饰点线纹，第二晕为主晕纹，饰六只翔鹭纹，第四、六晕饰锯齿纹。胸上部及腰下部纹饰相同，各有五晕纹饰，第一、五晕点纹，第二、四晕饰锯齿纹，第三晕饰同心圆纹。胸下部饰四只船纹，船上坐四至五羽人，两船之间有一犀鸟，腰上部被羽纹或锯齿纹、涡纹带纵分成十格，八格内饰牛纹（分公母），牛身上饰涡纹或绳纹，二格内是二条合范线。四绳扁耳。高35.9厘米、面径47.8厘米、足径57.5厘米，重15千克。现藏于元江县文管所。[②]

2. 广西

（1）贵县

土1011鼓

1955年出土于贵县高中8号墓。鼓身残破，鼓面大部分完整。鼓面中央饰八芒太阳纹，芒间填以羽状纹。芒外七晕，双弦分晕。第一、三、五、七晕饰栉纹，第二、六晕饰同心圆纹，第四晕为主晕纹，饰四只逆时针飞翔的翔鹭纹。腰上部被纹带纵分为数格。辫纹耳两对。高43.3厘米、面径42.3厘米、足径51厘米。现藏于广西壮族自治区博物馆。[③]

① 此资料由昭通市文管所游有山先生提供，特此致谢！
② 玉溪地区行政公署编：《云南李家山青铜器》，云南人民出版社，1995 年 3 月，昆明。
③ 黄增庆：《广西贵县汉木椁墓清理简报》，《考古通讯》，1956 年第 4 期。

罗泊湾M1：10鼓

1976年出土于贵县罗泊湾汉墓地。鼓面中央饰十二芒太阳纹，芒间填以斜线角形纹。芒外十一晕。第一、三、七、十一晕饰点纹，第二、九晕饰同心圆纹，第四晕饰绞索纹，第五晕素面，第六晕为主晕纹，饰十只逆时针飞翔的翔鹭纹，第八、十晕饰锯齿纹。胸下部饰六船纹，每船上六羽人，船头下饰鸬鹚、凫、龟纹，船下饰同心圆纹。胸上部、腰下部均饰三晕锯齿纹夹同心圆纹。腰上部被锯齿纹、同心圆纹带分为十格。其中八格上层饰一至二只翔鹭纹，下层饰二至三个舞人，二格素面。足部刻“百廿斤”三字，花纹最为精美。高36.8厘米、面径56.4厘米、足径67.8厘米。现藏于广西壮族自治区博物馆。①

罗泊湾M1：11鼓

1976年出土于贵县罗泊湾汉墓地。鼓面中央饰十芒太阳纹，芒间填以斜线角形纹。芒外六晕，第一晕素面，第二、四、六晕饰点纹，第三、五晕饰栉纹。胸下部饰二船纹，每船上二羽人，作划船状。腰上部被点纹夹栉纹、点纹夹网纹、锯齿纹夹羽纹纹带纵分为八格，格内素面。腰下部有点纹、栉纹各二晕。保存完整。高24.4厘米、面径28.8厘米、足径37厘米。现藏于广西壮族自治区博物馆。②

（2）西林

土280鼓

1972年出土于西林县普驮屯西汉初年墓地。鼓形大，略显扁矮，足径略大于胸径。鼓面中央饰十六芒太阳纹，芒间填以斜线角形纹。芒外十二晕。第一、二、三晕饰勾连点纹，第四晕饰勾连云纹，第五晕素面，第六晕为主晕纹，饰二十只逆时针飞翔的翔鹭纹，第七、八、九、十、十一、十二晕分别饰勾连点纹、锯齿纹、勾连圆圈纹。胸上部、腰下部纹饰相同，分别饰锯齿纹、勾连圆圈纹。胸下部饰羽人划船纹，共有六组，每船上有八至十一人，船之间有飞鸟，船下有鱼。腰上部被锯齿纹夹羽纹纹带纵分为十二格，即十二组。每格又分上、下两层，上层鹿纹，下层舞人纹。入土时胸、腰被截开。高52厘米、面径77.5厘米、足径90厘米。现藏于广西壮族自治区博物

① 广西壮族自治区博物馆：《广西贵县罗泊湾汉墓》，文物出版社，1988年，北京。
② 同上。

馆。[1]（图III–28）

图 III–28　西林土 280 鼓

土281鼓

1972年出土于西林县普驮屯西汉初年墓地。出土时鼓面朝上，胸沿及腰部贴着羽毛。胸部最大径偏上，腰部、足部高，腰部剖面略直，纹饰锈蚀不明。鼓面中央饰十四芒太阳纹，芒间填以斜线角形纹。鼓面饰翔鹭纹，鼓胸饰羽人划船纹，鼓腰被圆点纹、锯齿纹和羽纹带纵向分格，格内有羽人舞蹈纹。足边钻六孔，嵌贴柿蒂形花钉。完整。高49厘米、面径72厘米、足径83.3厘米。现藏于中国国家博物馆。[2]

土282鼓

1972年出土于西林县普驮屯西汉初年墓地。出土时鼓面朝上。鼓面中央饰八芒太阳纹，芒间填以复线角形纹。芒外九晕，双弦分晕。第一晕雷纹，第二、三、六、七、八、九晕饰栉纹、勾连圆圈纹，第四晕素面，第五晕为主晕纹，饰翔鹭纹。表面锈结大量的玻璃串珠，鼓身纹饰可辨的有勾连雷纹和圆点圆圈纹，三条绞丝纹拼合扁耳两对，足边钻六孔，嵌贴柿蒂形花钉。锈蚀严重。高41厘米、面径52厘米、足径56厘米。现藏于广西壮族自治区博物馆。[3]

土283鼓

1972年出土于西林县普驮屯西汉初年墓地。出土时仰放，盛放人骨。鼓面饰八芒太阳纹，芒间填以复线角形纹。芒外七晕，双弦分晕。第一晕饰雷纹，第二、三、五、六、七晕是栉纹、勾连圆纹，第四晕为主晕纹，饰翔鹭

① 广西壮族自治区文物工作队：《广西西林普驮铜鼓墓葬》，《文物》，1978 年第 9 期。
② 同上。
③ 同上。

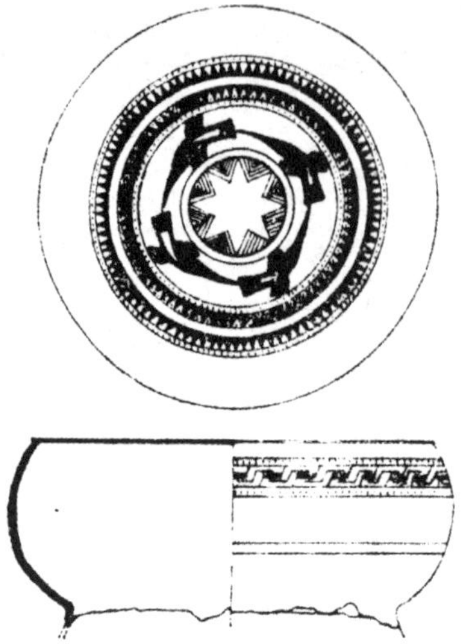

图 III-29　田东土 3269 鼓

纹。鼓腰以下被截。面径57厘米。现藏于广西壮族自治区博物馆。①

（3）田东

土3269鼓（锅盖岭鼓）

1977年出土于田东县锅盖岭战国墓地。鼓面中心饰八芒太阳纹，芒间填以斜线纹。芒外五晕，双弦分晕。第一晕为主晕纹，饰四只逆时针飞翔的翔鹭纹，第二、三、四、五晕饰锯齿纹、乳钉纹。胸部突出，饰回形纹和弦纹。耳残，腰下部崩残，断痕不规整。仅有鼓面和鼓胸。面径23.3厘米、足径27.7厘米。现藏于广西壮族自治区博物馆。②（图III-29）

（4）百色

百01鼓（龙川鼓）

1977年出土于百色市龙川公社平乐大队。鼓面中央饰十芒太阳纹，芒间填以复线角形纹。芒外六晕。第一、二晕纹饰模糊，第三晕素面，第四至六晕是锯齿纹夹同心圆纹带。鼓胸及鼓腰下部也饰锯齿纹夹同心圆纹带，鼓腰上部被羽状纹带纵向分隔成八格，其中四格内饰立牛纹，四格空白。高28.5厘米、面径41.0厘米、足径49.7厘米。现存于右江革命文物馆。③

（5）隆林

共和村鼓（扁牙鼓）

1990年9月出土于隆林县扁牙乡共和村。鼓面中央饰八芒太阳纹，芒间填以饰羽状纹。芒外四晕，双弦分晕。第一、三晕饰锯齿纹，第二晕为主晕纹，饰四只逆时针飞翔的翔鹭纹，第四晕饰切线圆圈纹。胸部饰三晕锯齿纹、切线圆圈纹。腰部由锯齿纹带纵分成六格，每一格内饰一立牛，格下饰二晕切线

① 广西壮族自治区文物工作队：《广西西林普驮铜鼓墓葬》，《文物》，1978 年第 9 期。
② 广西壮族自治区文物工作队：《广西田东发现战国墓葬》，《考古》，1979 年第 6 期。
③ 中国古代铜鼓研究会：《中国古代铜鼓》，文物出版社，1988 年，北京。

圆圈纹和锯齿纹纹带。足部素面，绳纹扁耳两对。此鼓为隆林县首次出土的石寨山型铜鼓。面径30厘米、足径44.4厘米，重9千克。现存于隆林县文物管理所。[①]

（6）贺州市

龙中鼓

1991年出土于贺州市沙田乡龙中村红朱山岩洞葬。鼓面中央饰十八芒太阳纹，芒间填以斜线纹。芒外六晕。第二晕为主晕纹，光素，第三、五晕饰点纹，第四晕饰锯齿纹。鼓胸饰羽人划船纹四组，每组四人，皆裸体。胸与腰之间隔以斜线纹带。腰上部以羽纹和点纹纹带分隔成十格，每一格内饰一峰牛，鼓足饰锯齿纹和点纹纹带。与该铜鼓共出的器物有兽面纹麒麟尊、铜罍、兽头流三足盉和三件越式鼎。高36厘米、面径26.6厘米、足径45厘米。现存于贺州市博物馆。[②]

3. 中国贵州

（1）赫章

60.2.6712 号鼓

1957年在赫章县可乐辅处公社社员修水沟时掘得。鼓面稍出沿，胸部最大径偏上，足处侈且矮。鼓面中央饰九芒太阳纹，芒间填以圆圈纹和复线三角纹。芒外八晕，双弦分晕。第一、三、五、七晕饰锯齿纹，第二、六晕饰勾连纹，第四晕为主晕纹，饰六只翔鹭。胸部三晕，第一晕饰锯齿纹，第二晕饰勾连纹，第三晕为主晕纹，饰四组船纹，船上站立羽冠舞人一至四人不等。腰上部分为四格，格内饰立牛，腰下部二晕，均为锯齿纹。胸腰际有绳纹扁耳两对，足部残，且素面无纹。伴出物汉代铁剑一件。高24.5厘米、面径45.6厘米、足径48.8厘米。现藏于贵州省博物馆。[③]

---

① 陈应生：《隆林县首次出土石寨山型铜鼓》，《中国古代铜鼓研究通讯》第 15 期，1999 年 12 月，南宁。

② 罗坤馨：《贺县出土石寨山型铜鼓》，《中国古代铜鼓研究通讯》第八期，1992 年 4 月，南宁。

③ 中国古代铜鼓研究会：《中国古代铜鼓》，文物出版社，1988 年，北京。

M153：1鼓

1978年在出土于赫章县可乐祖家老包。鼓面稍出沿，胸部最大径偏上，足矮。鼓面中央饰八芒太阳纹，芒间填以复线角形纹。芒外七晕，双弦分晕。第一、五、七晕饰锯齿纹，第二、六晕饰圆圈纹，第三晕饰雷纹，第四晕为主晕纹，饰六只逆时针飞翔的翔鹭纹。胸部三晕，第一、二晕圆圈纹、锯齿纹，第三晕饰六条船纹，每船上站羽人八个。腰上部被栉纹带纵分成八格，每格饰以牛纹。腰下部饰二晕锯齿纹、圆圈纹。皆阳纹。胸腰际有绳纹扁耳两对，足部残。该鼓出土于时侧置于墓坑南端，内盛人头骨，出土时已被填土压变形，但无残缺，同墓出土物有环首铁刀、铜带钩、残铁器。高25厘米、面径42厘米、足径46 厘米。现藏于贵州省博物馆。[①]（图III–30）

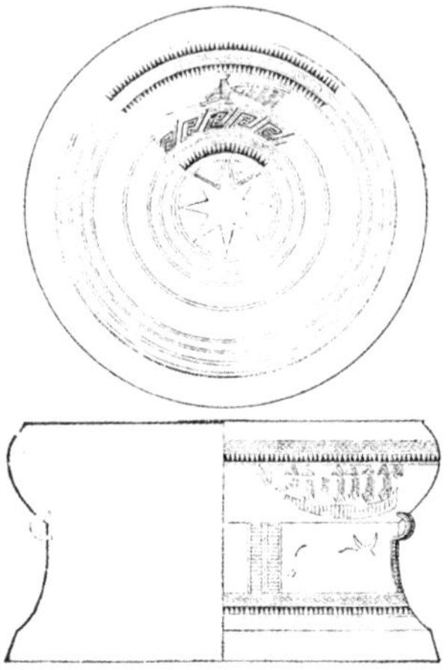

图 III–30　赫章可乐 M153:1 鼓

4. 中国四川

（1）凉山州

会理3号鼓

1975年出土于会理县罗罗冲山坡废弃耕地。胸部突出，最大径偏上，足部外侈，足径大于胸径。鼓面中央饰十芒太阳纹，芒间填以斜线纹。芒外七晕，双弦分晕。第一、二、三晕与第六、七、八晕以及胸上部、腰下部均为锯齿纹夹同心圆纹纹带。第五晕为主晕，光素。胸下部饰六船纹，每船上有二至四人不等，作划船状，椎髻，着条纹衣，有的椎髻插雉翎，有的髻飘角巾。腰上部被斜线纹带纵分为八格，格间饰以牛、鱼鹰、鸬鹚、鸳鸯等花纹。皆阳纹。辫纹夹耳两对。铜鼓出土时足部向上平置，内积满灰黑色的污泥，鼓内及其四周无其他的遗物。高30.4厘米、面径41厘米、足径50厘米。现藏于四川省博物馆。[②]（图III–31）

① 贵州省博物馆考古组等：《赫章可乐发掘报告》，《考古学报》，1986 年第 2 期。
② 会理县文化馆：《四川会理出土的一面铜鼓》，《考古》，1977 年第 3 期。

图 III-31　会理 3 号鼓

盐源鼓

出土于盐源县双河乡老龙头M4中。鼓胸突出，光素无纹，足部较高，外侈。鼓面中央饰十芒太阳纹，芒间填以翎眼纹。芒外四晕。第一晕为主晕纹，饰四只逆时针飞翔的翔鹭纹，第二、四晕饰圆点纹，第三晕饰S形折线纹。腰上部被双竖线纹带纵分成十几格，格间填斜线。腰下部为两晕圆圈纹夹一晕S形折线纹。胸、腰间有对称双耳。高23.8厘米、面径26.2厘米、足径36厘米。现藏于盐源县文管所。[①]（图III-32）

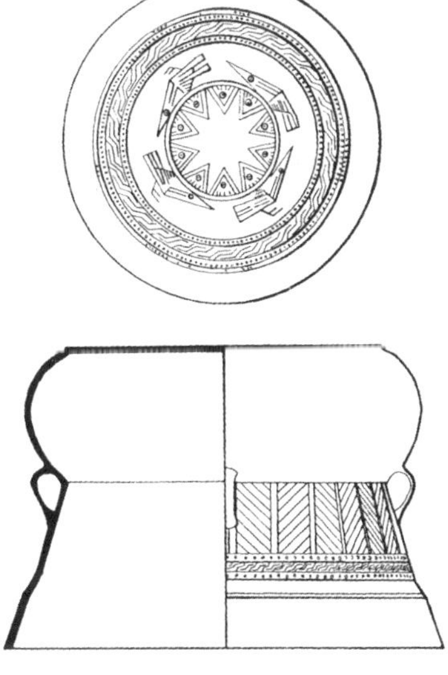

图 III-32　盐源鼓

① 钟雅莉：《盐源青铜艺术初探》，《中华文化论坛》，2002 年第 4 期。

5. 中国上海

T4752号鼓

出处不详。鼓面大部分纹饰模糊，仅见最外三晕饰点纹夹菱形雷纹纹带，鼓胸上部与腰下部四晕，皆饰以二晕点纹夹二晕锯齿纹纹带。胸下部饰点纹夹“人”字形图案。腰上部由点纹夹双连菱形纹图案纹带分成十空格。皆阴纹。辫纹扁耳两对，足略残。高28厘米、面径37.5厘米、足径48厘米。现藏于上海博物馆。①

24339号鼓

1992年4月上海博物馆从富宁县普阳乡孟梅村征集。鼓面中央饰十芒太阳纹，芒间填以复线角形纹加复线圆圈纹。芒外五晕。第一晕为主晕纹，饰翔鹭纹。第二至五晕饰锯齿纹夹同心圆纹纹带。胸上部、腰下部四晕，分别饰点纹夹锯齿纹，胸中部饰船纹，纹多模糊。鼓腰上部被锯齿纹等纹带纵分成十格，各格中饰高峰水牛纹，牛身中有勾连圆圈纹。鼓面为阴纹，身为阳文。绳纹扁耳两对。高29.5厘米、面径39.3厘米、足径44.5厘米。现藏于上海博物馆。②

6. 中国广东

3—796号鼓

出处不详。鼓面中心有十芒太阳纹，芒间填以斜线。芒外五晕。第一、二晕和第四、五晕饰对称的锯齿纹、点纹，第四晕宽，为素面。胸上部、腰下部四晕，分别饰二晕点纹、二晕锯齿纹。胸下部为船纹，船身长，船上坐执桨划船四人。腰上部由点纹、锯齿纹带或羽纹纹带纵分成八个空格。皆阴纹。高24.8厘米、面径32厘米、足径40.2厘米。现藏于广州市博物馆。③

7. 中国浙江

上马山鼓

1989年—1990年出土于安吉县上马山西汉墓群。鼓体形小，胸部突出，腰部内收，鼓面中有钮的残痕，足外侈，足径大于胸径。鼓面中央饰十二芒

① 中国古代铜鼓研究会编：《中国古代铜鼓》，文物出版社，1988年，北京。

② 同①。

③ 中国古代铜鼓研究会编：《中国古代铜鼓》，文物出版社，1988年，北京。

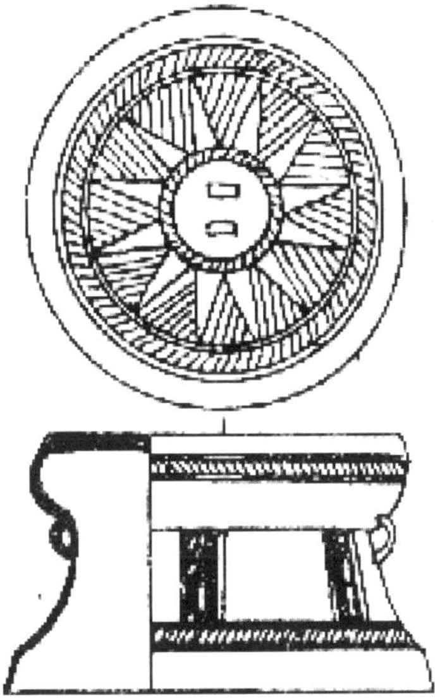

图 III–33　上马山鼓

太阳纹，芒长而尖，芒间饰斜线纹。芒外饰一晕锯齿纹。胸上部、腰下部均饰锯齿纹。腰上部被竖纹带纵分成数空格。胸腰间有辫绳状扁耳四个，两两相对。同出物有两件铁剑、一件带有钩形花纹的玉璧，许多陶制容器。高5厘米、面径7厘米、足径9厘米。现藏于安吉县博物馆。[①]（图III–33）

8、中国河南

罗山鼓

1956年罗山县文化馆征集。鼓身分三段，胸部膨胀，腰部收缩，足部外侈。鼓面中央饰十二芒太阳纹，芒外五晕。胸部刻羽人划船纹四组，每船上有五人，一人坐船头，四人划船。腰部铸八个舞人，皆头戴羽冠，裸露双臂，下着长裙，举步作舞。现藏于河南省文物研究所。[②]

第二节　标准器、年代及其在分类中的位置

石寨山型铜鼓是中国古代铜鼓研究会于1980年南宁学术会议上正式命名的一类铜鼓，此型铜鼓以1955年、1956年两次云南晋宁石寨山滇王墓地发掘出土的铜鼓而得名。石寨山墓地共发掘五次，只有前二次出土过17面铜鼓。

石寨山墓地位于晋宁区城西面5千米，山顶高出地面33米，南北长500米，东西宽200米，中间宽，两端窄，从滇池自东而西观之，石寨山十分像一条鲸鱼，故石寨山又名鲸鱼山。

1955年3月石寨山墓地进行了第一次发掘，发掘2座墓，在M1中出土2面铜鼓，墓坑长3.34米、宽2.64～2.72米，出土器物90件，2面铜鼓出土于“墓

① 安吉县博物馆：《浙江安吉县上马山西汉墓的发掘》，《考古》，1996 年第 7 期。
② 赵世纲：《河南收藏铜鼓简介》，《中国古代铜鼓研究通讯》第 12 期，1996 年，南宁。

坑后壁下面，两鼓相合，内满贮贝”。上鼓已被压碎，只剩鼓面，下鼓基本完整。可惜未见当年发掘时绘制的墓坑平面图，仅有照片。[1]

标准器为M1：58铜鼓，鼓面中央凸起九芒太阳纹，芒间填重叠三角形纹，芒外七晕，单、双弦分晕。第一、三、五、七晕为锯齿纹，第二、六晕为同心圆纹，第四晕为主晕纹，饰四只顺时针方向飞翔的翔鹭，间以四只凫鸟。胸部、腰部四晕，双弦分晕，胸上部与腰下部三晕纹饰相同，均为锯齿纹和同心圆纹。胸部主晕纹饰六条船纹，船形简单，首尾不分，船首设停鸟板块，板上立一鸟，船尾也立一鸟。腰部主晕纹饰共有两组，以纵向叶脉纹为分界线，每组均有船二条，船内坐羽人二、舞人二、牛一，牛背上立鸟一。胸腰间铸四对绳纹耳，鼓高36厘米、面径40厘米、足径44厘米。（图III-34）

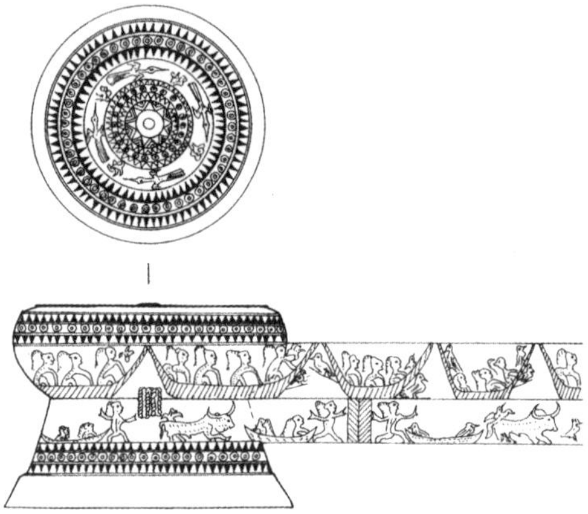

图 III-34　石寨山 M1:58 鼓

M1未出纯铁器，唯出铜柄铁剑，还出土过草叶纹镜和百乳镜，草叶纹镜和百乳镜属于西汉昭、宣时期之物。因而M1的年代为西汉中、晚期，2面鼓的年代也大致相当。

图 III-35　石寨山 16 号墓平面图

1956年11月至1957年1月进行了第二次发掘，共清理20座墓，在M3、M10、M11、M13、M14、M15、M16、M17八墓中出土15面铜鼓。以M16为例，墓坑长约3、宽约1.5、深1.5米，出土器物33件，内含3面铜鼓，2面铜鼓置于墓坑西端，1面置于东端，西端还有贮贝器、

① 云南省博物馆：《云南晋宁石寨山古遗址及墓葬》，《考古学报》，1956 年 3 月。

铜葫芦笙、铜案，案上放铜矛、泡钉。墓坑中部随葬品较多，有铜斧、戈、钺、铜饰物、玉环等物。东端除铜鼓外，还有铜葫芦笙、铜尊、铜牛等。[1]（图Ⅲ–35）

M16出土的3面鼓中，M16：1保存完整，鼓面中央凸起八芒太阳纹，芒间填斜线。芒外四晕，双弦分晕。第一晕切线圆圈纹，第二晕为主晕纹，四翔鹭呈逆时针飞翔状，第三、四晕为相互背向的锯齿纹。腰上部与腰下部都饰相互背向的锯齿纹，腰上部被网状纹带纵分成八格，格间无纹。胸腰间铸四绳辫纹耳。高23.8厘米、面径29厘米、足径37.2厘米。石寨山墓地出土的铜鼓，除上面3面以外，比较典型的还有以下几面。

M3：3，鼓面中央凸起十芒太阳纹，芒间填重叠三角纹。芒外五晕，单、双弦分晕。第一晕点纹，第二晕主晕纹，饰逆时针飞翔的四翔鹭，第三、五晕锯齿纹，第四晕同心圆纹。胸上部、腰下部纹饰相同，均饰相向的锯齿纹。胸下部饰四条船纹，船上坐裸体二人，腰部被羽纹带纵分成两格，格间花纹模糊。绳纹耳两对，腰、足部残。高32厘米、面径40.6厘米、足径51厘米。（图Ⅲ–36）

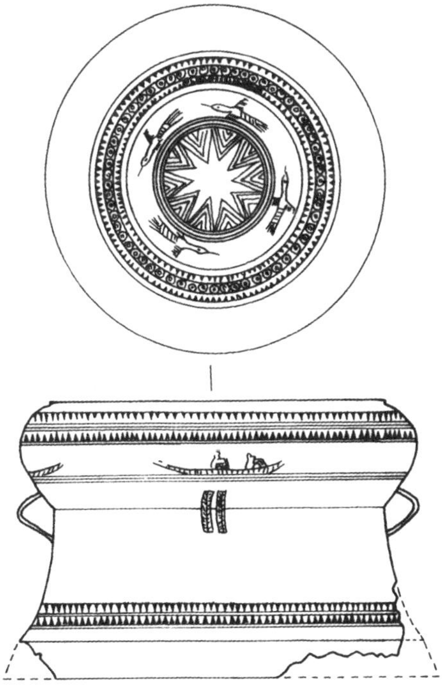

图 Ⅲ–36　石寨山 M3:3 号鼓

M14：1，此鼓为石寨山墓地出土铜鼓中最大且完整的1面。鼓面中央凸起十芒太阳纹，芒间填斜线纹。芒外六晕，双弦分晕。第一、二晕切线圆圈纹，第三晕为主晕纹，饰逆时针方向飞翔的四翔鹭，第四、六晕锯齿纹，第五晕同心圆纹。胸上部、腰下部纹饰相同，均为二晕锯齿纹，一晕同心圆纹。胸下部为四条船纹，每船上有四裸体羽人，手中或持矛，或持桨，其中一条船尾有海龟一只，腰上部被锯齿纹、同心圆纹带纵分成八格，格内饰一羽人，一手持盾，另一手持兵器。高31.2厘米、面径40.7

① 云南省博物馆：《云南晋宁石寨山古墓葬发掘报告》，文物出版社，1959年。

厘米、足径48.1厘米。（图III–37）

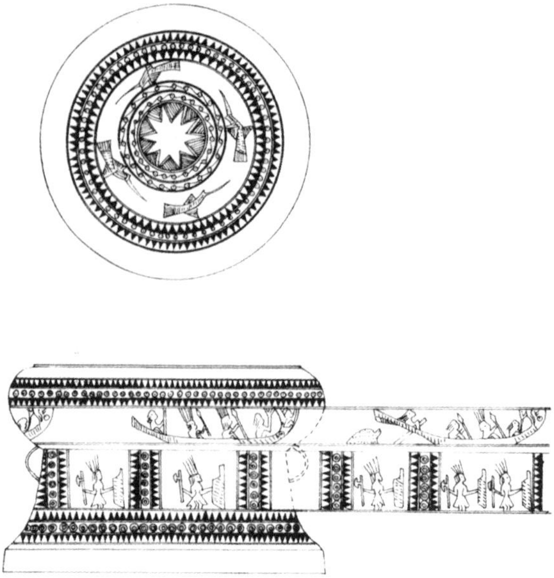

图 III–37　石寨山 M14:1 号鼓

石寨山墓葬分为四种类型，出土铜鼓的M3、M10、M11、M13为第II类型墓，M14、M15、M16、M17为第I类型墓，第III、IV类型墓未出土铜鼓。第I类型墓极少出现铁器，没有中原输入的铜镜、弩机、铜钱等器物，地方特点浓厚，年代为西汉早期或更早。第II类型墓M10、M13出土草叶纹镜，M13出土文帝半两钱，出现铁器，地方特点浓厚之器物数量减少。草叶纹镜是西汉中期之物，故第II类型墓的年代为西汉中期，也就是说石寨山墓地所出铜鼓的年代大致为西汉早、中期。

李家山是继石寨山墓地发掘后出土铜鼓较多的墓地，它位于江川星云湖西北龙街乡早街队西面，在高约100米的小山上。1972年1—5月、1991年12月至1997年4月先后发掘和清理两次，共87座墓葬，第一次出土8面铜鼓，第二次出土过6面，两次共出土14面铜鼓。

第一次发掘在M17、M23、M24三墓中出土过铜鼓，各墓所出铜鼓数量不等，M17、M23各出2面，M24出土4面。

M17属大型墓葬之一，墓底长3.78米、宽1.7米、深5.1米，墓向120°，随葬40件器物，内含铜鼓2面，墓坑两端各放1面，东端随葬贮贝器、铜勺、铜牛角、铜鹿、铜杯、铜壶、铜枕等。中部有铜伞盖、铜钟、铜镯、玉管、玉镯等。西端主要是纺织工具，如卷经杆头铜饰、钺形铜器、铜梭口刀、弓形器、工字形器、铜纺轮等，墓主为女性。[1]（图III–38）

① 云南省博物馆：《云南江川李家山古墓群发掘报告》，《考古学报》，1975 年第 2 期。

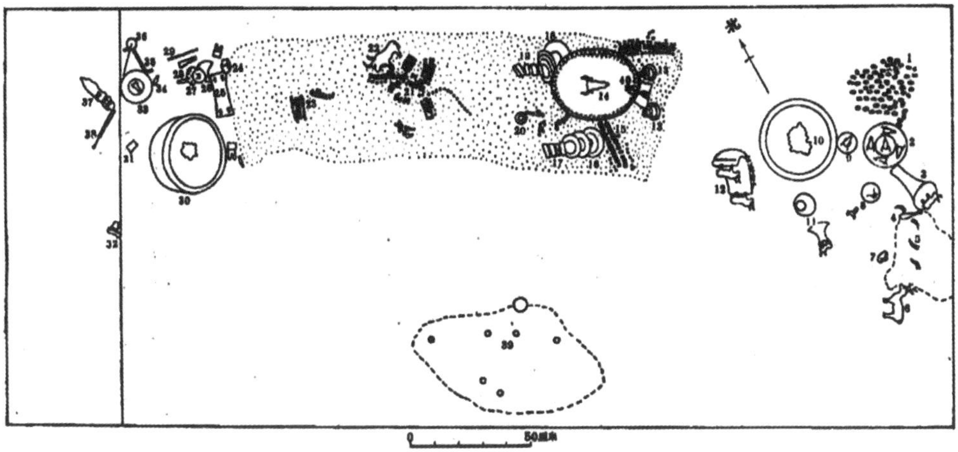

图 III-38　李家山 17 号墓平面图

M17：30号鼓，鼓面正中为一破孔，孔边残留光芒及芒间的重叠三角纹。芒外五晕，单弦分晕。第一晕为主晕，素面，第二、五晕点纹，第三、四晕背向锯齿纹。胸上部、腰下部均饰四晕，分别为点纹、背向锯齿纹，胸下部为四船纹，船上坐三至四人，作划船状。腰上部被点纹、锯齿纹带纵分成八格，格内素面。足部残。高21.9厘米、面径26.7厘米、足径34.2厘米。（图III-39）

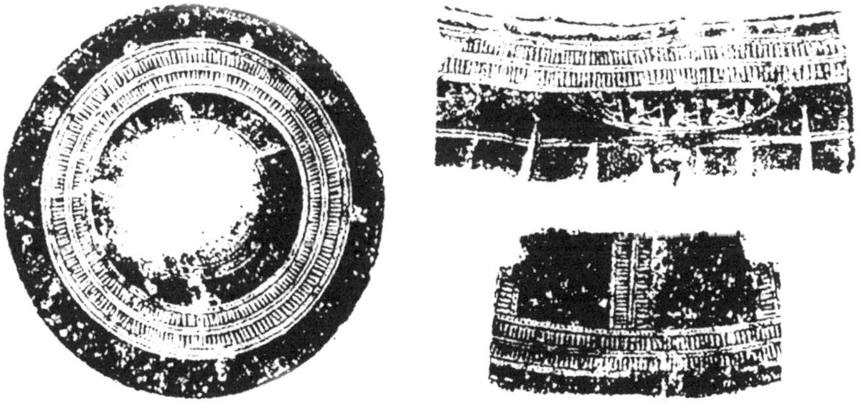

图 III-39　李家山 M17:30 号鼓

M24是座大型墓，墓口长4.6米、宽3米、深2.7米，墓底中间放着棺、椁，均已朽，依板灰痕迹计算，椁长3.27米、宽2米，棺长约2米、宽1.1米，墓主人为男性，随葬器物112件及1件用数以万计玛瑙、玉、绿松石连缀而成的“珠襦”，覆盖在尸体上，内含4面铜鼓。随葬品以兵器为主，置于西南角，有铜戈、铜斧、铜矛、铜狼牙棒，铜剑置于棺内近身处。铜枕、装饰品放在棺内，大件铜器放在棺外，牛虎铜案放在墓坑北部，棺外两端各放铜鼓1面，墓坑西北角放2面套合铜鼓，“一鼓（24：42a）倒置，另一鼓（24：42b）扣于倒置鼓上，内装大量海贝”。（图III–40）

图 III–40　李家山 24 号墓平面图

四面铜鼓中以M24：42a较为典型，此鼓保存完整，鼓面中央凸起十二芒太阳纹，芒间填斜线纹。芒外六晕，双弦分晕。第一晕为主晕纹，七只逆时针方向飞翔的翔鹭纹，第二、六晕点纹，第三、五晕锯齿纹，第四晕同心圆纹。胸上部、腰下部均饰五晕，分别为第一、五晕点纹，第三晕切线圆圈纹，第二、四晕锯齿纹。胸下部为主晕纹，船纹四条，每船上有划船裸体羽人四至五人，船之间饰着鱼、长嘴鸟纹。腰部被点纹、切线圆圈纹带纵向分为八格，八格内分别为素面、立牛、飞鸟和四羽人打秋千纹饰图，此图系铜

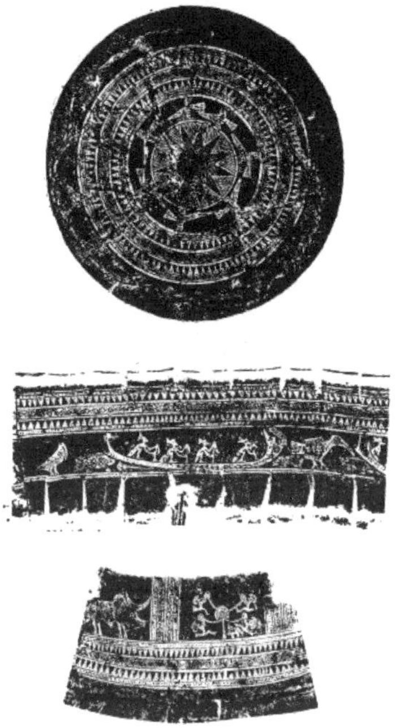

图 III-41　李家山 M24:42a 鼓

鼓纹饰中仅见的一例。鼓高33厘米、面径37.5厘米、足径47厘米。[1]（图III-41）

李家山墓地第一次发掘的27座墓葬分为三种类型，出土铜鼓的M17、M23、M24三座墓属于第一类型，此类型墓随葬品以铜器为主，少见铜铁合制器，不出铁器，铜器地方特点浓厚，多出铜鼓、贮贝器、曲管葫芦笙、铜狼牙棒、铜伞盖、铜枕、动物搏斗扣饰、铜啄等，不见汉文化器物，如铜镜、五铢钱、弩机、铜壶、尊、洗、镳斗等，汉文化影响较弱，第一类型墓的年代应早一些，早于汉武帝元封二年（公元前109年）设益州郡的年代，大致为战国末至西汉初。

李家山第二次发掘出土的6面鼓都出自大型墓中，M47为二男合葬墓，出土1面，M50出土1面，M57、M68墓主均为男性，各出1面，M69为二女合葬墓，出土2面鼓。第二次发掘出土的6面鼓与第一次发掘出土的8面鼓形制、纹饰上有所不同。第一次发掘出土的8面鼓形体大、纹饰丰富，以写实性纹饰为主，未见素面鼓。第二次发掘出土的6面鼓形体小，除了M69：171号鼓饰着纹饰外，其他5面鼓都是素面，并且都经镀锡处理过，这种变化显示出年代上的差别。第二次发掘的60余座墓葬分为四期，M47、M57、M68为第二期，M50、M69为第三期，一、四期不出铜鼓。第二期墓既随葬滇式器物，如贮贝器、铜鼓、伞盖等，又出土铜弩机、铜镜、漆器等，与石寨山的第III类型墓相近，年代应为西汉中、晚期。第三期随葬品中，大型墓铜器和铁器减少，部分仪仗器、各种浮雕扣饰已不见，出有铁锸，第三期的年代约为西汉晚期至东汉初期。[2]年代上比第一次发掘出土铜鼓的墓葬要晚，铜鼓也如此。

铜鼓有多种形制，根据不同形制、纹饰能够将铜鼓进行分类，对石寨

① 云南省博物馆：《云南江川李家山古墓群发掘报告》，《考古学报》，1975年第2期。
② 云南省文物考古研究所等：《江川李家山——第二次发掘报告》，文物出版社，2007年，北京。

山型铜鼓前人已有多种分类法。1902年黑格尔在他的著作《东南亚古代金属鼓》中将165面铜鼓分成4个基本型和3个过渡型，此种分法20世纪70年代以前对我国学者产生过很大的影响，由于黑格尔没有见到石寨山墓地出土的铜鼓，因此它的分类法有缺陷，不过他所分的第I类型中年代早的鼓（如我国的开化鼓，越南的沱江鼓）与石寨山型鼓的年代大致相当。将石寨山型鼓进行单独分型是石寨山墓地发掘以后的事，云南省博物馆1959年所编的《云南省博物馆铜鼓图录》将馆藏铜鼓分成甲、乙、丙、丁4式，其中的甲式就有石寨山M1、M10、M14三座墓出土的3面鼓及广南鼓。自20世纪70年代以后中国学者对铜鼓进行了更深入、科学的分型定式，1978年汪宁生将全部铜鼓分成A、B、C、D、E、F 6个类型，并列出每型的标准器。1979年李伟卿分成三型七式，即Ia、Ib、Ic、IIa、IIb、IIIa、IIIb，二位学者的B型、Ib型即石寨山型铜鼓。1980年在南宁召开的首届铜鼓学术会议上，多数学者提出用出土标准器地名的方法来分型，后来一直被采纳至今，也就是现今中国学术界通用的分类法，将铜鼓分成万家坝型、石寨山型、冷水冲型、遵义型、麻江型、北流型、灵山型、西盟型八个类型，石寨山型是年代较早的一类铜鼓。

因此，石寨山型铜鼓的年代上限是战国晚期，下限是西汉晚期。

石寨山型铜鼓分型表

研究者 / 名称	云南省博物馆	汪宁生	李伟卿	中国古代铜鼓研究会
石寨山型铜鼓	甲式	B型	Ib式	石寨山型
论著发表时间	1959年	1978年	1979年	1980年
论著题目及发表刊物、出版社	《云南省博物馆铜鼓图录》，云南人民出版社，1959年。	《试论中国古代铜鼓》，《考古学报》，1978年第2期。	《中国南方铜鼓的分类和断代》，《考古》，1979年第1期。	《古代铜鼓学术讨论会纪要》，《文物》，1980年第9期。

第三节　石寨山型铜鼓的分式

石寨山型铜鼓无论从大小、形制、纹饰上都存在着差别，也就是说能够进一步分式。早在20世纪80年代中国古代铜鼓研究会所编的《中国古代铜鼓》一书就对石寨山型铜鼓做过分式，将当时已知的46面鼓分成早、中、晚3类。早期以云南出土的昌宁鼓、曲八M1：1号鼓、I鼓5号鼓、甲式2号鼓为代表。中期以石寨山第二次发掘出土的15面鼓、李家山第一次发掘出土的8面鼓为代表。晚期以晋宁石寨山第一次发掘M1出土的2面鼓、广南鼓、西林鼓、赫章鼓等为代表。①

目前对于早期中的几面鼓多数学者认为应当是万家坝型铜鼓，本书也将它们作为万家坝型铜鼓来对待。中期、晚期的分法已经无法包括新材料的内涵，因而有必要对石寨山型铜鼓做进一步的分式。

近20年来，各地陆续又发现一批新材料，尤其是江川李家山第二次发掘、昆明羊甫头等墓地、越南老街等地先后出土了一大批铜鼓，为铜鼓研究提供了新材料，更使石寨山型铜鼓的分式细化成为可能，我们初步分为四式。

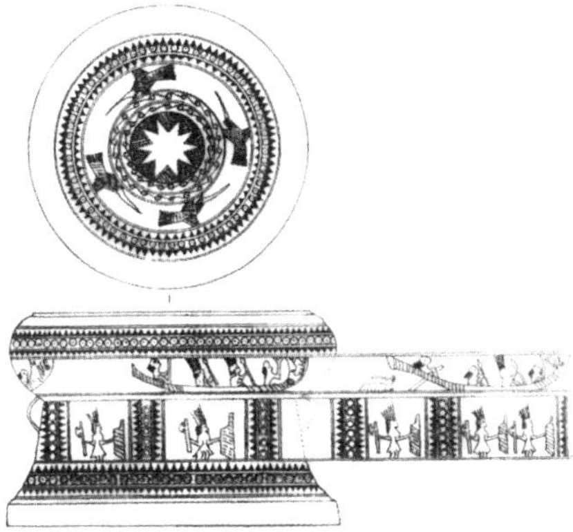

图 III–42　I 式鼓（石寨山 M14:1 鼓）

I式　形体小，面径通常在40厘米以下，胸部最大径虽然在中部以上，但位置稍低，腰部剖面呈梯形状，足矮，足径大于胸径，纹饰写实性强，鼓面仅有一晕主晕纹，即翔鹭纹。胸部船纹、腰部牛纹是常见纹饰，大量使用锯齿纹。此式鼓主要集中在云南，此式鼓有石寨山M14：1（图III–42）等16面鼓（不包括M10：3鼓）及李家山第一次发掘出土的8面鼓，其他还有天子庙2面鼓，晋宁梁王山出土的4面鼓，腾冲古永鼓、云县鼓、元江鼓等。

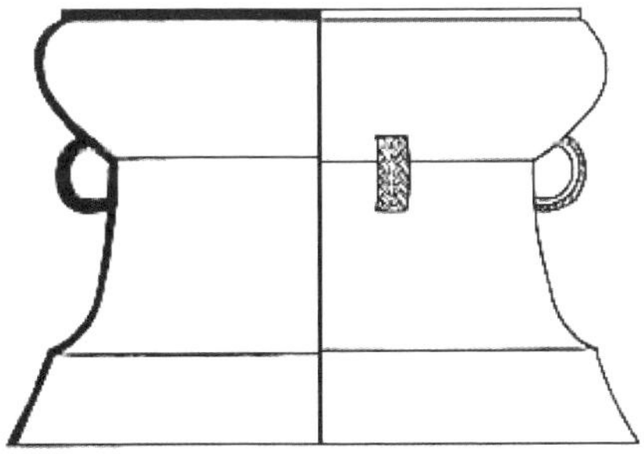

图 III–43　II 式鼓（李家山 M68:285 鼓）

II式　形体小，面径在30厘米以下，胸部最大径偏上，鼓面平，无太阳纹凸起，腰部剖面为梯形状，足径大于胸径，通体素面，多数表面镀锡，分布范围较窄，不带普遍性。此式仅有5面，它们是李家山第二次发掘出土的M47：21鼓、M50：89鼓、M57：84鼓、M68：285鼓（图III–43）及M69：192鼓。

III　形体增大，面径通常在40厘米

① 中国古代铜鼓研究会编：《中国古代铜鼓》，文物出版社，1988年，北京。

以上，相对而言鼓高度增加幅度不大，总体形状略显扁矮，腰部剖面呈梯形状，足径大于胸径，足矮，铸造工艺精湛，纹饰仍以写实为主，但较I式丰富繁缛，晕圈增多，腰上部某些鼓已采用上、下分格形式，如广西西林土280号鼓（图III–44）。另外一些鼓虽然腰上部没有上、下分格的形式，但是腰上部每格也采用上、下二层的装饰手法，如广西贵县罗泊湾鼓。胸部船纹复杂，船体长，船上人数多。此式鼓有西林4面鼓、广南鼓、贵县罗泊湾鼓、赫章鼓、会理鼓、麻栗坡鼓等，分布范围较广。

图 III–44　III 式鼓（西林土 280 号鼓）

IV式　形体多数大于I式，胸部最大径上移，腰部剖面为梯形状，足高，足径大于胸径，鼓面出现4只立体蛙饰，纹饰复杂，多数为写实性纹饰，不像冷水冲型鼓纹饰已趋图案化，一些鼓腰部采取上、下分格形式，如LCI鼓，此式鼓有越南老街发现的LCI（图III–45）、LCII、LCIV、LCVI这4面鼓，石寨山M10：3等鼓，此式鼓仅见于石寨山、腾冲、老街三处，分布面窄。

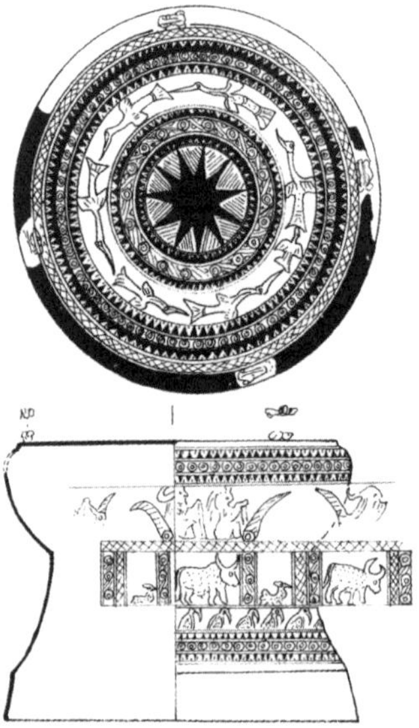

图 III–45　老街 I 号鼓（IV 式鼓）

4式鼓的年代有早晚之分，I式鼓基本上出自石寨山的I、II类型墓及李家山第一次发掘的第一类型墓中，这些墓在墓地中均属于早期墓，汉文化因素较少，基本上不出铁器，年代为战国末期到西汉中期，此年代也就是I式鼓的年代。

II式中的2面鼓都是经过发掘的，在墓葬分期中，M68属于第二期，M69属于第三期，李家山第二次发掘的第二期与石寨山的第II类型、第III类型墓葬相当，早于李家山第一次发掘的第二类墓，年代约为西汉中晚期。

III式鼓中的广西西林鼓、贵县罗泊湾鼓、赫章鼓所在的墓葬都伴出许多随葬品，西林鼓伴出中原器物和铁器，如铜车马饰、耳杯、六博棋盘，铁器有铁剑、镞等，数量超过石寨山第II类型墓。[①]贵县罗泊湾一号墓坑规模宏大，带墓道，椁室分前、中、后三室十二个椁箱，三具棺木，分别专设车马坑、殉葬坑、器物坑，随葬品有铜鼎、壶、案、盘、匜、镜、带钩以及漆器等中原器物，铁器有锸、削、剑、釜、镞等。[②]西林土280、会理鼓腰部采用上、下分格的布局方式。加之III式比I式鼓形体大，纹饰丰富，因此III式鼓的年代大致为西汉中晚期。

IV式鼓中仅有石寨山M10：3鼓是科学发掘品，老街的几面鼓都是非发掘品。石寨山M10出土有铜柄铁剑、铁剑、草叶纹铜镜，墓中出土的鼓是石寨山墓地中唯一带蛙的鼓，体量小，蛙为实心，这是蛙饰鼓中年代比较早的一面，草叶纹镜是西汉中期流行的铜镜，M10属于石寨山墓葬分期中的第II期。越南老街所出鼓的LCI鼓腰部采用西林鼓和会理鼓上、下分格的方式，鼓面上的蛙饰为空心，形体大，年代相对要晚一些。石寨山M10与老街出土的几面鼓形制、纹饰差别甚大，中间似乎有缺环。估计此式鼓年代的上限可到西汉中期，下限为东汉初期，年代跨度较大。

上述四式鼓从数量而言，I式较多，III式次之，IV式较少，II式最少。II式鼓属于特例，通体镀锡，无纹饰，鼓面中央也无凸起的太阳纹，这些特征在其他鼓上都没有，铜鼓表面通常是不用镀锡的，仅有此4面镀锡，从镀锡技术而言，器物表面要打磨平整，光洁，若有纹饰既不利于镀锡，镀锡后又无法显露出纹饰，因此这4面鼓采用中央鼓面无太阳纹，周身也无纹饰的方式，这样有利于镀锡。但是鼓面无太阳纹凸起，无法长期作为乐器来敲击使用，因此这4面鼓不具备乐器的功能，应有它用。I式鼓、III式鼓是石寨山型铜鼓的主流形式，不仅数量多，而且分布也广，IV式鼓与冷水冲型鼓关系密切，具备承上启下的作用。

---

① 广西壮族自治区文物工作队：《广西西林县普驮铜鼓墓葬》，《文物》，1978 年第 9 期。
② 广西壮族自治区博物馆：《广西贵县罗泊湾汉墓》，文物出版社，1988 年，北京。

第四节 石寨山型铜鼓上的船纹

船纹是石寨山型铜鼓的主要纹饰之一，通常饰于胸部，由四至六条船纹组成，流行的年代上限为战国中期，下限为西汉晚期。

一、船纹类型

铜鼓船纹图像的种类很多，具备十分强烈的写实风格，是青铜时代古代居民多种多样水上活动的写照。在探讨船纹的类型时，不能离开战国至西汉时期南方社会和生活环境，古人为了适应不同活动的需要，制造出了多种类型的舟船。

渔船

考古学资料表明，人类在旧石器时期就已从事捕鱼活动。古人捕鱼的工具，主要是网、鱼叉，除站在岸上使用外，还借助于舟船。浙江余姚河姆渡新石器时代遗址中发现一件陶舟，其底略圆，侧视近半月形，平面呈梭形，[①]这是我国最原始的舟船模型。

最初舟船应该是作为水上经济生活（捕鱼、捞蚌螺菱芡之属）和水上交通工具而出现的。而舟船的制造，起源于：“见窾木浮，而知为舟。”（《淮南子》）早期的舟船是原始的独木舟，古人制造舟船是为了渔利。在战国秦汉的船舶中，渔船应占相当比重，反映在铜鼓船纹中，也是如此。

史籍记载，汉代滇池地区有“田渔之饶”（《华阳国志·南中志》）。石寨山出土的鱼尾铜斧（M6：98）铜鱼饰（M12：23）水鸟捕鱼镂花铜饰（M21：23）贮贝器上人抱大鱼出售的形象（M12：26）李家山出土的鱼形铜器（M21：96）以及鱼钩等，表明渔猎在“滇”人生活中有着举足轻重的地位。

石寨山M1：58号鼓胸部铸六条船纹，船形简单，不分首尾，没有装饰。船底部长而平，两头上翘，船中坐裸体羽人三至四人，船之一端立水鸟。值得注意的是，船体外还装有一块停鸟板。此鼓腰部铸四条船，三条船内背向坐二人，一船内立两只水鸟，喙大而长，似鹈鹕之属，表现了正准备捕鱼的情景。[②]（图III–46）

① 吴玉贤：《从考古发掘谈宁波沿海地区原始居民的海上交通》，《史前研究》创刊号，1983年。

② 云南省博物馆：《云南省博物馆铜鼓图录》，云南人民出版社，1959年，昆明。

图 III-46　渔船（石寨山 M1:58 号鼓）

这种船很原始，船首尾不分，两端转角陡直，航行中阻力极大，速度十分缓慢。船上无桨、橹等设施。我国江南水网地带，近代民间使用一种平面呈椭圆形、侧面有些似石寨山M1：58船纹，整体像一具椭圆的木盆，人们乘这种“船”在小湖、水塘内采莲捞菱。这种“船”只需用手或脚划水，一般不设桨，更无需乎橹。

我们认为，晋宁M1：58铜鼓上的船纹就是渔船。从船体构造，船上无桨、橹装置，船上有捕鱼水鸟，尤其是有停鸟板的设施来看，这是用水鸟捕鱼的小船。它可沿滇池岸边或在小河中航行、捕鱼。用水鸟捕鱼今天在滇池仍不乏其例，而且在船头往往也设置一块停鸟板伸出船外，以便水鸟（鱼鹰）观察到水中的游鱼。

交通船

我国古代先民相当重视水上交通，关于黄帝造船的传说甚多，《易·系辞》：“黄帝、尧舜垂衣裳而天下治……刳木为舟，剡木为楫。舟楫之利，以济不通。”《史记·夏本纪》在提到大禹治水时说：“陆行乘车，水行乘船。”南方较之北方多水，河流、湖泊星罗棋布，怎样解决水上交通是古代居民面临的实际问题。“九疑之南，陆事寡而水事众。”（《淮南子·原道训》）《越绝书》在谈到春秋战国时期的越人时说：“水行而山处，以舟为车，以楫为马，往若飘风，去则难从。”铜鼓船纹中部分属交通船，此类船船形不一，细分为两式。

I式　云南腾冲古永鼓，胸部靠近鼓面处饰两圈锯齿纹夹一同心圆纹，下有船纹六。船体小而简陋，仅容二人。船首尾不分，成新月形。船上人同向或背向而坐，头上插双翎，身上着衣。每人单手平伸执桨，桨为一细圆棍。别于他船的是，有的船首尾不见鹢鸟装饰，而是为一同心圆，船上无橹及其

他设备，水中也无鱼、鸟。[①]（图III–47）

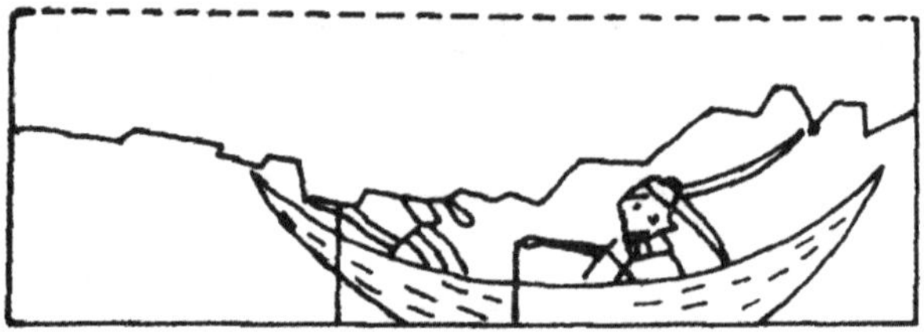

图 III–47 I式交通船（腾冲古永鼓）

此外，四川会理出土一面铜鼓，出土情况与古永鼓相同。其船纹与古永鼓船纹大同小异。胸部饰船纹，腰部饰牛纹，足部素面。但会理鼓腰部采取分上下二层装饰的风格，腰部除牛纹外还有鸟纹。胸部船纹数为六，船身厚重简单，首尾不分。六条船船身长短不一，有载四人的，也有载二人的。四人船船身平而长，两头翘起，船上同向而坐四人，均双手执桨，身着条纹服，腰间系带，椎髻，髻上插双翎，耳戴耳环。二人船人着条纹服大而长，腰间无带，头戴羽帽，上插羽状物，一人单手执桨，另一人双手执桨。[②]

II式 云南江川李家山M17：30鼓，其胸部饰四条船。船体细长，成弧线型，轻巧而灵活。船首饰鹢鸟首纹，船上同向而坐三至四裸体人，银锭型发髻，双手执桨，奋力划船。鼓面及腰部无翔鹭、牛纹等。[③]（图III–48）铜鼓船纹中此类型甚多，计有云南晋宁石寨山M15：7号、M11：1号、M3：3号铜鼓[④]、云县下曼品铜鼓[⑤]、广西贵县罗泊湾铜鼓（M1：11）等。[⑥]此外，文山州博物馆于1975年在中越边界麻栗坡城子上村采集到石寨山类型铜鼓一面，从残存的纹饰可知，胸部铸船纹四条，每船坐四个执桨人，船型同II式船。[⑦]

① 杨复兴、吕蕴琪：《云南腾冲出土的古代铜鼓》，《中国古代铜鼓研究通讯》第2期，南宁。

② 会理县文化馆：《四川会理出土的一面铜鼓》，《考古》，1977年3期。

③ 云南省博物馆：《云南江川李家山古墓群发掘报告》，《考古学报》，1975年第2期。

④ 云南省博物馆：《云南晋宁石寨山古墓群发掘报告》，文物出版社，1959年，北京。

⑤ 云南省博物馆：《近年来云南出土的铜鼓》，《考古》，1981年4期。

⑥ 广西壮族自治区文物工作队：《广西贵县罗泊湾一号墓发掘简报》，《文物》，1978年第9期。

⑦ 文山州文化局编著（黄德荣主编）：《文山铜鼓》，云南人民出版社，2004年，昆明。

图 III-48　交通船（李家山 M17:30）

上述二种船纹的差别十分明显，II式船先进，轻巧，速度快，滇池地区的船纹多属此式。I式船显得厚重，简单。从发展阶段上说II式是I式的高级阶段，I式船纹并不多见，只见于腾冲、会理二地，或许是制造技术的差别所致。

战船

春秋时代，越国水军战船已分为多种：大翼、小翼、突冒、楼舡、桥舡。汉代战船分为“先登、艨冲、赤马和舰”。铜鼓船纹中的船应属“桥舡”“赤马”类，速度快、灵巧。“桥舡者，当陵军之轻足剽定骑也”，“轻疾者曰赤马舟”。

汉代，西南地区战争频繁。元狩三年（公元前120年），汉武帝为了打通云南至印度的道路，曾在长安“发谪吏穿昆明池”，周围四十里，以习水站。征南越时，也碰到相同情况，《汉书·食货志》：“是时粤欲与汉用船战逐，乃大修昆明池，列馆环之。治楼船，高十余丈。旗帜加其上，甚壮。”以上可知，当时南方水战军力颇强。

河南汲县山彪镇一号墓出土的两件水陆攻战纹铜壶①和四川成都百花潭中学十号墓出土的一件水战纹铜壶②是目前能看到的最早的水战铜器图像。铜鼓船纹中也能看到战船，石寨山M14：1号铜鼓即是，此铜鼓是石寨山出土铜鼓中大而完整的一件。胸部铸四条船，船大而细长，首尾翘起，船首饰鹢鸟首纹，船上同向而坐四人，船首一人头戴羽冠，羽冠向下，手执三角形器物。船中二人执矛，头戴大羽冠，船尾一人执长桨，羽冠向下（图III-49）。二条船尾设橹，在所见设橹的铜鼓船纹中，M14：1算是时代较早的一件，它

① 郭宝钧：《山彪镇与琉璃阁》，考古学专刊乙种十一号，科学出版社，1957 年，北京。
② 四川省博物馆：《成都百花潭中学十号墓发掘记》，《文物》，1976 年第 3 期。

为探讨橹的起源、用途提供了较好的资料。[①]

图 III–49 战船（石寨山 M14:1）

从所执矛观察，矛并不长，与陆地上用的矛长度相似。楚雄万家坝曾出土一件完整矛，长度约为1.60米，这现象与云南当时不用长兵器的特点相符。

祭祀船

“国之大事，在祀与戎”，祭祀为古代重大活动之一，倍受统治者重视。

广西西林普驮铜鼓的胸部饰船纹六条，船首尾饰鹢鸟首，船身大而长，配备有桨、橹，首尾翘起，每船九到十一人不等。船上人物活动大同小异，多数人头戴羽冠。以九人船为例：船头跨坐一人，手执尖形器，后坐三划桨手，双手执桨，以上四人头戴羽冠，裸体。划桨手后立二羽人，身穿带前后幅的服装，双手执一长柄物而舞。后立一带靠背的小平台，上坐一盛装人，双手合于脸前，显然是主祭人，平台下置一带足容器。船尾各有一执桨、执橹人，头上无羽冠、裸体。船前后有鱼、长喙鸟。十一人船与九人船略同，仅在船首多一手执尖形器而坐的羽人及船尾一盛装而舞蹈的羽人。[②]（图III–50）

① 云南省博物馆：《云南晋宁石寨山古墓群发掘报告》，文物出版社，1959 年，北京。
② 广西壮族自治区文物工作队：《广西西林县普驮铜鼓墓葬》，《文物》，1978 年第 9 期。

图 III–50　祭祀船（广西西林鼓）

这是祭祀活动的写照。船上的主祭人、舞人、划船人一目了然。类似的还有广南铜鼓，其胸部铸有四条船纹，船身细长，超过西林铜鼓船纹的船身。船上人数七到九人不等，以九人船为例：船首跨坐一人，执桨，头戴羽冠，后依次坐三人，也执短桨，发型成银锭形。紧接着一执长柄物人，头戴羽冠。此人后立一平台，上坐人，平台上下均放着盒子类的器物，后立一羽杖。平台后坐一人，执短桨。其后一人执橹，船尾坐一人，四条船平台上器物不同，羽杖也异，其意义也包含祭祀含义。①（图III–51）

图 III–51　祭祀船（云南广南鼓）

竞渡船

竞渡一词始见周处《风土记》："仲夏端午……采艾悬户上，踏百草，竞渡。"实际生活中竞渡活动，当在这之前。竞渡目的何在？通常认为与屈

① 云南省博物馆：《云南省博物馆铜鼓图录》，云南人民出版社，1959 年，昆明。

原有关，为祭屈原而竞渡大概是楚国之俗。在吴、越之地吊念对象不是屈原而是伍子胥或越王勾践，《荆楚岁时记》可证："五月五日，时迎伍君，逆涛而上，为水所淹。斯又东吴之俗，事在子胥，不关屈平也。《越地传》云起于越王勾践，不可详矣。"实际上，从船纹分布情况观之，流行竞渡之俗的范围远远超过楚、吴越之地，中国南方广大地区，东南亚不少国家都广泛流行。日本学者君岛久子则认为是为了祭祀水神。[①]

船纹中也有表现竞渡的，石寨山出土的两件铜鼓残片，其中，一残片虽仅留船中和船尾的纹样，但其表示的竞渡内容还是清晰可见的。此船上坐五排人，每排二人，每人双手执短桨，划桨动作节奏感十分和谐。船体平整，尾部稍抬起。 鱼、水鸟在水中游动。另一残片仅存船中部的纹样，首尾均不见，船体结构同前一残片，船身波浪纹，船中坐五排人，每排二人，每人双手执短桨，动作整齐、合拍。船前坐一人指挥，双手执桨挥于空中，船外水鸟在游动。两船上人均头插双羽，戴耳环。二残片所表现的场面无异于现代竞渡。[②]（图III–52）

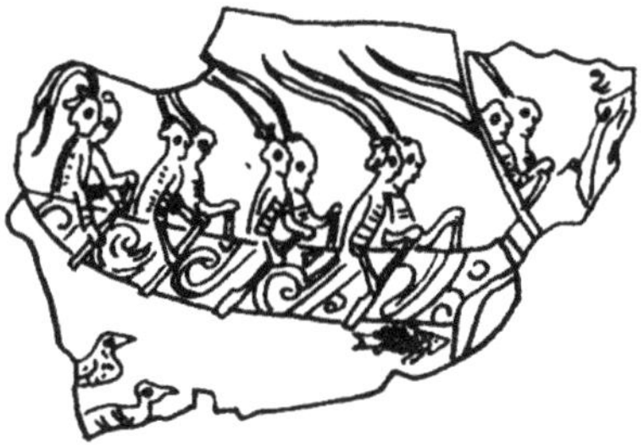

图 III–52　竞渡船（石寨山残片）

现在傣族龙舟竞渡与铜鼓船纹上的竞渡十分相似。龙舟赛约在傣族新年的第一天举行（傣族以傣历六月为岁首，新年约在农历清明节后七天，公历四月中旬）。竞渡时，披红挂绿的龙舟，格外耀眼夺目，船首扎着木头雕成的彩龙，船尾除木雕龙尾外，还插上一根饰有彩带的竹竿。每条船内，坐着五十到八十个头包白纱巾、身穿背心、手腿刺有花纹的水手。水手一左一右成排而坐，每人手中执一桨。船中站立着一个手拿铓锣敲击指挥的人，随着指挥者的号令，几十名水手奋力划桨，龙舟在水中飞速地破浪前进。船头上有三四个彪形大汉，他们两手紧握龙角，两脚紧蹬船身，虎扑式地随着铓锣声，有节奏地

① ［日］君岛久子：《龙神（龙女）传说和龙舟节》，樊少骥译，《云南文物》第 12 期。
② 二残片拓片见冯汉骥《云南晋宁出土铜鼓研究》，《文物》，1974 年 1 期。

用力把船头往低处压，使龙船在江中搏击排浪，争相竞渡。[①]

傣族历史上每逢新年都举行龙舟竞渡活动，并且固定设四条船，这与石寨山铜鼓船纹数一般相合。根据傣文《泐史》记载，汉王朝曾向傣族赠送过的礼物有“铓、钹各两对；铜鼓两个；刷有金粉的靠椅一对；红绸礼帽一顶，上镶有宝珠一颗；金孔雀尾一对”。[②]这种礼帽与出土的铜鼓竞渡船上指挥者的羽冠很相似。所不同的是，内地竞渡日期在端阳节举行，而傣族竞渡则在傣历新年。

游戏船

铜鼓船纹中的游戏船为数较少，一般不为研究者所注意，这类船纹仅见于石寨山滇王墓群出土的铜鼓上，或许只限滇王及贵族使用的缘故。

石寨山13号墓出土一件残铜鼓（M13：3），胸部铸游戏船纹，惜船纹不全，只留船首及部分船身。船纹很有特色，划桨人纹饰为浇铸而成，船上舞蹈者、奏乐者为线刻而成，人物表情、衣服清晰可见。虽这两种纹饰的制作工艺不同，流行时代也不同，但并不影响该图像的主题。无论何种纹饰的时代，不会晚于M13的年代。船上划桨人二、舞蹈者三，盛装，赤足，戴手镯、耳环，正随乐而舞。船首立吹葫芦笙者，二舞人中间坐持酒壶人，船前是鱼、长喙鸟。整个场面表现了贵族游戏时的情景。[③]（图Ⅲ–53）

图Ⅲ–53　游戏船（石寨山M13:3鼓）

① 刀永明：《龙舟竞渡史考》，《版纳》，1982年第2期。

② 同上。

③ 船纹图见李伟卿《云南古代的铜铸艺术》，《云南青铜器论丛》，文物出版社，1981年，北京。

海船

铜鼓船纹中有无海船？回答是肯定的。其根据是美洲发现不少中国文物、遗址，尤其是20世纪80年代在美洲海底发现的中国古代船舶上的“石锚”，更为铜鼓船纹中的海船提供了证据。有学者考证，约在商末，一批逃亡的殷人已经到达美洲，推测殷人东渡，航线为沿海岛的阿留申航线，该路比白领海峡方便，还能解决淡水、食物供给的困难。[①]

现实生活中，利用极简陋的海上交通工具也能漂洋过海。1947年，挪威人类学者海耶达尔等人乘木筏从南美洲航行到波利尼西亚、大洋洲，先后13次。20世纪80年代，日本人富坚一人乘5米长的独木舟横渡日本海，79天航程2700千米，从未靠岸，途中基本上以海产为食。[②]

从图像上看，铜鼓上的船远比木筏以及独木舟进步，既然后者能越海，那么铜鼓上的船也不成问题。铜鼓流行于越人居住地区，越王勾践曰：“越国西则迫江，东则薄海，水属苍天，下不知所止。”（《越绝书》）古代越人长期生活在水上，精于航海。因此，我们认为，铜鼓船纹中有海船。

广西贵县罗泊湾铜鼓（M1：10）是海船，其胸部铸六条船纹，船身较大，双身双尾，首尾设锚。船首尾饰鹢鸟纹，船上坐六个划桨人，人头上插羽饰，最前面一人手扶一立物，其他人划桨。水中有游鱼。[③]（图III–54）

图 III−54　海船（罗泊湾 M1:10）

贵县从秦汉以来一直是我国重要的河港城市。1957年贵县出土一只绿玻璃杯，高3.2、口径5.8厘米，形状似钵，广口，折沿，直腹，圜底，中腰有弦纹二道，通体光洁、透明。此外，还有带敞口绿玻璃托盘的高足杯等。[④]这些玻璃器的风格和我国传统制品判然有别。据研究，这可能是从地中海东岸国家通

① 房仲甫：《扬帆美洲三千年》，《人民日报》，1981 年 12 月 5 日。

② 吴玉贤：《从考古发掘谈宁波沿海地区原始居民的海上交通》，《史前研究》创刊号，1983 年。

③ 广西壮族自治区文物工作队：《广西贵县罗泊湾一号墓发掘简报》，《文物》，1978 年第 9 期。

④ 参见《广西出土文物》及《考古学报》，1957 年第 1 期 161 页。

过海路输入我国的，其时代为汉代，与罗泊湾铜鼓时代相近或略晚。[①]

1975年广州发现了一秦汉造船遗址，规模巨大，造船台共三个。1号船台长达68米以上，船台结构与船场布局相当先进。船台采取铺设枕木的办法加大受压面积，类似现代铁轨枕木，以解决船场易出现的土质松软、不耐压而引起局部下沉的问题。在工艺上，用榫接法加钉结合船体，较之木板船的原始阶段——用绳索或皮条捆绑连接——前进了一大步。[②]广州原为越人居住地，造船遗址的发现表明越人的造船业和航海业十分发达。因而，将贵县罗泊湾铜鼓船纹定为海船，并无任何值得惊异的地方。

贵州赫章可乐153号墓铜鼓上的船纹也是海船，此鼓胸部铸船纹六条，船身长而大。船首高高翘起，尾设一巨大尾舵，船上立羽人六至八人，船首为鹢鸟首，腰部饰立牛六。此船纹别于其他铜鼓船纹，这条船是另一类型的海船。[③]（图III–55）

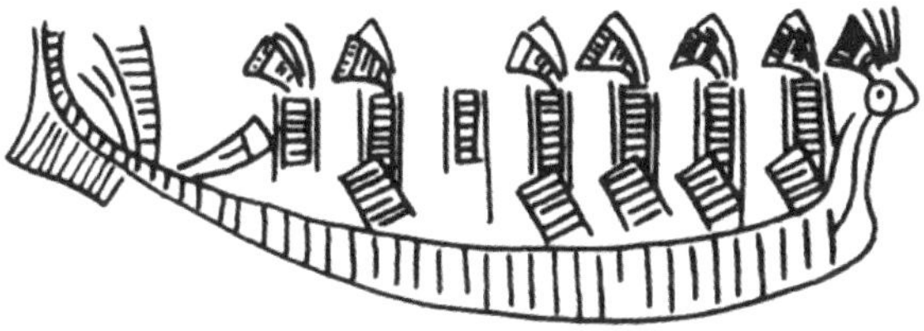

图 III−55　海船（赫章 M153:3）

晋宁石寨山M14：1号铜鼓上铸有四条船纹，其中有两条船尾设橹，与另两条又略有区别，其实是用途不同的两类船。船尾设橹的两船之一，紧随船尾有一只巨大的海龟（图III–56），这就清楚地表明了此船在大海上航行的情景，此船当是海船无疑。

图 III−56　海船（石寨山 M14:1）

① 范世民、周宝中：《馆藏部分玻璃制品的研究》，《中国历史博物馆馆刊》，1983 年第 5 期。

② 广州市文物管理处、中山大学考古专业 75 届学员：《广州秦汉造船工场遗址试掘》，《文物》，1977 年第 4 期。

③ 宋世坤：《贵州赫章可乐“西南夷”墓族属试探》，《中国考古学会第一次年会论文集》，文物出版社，1979 年，北京。又承宋世坤同志来信告以该船情况，唐文元同志赠送船纹图像，谨致谢忱。

二、船纹上的装置

除了船体本身外，船舶上的装置、设施对判明船的大小、用途也很重要。铜鼓船纹图像上已经出现了桨、橹、锚等等装置。

战国秦汉时期，船舶的动力是人力和风力。其动力设施是桨、橹、舵、帆、桅。

桨，又称櫂、棹、楫、札。《释名·释船》："在旁拨水曰棹。棹，濯也，濯于水中也。且言使舟棹进也。又谓之札，形似札也。又谓之楫，楫捷也，拨水使舟捷疾也。"

桨有长、短之分。河姆渡遗址发现的一支短桨，呈椭圆形。长50厘米，是我国最早的短桨实物，距今已有七千年。短桨能自由挪动；长桨柄长，叶大，带支点，固定于船侧。一般说来，桨的配置与船体大小应成正比，即船体越大，桨越多，其结果是船行速度越快。

铜鼓船纹中所见短桨，其特征是叶小，柄短，竞渡船纹残片中可见桨叶呈长方形，一般配置三至四支短桨，有的更多。船员通常是采取坐着划桨的姿势。

顺便指出，过去在计算铜鼓船纹上的划桨人时，常以能见到的人数计算，这是明显的粗疏。我们知道，铜鼓船纹一般不用透视原理，因此，图像表示的仅仅是一侧划桨人的数目。而且，实际生活中，在一侧划桨的船是不能快速前进的，所以，在计算划桨人时，应增加一倍。

橹，又称梢。《释名·释船》："在旁曰橹，橹膂也，用膂力然后舟行也。"《正字通》："长大曰橹，短小曰桨。纵曰橹，横曰桨。"橹一般固定在船尾支架上，其作用有二：一以人力控制，使其在水中左右摆动，产生动力。二掌握船行方向，橹的出现比桨晚得多。

少数铜鼓船纹中有橹的设施。早期船纹铜鼓晋宁石寨山M14：1两条船纹上有橹，晚期船纹铜鼓广西西林、云南广南等鼓上有橹。

设置橹的船，一般船体较大，而且有橹、桨配合使用，以橹掌握船行，以桨为动力。

广南鼓之胸部有船纹四条，船体较大。每船上乘七至九人不等，每船尾部均有一人操纵橹，其中一条船的操橹人明显表现为单手操橹，表明此橹一定有支点固定在船体上，还表明此人在掌握航行方向。此人站立，单手操一极长之橹。在四条船上，每船之首还有一名持长桨之人以双手划水。船体中部则有三至四名持短桨之人以双手划水。广南鼓上实际每船应有短桨手六至八名，加上其他船员，可知这些船的体积都不小。由于每条船纹上都有橹、长桨、短桨图像，它又是研究汉代船舶动力设备的极好实物资料。

舵，又称柁。《释名·释船》："其尾曰柂。柂，拖也。后见拖曳也，且弼正船，使顺流不使他戾也。"舵是掌握航行的船舶设施，比用橹控制航行又要进步一些。广州出土一具东汉陶船上已有舵的设施。①铜鼓船纹中，贵县罗泊湾、赫章可乐鼓设尾舵，越南玉镂鼓船纹尾舵与罗泊湾相似，赫章可乐船纹尾舵为另一种类型。

帆，《释名·释船》："帆，泛也，随风张幔曰帆，使舟疾汎汎然也。"桨、橹只能胜任短距离航行。若远航以人力操桨划水为船行动力，则不可胜任。因此，古人又借助风力，致使船上有帆的装置。《汉书·地理志》载，我国船队远航印度洋数千里，到达已程不国，"船行已八月"，靠人力划桨是不可能的。

桅，《释名·释船》："前立柱曰桹。"《说文》："桅，黄木可染者，从木危声。"桅是船上悬挂风帆的设置，对制造桅杆的木材要求甚严，并非所有木材均能制桅。宋人周去非《岭外代答》谈到广西钦州有制桅的好木材："钦州海山有奇材二种，一曰紫荆木，坚类铁石，色比燕脂，易直，合抱，以为栋梁，可数百年。一曰乌婪木，用以为大船之桅，极天下之妙也。蕃舶大如广厦，深涉南海，经数万里，千百人之命直寄于一桅。他产之桅，长不过三丈，以之持万斛之舟犹可胜其任，以之持数万斛之蕃舶，卒遇大风于深海，未有不中折者。唯钦产缜理坚密，长几五丈，虽有恶风怒涛，截然不动。"

就我们所见国内铜鼓上的船纹及国外船纹铜鼓资料，尚未见到帆、桅图像。

巴门特认为，越南玉镂铜鼓船纹中部"有根桅杆及其横木和帆蓬，这些帆只是用一片片如帽子上所插的羽毛来表达"。②他还认为，桅杆旁所站的水手是专门扯帆的，用羽毛表达帆船的说法是难以成立的。类似长杆在广南鼓上也能见到，这是建于船舶上的"旌"。司马相如《子虚赋》注引张楫语："扬，举也。析羽为旌，建于船上也。"

锚，又称叮，碇。船舶停驶时，沉入水底或扔在岸上，用于固定船体。

① 广州市文物管理委员会：《广州市东郊东汉砖室墓清理记略》，《文物参考资料》，1955 年第 6 期。

② 巴门特：《古代青铜鼓》，马汉宗译，载云南民族研究所《民族考古译丛》第一辑。

宋元以前的船锚均为石质。[①]远在新石器时代，就出现了用绳子编成网兜，中间放石块的原始“石锚。”

铜鼓图像上附设锚的船有两例，一是江川李家山鼓（M24：42a），[②]船纹上共有四人，均持短桨划水，船尾部清晰地表现了一具三角形的锚。这面铜鼓出于李家山24号墓中，此墓年代约在战国。因而，这是目前我国最早的附设在船体上的船锚图像。另一件是广西贵县罗泊湾鼓（M1：10），此船比江川鼓上的船大，船上坐五名划桨人，船的首、尾各置一锚，锚呈菱形。[③]

铜鼓船纹图像上的船只还常常被装饰成动物形象，最常见的是鸟首，据研究，这种装饰于船首之鸟是“鹢鸟”。《淮南子·本经训》高诱注：“鹢，大鸟也，画其像于船头。”何以独喜饰鹢鸟？盖因其有镇水神的作用。《西京赋》注：“船头像鹢鸟，厌水神，故天子乘之。”《晋书·王濬传》载，西晋“（王）濬乃作大船连舫……又画鹢首怪兽于船首，以惧江神。”《晋书·束哲传》：“凭鹢首以涉洪流。”于此可见，汉晋时期，普遍以鹢鸟头装饰船头。“鹢首”一词，在汉代甚至成为舟船之代称。《淮南子·本经》：“龙舟鹢首，浮吹以娱。”以鹢首饰舟，目的在于“厌水神”，“惧江神”，以确保行船安全。从铜鼓船纹所见鹢首装饰，可知这一习俗可以上溯到战国时期。

西欧古代船舶也盛行以鸟饰船首。除鸟饰外，船首还常有兽纹、人像、神像等等装饰。《岭外代答》曰：“（广西）钦州竞渡兽舟亦刳全木为之。”这里所说的“兽舟”，就是以兽为饰的小船。美国海洋史学家埃道尔·A·斯赖克认为船舶上的“船头像”意义是“安抚海神”。[④]

第五节　石寨山型铜鼓中的“绿漆古”铜鼓

青铜器上的漆古通常有二种，即黑漆古与绿漆古，铜镜上比较常见，漆古铜镜多数分布在南方，北方少见，朝鲜、日本有少量报道。长期以来研究冶金史的学者从未提到过云南有无漆古现象，也未把云南列在漆古的分布范围之中，尽管云南青铜器在外界有着极高的知名度。这种现象在1998年有了

① 石钟健：《古代中国船只到达美洲的文物证据》，《思想战线》，1983 年第 1 期。
② 云南省博物馆：《云南江川李家山古墓群发掘报告》，《考古学报》，1975 年第 2 期。
③ 石钟健：《古代中国船只到达美洲的文物证据》，《思想战线》，1983 年第 1 期。
④ 房仲甫：《船头图像话交流》，《人民日报》，1979 年 10 月 14 日。

改变，此年云南本地学者撰文指出云南青铜器中存在着黑漆古现象，并列举了一批实物，如铜刻刀、铜钺、铜剑、铜削、铜镯、铜背甲等。[①]至于云南青铜文化中的“绿漆古”的现象，从来没有学者涉及过，究竟云南青铜文化中有没有“绿漆古”器物？也是学术界关心的问题。

一、文山古木铜鼓

2002年北京大学考古文博学院与云南省博物馆联合开展了云南青铜器矿物原料的来源分析与中国青铜文明研究项目，在对云南青铜器的检测过程中，于文山发现了1件“绿漆古”器物，它是迄今为止在云南用科学手段找到的第一件绿漆古器物，也是国内目前所知体型较大的1件绿漆古青铜器，其意义重大。

绿漆古与黑漆古物理性质相同，表面颜色不同，前者呈绿色，俗称“绿漆古”；后者表面为黑色，俗称“黑漆古”。绿漆古主要见于铜镜上，流行于长江流域的南方地区，如湖北、湖南、安徽、江苏等地，以唐代的铜镜为多。

从数量上看，黑漆古器物要多于绿漆古器物，无论是史书的记载或者现代考古发现都如此。虽然绿漆古实物少，但它的历史却很悠久，有的学者曾经分析过10件绿漆古铜镜，最早的1件为战国，西汉、东汉各1件，唐代铜镜有5件。[②]

古人早就注意到绿漆古现象，最古的记载见于宋代赵希鹄《洞天清禄集·古钟鼎彝器辨》：“铜器入土千年，纯青如铺翠。”又说：“铜器坠水千年，则纯绿色而莹如玉；未及千年，绿而不莹，其蚀处如前。”

此后明、清两朝也不乏记载，明初曹昭《格古要论》卷六曰：“铜器入土千年，色纯青如翠；入水千年色纯绿如瓜，皆莹润如玉；未及千年，虽有青绿而不莹润。”清代学者谷应泰在《博物要览》中认为：“铜质清莹不杂者多发青，质之浑杂多成绿。”

从以上史书记载中不难看出，宋代人们就已经认识到绿漆古，其名称的来源与器表颜色有关，凡是器物表面呈绿黑色或墨绿色的都可以称之为“绿漆古”。它与通常所看到的青铜器表面呈现出的铜绿色不同，铜绿色没有透明质感，而绿漆古则有透明感，外表仿佛有一层透明物质，外观要比铜绿色

① 黄德荣：《浅议云南青铜器的“黑漆古”现象》202页，《跋涉集》，北京图书馆出版社，1998年4月，北京。

② 何堂坤：《中国古代铜镜的技术研究》246页，紫禁城出版社，1999年6月，北京。

更加晶莹、诱人。

从物理性质来看，绿漆古器物表层含锡量高，通常为50%～70%，由表及里含锡量逐渐递减，而含铜量逐渐增加。表层与基体无明显的分界层，表面有光泽，无锈蚀痕迹。物质结构为晶态，抗腐蚀能力强，导电性能差。

1989年11月，文山市古木镇古木村老百姓在改地过程中发现1面铜鼓——古木鼓，此面铜鼓除足部略残外，整体保存完好，按照它的外形特征、纹饰来推测，它应属于石寨山型铜鼓，年代为西汉，出土时无伴出物。

古木鼓身分三段，体高，胸部最大径偏上，腰部剖面呈梯形状，足矮，足径大于胸径。鼓面中央饰太阳纹，其外带十四芒，芒间填斜线，芒外六晕，双弦分晕。一晕羽状纹，二、六晕素面，三、五晕点纹，四晕外向锯齿纹。胸部单弦分晕，共五晕，一、三晕点纹，二晕锯齿纹，四晕船纹，共四条，每条船上坐四个划桨人，皆裸体、项髻，五晕羽状纹。腰部分上、下两段，上段以纵线中填入点纹、羽状纹带将腰部分成八格，格间均饰一立鹭。下段分三晕：一、三晕点纹，二晕锯齿纹。足部素面。鼓身两道合范线，辫纹耳两对。面径29.5、身高24厘米、足径39厘米。现收藏于云南省文山州博物馆。[①]（图III–57）

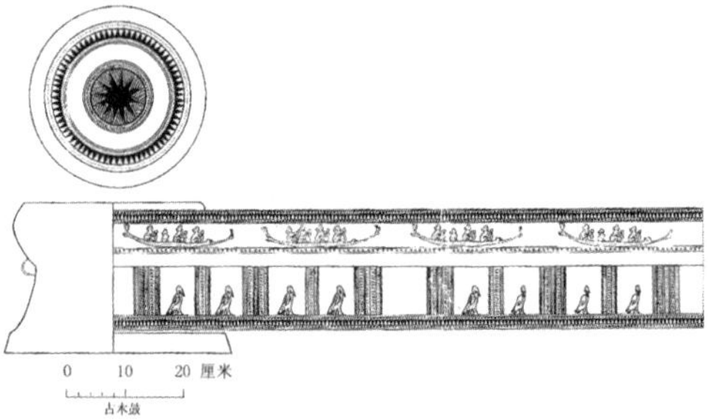

图 III–57 古木鼓

古木鼓极具地方特点，纹饰上与通常所见到的石寨山型铜鼓不同，鼓面无翔鹭主晕纹，腰部格间均饰站鹭，一般为牛纹，双耳距离甚大。根据以上理由，古木鼓应该是由本地铸造的，而非外地输入。

古木鼓令人感兴趣的是它的外表，通体碧绿色，表层透明状，与常见的铜绿色截然不同，鼓内壁无此现象。从保存情况视之，鼓面、腰部、足部保存得最好，十分光滑，尤其值得注意的是鼓面、胸部、腰下部的晕圈内饰

① 文山壮族苗族自治州文化局编著（黄德荣主编）：《文山铜鼓》79页，云南人民出版社，2004年7月，昆明。

着的阳纹锯齿纹，这些锯齿纹虽小，但都是碧绿色。锯齿纹两侧更小的圆点纹、晕与晕之间的弦纹也是碧绿色。相比之下，腰部保存情况略逊。四耳无此颜色，估计有两种可能：一是原来就有，出土之后长期使用被磨掉了；二是耳部不光滑，形成不了碧绿色。从足部残破处剖面来看，呈透明状碧绿色的物质为一薄层。

二、检测与分析

古木鼓出土已有十几年，由于它的特殊外表，加之造型优美，显得十分醒目。文山州博物馆收藏着几十面铜鼓，唯有此面鼓带碧绿色。长期以来，学术界均不知古木鼓为什么会有这种颜色，这种颜色是什么成分？怎么形成的？

2002年1月由于北京大学考古文博学院与云南省博物馆开展项目的需要，专程到文山州博物馆取样，其中也从古木鼓足部取了微量样品进行了检测，其金属成分（%）为：铜86.54、锡10.12，两项合计96.66。无铅、铁、锑等成分，是一种铜、锡二元合金。

金相分析为α固溶体树枝晶偏析，晶间有大量α＋δ共析体。偏光显微镜观察结果显示，古木鼓外表为绿漆古，从外至里分为三层：透明层、孔雀石锈蚀层、基体，孔雀石腐蚀层为绿色，呈现伪晶形貌，内部为α相先蚀。

表面透明成分主要是二氧化锡，经电镜能谱分析含锡量在70%左右，非常高。从偏光显微镜分析腐蚀层是二氧化锡和孔雀石的混合物。[1]从对古木鼓的科学检测可以做一些分析：

学术界通常根据锡在青铜器中含量的高低，把青铜分为高锡青铜和低锡青铜，锡在铜溶液中的最大溶解度值为15.8%，高于15.8%的青铜称为高锡青铜，反之称为低锡青铜。北京科技大学孙淑云等学者认为："高含锡量是青铜表面'黑漆古'形成的必要条件之一。考古发现在同一墓葬或遗址出土的青铜器有的生成'黑漆古'，有的则不能生成，原因之一是与其本身的含锡量有关。"他们也曾经用含锡量不同的青铜器做过实验，高锡青铜（3件）用腐殖酸溶液浸泡会形成黑漆古，而低锡青铜用腐殖酸浸泡不会形成黑漆古。[2]应该说过去检测的黑漆古器物都是高锡青铜，未发现低锡青铜的黑漆古器物。

①云南省省院省校教育合作项目：《云南青铜器矿物原料的来源分析与中国青铜文明研究》结项报告，2005年3月，昆明。

②孙淑云、马肇曾等：《土壤中腐殖酸对铜镜表面"黑漆古"形成的影响》，《中国冶金史》论文集（二），北京科技大学，1994年3月，160页。

云南以往出土的几件黑漆古器物，测试后多数符合上述推论，例如，个旧石榴坝曾经出土过6件铜刻刀，表面呈黑色，是典型的黑漆古器物，1件经北京科技大学检测基体内部成分为铜68.8%、锡30.1%，锡含量颇高。[①]与个旧石榴坝同属滇南地区的元江洼垤打篙陡青铜时代墓地，1989年发掘出土了2件铜刻刀，也是黑漆古器物。其中1件（M73：2）经昆明冶金研究所物质成分研究室分析：基体铜含量为75.7%、锡21.38%。[②]1972年江川李家山墓地发掘出土过1件黑漆古铜镯，何堂坤曾经做过分析，基体锡含量为20.93%。[③]以上几件是云南的情况，它们都是高锡青铜。

云南以外的地区发现的黑漆古又如何呢？何堂坤曾经对湖南、湖北出土的6件黑漆古铜镜做过成分分析，基本成分是铜、锡、铅3种元素，铜含量在67%～77%之间，锡含量在21%～28%之间，铅为1%～6%，波动范围不大。[④]以上黑漆古器物均为高锡青铜。古人也有这样的看法，明朝方以智《物理小识》卷八："其锡剂多者，久则黯绿，更久则黑。"

不过事实并不绝对，与元江打篙陡黑漆古铜刻刀同出自M73的1件铜扣饰，经过成分分析，锡高达45.03%、铜52.18%，锡成分相当高，远远高于铜刻刀中锡的成分，无疑属高锡青铜，这件铜扣饰和铜刻刀同埋在一墓之中，环境、温度、湿度完全一样，它在地下沉睡了2000年也未形成黑漆古，相反铜刻刀表面却形成了黑漆古。[⑤]

少数学者认为与器物的合金成分无关，都是镀锡表层自然腐蚀的结果。[⑥]

古木鼓的含锡量远比上述器物锡成分低，只有10.12%，属于低锡青铜，在已知的漆古器物中是最低的，这里就提出一个问题：高锡青铜能够形成漆古，而低锡青铜也会形成漆古，古木鼓便是一个实例。看来形成漆古的原因要复杂得多，锡成分的高低不是形成漆古的唯一因素，这对传统的观点也是

---

① 北京科技大学冶金史研究室：《云南个旧石榴坝青铜时代墓葬出土的铜刻刀分析鉴定报告》，《考古》，1992年第2期。

② 云南省文物考古研究所：《云南元江县洼垤打篙陡青铜时代墓地》，《文物》，1992年第7期。

③ 何堂坤：《滇池地区几件青铜器的科学分析》，《文物》，1985年第1期。

④ 何堂坤：《中国古代铜镜的技术研究》246页，紫禁城出版社，1999年6月，北京。

⑤ 云南省文物考古研究所：《云南元江县洼垤打篙陡青铜时代墓地》，《文物》，1992年第7期。

⑥ 何堂坤：《几面表面漆黑的古铜镜之分析研究》，《考古学报》，1987年第1期。

一个挑战。为什么低锡青铜也会形成漆古？以前从未有人做过探讨。找出古木鼓表面绿漆古的成因，相信对于该领域的研究是会有重大意义的。

三、漆古的成因

黑漆古与绿漆古都属于漆古范畴，只是二者的显色不同而形成了黑与绿之分，那么决定漆古颜色的因数是什么？从漆古的组织结构透明层、腐蚀层和基体来看，透明层显然不会显色，青铜器基体通常由铜、锡、铅组成，颜色为银白色，与漆古颜色差别甚大。唯有腐蚀层会显色，即腐蚀层中的组织结构，黑色化合物为主时表层为黑色，绿色化合物为主时，表层显绿色。古木鼓的腐蚀层为孔雀石，孔雀石又名碱式碳酸铜（$Cu_2CO_3OH_2$），颜色为绿色，故古木鼓的颜色为绿色。有人分析过黑漆古中腐蚀层的成分，主要是氧化铜（CuO），氧化铜即黑铜矿，呈黑色，因而黑漆古的显色物质系黑色的氧化铜。[①]

另一种观点认为漆古的颜色差异取决于镀层腐蚀产物的物质结构，是镀层长期腐蚀的结果，外镀是最基本的，黑色化合物为主时显黑色，绿色化合物为主时显绿色。[②]它与上一种观点大同小异，都认为显色因素是腐蚀层产物。不同点在于该种说法认为腐蚀层是外镀上去的，而非是高锡青铜的产物。

对于绿漆古的成因与黑漆古一样，在学术界存在着争议，归纳起来，主要有以下说法：

其一，环境影响说，从宋代开始直到现代，都有人持此看法，代表人物有宋代的赵希鹄、明代的方以智。现代学者梁上椿比较强调铜器“入土千年”、“入水千年”，“我国南方多水坑，水质呈酸性，多出黑漆古。”[③]

其二，铜、锡成分高说，古代以方以智为代表，他认为：“铜剂多，久则绿，更久则翠……其锡剂多者，久则黯绿，更久则黑。”[④]

其三，反偏析说，少数学者认为：“青铜器表面‘黑漆古’层不是古人有意镀附所致。”而是高锡青铜由于铸造时反偏析的作用，表面形成富锡，“经数千年自然氧化的结果。”[⑤]

其四，腐殖酸说，北京科技大学马肇曾等用腐殖酸浸泡青铜器做过实

① 周忠福：《高锡青铜“漆古层”形成机理》，北京科技大学博士学位论文，1998 年。

② 何堂坤：《几面表面漆黑的古铜镜之分析研究》，《考古学报》，1987 年第 1 期。

③ 梁上椿：《古镜研究总论》，《大陆杂志》第 5 卷第 5 期，1952 年。

④ ［明］方以智：《物理小识》卷八。

⑤ 花传平等：《青铜器‘黑漆古’层形成机理探讨》，《中国金属史学术讨论会论文》，1985 年。

验，结果在青铜器表面形成了黑漆古，证明是自然腐蚀的结果。①

其五，镀锡腐蚀说，何堂坤认为“黑漆古”“绿漆古”都是镀锡（开光）表层自然腐蚀的结果，而不是有意制造的。②

以上几种说法都主张是自然形成的，虽然反偏析说和镀锡腐蚀说主张应该在铸造青铜器时，要人为的在青铜器表面产生富锡的先决条件，但是必须经过长时期的自然腐蚀才会产生漆古。如果无此漫长的腐蚀过程还是不会产生漆古，因而漆古是自然形成，而不是人工处理形成的。

国内学者也有主张是人工处理的观点。

其五，云南有的学者认为漆古系人工处理形成的，其根据是无论镀锡还是锡汞剂都是在做人工处理，如果不经过关键的人工镀锡处理，就不能形成黑漆古。具体操作是先进行镀锡，其方法是加大铜溶液中锡的含量，形成反偏析，器表富锡，在青铜器表层形成防腐蚀保护层，然后经氧化后便会出现黑漆古。③

此种看法与主张漆古是自然形成的条件——高锡青铜基本相同，高锡青铜系人为的，是因。但是还必须经过入土后的长期腐蚀，才会形成漆古，这是果。主张自然形成的强调长期腐蚀这一自然过程，而不强调高锡青铜产生的人为因素，上述主张人工处理的学者认为如果没有人工镀锡处理，就不会形成漆古，强调高锡青铜产生的人为因素，而不强调自然界长期腐蚀的自然因素。

国外从事中国冶金史研究的人也对黑漆古铜镜做过研究，提出过与中国学术界不同的观点。

其一，黑漆说，1926年最初研究黑漆古铜镜的英国学者卡尔贝克（Orvar Karlbeck）认为：“涂有黑色或棕色真漆（Lacquer）。”④

其二，环境说，1931年柯林斯（W. F. Collins）提出：黑漆古是因为自然形成的一种铜绿变成另一种赤铜矿，强调环境的影响。⑤

其三，含硅说，1931年伊特（W. P. Yetts）发现黑漆古铜镜中存在不少硅，认为它是人们有意加进去的。⑥

---

① 马肇曾等：《腐殖酸使锡青铜镜表面生成黑漆古的研究》，《考古》，1994 年第 3 期。

② 何堂坤：《几面表面漆黑的古铜镜之分析研究》，《考古学报》，1987 年第 1 期。

③ 张增祺：《云南冶金史》51 页，云南美术出版社，2000 年 7 月，昆明。

④W. T. Chase and Orsula Franklin Early Chinese Black Mirrors and Pattern-Etched Weapons，Art Orientalis Volume XI，1979.

⑤ 同上。

⑥W. P. Yetts Problems of Chinese Bronzes，Journal of the Royal Central Asian Society，18, Part 3，July，1931.

其四，“锈”说，1933年日本学者小松茂、山内淑人分析过2件中国的黑漆古铜镜，认为铜镜表面的特殊物质是一种“锈”，其成因环境因素的影响更大一些。[①]

其五，人工氧化说，1979年美国学者钱斯（W. T. Chase）和加拿大学者富兰克林（Ursula Martius Franklin）认为黑漆古层是人工氧化、有意制成的。[②]

从以上诸说不难看出，中国、日本学者多数认为漆古是自然形成的，环境的因素大一些。西方学者却相反，多数认为漆古是人工处理的结果，少数认为是自然形成的。

从古木鼓表面绿漆古的金相观察，对了解漆古的成因会有所帮助，表层中的二氧化锡分布是连续的，从透明层一直延续到腐蚀层中的孔雀石部分，中间无界面，说明不是人工处理的。如果是人工处理，则表层与基体之间会有界面。更重要的是人工处理不会形成透明层，虽然高锡青铜中锡的分布从外至里也是连续的，但它是富锡，而不是二氧化锡，也没有透明层。透明层的存在是漆古的普遍现象，也是区别于其他诸说的显著特点，从化学原理上分析它是青铜器表层铜被腐蚀，流失后形成的，即表层铜先被腐蚀，而基体内部则腐蚀的少，铜流失后留下富锡的共析体被氧化成二氧化锡。因而古木鼓表层绿漆古应是自然腐蚀，而不是人工处理的结果。

近年来有的学者专门用实验手段对铜镜漆古的透明层做过分析，结论是透明层的主要成分是二氧化锡（SnO_2），它是铜镜表面腐蚀形成的，而不是镀锡层的腐蚀产物或附加在表层的其他物质。那么它为什么是透明而有玻璃光泽和玉质感呢？它与二氧化锡的性质有关，二氧化锡又名锡石，其晶体呈半透明状，它的透明度与厚薄有关，越薄透明度越大。经测试，漆古的透明层厚度为10～20微米，非常薄，故看起来是透明的。至于有光泽，锡石的折射率为2.0～2.6，反射率为11.7%，属于金刚石类型光泽，反射光部分有散射现象，因而表面会显现出光泽。[③]

从以上科学检测可知，古木鼓表面为绿漆古，那么它有什么学术价值呢？

---

① 小松茂、山内淑人：《东洋古铜器化学的研究》，《东方学报》，第3册，1933年，京都。

②W. T. Chase and Orsula Franklin Early Chinese Black Mirrors and Pattern-Etched Weapons, Art Orientalis Volume XI, 1979.

③ 孙淑云等：《铜镜表面“黑漆古”中“痕像”的研究——“黑漆古”形成机理研究之二》，《中国冶金史》论文集（三·A）129页，北京科技大学，2002年4月，北京。

首先，云南青铜器中不仅存在着黑漆古，也存在着绿漆古现象，古木鼓具备绿漆古的特性，其性质、成分完全与其他地区的绿漆古铜镜相同。虽然目前仅发现1件，随着今后工作的深入开展，相信还会有新的发现。古木鼓属于石寨山型铜鼓，带着浓厚的地方色彩，应是本地制造的。其次，绿漆古器物在云南从未发现过，此次发现是第一次，不仅如此，在我国已知的数千面铜鼓中也是仅有的1面。虽然绿漆古实物在南方诸省时有发现，但器形多为铜镜、车马饰等小件器物，而像古木鼓这么大的绿漆古器物，到目前为止国内从未发现过。再者，从分布范围来观察，过去云南不在绿漆古的分布范围内，学术界在提到绿漆古时也从未涉及云南，古木鼓的发现填补了绿漆古分布的空白。最后，无论是黑漆古还是绿漆古，从器物种类上看，其他地区多出现在铜镜上，自古云南不铸造铜镜，所出铜镜为内地输入。相反，云南的黑漆古、绿漆古器物都是本地铸造的，种类繁多，计有铜鼓、铜刻刀、削、钺、臂甲、剑、镯等，扩大了此领域的研究对象。

第六节　金属成分分析

铜鼓金属成分的科学分析最早始于奥地利人黑格尔，他在1902年发表的巨著《东南亚的古代金属鼓》中，公布了19面铜鼓的化学成分，它们多数出自中国和越南北方，其中有5面鼓属于第I类型鼓，他所分类的第I类型铜鼓包括中国学者分型中的石寨山型铜鼓和冷水冲型铜鼓。这5面铜鼓的金属成分都属于铅锡青铜，铅含量较高，均大于锡含量。①

中国境内出土的石寨山型铜鼓的金属成分国内外学者都检测过，最早是1950年英国大英博物馆对保存在该馆晋宁梁王山出土的1面铜鼓残片做过的成分分析，取样品两个，结果都是铅锡青铜，铅、锡成分都超过14%，含量很高。20世纪80年代美国哈佛大学也对大英博物馆收藏的另外7件晋宁梁王山出土的铜鼓残片做过检测。国内最先是清华大学化学教研室于1959年对石寨山墓群第二次发掘出土的一面铜鼓（器物号不明）做了分析，该鼓是锡青铜，锡占15.07%，含量很高。随后，北京科技大学（原北京钢铁学院）北京大学等单位先后对石寨山型铜鼓做过检测。

经过检测的铜鼓共计23面（表一），具体是云南石寨山M1：32A、M1：

① ［奥］弗朗茨·黑格尔著，石钟健、黎广秀、杨才秀译：《东南亚古代金属鼓》，上海古籍出版社，2004年12月，上海。

58、M12：150、M12残片、M15：22、石寨山铜鼓残片，共计6面鼓。江川李家山M17：10、M17：30、M24：36、M24：60，4面鼓，昆明市羊甫头M113：53，1面鼓，它们都是科学发掘品。另外还有广南鼓、麻栗坡城子上鼓、富宁孟梅II号鼓、古木鼓、晋宁梁王山4面鼓（9件残片），共计8面鼓，属单鼓出土。广西检测过4面，它们是贵县罗泊湾M1：10、M1：11、西林普驮土280鼓，3面鼓都是科学发掘品，百色龙川百色01号鼓是单鼓出土。以上云南、广西两省区被检测的样品绝大部分来源可靠，出土地点准确。

需要指出的是，这些检测除了能确认铜鼓的金属成分外，还能对铜鼓残片是否为同一鼓有所帮助，具体的实例是美国哈佛大学在检测大英博物馆保存的晋宁梁王山出土的9件残片过程中，有几件残片互相之间不能拼对，但是根据金属成分大致相同（不可能完全相同），纹饰也差不多，最终将它们确认为同一鼓。

检测的23面铜鼓绝大部分是科学发掘品，数量有15面，单鼓出土的9面。这些鼓分布在云南的昆明市、晋宁区、江川区、广南县、文山市、麻栗坡县、富宁县，广西的贵县、西林县、百色市等10个市县，这些市县都是石寨山型鼓集中出土的地区，具有代表性和典型性。

23面鼓中有5面经两个不同单位检测过，它们是石M1：58、石M15：22、广南鼓、江李M24：36、江李M17：30，从结果来看，同一面鼓不同单位的结果并不一样。另外石寨山M1：58鼓虽然经同一单位（原北京钢铁学院化学分析中心）分析，但取样部位不同（见表一），铜、锡、铅的含量也不一样。造成上述结果的原因有两种可能性：一是取样部位不同，铜鼓系大件器物，铸造时温度低、搅拌不均匀；鼓耳通常与鼓身分别单独铸，随后再合铸，因而各处的成分并不完全相同。二是各单位使用的仪器、方法不同，也会产生误差。尽管如此，这5面鼓的检测结果，成分接近，并不影响鼓的材质。

表一　石寨山型铜鼓金属成分表

样品名称	出土地点	采样位置	化学成分（%）							材质
			铜	锡	铅	铁	锌	锑	总和	
*铜鼓	晋宁石寨山		82.95	15.07	0.55				98.57	锡青铜
★江李M24：60	云南江川李家山	面部	77.45	3.34	15.25	0.062	0.22	0.0016	98.26	铅锡青铜
★江李M24：36	云南江川李家山	胸部	62.9	14.3	14.4		0.00		91.6	铅锡青铜

样品名称	出土地点	采样位置	化学成分（%）							材质
			铜	锡	铅	铁	锌	锑	总和	
★江李M17：30	云南江川李家山	面部	约83	14.66	0.135				97.80	锡青铜
★江李M17：10	云南江川李家山	面部	68.6	7.84	22.5		0.00		98.9	铅锡青铜
★石M15：22	云南晋宁石寨山		69.18	7.15	21.00				97.33	铅锡青铜
★石M1：58	云南晋宁石寨山	耳部	100	0.60	0.00		0.00		100.6	红铜
★石M1：58	云南晋宁石寨山	足沿	99.2	0.00	0.00		0.00		99.2	红铜
▲广南鼓	云南广南县		82.72	14.0	0.035	0.50	0.0031		97.26	锡青铜
▲石M1：33残片	云南晋宁石寨山		76.95	14.75	4.87	0.11	0.0053		96.69	铅锡青铜
▲ 石M12：150残片	云南晋宁石寨山		77.13	21.50	0.85	0.071	0.0054		99.56	锡青铜
▲石M12残片	云南晋宁石寨山		65.26	1.36	18.06	1.01	0.014			铅青铜
▲ 石M15：22	云南晋宁石寨山		72.42	7.86	14.62	0.21	0.010		95.12	铅锡青铜
孟梅II号鼓	富宁县孟梅村	腰部大残洞	55.31	11.91	30.37	0.12		<0.05	97.71	铅锡青铜
★麻栗坡鼓	云南麻栗坡县	耳部	72.3	11.7	11.6				95.6	铅锡青铜
★广南鼓	云南广南县		80.51	14.19		0.11				锡青铜
★百01号	广西百色	足沿	66.1	10.5	18.4		0.00		95.0	铅锡青铜
★贵罗M1：11	广西贵县罗泊湾	耳部	86.3	14.5	0.00		0.00		100.8	锡青铜
★贵罗M1：10	广西贵县罗泊湾	足沿	90.89	11.50	0.00		0.00		102.4	锡青铜
★西林±280	广西西林县		80.51	14.19		0.11				锡青铜
●1948.10—13.a	晋宁梁王山		65.2	18.4	16.4				100	铅锡青铜
●1948.10—13.b	晋宁梁王山		70.6	14.5	14.9				100	铅锡青铜
■1948.10—13.2	晋宁梁王山		69.32	12.89	12.56	0.52			94.77	铅锡青铜
■1950.4—5.8	晋宁梁王山		82.51	10.51	0.11	0.09			93.22	锡青铜
■1950.4—5.9	晋宁梁王山		83.27	11.17	0.10	0.09			94.63	锡青铜
■1950.4—5.10	晋宁梁王山		62.79	13.17	14.36	0.68			91	铅锡青铜

样品名称	出土地点	采样位置	化学成分（%）							材质
			铜	锡	铅	铁	锌	锑	总和	
■1950.4—5.11	晋宁梁王山		64.87	11.97	15.29	1.75	0.15		94.18	铅锡青铜
■1950.4—5.12	晋宁梁王山		62.61	11.58	16.42	1.01	0.15		91.77	铅锡青铜
■1950.4—5.14	晋宁梁王山		73.37	12.75	5.69	0.74	0.14		92.96	铅锡青铜
石甲M1:1	云南晋宁石寨山	足腰接合部内	97.9	0.20	<0.05	0.32		<0.05	98.42	红铜
江李M17:30	云南江川李家山	足部较完整处	88.48	9.77	0	0.28		<0.05	98.53	锡青铜
江李M24:36	云南江川李家山	足部内侧	67.55	13.38	15.28	1.58		<0.05	97.79	铅锡青铜
城子上鼓	麻栗坡县城子上村	鼓面孔洞边沿	78.4	9.32	9.6	0.47		<0.05	97.79	铅锡青铜
古木鼓	文山市古木村	足部残破处	86.54	10.12					96.66	锡青铜
羊甫头M113:53鼓	昆明羊甫头	残片一端	71.29	13.69	10.11	2.62		0.1		铅锡青铜

资料来源：* 采自《云南晋宁石寨山古墓葬发掘报告》，由清华大学化学教研室检测
★ 采自《中国铜鼓研究会第二次学术讨论会论文集》
▲ 采自《中国铅同位素考古》
● 采自《大英博物馆收藏的一批云南晋宁梁王山出土的青铜器》，由大英博物馆检测
■ 采自《大英博物馆收藏的一批云南晋宁梁王山出土的青铜器》，由美国哈佛大学检测
未标注符号者由北京大学考古文博学院文物保护实验室检测

青铜器根据锡、铅所占的比例，大致分为红铜、锡青铜、铅青铜、铅锡青铜四类，其标准是以锡、铅含量的2%为界线，锡、铅含量低于2%的为红铜，锡含量高于2%，铅含量低于2%为锡青铜，锡、铅含量都高于2%的为铅锡青铜。铅含量高丁2%，锡含量低于2%为铅青铜。以此标准来衡量检测过的23面鼓，红铜有1面，都是出自石寨山M1中，即M1：58，铜含量在97%以上，锡、铅含量不超过0.60%，占总数的4.34%。锡青铜9面，即石寨山铜鼓残片、M12：150、江李M17：30、广南鼓、古木鼓、梁王山第1鼓、贵罗M1：10、M1：11、西林土280，所占比例为37.50%，在24面鼓中此类鼓的数量居第二。铜的熔点是1083℃，锡的熔点是232℃，加入锡可以降低熔点，增加硬度和流动性，这些作用对于铸造青铜器是很重要的。9面锡青铜鼓中铜含量最高的是江李M17：30，为88.48%，最低是石M12：150，含铜77.13%，锡含

量最高的是石M12：150，达21.50%，最低者是M17：30，含锡量9.77%。其他7面鼓的锡含量大致在10%～15%之间。锡在铜溶液中的最大溶解度是15.8%，学术界以此为标准，将高于15.8%的青铜称为高锡青铜，低于15.8%的称为低锡青铜，与此标准对照9面锡青铜鼓，高锡青铜鼓1面，低锡青铜鼓8面。

铅青铜只有1面，即石M12残片，铅含量为18.06%，数量最少，占总数的4.17%。铅的熔点是327℃，加入铅，有降低熔点，增加流动性的作用，铅还能起到改变高锡青铜脆性的功能，适合铸造大型、薄壁的铜鼓。

铅锡青铜鼓12面，数量最多，占总数的50%，它们是石M1：33、石M15：22、江李M17：10、江李M24：36、江李M24：60、城子上鼓、孟梅II号鼓、梁王山第2鼓、第3鼓、第4鼓、羊甫头M113：52鼓，百01号。这批鼓中铜含量低于上述3类鼓，普遍在60%～70%之间，铅、锡含量之和多数都超过20%，有的超过40%，如富宁孟梅II鼓，含铜仅55.31%，含铅高达30.37%，含锡11.91%，铅、锡含量之和少于20%的只有2面，它们是江李M24：60，含锡3.34%、含铅15.25%，城子上鼓含锡9.32%，含铅9.6%。铜溶液加入锡、铅都有各自性能上的优点，但也有缺点，锡成分太高容易脆，易损坏。铅成分高，铅在合金中常以独立相存在，敲击铜鼓时会阻挡声波的传播，影响铜鼓的声音，把握锡、铅的适当比例是相当困难的，没有统一的标准。

从以上的统计分析可以看出红铜、铅青铜的鼓仅存在于石寨山墓地之中，锡青铜、铅锡青铜鼓石寨山墓地也有，多数是呈现出比较复杂的情况。江川李家山4面鼓中铅、锡青铜鼓达3面，锡青铜鼓只有1面。梁王山4面鼓的情况也与江川李家山的一样。文山出土的4面鼓锡青铜2面（广南鼓、古木鼓），铅锡青铜2面（城子上鼓、孟梅II号鼓）。广西4面鼓中，3面鼓是锡青铜，1面鼓是铅锡青铜，广西鼓多数是锡青铜，少数是铅青铜（表二）。

表二　石寨山型铜鼓合金成分分类

种类	鼓号	数量	所占比例
红铜	石M1:58	1	4.34%
锡青铜	石M12:150、石寨山铜鼓残片、江李M17:30、广南鼓、古木鼓、梁王山第1鼓、贵县M1:10、M1:11、西林土280	9	39.13%
铅青铜	石M:12	1	4.34%
铅锡青铜	石M1:32A、石M15:22、江李M24:36、江李M24:60、江李M17:10、城子上鼓、孟梅II号鼓、羊甫头M113:52、梁王山第2鼓、第3鼓、第4鼓、百01号	12	52.17%

第七节　铅同位素检测

20世纪80年代末期，中国学者首次将铅同位素技术运用到铜鼓研究领域，以期解决铜鼓的产地问题，此项工作首先始于对北流型铜鼓的检测，[1]此后又对其他几种类型铜鼓进行过分析。其中对万家坝型、石寨山型铜鼓的检测尤为引人注目，因为它涉及铜鼓的产地问题，李晓岑等[2]和彭子成等[3]学者对云南出土的6面万家坝型铜鼓和6面石寨山型铜鼓进行过检测，结论是云南早期铜鼓的矿料均来自滇西至滇中一带，石寨山型铜鼓、万家坝型铜鼓与铜、铅矿料产地铅同位素比值分布范围区域绝大部分相互重叠，说明两类铜鼓的矿料来源相同或相近，石寨山型铜鼓是由万家坝型铜鼓发展而来的。至于具体产地，石寨山型铜鼓的铜矿料应出自东川、会泽一带，铅矿料源于鹤庆、禄丰、姚安、武定、蒙自等地，而非来自越南东山。

从2001年起北京大学考古文博学院与云南省博物馆联合开展了一项云南省院省校合作研究项目，题目是《云南青铜器矿物原料的来源分析与中国青铜文明的研究》，本书以下的分析采用了此项目的部分成果。实验采用目前国际上较为先进的多接受电感耦合等离子质谱方法（MC-ICP-MS），该技术精确度高，能够同时测定元素含量及同位素组成。此次共取铜鼓样品30个，其中25个样品做了铅同位素检测，就其类型来说，包括了除西盟型外云南发现的所有铜鼓类型，石寨山型铜鼓检测过7面，它们分别出自晋宁石寨山、江川李家山、呈贡天子庙、麻栗坡城子上、富宁孟梅村等地。另外还检测过3面越南清化、安沛等地出土的铜鼓，1面属石寨山型，2面属东山A型、B型。（表一）

表一　石寨山型铜鼓铅同位素比值表

序号	器物号	出土地点	$^{207}Pb/^{206}Pb$	$^{208}Pb/^{206}Pb$	$^{206}Pb/^{204}Pb$	$^{207}Pb/^{204}Pb$	含铅量（%）	鼓型
1	石甲 M1:58	晋宁石寨山	0.847523	2.0894793	18.50099	15.67841	n.d	石寨山
			0.004	0.0048	0.0234	0.0215		
2	江李 M23:16	江川李家山	0.844528	2.0929529	18.60102	15.70908	15.28	石寨山
			0.003	0.0038	0.0146	0.0143		

① 彭子成等：《广西北流型古代铜鼓矿料来源的铅同位素考证》，《科学通报》，1988年第5期。
② 李晓岑等：《云南早期铜鼓矿料来源的铅同位素考证》，《考古》，1992年第5期。
③ 彭子成等：《云南铜鼓和部分铜、铅矿料来源的铅同位素示踪研究》，《科学通报》，1992年第8期。

序号	器物号	出土地点	$^{207}Pb/^{206}Pb$	$^{208}Pb/^{206}Pb$	$^{206}Pb/^{204}Pb$	$^{207}Pb/^{204}Pb$	含铅量（%）	鼓型
3	羊甫头M113:53	昆明羊甫头	0.843602	2.0910705	18.64463	15.72852	10.11	石寨山
			0.0018	0.0015	0.009	0.0092		
4	城子上鼓	麻栗坡城子上村	0.850808	2.1019616	18.45633	15.70288	9.6	石寨山
			0.0028	0.0028	0.0126	0.0127		
5	孟梅II号鼓	富宁孟梅村	0.852306	2.1144877	18.40446	15.68564	30.37	石寨山
			0.003	0.0039	0.0169	0.0185		
6	天子庙铜鼓	呈贡天子庙	0.844071	2.092243	18.66335	15.75308		石寨山
			0.0037	0.005	0.0195	0.0199		
7	铜鼓	越南清化省	0.8664	2.1386	18.013	15.607	21.07	东山
			0.0030	0.0034	0.012	0.010		
8	铜鼓	越南安沛省陶盛	0.8509	2.1034	18.561	15.801	n.d	东山
			0.0127	0.0078	0.094	0.089		
9	铜鼓	越南安沛省浮岩	0.8473	2.0974	18.544	15.713	32.53	石寨山
			0.0030	0.0038	0.009	0.009		

n.d 指元素含量不足，未检测出。

检测后以此为基础，参照上述对石寨山型铜鼓、东山A型、B型铜鼓研究成果，绘制了早期铜鼓（含万家坝型、石寨山型铜鼓、东山A型、B型铜鼓）铅同位素比值分布范围图（图III–58），从图中可以看出，石寨山型铜鼓与东山A型、B型铜鼓各自分布在不同的范围内，越南出土的1面东山型铜鼓落在石寨山型铜鼓的范围内，而石寨山型铜鼓有2面落在东山A型、B型铜鼓的分布范围内，呈现出少数重叠现象，说明这两种文化有过交流。越南东山铜鼓的铅同位素比值分布范围较为广，$^{207}Pb/^{206}Pb$的比值处于0.85~0.88之间，$^{208}Pb/^{206}Pb$的比值处于2.11~2.15之间。中国石寨山型铜鼓的铅同位素比值分布比较集中，$^{207}Pb/^{206}Pb$的比值处于0.84~0.85，$^{208}Pb/^{206}Pb$的比值处于2.09~2.11，范围相对要窄，小于东山铜鼓同类的比值范围。表现出这两种铜鼓尽管形制、纹饰大致相同，但它们属于不同的形式，二者是并列共存的关系，原料不是出自同一

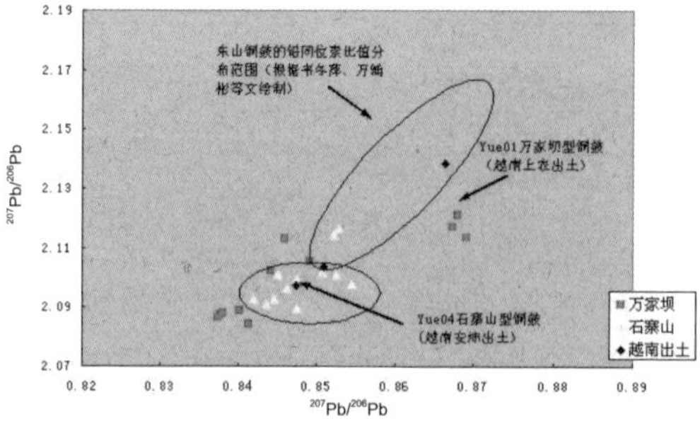

图 III–58　早期铜鼓的铅同位素比值图

注：图中的万家坝型铜鼓和石寨山型铜鼓中除本文分析的数据外还包括李晓岑等文中的数据。

矿床。

另外，还有几面特例鼓。越南序号为9，出土于安沛省浮岩的铜鼓，铅同位素比值落在石寨山型铜鼓铅同位素比值分布范围内，表明它是1面石寨山型鼓，而不属于东山A型和B型鼓。山富宁孟梅II号鼓和广西贵县的土1011号鼓的铅同位素比值落在越南东山铜鼓的分布范围内，表明2面鼓可能属于东山铜鼓。但是如果以孟梅II号鼓的形制、纹饰与东山铜鼓做比较，二者差别甚大，前者形制小，腰部呈梯形状，鼓面纹饰仅有一晕主晕纹，分别为相间瘤牛纹四组和翔鹭纹四组。瘤牛纹通常饰于鼓腰，从未出现饰于鼓面的现象。无独有偶，同出于一地的孟梅I号鼓鼓面上也有三条瘤牛与三只站立的翔鹭纹相间而饰。文山除了上面两面鼓外，还出土过四面石寨山型鼓，造型上接近石寨山型鼓，纹饰上却与石寨山型鼓、东山A型和B型鼓差别较大，例如古木鼓腰部的主晕纹为八只站立的鹭鸟纹。①另外该项目还检测过两件出土于地域邻近的马关县仁和的铜锄，其铅同位素比值与孟梅II号鼓、土1011号鼓比值十分接近，说明此现象不是孤例，带有普遍性，似乎与东山铜鼓不是同一类铜鼓。文山、广西西北部战国至西汉时期属句町国，句町处于越南东山文化、滇文化之间，有可能当时句町国开采了具有落入东山铜鼓铅同位素比值分布范围的铅矿料，当时先民用这种矿料铸造出带本民族特点的石寨山型铜鼓，如果这种推测成立的话，那么除了石寨山型、东山A型和B型铜鼓外，还应加入一种新的类型——句町铜鼓。由于上述材料还比较少，仅仅是一种推测，还需要更多的材料来加以确认。

表二　石寨山型铜鼓铅同位素比值表

采自《中国铅同位素考古》

鼓　名	$^{206}pb/^{204}pb$	$^{207}pb/^{206}pb$	$^{208}pb/^{206}pb$
土1011鼓	18.213	0.85281	2.1167
广南鼓	18.595	0.84205	2.0907
石M1：32A残片	18.199	0.85263	2.1007
石M12：150残片	18.379	0.84628	2.0965
石M12残片	18.574	0.86276	2.1225
石M15：22残片	18.035	0.86276	2.1225

① 文山壮族苗族自治州文化局编（黄德荣主编）：《文山铜鼓》，云南人民出版社，2004年，昆明。

第四章

石寨山型铜鼓的改装及改装后的功能

从滇池地区出土许多铜鼓和祭祀铜鼓的贮贝器证明，石寨山型铜鼓的基本功能是乐器和礼器，除了这二种功能外，滇国贵族在使用石寨山型铜鼓的过程中还对这种铜鼓加以改装利用，创造出新的器物，赋予石寨山型铜鼓新的功能。

客观上作为铜鼓本身来说，造型极具艺术感。同时，在诸多青铜器中它是唯一带向上平面的器物，在此平面上既利于塑造俑像，又能连接二种不同器物，具备其他青铜器没有的特点，因而备受滇国贵族青睐，经常以铜鼓为题材，将其改装并运用到各种青铜器上，成为贵族们改装利用的首选器物。

改装有两种方法：一种以铜鼓为原型，可大可小，大的改装成高达65厘米的铜鼓形贮贝器，还可以用金、银、玛瑙、绿松石单独做成装饰性质的小型铜鼓，高度仅为1~1.5厘米；另一种是将铜鼓缩小，装在某些青铜器上，使之成为该器物的一部分，如器座、杖头饰、玉坠、剑柄等，改装后的器形各式各样，数量众多。

需要指出的是，上述现象仅局限在滇国青铜器中，相邻地区使用石寨山型铜鼓、同时代的青铜器文化中并未出现大量改装、产生新器形的现象，只有为数不多的将铜鼓改作他用。如在夜郎文化中的赫章可乐土坑墓内将铜鼓用作套头葬，句町文化中的西林普驮发现一座以4面铜鼓套合而成的墓葬，东山文化中曾经出土过近百件作为明器的小型鼓，铜质，高度在2~15厘米之间。另外，就铜鼓的8个类型而言，其他7个类型铜鼓，从未出现像石寨山型铜鼓的改装现象。虽然这7个类型铜鼓在所处的时期还产生了一些别的功能，例如万家坝型铜鼓做炊器，唐宋以后的铜鼓衍生出象征财富，用于军事、祭祖、传讯、婚丧等功能，这些功能是在特定历史背景下产生的，既未对铜鼓进行过改装，又没有出现与铜鼓改装相关的众多新器物，功能也不像滇文化中石寨山型铜鼓那么多。说明战国至西汉时期滇文化中对石寨山型铜鼓的使用没有严格的限制，其功能也是多方面的，这也是滇国青铜器的一个鲜明的特征。

改装后产生的新器物及功能有以下几种：一、铜鼓形贮贝器；二、装饰功能铜鼓；三、实用功能铜鼓；四、连接功能铜鼓；五、特殊功能的鼓形器——祭器。

需要说明的是，上述所分的功能只是相对的，不同的功能之间并无严格的界限，杖头饰上的铜鼓既有装饰作用，又有器座的功能；剑茎首上的铜鼓既有防滑功能，又有装饰的作用；器座既可以供人、动物坐立，又可以起到连接的作用。

第一节　铜鼓形贮贝器

贮贝器是滇文化中的典型器物，具备浓郁的地方色彩，仅发现于滇国大型墓葬之中，如石寨山、李家山、天子庙、羊甫头等墓地，石寨山滇王墓地出土的数量最多，中、小型墓地不见，周边青铜文化中也未见。它是滇国贵族的专用品，其得名，源于出土时器内盛着许多海贝，盛贝是贮贝器的基本功能。另外，滇人在贮贝器盖上铸上了众多的青铜人像以及牛、狗、猪等动物活动场面，借此表述一项活动主题，基本上是一件贮贝器盖上反映一个主题，主题不是随意而为之，应与墓主人生前参与的某些重大活动相关，以此来显示主人地位和显赫功绩，多少带有纪念意义。

贮贝器依照形状大致分为四种类型：1．提桶形，形状似桶，细长，以呈贡天子庙M41出土的3件①、江川李家山第二次发掘M51出土的驯马场面②为代表；2．束腰桶形，腰部呈束腰状，细长，如石寨山M12出土的诅盟场面贮贝器（M12：26）③，江川李家山M69出土的纺织场面贮贝器（M69：139）；3．铜鼓形贮贝器，直接用铜鼓或铜鼓改装而成，以晋宁石寨山M1出土的杀人祭柱贮贝器（M1：4）、江川李家山M69出土的播种祭祀场面贮贝器（M69：57）为代表；4．异形贮贝器，石寨山M13和M18各出土1件洗形（M13：356）锥顶形贮贝器（M18：2），此类数量少，形状特殊，不具普遍性，以上四种贮贝器数量多而又典型的是束腰筒形和铜鼓形贮贝器。

对于贮贝器的分型，中外学者已有多种分类法，最先将其分类的是日本

① 昆明市文物管理委员会：《呈贡天子庙滇墓》，《考古学报》，1985年第4期。

② 云南省文物考古研究所等：《云南江川李家山——第二次发掘报告》，文物出版社，2007，北京。

③ 云南省博物馆：《云南晋宁石寨山古墓群发掘报告》，文物出版社，1959年，北京。

学者梶山胜，[①]他在1982年将贮贝器分成A、B、C三型，A型为桶形贮贝器，共24件，形状都是束腰形贮贝器。B型为铜鼓形贮贝器，9件，均出自石寨山。C型为特殊形贮贝器，2件，都出自石寨山。梶山胜的分型材料主要来自石寨山的四次发掘，江川李家山第一次发掘、呈贡天子庙虽然已经发掘，但出土贮贝器的M33、M41材料未发表（1985年发表），作者未见到这批新材料。此后中国学者陆续对贮贝器做了分类。1989年李伟卿分为五型，[②]即铜提桶（2件）细腰筒形铜贮贝器（11件）虎耳细腰筒形铜贮贝器（14件）铜鼓形贮贝器（9件）、异形贮贝器（2件）。1991年张增祺再次做了分型，分为五型，[③]即提桶形贮贝器（3件）束腰筒状形贮贝器（33件）铜鼓形贮贝器（10件）铜鼓贮贝器（14件）异形贮贝器（2件）。二位中国学者都未涉及石寨山第五次发掘的新材料，此项发掘的时间为1996年，材料发表于1998年。《江川李家山——第二次发掘报告》只分二型，即铜鼓形贮贝器、桶形贮贝器。[④]综观上述几位学者的分类，束腰（细腰）筒状形和铜鼓形贮贝器是二种最典型而又主要的贮贝器，李伟卿的分类是将束腰筒状形细分为二型（细腰、虎耳细腰），张增祺的分型是将铜鼓型细分为二型（铜鼓、铜鼓形）。由于束腰筒形贮贝器与本书无关，笔者不做深入探讨。而铜鼓形贮贝器是在石寨山型铜鼓基础上改装成的，涉及铜鼓的改装及相关功能，笔者准备做详细探讨。

铜鼓形贮贝器最简单的是不加改装，直接用铜鼓盛海贝，既有用两鼓，又有用一鼓盛海贝的情况。石寨山第一次发掘M1中出土两面互相扣合的铜鼓，里面装满海贝，上面一鼓已被压碎，仅余鼓面，下面一鼓（M1：1）保存完好。[⑤]两鼓扣合的现象在李家山第一次发掘时M24中也出现过，M24出土的2面鼓（M24：42a、M24：42b）一鼓倒置，一鼓扣在此鼓上面，内置大量海贝。[⑥]另外，还有用单鼓倒置盛海贝的情况，石寨山第二次发掘出土铜鼓15面，其中有9件倒置，器内盛满海贝。[⑦]上述铜鼓形贮贝器不盛海贝时可以作为铜鼓用，盛海贝时为贮贝器，二者无严格的界限。

① ［日］梶山胜：《贮贝器考》，《古代文化》8~10号，1982年，蔡葵译，《云南文物》第13期，1983年。

② 李伟卿：《贮贝器及装饰艺术研究》，《云南民族学院学报》，1989年第4期。

③ 张增祺：《滇国与滇文化》，云南美术出版社，1997年，昆明。

④ 云南省文物考古研究所等：《云南江川李家山——第二次发掘报告》，文物出版社，2007，北京。

⑤ 云南省博物馆：《云南晋宁石寨山古遗址及墓葬》，《考古学报》，1956年第1期。

⑥ 云南省博物馆：《云南江川李家山古墓群发掘报告》，《考古学报》，1975年第2期。

⑦ 云南省博物馆：《云南晋宁石寨山古墓群发掘报告》，文物出版社，1959年，北京。

真正意义上的贮贝器是为了盛贝而对铜鼓加以改造，使之脱离铜鼓功能，专门用以盛贝，改装的方式有多种，简单以单鼓为原形，足部加底，盖上开孔，或者将鼓倒置，足内加盖，盖上开孔。复杂得是将盖做成活动的，盖上铸人或动物立体塑像。前者如在石寨山滇王墓中（M6）曾经出土的2件贮贝器，1件在鼓面上开孔插圆筩。李家山第二次发掘时，于M47、M68两墓中出现用倒置铜鼓稍加改装而成的铜鼓形贮贝器，此2件已是专门为盛海贝而制造，是名副其实的铜鼓形贮贝器。除这二种形制外，还有形状不同的铜鼓形贮贝器。

依照铜鼓形贮贝器形制的差别，大致可分成五型。A型，2件，均出自石寨山M6中，出土时器上各放置一持伞俑，皆有底，器内贮贝。M6：2残甚，仅存器面。M6：120，器面中央素面，其外饰锯齿纹、同心圆纹4晕，面边沿开一圆孔，内插小圆筩一个。胸上部饰切线圆圈纹，下部饰六条船纹，各船上坐一羽人。腰上部被羽纹带纵分成八格，四格饰舞人，一格饰牛纹，二格素面，腰下部饰锯齿纹、同心圆纹。器高23厘米、盖径31.5厘米、足径37厘米。此件是以铜鼓稍加改装，相对简单的贮贝器，有底，盖上开孔装圆筩，以供投放海贝用。[①]

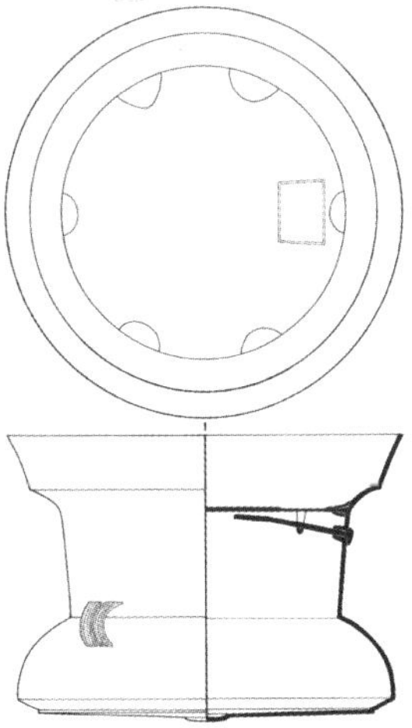
图Ⅳ-1　李家山 M47:22 铜鼓形贮贝器

B型，2件，鼓面朝下，鼓足朝上，倒置。M47：22，鼓面中央有一太阳纹凸起，无芒，胸部最大径接近鼓面，通体素面，胸、腰铸四叶脉纹扁耳，鼓面未铸人像。出于盛贝的需要和取放海贝的方便，工匠曾对此鼓做了改装，在足部增补圆形盖子，腰下部开一圆孔，较深，内侧作方锥形突出，器身内侧铸六个对称的半圆形扁平榫，与之对应的圆形盖上也铸六个扁方形榫孔，用榫插入孔内就可固定圆形盖，圆形盖边开一长方形孔，孔上做一孔盖，孔四边做成台阶状，孔盖背面铸一半圆环，以腰下部圆孔插入或取出圆销钉，便可以关闭或开启圆孔盖，放入或取出海贝，出土时器内盛海贝。通高26.5厘米、足径31.5厘米。[②]（图Ⅳ-1）

① 云南省博物馆：《云南晋宁石寨山古墓群发掘报告》，文物出版社，1959年，北京。

② 云南省文物考古研究所等：《云南江川李家山——第二次发掘报告》，文物出版社，2007，北京。

M68：287，胸部突出，胸部最大径稍向上移，腰部剖面为梯形状，鼓面中央饰太阳纹，无芒，其外三晕，三、四弦分晕，第一晕饰六变形翔鹭纹，第二、三晕饰锯齿纹。胸部二晕，双弦分晕，第一、二晕均为锯齿纹。腰部分成上、下两部分，上部分以圆圈纹、双斜线纹带纵向分为数格，格间无纹，下部分两晕，四弦分晕，两晕均为相向的锯齿纹。胸、腰间饰叶脉纹四扁耳。鼓足加圆形盖，足部开三个等分孔，与圆形盖互为子母口，能扣合，盖口沿也等距立三长方形片，片中有孔，与足孔相对应，以器足孔插入或取出方柱状销钉便可固定或开启器盖。出土时面朝上，盖朝下放置，内盛海贝。通高28.4厘米、面径32.9厘米、盖径40.8厘米。①（图IV–2）

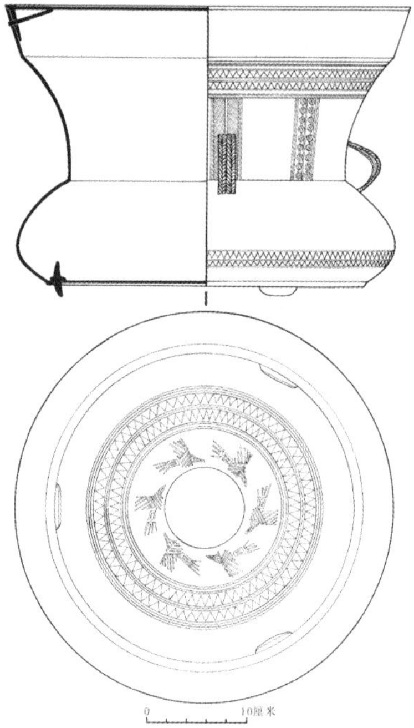

图IV–2　李家山M68:287铜鼓形贮贝器

上述2件明显是用铜鼓改装而成，已失去了铜鼓的乐器、礼器功能，成了专门而又较原始的鼓形贮贝器。2件都在足部增加了圆形盖，于足部或腰下部开圆孔插入销钉来关闭或开启足盖，M47：22鼓形贮贝器比M68：287鼓形贮贝器在改装技术上又前进了一步，较为先进，此鼓在足盖上开一长方形盖，采取控制腰下部销钉的方法开、闭此长方形盖，取、放海贝比较方便，不必像M68：287鼓形贮贝器关、闭时只能将整个足盖抬起。这2件平时放置时都应是面朝下，足朝上，海贝从足部取出或放入，鼓面没有什么作用，仅为器底，也不可能在鼓面上铸人像、动物。盛海贝是这种贮贝器的唯一功能，从视觉角度来观察，这种鼓形贮贝器艺术感比较差。

随后，在此基础上滇国的贵族们对铜鼓形贮贝器做了进一步的改进，改变从器盖插圆箭，鼓足部取、放海贝的方式，将铜鼓鼓面拆除，重新做一个比拆除鼓面稍大的器盖，直接放在鼓面上，足部仍装一底，取、放海贝从鼓面开口处完成。新做盖子分为平面及立体塑像二种，平面上铸着大量精美、繁缛纹饰，这种形式的贮贝器不多。常见的是在器盖上铸出表现各种场面的

① 云南省文物考古研究所等：《云南江川李家山——第二次发掘报告》，文物出版社，2007，北京。

立体人像、动物，场面有战争、狩猎、纺织等。功能由一变二，显然比单纯用来盛放海贝更受奴隶主贵族的欢迎。从视觉角度来看，这种贮贝器放置时鼓面朝上，加上器盖上众多的青铜塑像，明显比面朝下，足朝上的倒置法更具美感、艺术感，这种贮贝器一出现后就成为铜鼓形贮贝器的主流。根据器形分成单鼓形和叠鼓形，单鼓形又分成盖为平面和盖上铸立体塑像二类，也就是说，改装后的鼓形贮贝器还有三种类型，即下面的C、D、E型。

C型，2件，单鼓，正置，鼓面上有盖，盖上无立体塑像，仅出土于石寨山M12中。①

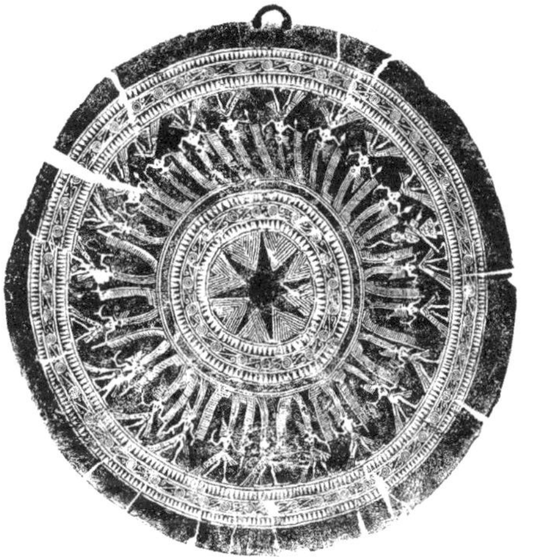

图 IV-3　石寨山 M12:1 铜鼓形贮贝器上盖拓片

M12：1，出土于墓西端，鼓已残，器盖有两件，器内盛满海贝，上盖为圆锥形，中央略为鼓起，边上铸环钮，表面饰着与铜鼓鼓面类似的晕圈。中央为太阳纹，八芒，芒间填以重叠三角形纹，芒外八晕，双弦分晕。由内向外一、三、六、八晕锯齿纹，二、七晕切线圆圈纹，四晕素面，五晕为主晕纹，羽人舞纹，共二十三人，一人为领舞者，佩长剑，着长衫，其余众人一手执羽翎，一手呈舞姿状，头戴羽冠，身着前短后长衣裙。直径50厘米。（图IV-3）

下盖为扁圆形，子母口，能与器口扣合，中央开一直径三.五厘米的圆孔，纹饰为放牧图，分内、外二晕，内圈饰三男带犬三只，赶着山羊六只。外圈饰四男（二人一组）执鞭赶绵羊十一只、猪八头。七牧男服饰相同，身着长裙。盖径50厘米。

器身为铜鼓形，足部已残，腰部饰上仓图，表现将囷箩中的粮食正运往粮仓中，图分为左、右两部分，内容大致相同，右部分的右端为一井干式粮仓，前有短梯，左边置三个囷箩，粮仓与囷箩之间为运粮者，分上、下两列，下列十人，正从囷箩中取粮或运粮，头顶粮袋。上列九人，头顶空箩，与下列十人行走方向相反，正准备到囷箩处取粮。左部分运粮人数为十一人，上、下两列运粮者行走方向一致，囷箩二个。运粮者皆为妇女。（图IV-4）

① 云南省博物馆：《云南晋宁石寨山古墓群发掘报告》，文物出版社，1959 年，北京。

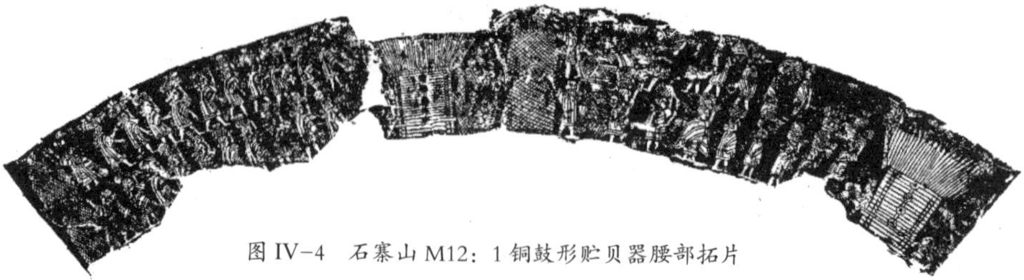

图 IV-4 石寨山 M12：1 铜鼓形贮贝器腰部拓片

图 IV-5 石寨山 M12：2 铜鼓形贮贝器器盖

M12：2，器身为铜鼓形，残甚，带盖，盖的形状、纹饰与M12：1的一件盖相同。鼓面正中开一直径4.8厘米的圆孔，其外铸二圈滇国妇女舞蹈图，内圈九人，其中二人击铜鼓，一人击鼓形器，三人双手抬高足带流器，两人抬钵状器。外圈十五人，徒手，十人双臂左右平伸，五人一手平伸，一手内收，均作舞蹈状。（图IV-5）

胸部饰放牧图，分上、下两列，上列一男子手执长棍放牛十二头，下列为一男子手执长棍牧马十七匹，该男子身着长后幅之衣。腰部饰播种图，图内有四组乘舆，前后二男子扛着，舆内各坐滇族贵妇一人，前后均有数名妇女引导，一些执杖，一些头顶箩筐，身侧有巨犬，天上饰翔鹭、燕。图下铸图点纹、锯齿纹各一周，高33厘米、面径41厘米。（图IV-6）

图 IV-6 石寨山 M12：2 铜鼓形贮贝器胸部拓片

这2件贮贝器带有共同点，都有一至二层盖，盖上无立体塑像，在下层盖或器面中央开一圆孔，供放、取海贝用。无论盖，还是鼓身均饰精美纹饰，上仓图、播种图、放牧图、舞蹈图写实性极强，其他器物上从未见过，与铜鼓纹饰相距甚远。唯形制上还保存着铜鼓形状。

D型，4件，单鼓，正置，盖上铸立体塑像。

盖上铸立体塑像的单鼓贮贝器迄今共发现4件，3件出自石寨山M1（2件）M20（1件），一件出自李家山M69。从盖上表现的内容来看，内容各不相同，石寨山M1出土的1件（M1：3）为纺织场面，另一件（M1：4）为杀人祭铜柱场面，M20出土的一件（M20：1）为杀人祭铜鼓场面，李家山M69出土的一件（M69：157）为蛙崇拜。

纺织场面贮贝器（石M1：3），铜鼓形，带盖，有底，器内盛海贝，腰上部线刻孔雀纹四，近足处铸犀鸟四，胸、腰间带四绳纹耳。器盖单独做。盖上铸女性十八人、犬一、鸡一、案一。身材高大一人坐于圆台上，通体鎏金，应为滇贵妇，正监督女奴隶劳动，其余十七人，分别为执伞者（伞盖已残），持盘者，盘内盛鱼或食品，盖边沿九人正在从事纺织，有的捻线，有的织布，有的执杼。器高21厘米、口径24.51厘米、底径31厘米。[1]

杀人祭铜柱贮贝器（石M1：4），铜鼓形，胸、足部残，表面镀锡，腰部线刻八人，分别执矛、斧、弓等兵器，正作狩猎状，有底，器内盛贝，胸、腰际间有四绳纹耳。器盖另做，盖上铸青铜人像四十一个（不计脱落人像十一人）犬一、猪一、盖中央立一铜柱，柱上缠绕蛇二，柱顶立虎一，盖边沿置巨型铜鼓二，柱前板上缚着双臂反绑一人，脚被锁一人，脚手被缚倒地一人，似被用于祭柱的牺牲，四人肩扛乘舆一，内坐一滇族贵妇，应为主祭者，其余诸人面对铜柱分排而坐，有担薪、提篮的，还有负婴而跪者。器高38厘米、盖径30厘米。

杀人祭铜鼓贮贝器（石M20：1），铜鼓形，胸腰间铸绳纹耳四，胸部、腰下部各饰二晕锯齿纹，腰上部被纵向栉纹带纵分为数格，格间无纹。盖上铸青铜人像三十二、马三、牛一、犬一，中央用三面鼓依大小重叠垒成柱状，盖边对称二绳纹提耳，以提耳为分界，可将人像分为左、右二组，左侧一组十六人，为二人抬乘舆，舆内坐贵妇人一，应为主祭人，舆左前方一人，正向舆内妇人行礼，前方为一骑马者，身后有肩扛锄者一、犬一，右侧仰卧头已被砍去人一，盖边沿左侧立肩上负物人一，后随双手拱起人一，此人身后坐一妇女，身侧置篮，乘舆后随一骑马者，后面跟妇女数人，各人手中执物或头顶箩筐。

① 云南省博物馆：《云南晋宁石寨山古遗址及墓葬》，《考古学报》，1956年第1期。

右侧一组也有十六人，铜鼓前站立一人，长衣长发，右侧跪一人，双手前伸，跪者右侧站人一，右手执物，左肩扛毡状物，此人身后面坐一人，右手提篮，左手提盂，其左方一人坐地，双手捧条形物，前面立一木牌，木牌上捆绑一人，似为牺牲，木牌前立一人，作掩面哭泣状。提耳旁有牛一，左后方骑马者一，正作下马状，马后站立梳长发辫人二，高30厘米、盖径32厘米。①

播种祭祀贮贝器（M69：157），铜鼓形，无鼓面，器盖单独做，胸部最大径接近鼓面，足下设三扁足，足内有底，内盛满海贝。胸部四晕，双弦分晕，自上而下第一、三晕锯齿纹，第二晕同心圆纹，第四晕为主晕纹，船纹六，船上坐二羽人。腰部分上、下两部分，上部分被纵向羽状纹带纵分为六格，格内各饰舞蹈状羽人一，下部分三晕，双弦分晕，第一、三晕锯齿纹，第二晕同心圆纹，胸腰间铸叶脉纹耳四。器盖上塑人物三十五个、马二匹，中央有圆孔，圆孔内立一圆柱，柱顶为盘状，侧面饰云雷纹，柱身饰动物纹、三角纹，柱底为铜鼓形。盖边沿置对称绳纹耳二，供提盖用。盖上主体俑像为四人肩扛的乘舆，舆内坐通身鎏金的一贵妇，身侧后跟一执伞侍者，伞为长柄，盖顶鎏金，舆前有二乘骑者，双手控缰绳，脚大拇趾夹绳，后骑者则为肩上扛长柄铲人一，另外舆前后左右还有持点种棒者、持圆盒者、奔跑者、背种子袋、扛球状物者、向舆内贵妇跪或立侍者、佩剑者、抱罐者、头顶薪柴者、腰间挽竹篮者，前往迎接乘舆者，此人高大，腰佩长剑，抱带而行者、提竹篮者、持葫芦者、持布者、观看者。这些人携带祭祀用的祭品，前往参加祭祀，舆中贵妇是祭祀活动中的主祭人。器高23.8厘米、盖径33.3厘米、口径27.8厘米。②（图IV–7）

图 IV–7 李家山播种祭祀贮贝器（M69:157）

四件盖上铸立体塑像的贮贝器与盖为平面

① 云南省博物馆：《云南晋宁石寨山古墓群发掘报告》，文物出版社，1959 年，北京。

② 云南省文物考古研究所等：《云南江川李家山——第二次发掘报告》，文物出版社，2007，北京。

的贮贝器相比，虽然取、放海贝都从上方进行，但方式不同。前者无鼓面，鼓面处开一大圆孔，尺寸略小于鼓面，立体塑像盖的尺寸大于此圆孔，能够盖住圆孔，提着盖上两端环钮就能将盖抬起，或者直接抬盖边也能将盖移开。后者除了盖外，鼓面尚在，仅在鼓面或下层盖中央开一直径四至五厘米的小圆孔。

E型，4件，叠型鼓，正置，上鼓盖上多铸立体俑像。多数出自石寨山，石寨山M6出土1件（M6：1），M13出土1件（M13：2），M71出土1件（M71：142），李家山M69出土1件（M69：163、164），该件与石寨山出土的3件形制上略有不同，2面铜鼓鼓足以子母口方式相互套合，下鼓鼓面朝下，上鼓鼓面朝上。而石寨山出土的3件则为2面鼓重叠在一起，鼓面都朝上，上鼓小于下鼓。4件贮贝器器盖立体俑像表现的场面分别为战争、纳贡、狩猎、蛙崇拜。

战争场面贮贝器（石M6：1），器身用二面鼓上、下重叠制成，二面鼓间被焊牢，有底，器内盛满海贝。二鼓形制相同，唯有大、小之别。二鼓的纹饰也大体相同，细部略有差别，从形制、纹饰相同，互相又能重叠来看，应该是特制的，而不属铜鼓的重新利用。二鼓胸部自上而下均分二晕，第一晕同心圆纹，圆圈之间以斜线分隔，第二晕为主晕纹，六条船纹，船上有羽人。腰部分为上、下两部分，上部分被纵向双排斜线纹分为八格，格间饰羽人舞蹈纹、牛纹，下部分自上而下分三晕，第一、二晕同心圆纹，第三晕锯齿纹。四叶脉纹耳。二鼓纹饰不同点在腰部纵向斜线纹方向相反，下鼓腰间牛纹身上饰点纹。

器盖单独制作，上塑二十二人像、马五匹，双方正在进行生死搏斗。中央为一高大骑马者，似为主将，右手执矛向下刺，马右前方一人倒地，做挣扎状，此人右后方侧立一人，左肩负盾，腰间佩剑，双手执一矛，右侧一骑马者，戴盔穿甲向前冲，马前足一人倒地，左肩负盾牌，正挣扎着欲起。前面有逸马一匹做奔跑状，倒地之人似从此马上坠落者，逸马者前有左足前支，右足跪地者一人。此人前面一人负盾佩剑，持矛下刺。中央骑马者马后一人作前行状，侧面跪着一人，双手支地，跪者背后站立一人，双手举弩欲射，马右后侧并排站立二人，双手被捆，似为战俘，二人前一人佩剑，似为解押俘虏者，二战俘后侧又有一骑马者，马右前倒地一人，双脚略抬起，右手撑地，马左侧平躺无头裸体尸体一具。盖边沿对称铸绳纹环耳二，通高53.9厘米、盖径33厘米，下鼓足径37厘米。①

纳贡贮贝器（石M13：2），两鼓重叠而成，上鼓已残，仅余部分腰及

① 云南省博物馆：《云南晋宁石寨山古墓群发掘报告》，文物出版社，1959年，北京。

足部，足部四周原铸四组蛇，现余三组，足部内收。下鼓完整，纹饰不太清晰，胸、足部圆圈纹，腰部纹饰分上、下两部分，上部分被分成若干格，格间饰蟠龙纹，下部分饰锯齿纹、圆圈纹，腰、足接合部铸立体牛四，胸、腰间为四宽条形耳，有底。器内盛满海贝。此器别于其他叠鼓形贮贝器，较特殊的是在下鼓鼓面边沿留出一周窄边，沿窄边上铸人物十七、牛马四。十七个人物为行走状，表现不同部族前来向滇王进贡。依照发式、服饰、体形能够分为七组，明显是不同于滇族的外族，每组由二至四人组成，前面一人身着盛装，男子佩剑，应是酋长，后面的人牵马、牛、羊，或背箩负物，应为随从。一组由四人组成，第一人为男子，着短衣长裤，腰间佩剑，第二人为长胡男子，右手持柱，腰间佩长剑。第三、四人亦为男子，分别背箩、牵牛。二组三男子，第一人肩披帔巾，背后拖于地，腰间佩剑，第二、三人各以右手作抬杠状，所抬物已失。三组二人，第一人衣长及膝，肩披帔巾，佩短剑，其后一人，背一箩，箩内装一猪腿。四组二人、一牛，第一人梳长辫，左腰佩剑，其后一人发式同前者，手牵一牛。五组二人，第一人也梳长辫，左腰佩剑，跟随者持盾。六组二人，第一人披帔佩剑，其后一人双手前伸抬物，物已失。七组二人、一牛、一马，第一人头戴圈状帽，腰佩剑，身后一人牵牛、马各一。器残高39.5厘米。[①]

狩猎场面贮贝器（石M71：142），一九九六年石寨山第五次发掘出土，由二鼓焊接而成，有底有盖，器内盛满海贝，盖单独制作，上鼓腰、足间铸四鹿，下鼓腰、足间铸四牛。上、下鼓形制相同，胸、腰、足部遍饰阴刻纹饰，胸、腰间铸四绳纹耳。器盖为狩猎场面，铸有三人、二马、二鹿、一犬、二兔。身佩长剑的三人中二人骑马，为奔跑状，其中一人通体鎏金，左手做持马缰状，右手握兵器，兵器残缺，正策马追杀前面逃跑中的二雄鹿。第三人立于器盖正中，双手执武器，器已残，面对一鹿，做刺杀状，此人前后各有二犬扑向二鹿，二马腹外侧对称铸二兔，兔各立在一长方形板上，板下开一小孔，兔与孔之间以销钉相连，此连接方式与其他马、鹿、人足为焊接法不同，更为牢固，二兔相当于提耳，设计极为新颖。上、下鼓身遍布阴刻纹饰，十分精美。上鼓腰部饰四狩猎图，胸部刻十一只犀鸟，足部刻四组动物搏斗图。下鼓腰部刻四组动物搏斗图，胸部刻七只长尾飞鸟，足部刻十一只鸡，上、下鼓腰部还刻着针叶、阔叶植物，非常罕见。通高65.8厘米、底径45.2厘米。[②]

① 云南省博物馆：《云南晋宁石寨山古墓群发掘报告》，文物出版社，1959 年，北京。

② 云南省文物考古研究所等：《云南晋宁石寨山第五次抢救性清理发掘简报》，《文物》，1998 年第 6 期。

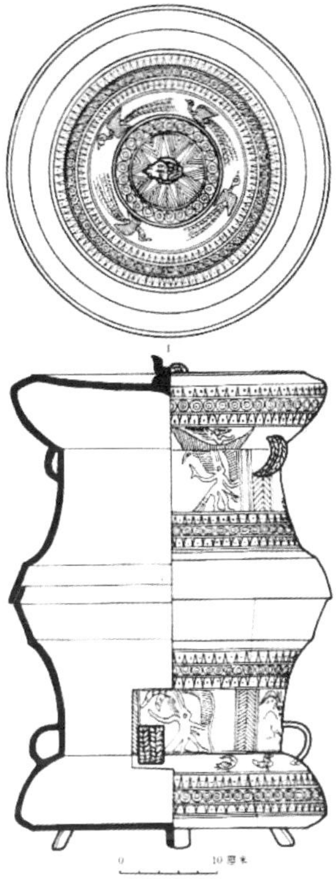
图 IV-8 李家山蛙崇拜场面贮贝器

蛙崇拜场面贮贝器（江李M69：163、164），铜鼓形，由上、下二鼓套合而成，上鼓足部套在下鼓足部之外，下鼓鼓面朝下，置三扁足，上、下鼓形制相同，胸部最大径偏上，二鼓胸、腰间有四绳纹耳。

上鼓鼓面正中铸一立体鸣叫的蛙，蛙下饰九芒太阳纹，芒间饰重叠三角纹，芒外五晕，双弦分晕，自内而外第一、四晕同心圆纹，第二晕为主晕纹，四长尾翔鹭纹，第三、五晕锯齿纹。二鼓鼓身腰部纹饰略同，上部分被双斜线纹带纵分为六格，格间饰羽人舞蹈纹。虽然下鼓鼓面朝下，按照一般规律，纹饰也应当朝下，但纹饰却为正向，说明此贮贝器并非用旧铜鼓改造而成，应是特制的。腰下（上）部分三晕，第一、三晕锯齿纹，二晕同心圆纹。胸部纹饰也略同，四晕，上鼓第一、二、三晕与下鼓第二、三、四晕相同，均为锯齿纹、同心圆纹，上鼓第四晕为船纹，船上坐头戴长羽冠、屈腿仰坐一人。下鼓第一晕为正向站立的水鸟纹。器高48.7厘米、底径31.7～32.2厘米。①（图IV-8）

上述4件叠鼓形贮贝器取、放海贝的方式有二种，石寨山出土的3件从盖顶部开启，李家山出土的1件是将上鼓抬起。从存放海贝的数量来看，石寨山的3件要多于李家山的1件，比较实用，因而较受欢迎，等级高的贵族墓中多采用该种贮贝器，例如滇王墓、M13、M71。另外，对于什么墓使用单鼓贮贝器，还是叠鼓形贮贝器来随葬，是有所讲究、选择的，出土单鼓贮贝器的石寨山M1、M20、李家山M69这3座墓随葬品中多装饰品，少兵器，执伞俑用女俑而不用男俑，执伞俑的性别一般与墓主人的性别相一致，4件贮贝器盖上的内容多为纺织、祭祀，主要人物均为滇族贵妇，占据主要位置，其身材高于他人，有的通体鎏金，出入乘舆，侍从前后跟随，她们都是活动的主祭人，也就是墓主。换言之，女性墓通常用单鼓贮贝器随葬。

① 云南省博物馆：《云南江川李家山古墓群发掘报告》，《考古学报》，1975年第2期。

叠鼓形贮贝器形制上显得高大、气派，盛放的海贝量大。出土叠鼓形贮贝器的石寨山3座墓（M6、M13、M71）都伴出数百件随葬品，M13出土的最多，M6随葬1件滇王之印，为一代滇王，M13、M71一些学者也推测是某代滇王墓，3座墓的随葬品以兵器为主，装饰品为辅，执伞俑都是男性，贮贝器盖上立体塑像表现的内容分别是战争、纳贡、狩猎，根据以上理由判断3座墓的主人应为男性，也就是说男性一般采用叠鼓形贮贝器随葬。李家山M69出土的一件叠鼓形贮贝器是个特例，M69墓主人是女性，这件贮贝器与石寨山出土的3件形制上有所不同。

从时代上看，应是先出现石寨山型铜鼓，在此基础上才逐渐演变成铜鼓形贮贝器。早期滇国墓葬，比如呈贡天子庙M41、M33，[①]石寨山M14、M15、M16、M17，[②]李家山M17、M18、M21、M22，[③]时代为战国中至西汉早期，虽然也出土过贮贝器，但都是桶形贮贝器。出土铜鼓形贮贝器（并非不经改装，直接用来盛海贝的铜鼓）时代较早的是石寨山M12[④]、李家山M47、M68，[⑤]年代都是西汉中期。从技术及外观来分析，石寨山M6：120、李家山M47、M68出土的2件单鼓型贮贝器的技术简单，容易改装，它们应该是铜鼓形贮贝器的祖形。叠鼓形贮贝器的年代要晚一些，大约为西汉中晚期。

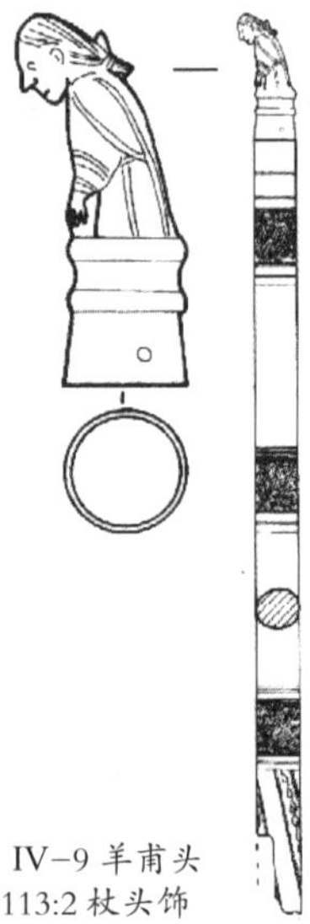

图 IV-9 羊甫头 M113:2 杖头饰

第二节 装饰功能铜鼓

滇文化中存在大量用铜鼓做装饰的习惯，贵族们将铜鼓缩小，改装在一些器物上，如杖头饰、漆器杖头、玉坠，使之成为这些器物的一部分，或者用金、银、玛瑙等制成小铜鼓，起装饰作用。具体如下：

杖头饰，这是滇文化中的一种固有器物，杖头用铜质，顶端以动物、人物为饰，其下为一小铜鼓，或者不

① 昆明市文物管理委员会：《云南呈贡天子庙滇墓》，《考古学报》，1985 年 4 期。
② 云南省博物馆：《云南晋宁石寨山古墓群发掘报告》，文物出版社，1959 年，北京。
③ 云南省博物馆：《云南江川李家山古墓群发掘报告》，《考古学报》，1975 年第 2 期。
④ 云南省博物馆：《云南晋宁石寨山古墓群发掘报告》，文物出版社，1959 年，北京。
⑤ 云南省文物考古研究所等：《云南江川李家山——第二次发掘报告》，文物出版社，2007，北京。

用动物，直接以铜鼓为饰，鼓足接一铜圆筒状直銎，銎下再接漆、木柲，銎口对称开二小孔，出土时多数木柲已腐朽，少数銎内还残存一段木柲。此类杖头饰都出自大墓中，用于出行、祭祀等重要活动之中。昆明羊甫头M113出土过1件基本完整的这种仪仗器（M113：2），一妇女跪坐在铜鼓上，柲为漆器，柲身分三段绘编制纹，段与段纹饰之间髹红漆，柲下段略残，残长44厘米。①（图IV–9）

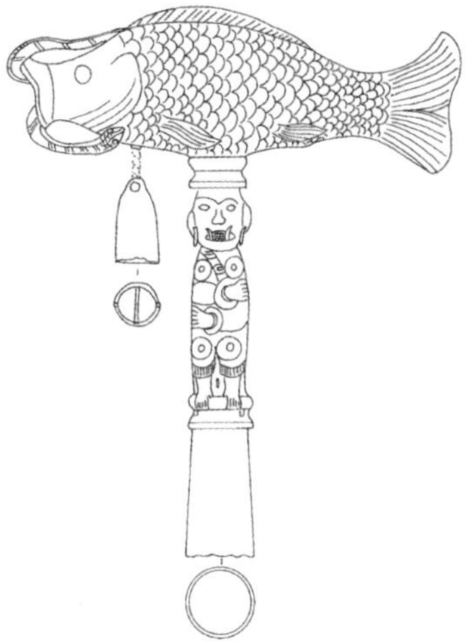

图 IV–10 李家山 M51:338 杖头饰

杖头饰以石寨山、李家山二墓地出土的数量最多。以石寨山为例，1956年第二次发掘9座墓中共出27件杖头饰，27件多数装着小铜鼓，其中M19、M20以成组出现，每组7件，与兵器同在一处。②李家山第二次发掘出土16件。③这些杖头饰的铜鼓形鼓面上铸牛、女俑、鸟等形象，依照杖头上铜鼓数量的多少、所处的位置不同，分成以下4种类型。

A型，仅见于李家山墓地，李家山第二次发掘6件，一般成对出土。顶端为鱼一，鱼腹下为一铜鼓，铜鼓下有一立人，人足下又有一铜鼓，最下端为圆筒状銎。李家山M51：338—1，通高26厘米、銎径3.3厘米。第一次发掘出土2件，形制与上述几件相同。④（图IV–10）

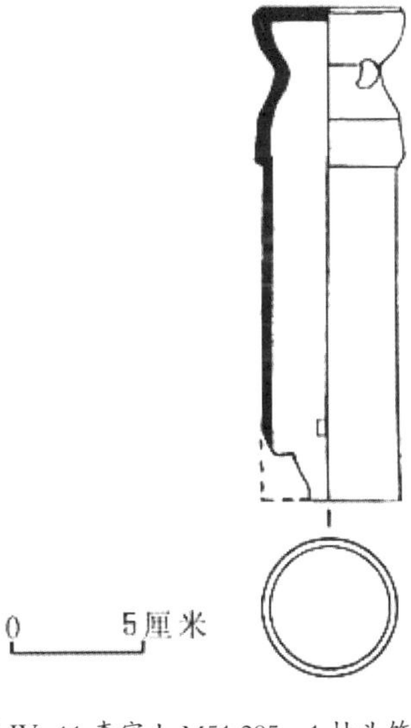

图 IV–11 李家山 M51:295—1 杖头饰

B型，鼓面上无塑像，其下接圆筒形銎，石寨山M13出土1件，李家山出土3件，4件均出自男性墓中。李家山M51：295—1，高6.8厘米、銎径2厘米。（图IV–11）

① 云南省文物考古研究所等：《昆明羊甫头墓地》，科学出版社，2005 年，北京。
② 云南省博物馆：《云南晋宁石寨山古墓群发掘报告》，文物出版社，1959 年，北京。
③ 云南省文物考古研究所等：《云南江川李家山——第二次发掘报告》，文物出版社，2007，北京。
④ 云南省博物馆：《云南江川李家山古墓群发掘报告》，《考古学报》，1975 年第 2 期。

C型，鼓面上铸人、牛、鸟塑像，鼓足连圆筒直銎，数量较多，李家山、石寨山第二次发掘分别出土10件、16件，李家山第一次发掘出土3件人形杖头（M22：21、M23：16、M24：66），采集到卧牛杖头1件（采：514）①，羊甫头出土过2件人形杖头（M113—2、M30：21），少数镀锡，鼓面上的塑像，石寨山出过人、牛、鹿、兔、孔雀、鹰、凫等，李家山的为人、鸡、鸳鸯、水鸟等，石寨山人俑像既有立俑，又有跪坐俑，而且男女俑均有，李家山仅出过女俑，都呈跪坐状。代表器物，李家山M69：209，鼓面塑公鸡形象，表面镀锡，通高8.5厘米、銎径1.5厘米。（图IV-12）

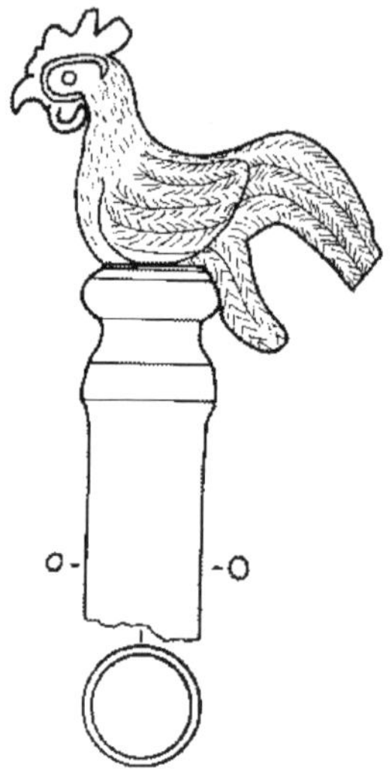

图 IV-12 李家山 M69:209 杖头饰

石寨山M13：279，孔雀杖头饰，一孔雀卧在鼓面上，三股长尾向上卷曲，颈及胸前羽毛作鳞状，鼓面径小于足径，四条形耳。高10.5厘米。

上述杖头饰质地都是铜质，羊甫头还出土过漆木杖头，在M113中发现7件，出土时都漂浮在腰坑水面上，多数已经朽坏，形状呈立柱状，下端带椭圆形榫头，顶端有动物立像。M113：26顶端立一豹，下为二层灵芝，其下有一铜鼓。M113：27顶端立一鹿，下为三层灵芝，其下有一铜鼓，鼓带四耳，鼓身漆着黑、红二色。通高26.8厘米。②（图IV-13）

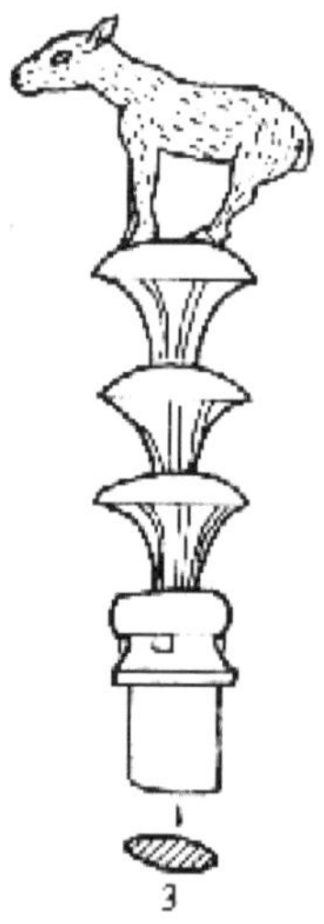

图 IV-13 羊甫头 M113:27 漆木杖头饰

李家山第一次发掘M24出土的1件人形杖头饰（M24：66）较为特殊，铜鼓顶上坐1吹笙俑，鼓足下的銎部饰绳纹、蛇纹，再下为圆筒直銎。羊甫头M113出土的1件人形杖头

① 云南省博物馆：《云南江川李家山古墓群发掘报告》，《考古学报》，1975年第2期。
② 云南省文物考古研究所等：《昆明羊甫头墓地》，科学出版社，2005年，北京。

（M113：2）是此型的完整器物。此型杖头饰多出自女性墓中，石寨山出土的少数为男性墓，如果出女俑杖头饰的，那么墓主都为女性，反之为男性。羊甫头出土的2件人形杖头，M30为女性，M113为男女合葬墓。

D型，鼓足下无圆筒状銎，足部直，以足直接受柲，鼓面上为人、水鸟。李家山M69：159，鼓面上跪一女俑，通体鎏金。通高6厘米、銎径1.9厘米。（图IV–14）

图 IV–14 李家山 M 69:159 杖头饰

玉坠是玉饰中的一种，直条形玉坠数量较多，李家山M68出土过1件直条形玉坠（M68X1：47—1），白色，顶端被雕琢成铜鼓形，鼓胸、腰、足三段分明，面中央、腰中部各开一圆孔，下端残。残长21厘米、鼓径1.7厘米、坠径1.4厘米。（图IV–15）

图 IV–15　李家山 M68X1:47—1 玉坠

李家山M69还出土过2件玉坠，形制为上细下粗，圆孔开在上端，一为圆环状，另一为方形状，下端雕琢成铜鼓状，鼓上无圆孔。M69：177，长10～13厘米、鼓径0.9～1.1厘米、坠径0.7～0.9厘米。（图IV–16）

图 IV–16　李家山 M69:177 玉坠

曲靖八塔台出土过1件人头形玉坠（M41：8—10），上为人头形，眼部镶绿松石珠，下为

一铜鼓，鼓体高，中空。长4.3厘米、鼓高1.2厘米。[①]（图IV–17）

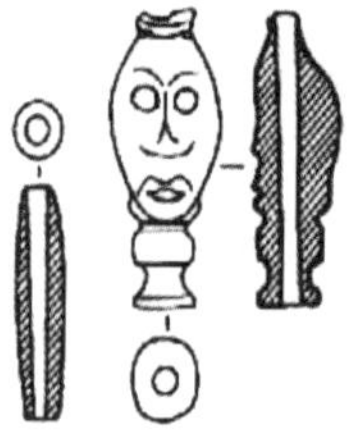

图 IV–17 八塔台 M41:8—10 玉坠

铜鼓装饰品，除杖头饰、玉坠以外，李家山、羊甫头出土过许多用金、银、玛瑙、绿松石做成的铜鼓形装饰品，特点是器形小，无鼓耳，鼓面中央开一小孔，用于穿缀使用。李家山墓地出土的铜鼓形装饰品质地较多，金、银、玛瑙、绿松石都有，石寨山出过玛瑙、绿松石二种，羊甫头只出玛瑙一种。

金鼓形饰，共5件，都出自李家山M68中，通体用金铸制，鼓面稍鼓。M68：248，腰细，高1.5厘米、足径1.4厘米。重5.2～8.9克。[②]（图IV–18）

银鼓形饰，1件，李家山M69出土，通体银铸制，鼓腰稍粗。M69：99，高1.7厘米、足径1.6厘米，重6克。（图IV–19）

玛瑙鼓形饰，李家山M44出土过2件，雕琢成鼓形，鼓面平，无耳，鼓面中央开一小孔。白色，此墓墓主为女性。M44：13，面径1.2厘米、足径1.2—1.4厘米、高1.3厘米。（图IV–20）

羊甫头出土数量较多，大部分是白玛瑙，M202出过1件红玛瑙（M202：10—2）。根据鼓的形状分三型，A型，体高，胸、腰、足三段分明，腰部呈

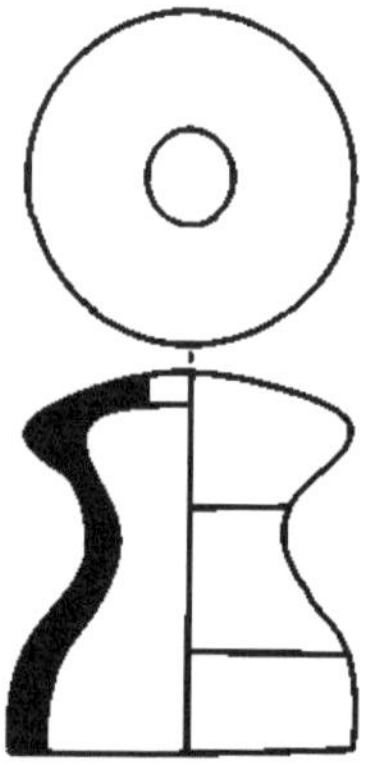

图 IV–18 李家山 M68:248 金鼓形饰

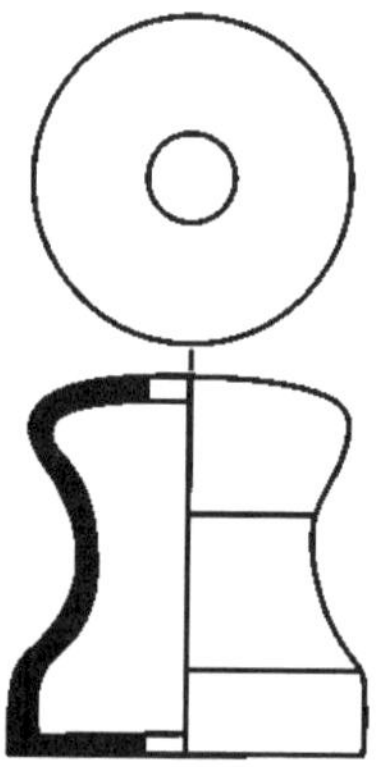

图 IV–19 李家山 M69:99 银鼓形饰

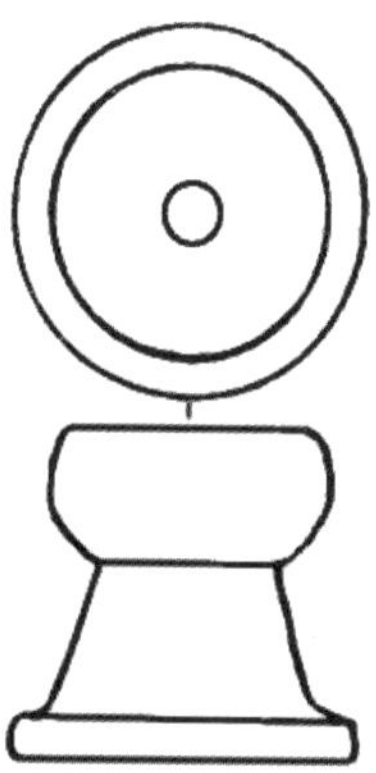

图 IV–20 李家山 M44:13 玛瑙鼓形饰

① 云南省文物考古研究所：《曲靖八塔台与横大路》，科学出版社，2003 年，北京。

② 云南省文物考古研究所等：《云南江川李家山——第二次发掘报告》，文物出版社，2007，北京。

柱状。M113：111—7，高1.3厘米、足径1.3厘米。（图IV–21）

B型，体矮，束腰，腰、足部无分界线。M113：130—1，高1厘米、足径1.4厘米。（图IV–22）

C型，胸、足径相等，腰粗呈柱状。M19：183—5，高1.2厘米、足径1.2厘米。（图IV–23）

图 IV–21 羊甫头 M113:111—7 玛瑙鼓形饰

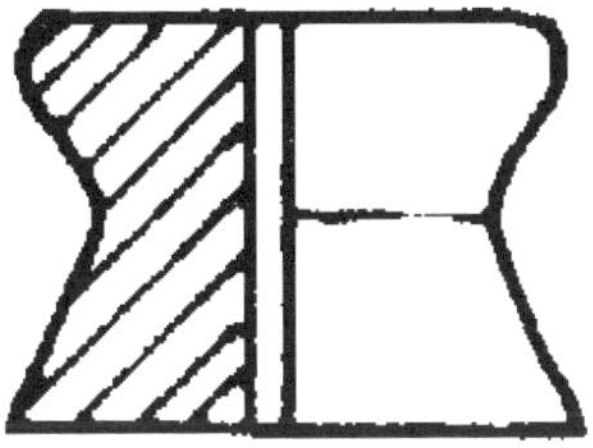

图 IV–22 羊甫头 M113:130—1 玛瑙鼓形饰

图 IV–23 羊甫头 M 19:183—5 玛瑙鼓形饰

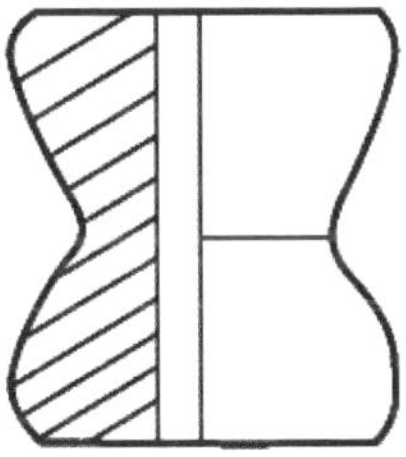

图 IV–24 李家山 M 82：24 绿松石鼓形饰

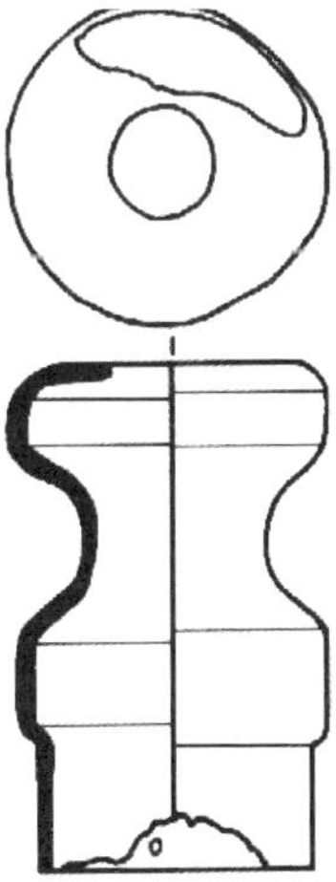

图 IV–25 羊甫头 M 19：109 鼓形头盔钮

石寨山M13出土过2件红玛瑙鼓形饰，较为罕见，中央穿孔。高1.3—2厘米。

绿松石鼓形饰，李家山M82出土过1件（M82：24），铜鼓形，中央开一小孔，无耳，胸、足径相等，束腰。高1.5厘米、足径1.3厘米。（图IV–24）石寨山M13也出过1件。

铜鼓还用做头盔钮，用于头盔装饰，羊甫头M19出土过2件，铜质，出土时钮周围散落圆形铜碎片，推测这些碎片为头盔，M19：109，钮作铜鼓状，鼓足接圆筒状直銎。通高3.4厘米、鼓高2.4厘米、足径1.9厘米。（图IV–25）

第三节　实用功能铜鼓

本节所讲实用功能，并非铜鼓原来固有的乐器、礼器的功能，而是根据不同器物功能的需要，将石寨山型铜鼓改装成该器物的一部分，或大、或小，尺寸差别甚大。一些铜鼓用作器座；一些用作器盖，器物上、下两端；一些用作剑柄；还有一些用来增大受力面；或固定器物，这些作用都具备实用功能。

一、器座

用铜鼓作为器座，在滇国青铜器中存在数例代表性器物，比如执伞俑、漆跪女俑、鎏金铜鼓等。

执伞俑是滇国青铜器中尺寸最大的俑像，大型墓中一般都会用执伞俑作为随葬品，多则2件，少则1件，随葬于墓坑两端或一端。执伞俑有男女之分，均呈跪坐状。石寨山第二次发掘共出土9件执伞俑，“出土时都置于铜鼓及贮贝器的面上”①，由于报告没有报道具体情况，无法获知有几件执伞俑置于铜鼓上，这是铜鼓用来做执伞俑器座的初期阶段，此时期执伞俑与铜鼓是分离的，铜鼓仍保留着基本功能，仅仅是随葬时将执伞俑置于鼓面——这一比较平稳的面上，以防执伞俑跌倒。石寨山第五次发掘出土的1件男执伞俑则是直接置于地上。

李家山第二次发掘时在M47、M51、M57、M69大型墓中，出土8件执伞俑，1墓2件，6男2女，与墓主性别一致，M69墓主人为女性，执伞俑也是女性。M47、M51、M57墓主人都是男性，出土的6件执伞俑都是男性，M47、M51出土的4件表面镀锡，男性执伞俑都跪坐在1铜鼓上，女性无此现象。执伞俑于铜鼓之间已不是石寨山那种直接放在铜鼓上的关系，而是用榫头插入鼓面榫孔加以固定，二者已成为1件器物，无法分离。连接方法有二种：其一，沿着俑身跪坐处做三片状榫头，鼓面相同位置处也对应地开了狭长榫

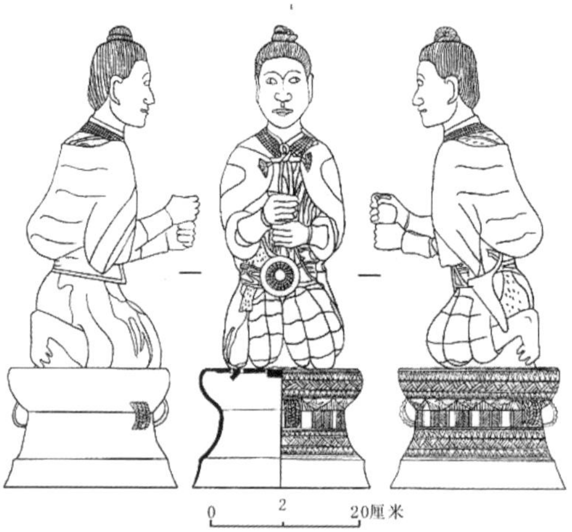

图 IV-26　李家山 M 47：25 执伞俑

① 云南省博物馆：《云南晋宁石寨山古墓群发掘报告》，文物出版社，1959 年，北京。

眼，将榫头插入榫孔中，并在鼓内将榫头弯折固定；其二，在俑跪坐中央与鼓面中央对应地做一较大的方柱状空心榫头和方形榫孔，插入榫头后固定。M47：25，男俑，俑与鼓以第一种方法连接，伞已失，身着披风，束腰，左腰佩短剑。鼓胸最大径偏上，胸自上而下四晕，第一、三晕锯齿纹，第二晕席纹，第三晕主晕纹，饰船纹。腰上部被羽状纹带分成八格，格间无纹，下部自上而下三晕，第一、三晕锯齿纹，第二晕席纹。四叶脉纹耳。通高61.1厘米、俑高46.5厘米、鼓足径24.1厘米。[①]（图IV–26）

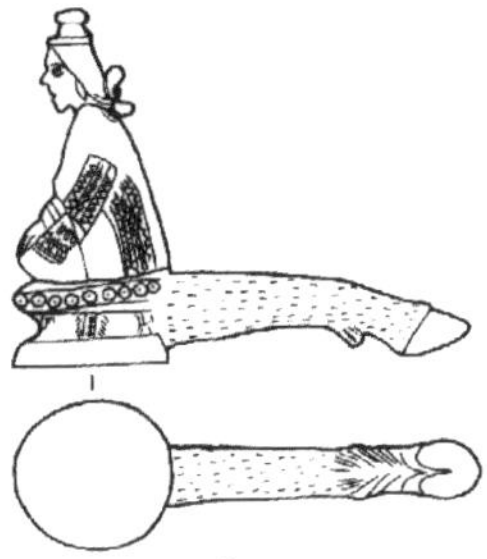

图 IV－27 羊甫头M113：381 漆跪坐女俑

跪坐女俑，羊甫头M113腰坑中出土众多精美漆器，其中有1件漆跪坐女俑（M113：381），女俑系滇族贵妇，头戴铜鼓形帽，双手放在双膝上，身着长衣，下穿短裙，内穿贴身汗衫，双腿跪坐铜鼓上，铜鼓面饰重叠三角形纹，胸部饰切线圆圈纹，腰部被纵向羽状纹带分为数格，格间无纹，四绳纹耳。较为奇特的是鼓胸、腰部接一马腿。长24.6厘米、高19厘米。[②]漆铜鼓是供女俑跪坐的器座。（图IV–27）

图 IV–28 李家山驯马场面贮贝器（M51:263）

除了此件漆器外，还有2件贮贝器盖上铜鼓被用于供贵族统治者跪坐的实例，1件是李家山第二次发掘M51出土的驯马场面贮贝器（M51：263），形状为桶形，侧饰二虎，盖上铸十人、七马、盖边缘铸七组人牵马塑像，每组为一人牵一马，正中铸三人，中间一人坐在铜鼓上，鼓较大，此人坐在鼓边上，左手扶膝，右手前伸训斥前面一人，被训斥者躬身跪地，双手平伸，后面一人跪坐，双手执伞，伞盖已残。整个场面表现驯马场面，中间坐于铜鼓上之人应为奴隶主贵族。通高37厘米、盖径28厘米。[③]（图IV–28）

① 云南省文物考古研究所等：《云南江川李家山——第二次发掘报告》，文物出版社，2007，北京。
② 云南省文物考古研究所等：《昆明羊甫头墓地》，科学出版社，2005 年，北京。
③ 云南省文物考古研究所等：《云南江川李家山——第二次发掘报告》，文物出版社，2007，北京。

另一件是李家山第二次发掘M69出土的纺织场面贮贝器（M69：139），束腰桶形，器侧各铸一对虎形耳，器底置三扁足，盖面中央立一大鼓，鼓面上跪坐一高大贵妇，通体鎏金，双手垂膝，大鼓边沿又有一小鼓，小鼓上置高领壶，人左侧置高柄豆和盘各一。小鼓素面，四扁耳，大鼓扁矮，鼓面宽大，足高，胸、腰部饰锯齿纹。盖上十人，均为女性，除鼓上跪坐一人外，其周围分别为执伞人一、持盒人一、跪坐人一，其余六人面向中央而坐，正在理线，穿梭织布。很显然大鼓供贵妇跪坐用，小鼓供放置高领壶用，二鼓都为器座。贮贝器通高47.5厘米、盖径23.9厘米。[①]（图IV-29）

图 IV-29 李家山纺织场面贮贝器（M69:139）

束腰桶形贮贝器盖上也有铜鼓被用作器座的现象，器盖中央一般铸一铜鼓，鼓面上立一牛，周围立数量不等的牛，但无铜鼓，中央铜鼓也属器座。石寨山、李家山都出土此种贮贝器，石寨山第一次发掘出土一件七牛贮贝器，第二次发掘出土十三件，内含一牛贮贝器一件、五牛四件、七牛三件、八牛二件。李家山第一次发掘出土四件，其中二件盖周围分别铸一虎或四牛。第二次发掘出土五件桶形贮贝器，其中有两件是一牛贮贝器。羊甫头出土过二件立牛贮贝器，盖上分别铸一牛或七牛，但盖中央无鼓形器座。此类贮贝器的代表器物为李家山M47：23，盖中央铸一公牛，牛站立在鼓面上，鼓面径大于足径，体形略显扁矮，素面，四条形耳。牛身体强壮，颈下垂赘皮。盖、腰两侧对应装置绳纹环钮，三足。通高

图 IV-30 李家山 M47:23 桶形贮贝器

① 云南省文物考古研究所等:《云南江川李家山——第二次发掘报告》,文物出版社,2007,北京。

52、盖径24厘米。[①]（图IV–30）

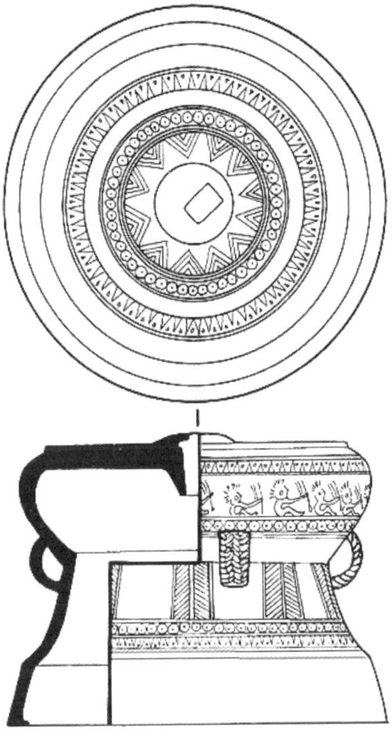

图IV–31 鎏金铜鼓形器座（M69：136）

鎏金铜鼓形器座（M69：136），李家山第二次发掘在M69东壁出土一件鎏金铜鼓形器座，器形小，器壁厚，面壁尤厚，器特别沉重。形制、纹饰与石寨山型铜鼓完全一样，通体表面鎏金，鼓面中央太阳纹处开一长方形孔，孔长1.1、宽0.8厘米，孔较深，鼓面内侧长方形孔处呈倒锥形向下凸起，显然是为插某种器物而专门制作的深孔。出土时孔内残存着一段4.7厘米长的方形木杆，四周散落有几件玉、动物饰品。鼓面太阳纹外十二芒，芒间填以重叠三角形纹，芒外三晕，单、双弦分晕，第一晕同心圆纹，第二晕素面，第三晕锯齿纹。胸部自上而下三晕，第一晕锯齿纹，第二晕为主晕纹，系头戴羽冠，手执羽，屈膝而坐的羽人，羽人下无船，第三晕锯齿纹。腰部分上、下两部分，上部分被羽状纹带纵分成数格，格间无纹，下部分二晕，第一晕同心圆纹，第二晕锯齿纹。足内有一圈折边。通高9.5厘米、面径10.7厘米、足径13.7厘米。[②]（图IV–31）

此器座刚出土时一度被误认为是铜鼓，如果仔细分析，它与铜鼓差别甚大。一是器壁厚，铜鼓的器壁一般很薄，壁的厚薄对音质起重要作用，壁厚无法用于做乐器。鼓面中央开长方形深孔是为了某种器物而设置的，孔深、器重能起稳定作用，更重要的是孔内保存木杆，鼓周围散落玉饰。另外铜鼓的敲击部位在太阳纹处，通常是不会开孔的，铜鼓表面也无鎏金的现象。根据以上分析，此器不应该是铜鼓，而是器座，是仿照石寨山型铜鼓而铸造的器座。

二、铜鼓形器盖、器顶和器足。

江川李家山第一次发掘时在M24、M17、M21三墓中出土三件铜壶，形

① 云南省博物馆：《云南江川李家山古墓群发掘报告》，《考古学报》，1975年第2期。
② 云南省文物考古研究所等：《云南江川李家山——第二次发掘报告》，文物出版社，2007，北京。

制为小口，细长颈，圆腹，盖做成铜鼓形状，足部盖住壶口。M24：24鼓面上铸一立牛，通高28.5厘米，M21：74为圜底，铜鼓形盖，盖上无立牛。①石寨山M14出土的1件铜壶（M14：3），盖为倒置铜鼓状，鼓足朝上，无立牛，②与李家山M24铜壶的鼓形盖方向相反（图IV–32）。铜鼓起壶盖的作用，带实用功能。（图IV–33）

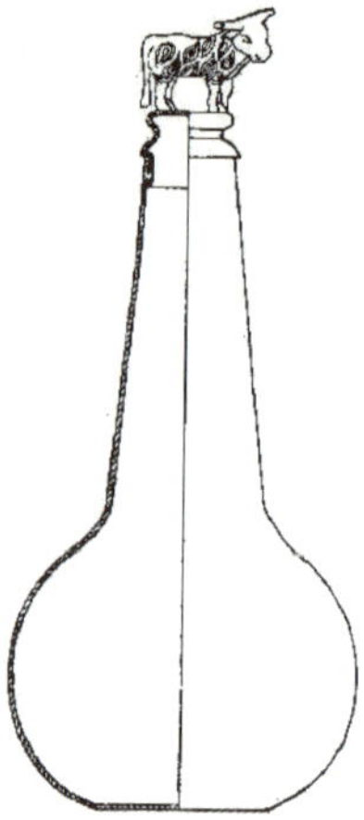

图 IV–32 李家山 M24:24 铜壶

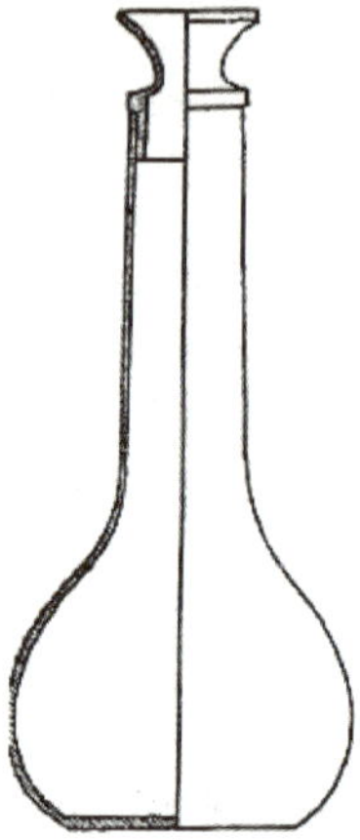

图 IV–33 石寨山 M14:3 铜壶

在滇青铜器的生产工具，比如铜凿、铜锥、铜楟钉的顶端，常做成铜鼓形，鼓面为顶端，鼓足接器身，这些工具顶端经常需用力或敲，或用手加力，以铜鼓面受力，增加受力面，符合力学原理，有使用功能。

羊甫头M113中出土一批带柲完整的铜凿，共计85件，报告按照銎部的不同，分成A、B、C、D、E五型，其中A型（12件）B型（31件）D型（6件）在凿末端都套着1铜鼓形帽。设置铜鼓形帽有两方面好处，一方面是用力的需要；另一方面也利于保护木柲。铜鼓形制有三种：其一，体高，身三段分明，足高；其二，面径小于足径，足高；其三，体矮，腰、足分界不明显。M113：351—12椭圆形銎，柲身以藤皮缠绕，柲末端带一鼓形铜帽，属于第一种类型，凿长11.6厘米、柲长17.6厘米。③（图IV–34）

图 IV–34 羊甫头 M113:351—12 铜凿

羊甫头M113出土过1件带漆木柲的狼牙棒（M113：88—2），棒身八棱形，上有尖齿，难得的是带完整的木柲，柲末端带一铜鼓形帽。羊甫头出土过众多保存完整的带漆木柲兵器，木柲末端通常不带镦之类的铜附件。此件

① 云南省博物馆：《云南江川李家山古墓群发掘报告》，《考古学报》，1975 年第 2 期。
② 云南省博物馆：《云南晋宁石寨山古墓群发掘报告》，文物出版社，1959 年，北京。
③ 云南省文物考古研究所等：《昆明羊甫头墓地》，科学出版社，2005 年，北京。

木柲末端带鼓形帽，是兵器中仅见的1件，它也有保护木柲的功能。棒身长16厘米、柲长31.8厘米。[①]（图IV-35）

图 IV-35 羊甫头 M113:88—2 狼牙棒

锥在滇青铜器中出土数量不多，羊甫头出过6件，李家山第一次发掘出土3件，第二次发掘出土2件。顶端有球体形、圆柱形等，羊甫头M113出土的5件顶端做成铜鼓形，M113：352鼓面向外，锥上粗下尖，断面为正方形，实心，鼓形帽与锥身整体铸造，不单独配制。长25.3厘米。[②]（图IV-36）

图 IV-36 羊甫头 M113:352 铜锥

椁钉是比较难发现的一种器物，李家山第二次发掘在M51、M57等中出土15件，出土时沿大型墓内沿木椁板灰痕分布，据此应为椁钉，用于钉在椁板上。15件的顶端都做成铜鼓形，铜鼓形状有二种，一种如M51：6，体高，细长，长13.3厘米。（图IV-37）

图 IV-37 李家山 M51:6 椁钉

另一种如M57：103，体扁矮。长10.9厘米。[③]（图IV-38）

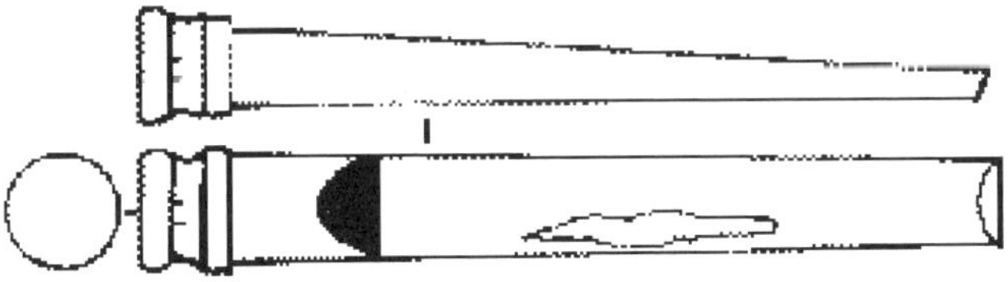

图 IV-38 李家山 M57:103 椁钉

① 云南省文物考古研究所等：《昆明羊甫头墓地》，科学出版社，2005 年，北京。

② 同上。

③ 云南省文物考古研究所等：《云南江川李家山——第二次发掘报告》，文物出版社，2007，北京。

钺通常需要装木柲使用，属于长兵器中的一种，李家山第一次发掘采集到一件钺形器，形制特殊，柄顶端为铜鼓形，鼓面朝外，腰、足处无分界线，未设装木柲的銎口，显然与兵器钺的用途不同，该器物的用途待考。此器刃部近半圆形，柄上饰双旋纹、锯齿纹。高13.5厘米、宽10.3厘米。①（图IV–39）石寨山第二次发掘M16也出土过1件。

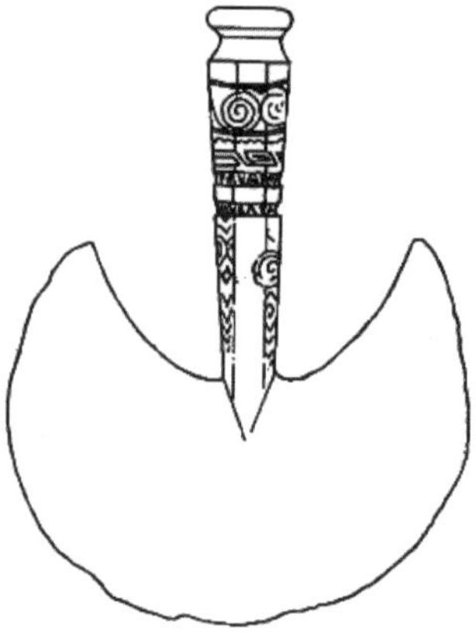

图 IV–39 李家山钺形器（采集品）

上述羊甫头M113出土的跪坐女俑，铜鼓除了用于器座外，还可以用作帽子，此件女俑的帽子为铜鼓形，这里铜鼓具有服饰功能。

鼎是中原的一种礼器，云南青铜文化中比较罕见，唯呈贡天子庙、昆明羊甫头墓地中出土过铜鼎。鼎足通常为柱形或兽足形，很少发现用铜鼓做鼎足，呈贡天子庙M41出土一件铜鼎（M41：132），形状为侈口，腹浅且鼓，三足，足正面饰头带羽冠、身穿铠甲、一手执法器、一手执兵器的巫师形象，三足下端铸成铜鼓形，一足一个，鼓形扁矮，身分三段。高32厘米、口径50厘米、底径38厘米。②（图IV–40）

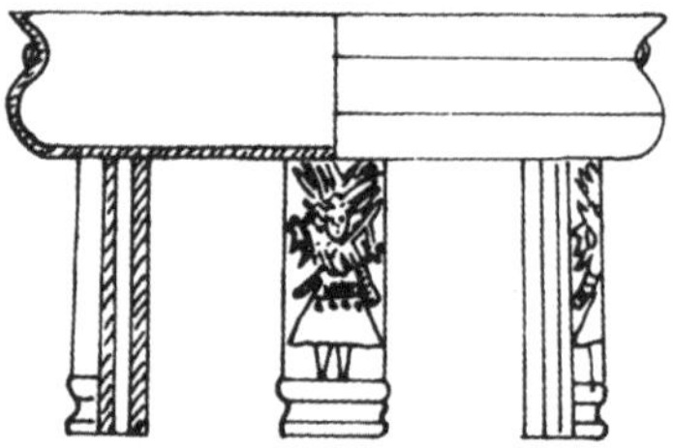

图 IV–40 天子庙铜鼎（M41:132）

三、铜鼓形剑首

一字格短剑是滇青铜器中常见的一种剑，剑茎铸成空心椭圆形，剑首为喇叭形，剑首上为镂空平行线状，这种剑在大、中、小型墓中都出土过，数量众多。铜鼓也被用在青铜剑茎上，数量不及前者。铜鼓多数置于剑首处，少数置于剑茎中部，根据铜鼓所处不同的位置，可以分为三型。

① 云南省博物馆：《云南江川李家山古墓群发掘报告》，《考古学报》，1975 年第 2 期。
② 昆明市文物管理委员会：《呈贡天子庙滇墓》，《考古学报》，1985 年第 4 期。

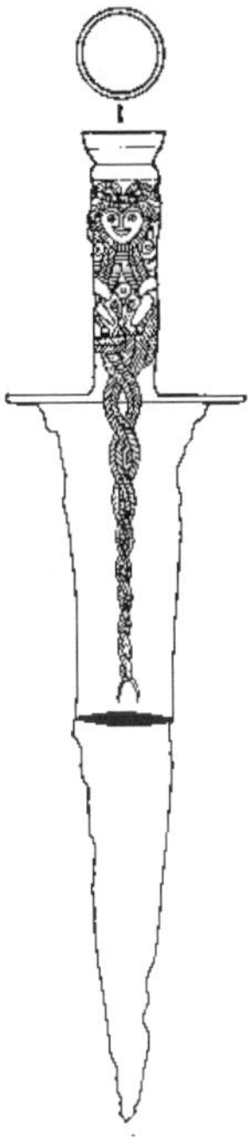

图 IV-41 李家山 M68X2:17 铜剑

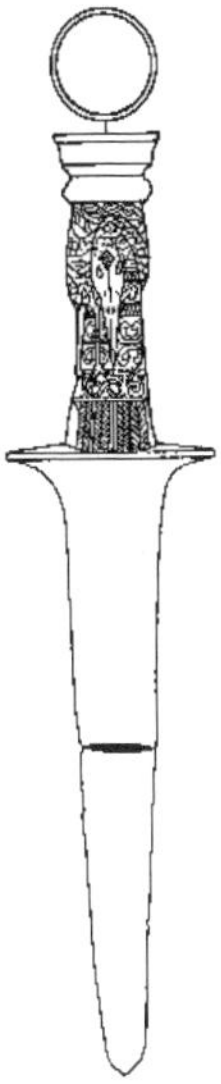

图 IV-42 李家山 M57:28—1 铜剑

A型，27件，李家山墓地第一次发掘采集到1件，第二次发掘出土24件。25件都是铜质。另外，第二次发掘还出土过2件铜柄铁剑。上述27件的剑首均作倒置铜鼓形，鼓足朝外，做空首状。M68X2：17，锋残，茎两面为跪坐人像，人身缠双蛇，双蛇延至剑身中段。残长36.5厘米、茎长9.9厘米。（图IV-41）

某些铜鼓形剑首还在鼓足处增加一圈环形底，如李家山M57：28—1，剑茎为1浮雕鹤纹，近格处为羽状纹，足部增加直径稍宽的1圈鼓足，高度小于原来鼓足的高度。通长33.5厘米、茎长11.9厘米。[①]（图IV-42）

上述铜鼓形剑首的剑只发现于李家山墓地之中，其他墓地未出。剑是一种近距离搏斗的兵器，出土实战需要，剑格能够保护手不被对方武器刺伤，而剑首通常也要做成宽于剑茎中部的尺寸，目的是防止搏斗中手从剑首处滑脱，铜鼓形剑首的宽度都大于剑茎的宽度，也能起到防滑的作用。

B型，3件，李家山第一次发掘M24出土2件，石寨山第二次发掘M6、第五次发掘M71各出土1件。铜鼓的位置不在剑首，而是在剑茎中部。李家山M24：85，无格，茎下部铜鼓上跪坐1妇女像，鼓足朝剑格方向，鼓面上女像束长发，穿圆领衣，双手垂直向下。长38厘米、茎长10厘米。[②]（图IV-43）

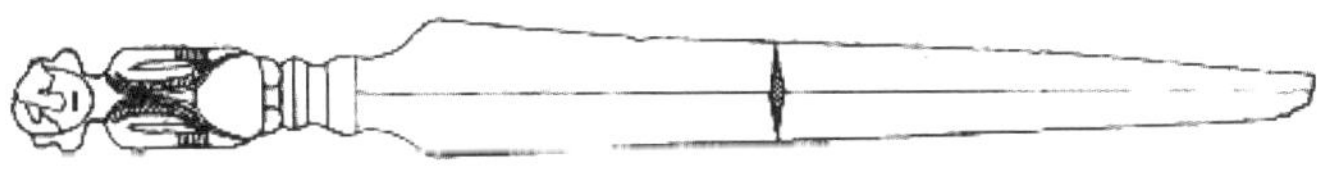

图 IV-43 李家山 M24:85 铜剑

石寨山M71：32，茎为空心猴首人形，人蹲坐在一铜鼓足部上，双手扶鼓足边沿，鼓面朝剑格方向，一字格，猴头顶部开一圆孔。通长30厘米、茎长9.4厘米。[③]

① 云南省博物馆：《云南江川李家山古墓群发掘报告》，《考古学报》，1975年第2期。

② 同上。

③ 云南省文物考古研究所等：《云南晋宁石寨山第五次抢救性清理发掘简报》，《文物》，1998年第6期。

铜制工字形器是古代纺织所需的部件之一，其用途主要是将纺轮纺出的纱团绕在工字形器的两横向棍上，使之成为纱线，然后上浆，增加纱线的光洁度和强度。工字形器石寨山M17出土过1件（M17：19），李家山第一次发掘于M11、M17、M18、M22、M23各出1件，共计6件。形制都一样，为“工”字形。石寨山M17：19，中央为一实心圆棍，上、下两端各横穿一细圆棍，中央实心圆棍一端装一小铜鼓，另一端则无。通高20厘米、宽25厘米。[①]（图IV–44）

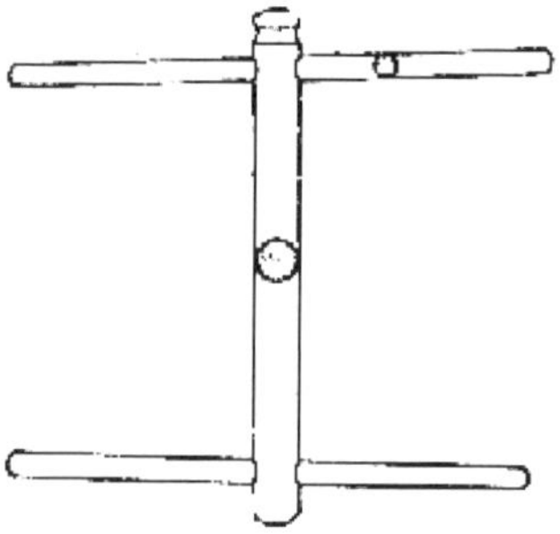

图 IV–44 石寨山 M17:19 工字形器

此铜鼓有何用途？是用于装饰，还是有实际用途，无肯定结论，在这里仅做一些推测。对照李家山出土的同种器物，如M11：2，中央实心圆棍的一端为环钮，另一端无钮，该环钮在纺线过程中，可供挂、提之用。估计石寨山M17：19上的小铜鼓也有此种实用功能。

铜鼓还具备固定器物的功能，李家山第二次发掘出土的鼓形贮贝器（M69：157）器盖中央竖立一根圆形柱，上粗下细，柱中部设一铜鼓，鼓足径大于面径，带四耳，素面，鼓足下接柱下段，下段穿过盖中部圆孔。[②]铜鼓为何设在柱中部，而不是在柱顶端？它起什么作用？仔细观察，铜鼓足部紧贴器盖，足径大于盖中部圆孔直径，它能托住圆柱，防止圆柱向下坠落，铜鼓起到使圆柱固定在所需要高度位置的作用，假如无此鼓，圆柱与器盖圆孔之间无固定物，圆柱不稳定，即便圆柱下段较长，穿入圆孔内也固定不了。滇国工匠巧妙地将铜鼓用在这些细微之处，如果不了解圆柱、器盖的结构，就难以发现铜鼓的作用。（图IV–45）

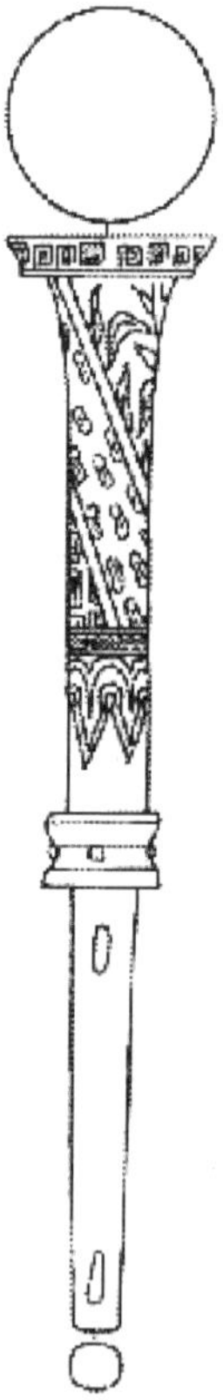

图 IV–45 李家山 M69:157 贮贝器器盖上圆形柱

① 云南省博物馆：《云南晋宁石寨山古墓群发掘报告》，文物出版社，1959 年，北京。
② 云南省文物考古研究所等：《云南江川李家山——第二次发掘报告》，文物出版社，2007，北京。

第四节　连接功能铜鼓

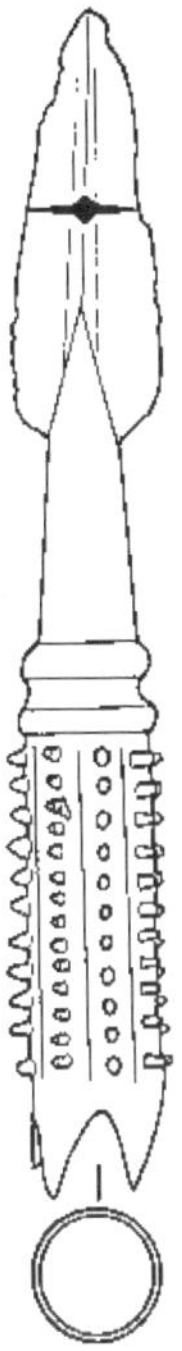

图 IV-46 李家山 M51:63 矛头狼牙棒

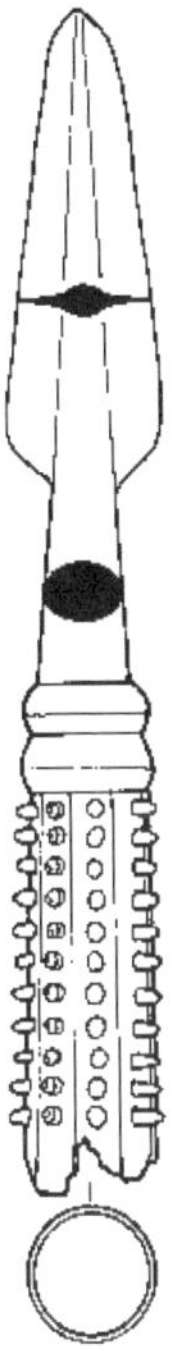

图 IV-47 李家山 M47:30 矛头狼牙棒

狼牙棒是滇文化中的一种地方色彩浓郁的器物，仅出自滇池地区，其他地方未出，出土数量不多，石寨山第二次发掘于M3、M12、M13出土13件，第五次M71发掘出土过2件。李家山第一次发掘出土4件，第二次发掘出土19件。羊甫头出土过4件，共计38件。这38件中有5件形制为狼牙棒与矛的合制器，简称矛头狼牙棒（《江川李家山——第二次发掘报告》称为铜殳），矛头立在狼牙棒上，二者通过一铜鼓连接，组成一种新的器物，铜鼓在矛头狼牙棒上起连接作用，把二种不同兵器组合在一起。铜鼓形状有二种：其一，以李家山M51：63为代表，铜鼓身分三段，曲腹，面径小于足径，鼓上端为矛，柳叶形，略残，中部起脊，圆骹，鼓下端为狼牙棒，八棱形，鼓身排列着整齐锥刺，銎部为短圆形，銎口呈四齿状，表面镀锡。残长28.5厘米、銎径3.2厘米。[①]李家山第一次发掘出土的2件与此件相同，唯銎口整齐。（图IV-46）

其二，以李家山M47：30为代表，鼓面与鼓足相等，束腰，足内收，鼓身分段不明显，矛与狼牙棒的形制与M51：63相同。銎口四齿残损，表面镀锡。长27.5厘米、銎径3.2厘米。[②]（图IV-47）狼牙棒是击打兵器，无刺的功能，前端增加矛后，增加了刺的功能，杀伤力更大。

铜勺是一种生活用具，常与铜尊、铜壶共出，应为酒器，其特点都是长柄，前端有一勺体。滇文化所出土的铜勺数量不多，李家山第一次发掘M11、M18、M21、M22出土7件，第二次发掘出土2件。石寨山M13出土1件。天子庙M41出土5件。羊甫头M113出土2件，共计17件，多出自男性大墓之中。从形制来看分为二种：一种是勺体为球体，实心圆柄，柄端多数有一立体人像；另一种是勺体为椭圆形，残底，勺柄扁平。柄端铸立体人像的都以铜鼓为连接方式。李家山M22：20，柄端一人跪坐在鼓上，长发，右手弯

① 云南省文物考古研究所等：《云南江川李家山——第二次发掘报告》，文物出版社，2007，北京。
② 同上。

曲，左手护膝，长35.6厘米（图IV-48）。

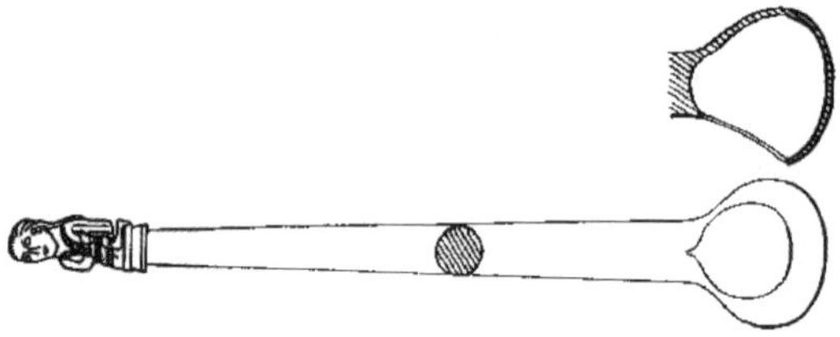

图 IV-48 李家山 M22:20 铜勺

李家山M11：21，柄端一裸体男子蹲坐在鼓上，鼓面上加一条形板，人双手抱着蹲坐在此板上，背靠丫形板，鼓面曲腹，足径略大于面径。柄两端饰着由三角纹、羽纹、点纹组成的二条纹饰带。长39.5厘米。[①]

铜勺平时不用时，需悬挂放置，通常勺柄都有孔或环状孔，柄为扁平状的，在柄端开一圆孔，供悬挂用，如羊甫头M113：306。柄为管状的，将管端弯曲，自然形成环状孔，羊甫头M113：287即是。如果柄端为人像，就需要用铜鼓来连接人与柄端，铜鼓起连接的功能，李家山M11：21悬挂时勺口朝外，利用人手、腹、腿形成的空隙，挂在挂钩上，人背后的丫形板紧贴在壁上，丫形板起稳定作用。

管銎戈和援侧带双翼戈是滇国青铜器中极具地方特点的一种兵器，出土数量不少。这两种戈均以椭圆形管銎或双翼受柲，管銎戈的管背上时常铸各种动物或动物搏斗的立体塑像，更具特色。一般说来，很少发现在管銎顶上铸动物的现象，迄今为止，滇青铜器中只出土过两件，一件是石寨山M21出土管銎顶部铸一立牛的戈。另一件李家山M51出土戈的铜柲顶端也铸一立牛，两件都是通过一小铜鼓将立牛与管銎或铜柲连接起来，鼓面均向上。石寨山M21：31，长胡，无穿，无内，管銎，銎较长，銎顶部为铜鼓状，上铸一立牛，牛头与戈援身方向一致，援直，前端为尖锋状，木柲已残。长21.5厘米、管銎长26厘米。[②]李家山M51：282，刃及尖峰稍残，带一完整铜柲，戈、矛兵器中唯此件带铜柲。羊甫头M113虽然出土过众多带漆木柲的戈，但未发现带铜柲的戈，此件为无胡戈，援身

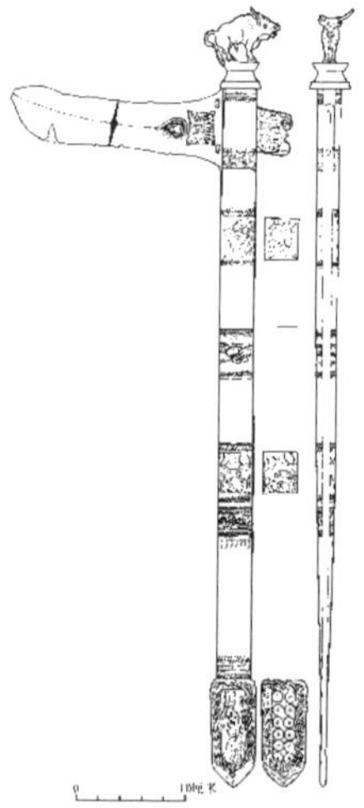

图 IV-49 李家山 M51:282 铜戈

① 云南省博物馆：《云南江川李家山古墓群发掘报告》，《考古学报》，1975 年第 2 期。
② 云南省博物馆：《云南晋宁石寨山古墓群发掘报告》，文物出版社，1959 年，北京。

前段略向上弯曲，援尖成三角形，援身开一太阳纹孔，内向下倾斜，援末饰二人，内上饰三人，铜柲剖面为椭圆形，下部渐扁，上部开扁长方形孔以受内，顶端为一铜鼓，鼓胸最大径在鼓面径处，面径小于足径，鼓面上铸一雄壮公牛，头与戈身方向一致，柲下端连铸着镦，长扁长方形，一面饰羽人，另一面饰两排同心圆纹，铜柲身饰六组锯齿纹、牛纹、云纹相间的纹饰带，戈和柲表面镀锡。通长69厘米、援长16.6厘米。[①]（图IV–49）

此件戈与石寨山M21：31形制不同，前者为无胡斜内戈，后者为长胡无内戈。受柲方式也不同，前者在铜柲上部开一扁长方形孔受柲，后者以管銎受柲。两件的共同点都是管銎，柲顶端有一铜鼓，鼓面上铸一立牛。铜鼓在这里起连接作用，把牛与管銎、柲连接起来。这两件戈无实际用途，多用于仪仗。

第五节 特殊功能鼓形器——祭器

李家山第二次发掘于M51、M69两墓中出土2件特殊的铜鼓形器物，由于之前没有出土过类似的器物，因此它们的定名及功能存在不同的观点，在讨论上述二问题之前，先对这两件器物做一简单介绍：

图IV–50 李家山三骑士祭器（M51：262）

M51：262，《江川李家山——第二次发掘报告》一书中将此件器物归在铜鼓类。M51属大型墓，一椁单棺，墓主人为男性，随葬700余件器物，铜鼓、贮贝器置边厢头足两端，该器置于边厢西端，周围还出铜柄铁剑、马具、铜牛头、绿松石扣等。该器为铜鼓形，身分三段，胸部最大径偏上，腰剖面成柱状，足外侈，足径大于胸径。鼓面中央太阳纹未凸出，与鼓面平，十二芒，芒间饰重叠三角形纹，芒外饰三晕栉纹，其余晕素面。胸上部、腰下部都饰二晕栉纹，腰上部被栉纹和羽纹相间纵分成十格，格间无纹。鼓面上铸三骑

① 云南省文物考古研究所等：《云南江川李家山——第二次发掘报告》，文物出版社，2007，北京。

士，高约15厘米，一头牛，二马蹄下带方柱状榫，牛足下带长方形薄片，下连一钉状榫头，榫头插入鼓边对应位置的榫眼内，使三骑士、牛固定立在鼓面上。马高大强壮，鞍辔齐备，骑士头上戴高盔，耳环，束腰带，腰间佩长剑，跣足。面径39.7厘米。①（图IV–50）

该器基本形制为铜鼓，但如果与铜鼓做一比较，能够找出二者的一些差别，如鼓面中央太阳纹不像多数铜鼓凸起，无法承受长期敲击，显然，该器不具备敲击的功能。另外，三骑士的高度达15厘米左右，远远高出冷水冲型、北流型铜鼓鼓面常见的蛙饰高度，三骑士下带榫头、榫孔，这些不方便敲击，即使能敲击，也不会发出铜鼓的声音，因此，它不是铜鼓。那么，它会不会是贮贝器呢？贮贝器出土时通常里面都盛满海贝，同墓出土的驯马场面贮贝器内就装满海贝，该器出土时里面未发现海贝。另外，贮贝器应该配置盛贝的必要设备，要装器底，上面要有活动的器盖或圆孔，方便取放海贝。这些设备在此件器物上都没有配置，无法用作贮贝器，因此它们不是贮备器。

M69：162，《江川李家山——第二次发掘报告》也将此器归为铜鼓，此器出土于M69，该墓为大型墓，一椁二棺，二棺为一主棺，一陪棺，墓主人为2女，此件器物放在主棺头端，出土时周围有铜杖头饰、铜炉、陶杯、女执伞俑等器物。此器器形小，胸部最大径偏上，腰部剖面呈梯形状，鼓面中央为一太阳纹，无芒，其外有一周（约1厘米宽）凹槽，四叶脉纹耳，通体素面，鎏金。鼓面上立四舞人，人高约13厘米，人足下装着长方形扁榫，榫中部开小孔，榫插入榫眼后，再于小孔内插上竹签便可固定鼓面上四舞人。四舞人环鼓边而立，背朝内，脸朝外作舞蹈状，头顶尖顶帽，或用带束高髻，耳戴耳环，手戴剑或镯，内着长衣，外穿长披风，腰佩圆形扣饰、短剑，跣足。通高27.2

图IV–51 李家山四巫俑祭器（M69：162）

① 云南省文物考古研究所等：《云南江川李家山——第二次发掘报告》，文物出版社，2007，北京。

厘米、鼓高14.8厘米、面径17.5厘米。[①]（图IV–51）

该器的基本形制为铜鼓形，较为特殊的是器面上带一环形凹槽，此现象在所有铜鼓中均未出现过，而且四舞人站立处凸起，面不平，呈高低起伏状。外加高约13厘米的四舞人榫孔，这些都使该器无法用做乐器，也就是说没有铜鼓乐器的基本功能，因此它不是铜鼓。该器无底，面上无孔，出土时其内也不像同墓中的贮贝器那样盛满海贝，它也不是贮贝器。

那么上述2件器物的具体用途是什么？假如将此2件器物与墓主人联系起来考虑，或许能得出结论，M51墓主人是男性，随葬品兵器数量最多，马具也不少，贮贝器中仅有出1件驯马场面贮贝器，以上种种，说明战争在墓主人生前占有重要地位，可能他生前就是一位崇尚战争、经常带兵打仗的将领，一生征战，死后将它最主要的活动，以三骑士的形式铸在铜鼓上，此件器物应当是反映墓主人生前主要活动的祭器，祭祀战争。M69的墓主人是二女，一主一仆人，此器应是用于主人的随葬品，M69墓中随葬品以装饰品居多，兵器较少，没有马具，鎏金鼓形器座也出在此墓，同出铸立体塑像的是2件贮贝器，1件是纺织场面，另1件是播种祭祀场面贮贝器，2件都反映了墓主人生前的重要祭祀活动，墓主人都是主祭人，从这个角度来看，此件鼓形器也是祭器，祭祀墓主人经常参加的娱神活动。

总之2件器物既不是铜鼓，也不是贮贝器，它们是墓主人生前所参加过重大活动的祭祀性质器物。至于名称可以称之为三骑士祭器和四舞俑祭器更准确。

第六节　其他地区铜鼓的改装及功能

以上几节主要阐述了滇池地区石寨山型铜鼓的改装及其功能，其实不仅滇文化中存在大量对铜鼓的改装和利用，与滇文化邻近的句町、夜郎、东山文化中也存在对石寨山型铜鼓、东山型铜鼓改装的现象，改装后也出现新的功能，并且是完全不同于滇文化对铜鼓改装后的功能，主要以实用为主，辅以其他功能。另外，改装现象并不常见，仅属于个例，不像滇文化那样普遍。对石寨山型、东山型铜鼓改装的实例如下：

广西西林县普驮铜鼓墓葬，1972年发现并清理，墓坑为圆形，直径

① 云南省文物考古研究所等：《云南江川李家山——第二次发掘报告》，文物出版社，2007，北京。

1.5～1.7、深2米，坑下0.6米深处依次用一块圆形石板、十二块石条盖住铜鼓，铜鼓共出4面，编号分别为土280、土281、土282、土283，4面鼓大小有别，出土时呈套合状，用铜鼓作葬具，类似内棺外椁，内层鼓存放着尸骨。大鼓土280被从胸、腰接合处锯开，土283鼓自胸部以下锯掉不用，仅用鼓胸以上部分，土281、土282保存完整，土280、土281、土282鼓身上都有钻孔，用以柿蒂形花钉铆合。对于4面鼓的套合方式，清理简报发表时曾经做过推测，并绘制出1张4面鼓的套合图，[①]长期以来，人们认为4面铜鼓的套合就是如图所示，到了1991年，广西壮族自治区博物馆的蒋廷瑜、中国科技大学的彭子成、黄允兰对铜鼓进行了认真的观察，并以铜鼓模型做了多种组合试验，发现过去发表的4鼓套合图有误，正确的应当是：将土280鼓从胸、腰之处锯开，胸部仰放在下面，腰部正放在胸部上，鼓足套住胸部，并用柿蒂形花钉将二者铆合，然后将土283鼓从胸部以下锯掉，把胸部仰放在土280鼓胸内，尸骨放在土283胸内，再将土282鼓正放在土283号鼓胸上，足部套住土283鼓的胸部，二者也用柿蒂形花钉铆合，最后将土281鼓正放在土280鼓的腰上，这样就形成内外两层用铜鼓做葬具的棺椁。[②]（图Ⅳ-52）

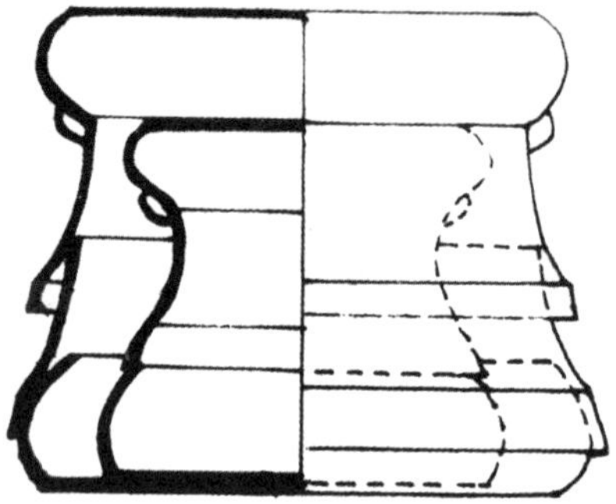

图Ⅳ-52　西林普驮铜鼓墓葬

这4面铜鼓根据需要事先都经过挑选改制，鼓大小不同，2面鼓被锯开，锯开后的1面鼓胸部以下弃之不用，下面套合部分用花钉铆合固定，这些都是经过周密的设计，按照内棺外椁的葬俗将铜鼓改装成葬具，这种方式既十分奇特，又保留古老的葬俗。

广西贵县罗泊湾M1铜三足案。1976年发掘的贵县罗泊湾M1是一座西汉初期的大型竖穴土坑木椁墓，M1共出土过2件案，其中的1件（M1：13）是用铜鼓改装而成，此案是将铜鼓胸上部分锯下，倒置，鼓面为底，鼓面边沿等距离焊上三只马蹄形足，胸部两侧对称再焊上一对环耳，案中央保存着烧烤痕迹。此鼓为石寨山型风格，鼓面中央为十二芒太阳纹，芒间填翎眼纹，

① 广西壮族自治区文物工作队：《广西西林县普驮铜鼓墓葬》，《文物》，1978年第9期。
② 蒋廷瑜、彭子成、黄允兰：《西林铜鼓的套合形式及铜鼓面上的小珠》，《中国古代铜鼓研究通讯》第11期，1995年12月，南宁。

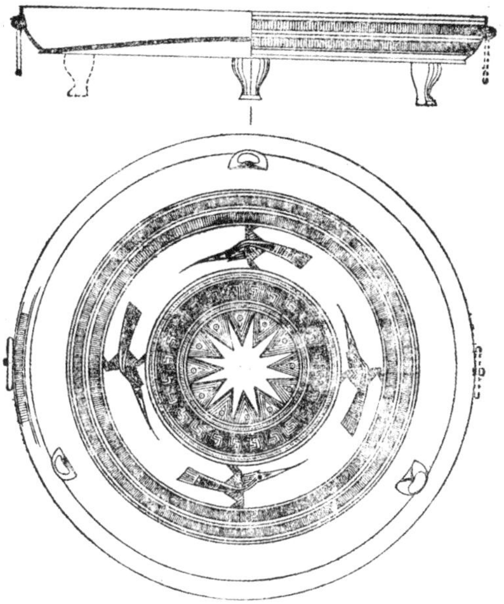

图 IV–53 贵县罗泊湾 M1:13 铜三足案

芒外六晕，单、双弦分晕，第一、三晕点纹，第二晕云雷纹，第四晕主晕纹，为四只逆时针方向飞翔的长喙、长尾翔鹭，第五、六晕栉纹。胸部现存二晕栉纹。口径60.5厘米、高11厘米、底径55厘米。[①]

案是一种实用的食器，用铜鼓改制成食器并不多见。案为中原文化的典型器物，石寨山型铜鼓为西南地区滇、句町文化的典型器物，在这件器物上反映了两种文化的交流与融合。（图IV–53）

贵州赫章可乐M153套头葬。1978年在赫章可乐乙类汉墓发掘中，发现1座形制特殊的、用铜鼓来套头的墓葬。乙类汉墓共168座，分布在可乐河南岸，均为竖穴土坑墓，此墓编号为M153，墓坑长2.85米、宽1.2米、深0.45～0.75米，M153中随葬有铁削一、铁铧一、铁锸二、铜鼓一、铜带钩一，并有稻谷、大豆遗存。铜鼓侧立在墓坑一端，鼓内腔套在死者头部，鼓面朝墓壁，出土时鼓已被压变形，鼓的形制、纹饰属于石寨山型。除了用铜鼓来套头外，还有18座用铜釜来套头的墓葬，说明这种葬俗在当地带有普遍性，并非孤例。M153的年代为西汉晚期。[②]（图IV–54）

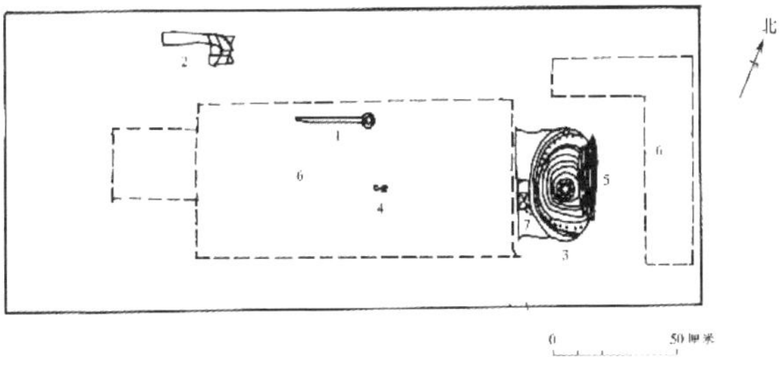

图 IV–54 赫章可乐 M153 平面图

① 广西壮族自治区博物馆：《广西贵县罗泊湾汉墓》，文物出版社，1988 年 8 月，北京。

② 贵州省博物馆考古组、贵州省赫章县文化馆：《赫章可乐发掘报告》，《考古学报》，1986 年第 2 期。

浙江安吉县上马山M10鼓，1989年—1990年在安吉县上马山两次抢救性发掘8座西汉墓，其中M10墓底出土1面小型铜鼓。M10墓坑长6.1米、宽5.2米、深6米，属于大型墓葬。随葬品中除了铜鼓外，还出土2件铁剑、1件玉璧以及众多陶器，墓的年代为西汉。此鼓除了外形与越南东山文化中的明器鼓相同外，有二点值得注意，一是小型化，铜鼓面径7厘米、高5厘米、足径9厘米，[①]这在中国发现的铜鼓中算是比较小的（滇文化还有用金、银、玛瑙做成的鼓形装饰品，尺寸更小）。二是鼓面中间铸1个提钮，提钮已断，残留痕迹。根据后面的理由，此鼓已不具备敲击太阳纹发音的功能，应有另外的用途，这种鼓此前在中国从未出土过。（图IV–55）

小型鼓在越南东山文化中多有发现，越南学者郑生在研究上马山鼓时列举了越南的浪吟鼓（图IV–56）、嘉林鼓（图IV–57），三鼓形制、纹饰非常相似，并且鼓面上也都有提钮，表明东山文化与中国汉代南方文化曾产生过交流。至于用途，郑生列举1981年在越南朗化（音译）出土的1面铜鼓，除了鼓面上有提钮外，鼓内还挂着一个“舌”，他认为这类鼓可以挂起来敲击发音，与钟的功能类似，他称之为钟类铜鼓，[②]上述观点值得注意。

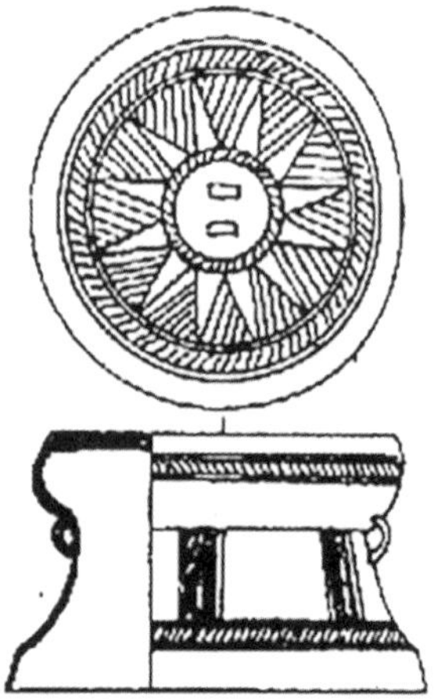

图 IV–55 浙江上马山鼓

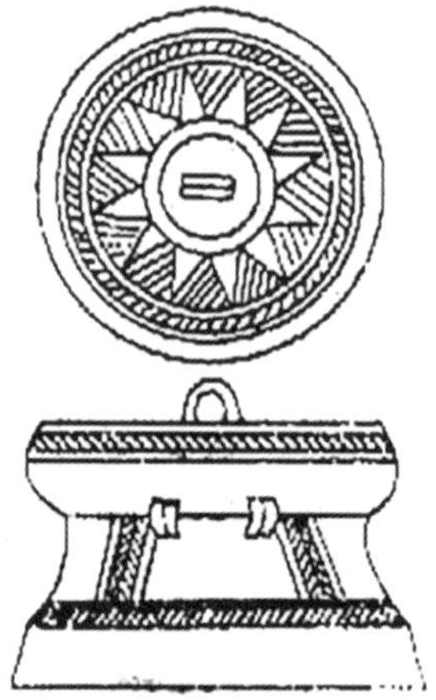

IV—56 越南浪吟明器鼓

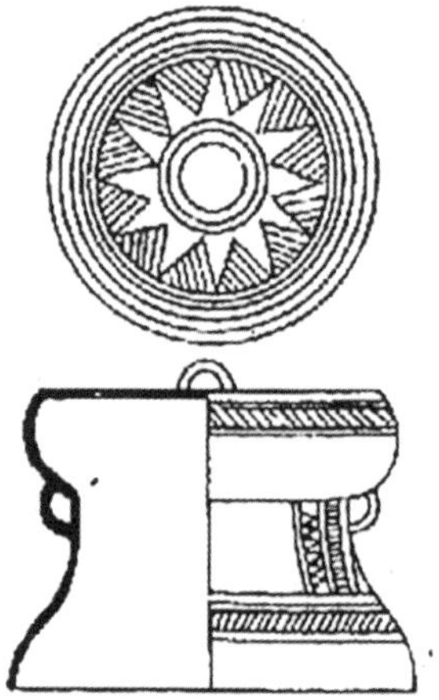

图 IV–57 越南嘉林明器鼓

① 安吉县博物馆：《浙江安吉县上马山西汉墓的发掘》，《考古》，1996 年第 7 期。

② ［越］郑生著，农立夫译，蒋廷瑜校：《中国浙江新发现的东山铜鼓》，《中国古代铜鼓研究通讯》第 18 期。

越南发现的明器铜鼓。此类鼓是特制的小型鼓，尺寸大约在面径2～15厘米、高2～15厘米之间，高、面径未超过15厘米，越南发现的最多，据1990年出版《越南的东山铜鼓》统计，共计96面。最初发现于东山遗址，1924年巴若在发掘东山遗址时就出土过明器鼓，其中1面鼓面中央有提耳，另一面鼓面上立着一只狗。戈鹭波认为是供殉葬用的铜鼓的代用品，即明器。[1]这种铜鼓多数出自东山遗址的墓葬中，《越南的东山铜鼓》一书统计96面明器鼓中有46面出自东山遗址。[2]其他地方如绍阳、鼎乡、大村、吟乡、东如、广胜也出过。

此类鼓根据形制，大致分为三种，一种尺寸较小，纹饰少，鼓面上无立体塑像。第二种尺寸稍大，纹饰丰富，鼓面有提耳或动物塑像。第三种尺寸最大，面径、高均为15厘米左右，纹饰与大型鼓的纹饰基本相同，鼓面无立体塑像，年代与大型东山鼓的年代相当。至于用途，除了明器外，越南学者阮文煊、黄荣认为是“还愿鼓”。[3]另外鼓面上有提耳鼓的功能还应考虑挂起来敲击的作用，如果是明器没有必要铸提耳。

---

① ［法］V. 戈鹭波著，刘雪红、杨保筠译：《东京和安南北部的青铜时代》，《民族考古译文集》，1985年。

② ［越］范辉通主编：《越南的东山铜鼓》（英文），越南社会科学出版社，1990年，东京。

③ ［越］阮文煊、黄荣著：《越南发现的东山铜鼓》（越文），越南历史博物馆出版，1975年。

第　五　章

越南东山铜鼓（A型和B型）

第一节　越南东山文化

越南东山文化，是公元前3世纪至公元1世纪分布于越南义静省以北至中越边境这一广大地域内的一种青铜文化。因其最早被发现的遗址位于清化省东山县东山乡而得名。1934年，著名的奥地利考古学家海涅·革尔登（R. H. Geldern）在一篇研究东南亚铜器文化的文章中建议将在越南东山发现的铜器文化命名为“东山文化”。[①]

一、越南东山文化研究综述

1924年，一位打鱼人在大雨冲刷过后的马江岸边偶然拾得一些露出地面的铜器，他卖给了清化省的一名税务官员巴若（M. Pajot）。巴若闻讯赶来开掘，并获得法国远东学院的支持，巴若从1924年—1928年在东山村进行了考古发掘，地点在马江右岸一块耕地上。他雇人发掘了许多埋葬较浅的古墓，收集了许多随葬品，共有489件铜器，还有少许石器、陶器与铁器。

1929年，法国远东学院研究员戈鹭波（Victor Goloubew）在《东京和安南的青铜时代》一文中公布了巴若在东山发现的这批古铜器，并结合已收藏在达让斯古董集内的青铜文物，做了阐述。他指出东山发现的青铜器数量多，品种多。除了个别物品，其余的和达让斯的收藏品一样，看来是由当地冶金工场生产的，它们之间有许多相似之处。戈鹭波将东山出土的铜器分为5大类：

1. 铜鼓——东山出土的器物中，最独特的遗物。东山发现的铜鼓是越南第一次出土的，共达20多面。

2. 武器、农具。出土中的器物大多数是兵器，有剑、刀、矛、匕首、箭镞和斧钺。值得注意的是一柄双刃剑，刃长60厘米，宽4. 5厘米。柄较小，附圆环而易把握。剑末饰有边缘花样，刃部由两面斜削而成。人们认为这种

---

①［奥］R. H. 革尔登:《殖民地印度艺术的史前基础》,《维也纳亚洲艺术和文化史评论》，第 8 卷，1934 年。

剑与《周礼》中所描述的中国古剑属同一类型。斧钺形制多种多样，一般为方銎，像中国的匾，但刃阔，两边突出。另有斜刃斧，似近代皮革匠使用的切刀。铜甲片与达让斯古董集中的甲片颇为相似，一件呈方形，两件呈长方形。长方形有穿孔系绳，稍呈弯形；方形的则四角有穿孔，似为护胸之用。另有几件铜器残片，疑为犁和铲。

3．容器。最多的是铜壶和铜篮。铜篮分为两类。一为大口小底，缘上附有两耳，篮足为平底，放置平稳。最大的篮高达52厘米，宽8厘米，口缘饰以圆圈纹与相间的横线垂纹；二是柱形篮，口稍大于足，附两耳，口缘亦饰以圆圈纹与相间的横线垂纹。此外有扁壶一件，与中国的扁壶相似。另有大壶一件，两侧附耳，此物恰如戈鹭波所推断的，属于中国汉朝的艺术品。

4．首饰。有铜耳环和铜手镯，有铜带钩两件和铜泡数枚。

5．人俑。为一种独特的艺术品。有一件刃部残缺的匕首，柄部作双手叉腰直立的人状，戴有耳环与手镯，头上包扎巾帻，着短裙，腹间又着一片襜子。戈鹭波认为，这如南洋一些部落战士战斗时的着装。另有一件圆壶，直口高颈，作鸟颈状。鸟头上铸有一个盘坐的人俑，长发梳髻于额上，额前包扎巾帻，巾帻结置于脑后，耳戴大圆环。鸟颈上铸有相似二人，并肩而坐。还有小铜俑一件，两人相负，背上一人作吹乐器状，头不着冠。底下一人作跳舞状，头上有冠，冠饰有角，似麒麟角状，可能是鸟嘴。两人脑后均有发髻，所吹乐器为笙。此铜俑疑为表现当时人伴乐起舞之状。

他还指出在东山遗址的文化遗存中还包含了一些来自中国的青铜器，“尽管其数量较少，但对我们来说却有重要意义，因为它们提供了可靠的年代依据”。可以说正是东山遗址的发现向人们展示出越南北方确实存在一个青铜文化时代。[①]

1930年，戈鹭波发表了他研究东山文化的著名论著《北圻和北中圻的铜器时代》，[②]他在文章中确认了越南青铜时代的存在，他根据东山墓葬中出土的汉代铜镜、铜剑和古币等器物，对其定为“只是公元一世纪（即中国东汉的时期）始于野蛮的九真地区”，而东山文化的来源为本地土著文化，“正是中国人教会冶金技术和改变用易腐烂的材料制造乐器及工具的方法，

① ［法］V. 戈鹭波著，刘雪红、杨保筠译：《东京和安南的青铜时代》，《民族考古译文集》1，中国古代铜鼓研究会、云南省博物馆编，1985 年。

② ［法］V. 戈鹭波：《北圻和北中圻的铜器时代》，《法国远东博古学院集刊》第 29 期，1930 年。

转而制造了有丰富花纹的铜鼓。”

1932年，海涅·革尔登（R. H. Geldern）在《远东印度支那地区金属鼓的来历及意义》一书中首先提出了并提议以东山文化来称呼印度和印尼以外的东南亚全部青铜时代文化。[①]1932年，戈鹭波又发表自己的观点，将越南青铜文化的渊源逐步移向了西方，把南欧和北欧的青铜文化当作东山文化的起源。[②]1934年，革尔登又在其文章《殖民地印度艺术的史前基础》中阐述了他的观点，东山文化是一个地区文化传统或一种复合技术，它不仅包含印度支那地区，而且包括中国云南与印尼的铜器文化。[③]但革尔登在此文及其以后的文章认为东山文化起源于欧洲，在对东山文化铜器的花纹与欧洲、中东的铜器花纹进行比较研究后，认为年代为公元前7至8世纪。[④]

从1935年到1939年，继巴若之后，瑞典考古学家阳士（Olov Janse）应法国远东学院的邀请，并获得欧美一些博物馆和大学的资助，曾对东山遗址进行过3次发掘，其规模和方法均比巴若更为系统与科学，他共采集有200件铜器，并在清化、老街的一些地点调查和采集了许多铜器。[⑤]1936年，阳士在巴若发掘地点的近旁深2米处，掘获了高脚屋的残迹，有屋柱、木桩、竹子和木头，旁边有陶片、网坠、铜缸和牛骨。[⑥]

从20世纪30年代以来，日本学者也开始大量地研究东山文化，尤其是小林知生的《印度支那北部平原的古文化》一书，通过对东山文化本地因素和中国汉文化因素的研究，提出可将东山文化分为本地阶段、混合阶段和汉文化阶段的论述。[⑦]其他的如松本信广的《印度支那的文化》[⑧]、梅原末治的《安南清化省东山出土的同类铜器》[⑨]等文章也对东山文化进行了研究和分析。

---

①［奥］R. H. 革尔登：《远东印度支那地区金属鼓的来历及意义》，大亚细亚出版社，（德国）莱比锡，1932年。

②［法］V. 戈鹭波：《关于铜鼓的起源和分布》，《东亚史前学史》，1932年，河内。

③［奥］R. H. 革尔登：《殖民地印度艺术的史前基础》，《维也纳亚洲艺术和文化史评论》，第8卷，1934年。

④［奥］R. H. 革尔登：《中国和东南亚佛教前艺术及其对大洋洲的影响》，《亚洲艺术杂志》第11期，第4分卷，巴黎，1937年。

⑤［法］V. 戈鹭波：《东京的考古和东山的发掘》，1937年，河内。

⑥［瑞典］O. 阳士：《印度支那的考古调查》第3卷，1958年，布鲁塞尔。

⑦［日］小林知生：《印度支那北部平原的古文化》，1937年，东京。

⑧［日］松本信广：《印度支那的文化》，《东洋思潮》，1934年，东京。

⑨［日］梅原末治：《安南清化省东山出土的同类铜器》，《东亚考古学论考》第一卷，1945年，东京。

荷兰学者卡伦费尔斯（V. S. Callenfels）在他的著作里面也对越南和印尼青铜文化间的关系及其相互的影响，以及东山文化所出铜鼓的年代等问题进行了探讨。①

1942年，斯德哥尔摩远东古物陈列馆的瑞典学者高本汉，运用考古类型学的对比，主要是根据铜器上纹饰的对比，提出了东山文化中中国战国时期文化因素的影响，提出“应当把汉以前的时期，最迟为公元前4世纪或3世纪作为东山文化的初始年代”，他还指出东山文化可能延续到公元1世纪。②

在二战前，阳士初步介绍了他的发掘结果，但正式报告直到战后才分3次（1947年、1951年、1958年）在共三集的《印度支那的考古调查》中先后发表。③

1945年越南独立后，特别是越南北方解放后，考古研究有了新的进展，东山文化的研究也发展到一个新阶段。1958年，在中国考古学家的指导下，越南文化部文物保管司在东山遗址组织了考古实习。1959年在河内郊区的古螺城发现了成万枚铜箭头。从20世纪60年代起，越南考古学家和考古工作者开展了更有组织的考古调查与发掘工作。1960年，在苏联专家波里斯科夫斯基教授的指导下，对清化省绍阳县的绍阳遗址进行了颇大规模的发掘。随后不久，1961年又对位于巴若与阳士发掘地附近的东山遗址进行新的发掘。首先是绍阳居住遗址和墓葬区（清化）的两次大规模发掘，一次在1961年11月，一次在1961年12月至1962年3月，这两次发掘，从一系列古墓中获得了许多铜器、陶器和石器实物。与此同时，在越南北方许多地方发现和勘察了其他青铜时代的遗址。20世纪60年代以来，越南的红河两岸到老街北部都发现有东山文化的器物。从越南北部的和平、山萝、太原和谅山到越南中部的清化、义安、河静与广平也先后发现了许多东山文化遗存。上述新的发现，扩大了人们对东山文化分布范围的认识。到20世纪90年代初，越南已知的东山遗迹达到125个，其中有65个居住遗址、27个居住兼墓葬遗址、28个墓葬遗址，另有5个石装饰品制作工场遗址，内有三分之一的遗址已经发掘。

1963年，河内科学出版社出版了黎文兰、范文耿、阮灵编著的《越南

① ［荷］V. S. 卡伦费尔斯（V. S. Callenfels）：《语言、地理与民族学杂志》第74卷，1934年；《青铜鼓的年代》，《莱佛士博物馆集刊》丛书B，第一卷，1937年。

② ［瑞典］B. 高本汉：《早期东山文化的年代》，《远东古物博物馆集刊》，（瑞典）斯德哥尔摩，1942年。

③ ［瑞典］O. 阳士：《印度支那的考古调查》第1、2、3卷，（比利时）布鲁塞尔，1947年、1951年、1958年。

青铜时代的第一批遗迹》一书，系统地介绍了已经发掘和发现的第一批东山文化遗址和遗物，这是一部详尽而严谨的考古报告。黎文兰等在介绍了东山文化遗址和遗物后，在该书的代结论部分谈了他们对东山文化的初步认识。1969年黄春征、褚文晋在越南《考古学》第3—4期发表了《东山文化的内容、类型和年代》，对东山文化有了进一步的系统概括。1967年—1971年间越南出版了《雄王国家的建立》（四卷本）。1976年6月越南科学出版社出版了《雄王时代》，这两种集体编撰的著作对东山文化作了重点介绍。在此前后西方学者对东山文化也发表了不少研究成果。

二、越南东山文化的基本特征

东山文化是位于红河流域下游及周边地区的青铜文化，其年代相当于中国的战国至东汉时期。它是一个在独立区域内继承本地域土著文化并接受外来文化因素而产生的青铜文化。它主要分布在越南北部和中部永富、河山平、河北诸省，基本以越南北部红河三角洲一带为主，且集中分布在红河流域和马江流域。东山遗址内除了发现有发达的铜器文化外，还发现有铁器，显示它是由青铜时代向铁器时代过渡的文化。关于东山文化的年代，学术界亦逐步有了一些共识。它的起点（上限），曾有公元前600年、公元前500年和公元前350年3种说法，现在人们认为公元前600较合适。东山文化的下限则划定为公元1世纪，即马援将军镇压二征起义的那一年，即公元43年。①

出土遗物多且丰富，有铜器、陶器、玉器、石器、水晶、铁器和木器等，涉及东山居民社会、经济和日常生活的各个方面。迄今在12个省、2市约80个地点发现了东山文化遗物，总数有2800余件（河内东英县古螺城发现的约1万件铜镞未计入），其中青铜器有1500多件。

陶器大多为手制，一般先做好器身和器口，最后再将底部粘接上去。陶质主要为夹砂粗陶，陶色有红、褐、灰三种，纹饰的制作方法有梳制法、划制法、拍制法、印制法和按压法等，纹饰以绳纹和网格纹为主，其他有几何纹、三角纹、圆圈纹、叶脉纹、波浪纹、螺旋纹等，器型主要是生活用具，以圜底釜、罐为主，其他有敞口瓮、圈足瓶、印模、盆、纺轮、网坠、陶“叉”形器、盂形器等。

石器以生产工具为主，都经过磨制，主要的器形有石锛、石斧、石凿、网坠、磨盘、石镞等，其他还有石环和石珠等少量装饰品。

① 埃德蒙·索兰、让皮埃尔·卡伯内尔：《印度支那半岛的史前文化》，《考古学参考资料》，文物出版社，1979年。

玉器以装饰器和礼器为主，有凸沿手镯、牙璋、玦等。

铁器较少，主要为农业生产工具，以铁锄、铁斧、铁锸为主，还有少量的铁刀、铁剑和铁矛等兵器。

东山文化的铜器发现得最多，多为石范模制而成，可分为兵器、生产工具、生活用具等，生产工具有镰、刀、锄、铲、针、鱼钩等；生活用具主要是容器，如盅、提筒、壶、瓶、盆、盘、大铜缸等；装饰品有手环、带钩、铜手镯等；乐器有铜鼓、羊角形编钟、管状铜铃等；兵器包括镞、铜镖、矛、不对称形斧（钺）戈、匕首、护胸甲片等。其典型器为：蝶翼形铜镬、靴形铜钺、銎口呈长方形或扁六边形正面近梯形的铜斧、斜胡有内戈、叶面呈不对称菱形的矛、球形茎首和格内卷成两个圆圈的青铜短剑、一字格青铜短剑、铜缸、铜盅、圜底陶釜罐等。其中东山铜鼓是最具特征性的器物之一。另外在一些墓葬中，出土有汉代的铜镜、蒜头扁壶、圆壶、铜剑、五铢钱以及王莽钱等从中国传来的物品。

河内矿山监察总局化学实验室对东山出土的两件铜器样品进行过分析，[①]得出合金成分如下：

	铜斧残片	铜壶残片
铜- - - - - - - - - - - - - - - -	55. 2 %	57. 2 %
铅- - - - - - - - - - - - - - - -	17. 3 %	19. 3 %
锡- - - - - - - - - - - - - - - -	15. 3 %	16. 1 %
铁- - - - - - - - - - - - - - - -	4. 4 %	2. 4 %
银- - - - - - - - - - - - - - - -	0. 012 %	0. 017 %
金- - - - - - - - - - - - - - - -	痕量	痕量

化验结果显示，东山铜器中含有大量的铅，其含量甚至比锡还高，在青铜工艺中实属例外。越南学者陶维英说："人们认为这是一种特殊的铜，而与中国的铜决然不同。"[②]

东山文化居民的农业生产水平已经很高，在出土的石器、铜器和铁器中，我们都能发现大量的农业生产工具，双肩石锛和石斧，心型铜锄、纵截面为半V字形斧、斜刃铜斧、铁锄、四边形铁锸等农具的大量使用，提高了劳动生产率，扩大了耕种面积，而大铜镰的使用提高了收割的效率。

① ［法］V. 戈鹭波著，刘雪红、杨保筠译：《东京和安南的青铜时代》，《民族考古译文集》1，中国古代铜鼓研究会、云南省博物馆编，1985 年，264 页。

② ［越］陶维英著、刘统文等译：《越南古代史》下册，商务印书馆，1976 年，323 页。

在晚金属时代的东山文化中，越南的农业得到重大发展，达到使用青铜犁的阶段。由于使用地区的土壤不同，青铜犁的型制也有不同，在四个不同地点出土的192件青铜犁可以分成4种型式：

1. 近三角形：万胜（Van Thang）发现有4件。

2. 近心形：河内的古螺（Co Loa）、河西省（Ha Tay）的山西、老街（Lao Cai）的八刹（Bat Xat），共发现102件。

3. 蝶形：清化省（Thamh Hoa）的多个地点，共82件

4. 带平肩形：只在宜安省（Nghe An）的同芒（Dong Man）出4件。

前两种体型一般较大。例如，古螺发现的心形犁长达24.8厘米，宽18.9厘米，重达1400克。后两种则较小，平均来看，蝶形犁长9.5厘米，宽10.3厘米，平肩犁长5.5厘米，宽10.5厘米。我们就此做了一些试验，仿造了古螺出的心形犁，并试着用两种方式在冲积土壤中犁耕。分别是使用人力或畜力和不使用人力或畜力。最后，我们得出结论，两种方法都行得通。只是前者可以适于不同的土壤，且心形犁应该是真正的犁，而不是某些研究者所认为的铲。

在东山文化中，除犁之外，还发现如青铜锹、铲和铁制“U”形锄等其他农具。

在一些东山文化遗址中，还出土一些牛型陶塑，在许多东山文化遗址出的鼓上也刻有公牛的形象。如Doi Ro，Quang Chinh，Dong Cau，Lang Vai等。在东山文化遗址中，还发现了大量驯化的公牛、奶牛和水牛的骨骸。牛的骨骼在长亭遗址中占到整个动物骨骼的68.7%。

东山时期高度发达的家畜饲养可能不仅是为了满足人们对肉食的需要，而应主要是为满足农耕中对畜力的要求。[①]

从出土的东山文化的铜剑人形剑柄上的纹饰看，其居民辫发后垂，额上围一窄头巾，戴耳环、手镯，衣着仅胯下系一带。

东山文化的遗物丰富多样，按照越南学者的意见可以分成3种类型：一、红河类型，主要是北方山区、丘陵地带和北部平原，出土文物有铜兵器、铜犁头、铜鼓。特别有首次面世的合明坛，上面装饰东山早期铜器罕见的鸭像，年代从2300至2500年前。1977年在河西发现的船棺墓葬，年代为2300年前，骨骸和棺材几乎完好，这是一种古葬式，是北方沼泽地带船形棺

① ［越］郑生著，罗耀译：《越南早期农业的三个发展阶段》，此文是作者在广东英德参加中石器文化及有关问题国际研讨会上的发言稿。

材的特征。二、卡河类型，东山文化的文物有匕首、石镯、石耳环，年代约2500年前。越南史学和考古学界认定，从石耳环看出东山文化和中部各省的沙莹文化有交流关系。卡河类型突出的特点是用雕像来装饰，在铜匕首柄上有人像，还有两只老虎含大象脚和鼻子或两条蛇缠绕。一些越南考古学研究专家认为，老虎和蛇的雕像很可能与古越人的神话系统有关。三、马江类型，典型器物是生活用品、装饰品和艺术雕像。例如铜坛、铜灯、发簪、鳄鱼形手镯、人背人吹笙的艺术塑像等。东山文化的发现证明一种古代文化的形成和连续发展，从文郎到瓯骆两个国家一脉相承，亦即从雄王时代到安阳王时代，京都从富寿丘陵地带迁至今河内东英县古螺平原。作为水稻文化典型的东山文化从越南北方各省与中部的沙莹文化、南部文化甚至东南亚地区文化有交流关系并有一定的影响。[①]

我们在东山文化的遗址中能看到东山文化居民的渔猎生产也十分发达，除了我们能见到大量的陶制或石制的网坠以及青铜的鱼钩以外，我们还能见到从铜鼓、铜缸上看到海船和海鱼的图案，越南的学者认为，当时的居民能在江河湖水边捕鱼或乘海船出海捕海鱼。

而手工业、制造业中，制铜业和制陶业应该是最主要的部分。东山文化的古代铜匠已经知道在铜料中加入各种金属成分以铸造成铜合金，来制造青铜器。制作技艺精湛，造型优美、纹饰清晰，如玉镂鼓、黄下鼓纹饰繁复，精致细密，形象生动，栩栩如生，说明青铜铸造工艺达到了很高的水平。从古螺城发现的上万个形制规整、统一的箭镞和各遗址发现的石范来看，当时的青铜铸造业已经规模化和标准化，显示了东山文化居民高超的青铜制作水平。而东山文化中发现的大量精美的陶器说明当时的陶器制造业已经十分发达了。

东山文化居民的造船技术也很发达，从铜鼓上的纹饰来看，我们能看到各种各样的船只，有在内河航行的简单的独木舟，也有在海洋上行驶的海船，船上船台、舵等各种设备都很齐全，而且能看见十数人在上边自由活动，在船头上有着复杂的雕刻。从造船所使用的木料，船的形制大小和规模，我们可以看到船舶制造者已经有了很细致的分工，造船也成了一个非常专业化的工作。

东山文化的居民居住在干栏式建筑里，这些建筑靠近河岸或海岸，主要是因为日常生活和陶器制造需要大量的水。这些建筑的顶部为船形或鞍形，而在干栏式建筑的底层，原始居民们一般都会饲养猪或是牛，这两种家畜的

① ［越］阮俊龙：《东山文物——辉煌的越国文明》，《越南画报》，2005 年 3 月 19 日。

遗骸是在东山文化遗址里面最常见的。

东山文化居民的葬俗也较丰富，最主要的是竖穴土坑墓，基本上发现的绝大多数东山文化墓葬属于此类，在这种墓葬中，叠葬的习俗比较特殊，多为两具或多具尸骨以同样的姿势重叠在一起；另外从中国传入的瓮棺葬（在清化和富寿两地多见）和船棺葬（在海防的越溪地区多见）习俗也较多；另外的两种埋葬方式都具有东山文化独有的特点，一种是将尸骨焚化为骨灰后装入大铜缸内埋葬，另一种是将被斩首的人头颅骨整齐地放入铜盅或小铜缸内。

这些都已经说明当时越南的经济发达程度较高，已形成了一个比氏族部落更高的社会共同体——方国之类的国家。

第二节　东山铜鼓（A型和B型）的发现和分布

越南是东山A型和B型铜鼓的主要发现地和分布区，根据到2003年的不完全统计，此类鼓共发现113面，出土时间最早的是沱江鼓和玉镂鼓，沱江鼓发现于1889年，玉镂鼓出土于1893年，2面鼓都属于单鼓出土的非科学发掘品。从来源渠道来分析，东山A型和B型铜鼓也可以分成科学发掘品、单鼓出土的非科学发掘品和传世品三类。

如果将东山A型和B型与石寨山型铜鼓从发现做一对比，二者明显不同，各自都有自身的特点，石寨山型铜鼓绝大多数是科学发掘品，这类鼓都出自墓葬之中。东山铜鼓A型和B型多数属于单鼓出土的非科学发掘品，除了墓葬中出土过外，遗址中也出土过东山铜鼓A型和B型，并且越南还发现过一大批明器铜鼓，相对而言，中国境内极少发现明器铜鼓。越南经科学发掘的铜鼓少于中国境内的科学发掘品。

越南的田野发掘始于法国远东博古学院1924年组织的对清化省东山遗址的发掘，以后又进行过多次发掘，东山遗址历次发掘都出土过一些铜鼓。根据1990年出版的《越南的东山铜鼓》一书公布的资料，东山铜鼓A型和B型科学发掘品有以下三批6面鼓。

1929年在清化省东山县东山社D发掘坑出土东山II号鼓。同年同地点在第二发掘坑出土东山III号鼓。

1936年在清化省东山县东山社第三发掘坑1号墓出土东山VI号鼓。同年同地点在第三发掘坑2号墓出土东山V号鼓。东山遗址科学发掘品出土4面鼓（不包括明器鼓）。

1973年在义安省义檀县义和社鼎乡第二发掘地3号墓中出土鼎乡II号鼓。同年同地点在第二发掘点14号墓中出土鼎乡III号鼓。

单鼓出土的非科学发掘品

越南是此类鼓发现最多的地区，根据《越南的东山铜鼓》公布的资料，共计发现59面，具体是：玉镂I号鼓、黄下鼓、古螺I号鼓、沱江鼓、庙门I号鼓、坂吞鼓、庙门II号鼓、武备鼓、和平鼓、富川鼓、广正鼓、约丘鼓、鼎乡I号鼓、东枸鼓、陶盛鼓、濮邪鼓、越溪鼓、安集鼓、富维鼓、玉镂III号鼓、文村鼓、九高鼓、铁疆鼓、新约鼓、方秀鼓、弘荣鼓、定公I号鼓、定公II号鼓、定公III号鼓、定公IV号鼓、定公V号鼓、瑰山鼓、东山I号鼓、广胜I号鼓、广胜II号鼓、黄山鼓、决山I号鼓、决山II号鼓、决山III号鼓、武舍鼓、垄川鼓、春立I号鼓、春立II号鼓、春立III号鼓、锦水鼓、安老鼓、寿域鼓、头顿鼓、永宁鼓、红石I号鼓、平府鼓、芽庄鼓、徕尚鼓、GOP乡I号鼓、GOP乡II号鼓、平驼鼓、东山IV号鼓、鼎乡I号鼓、读创鼓。

其中玉镂鼓、沱江鼓出土时间较早，一些西方学者20世纪初期、中期曾经对这2面鼓做过介绍和研究，在玉镂地区发现的铜鼓共有3面，分别编号为玉镂I、II、III号，玉镂鼓特指玉镂I号鼓，1893年出土于河南宁省（今河南省）理仁县如琢社，后来保管在玉镂乡亭，1902年送到河内博览会上展出，1903年被河内远东博物馆收藏。最初介绍玉镂鼓的是法国学者巴门特，他在1918年第18期《远东博古学院集刊》上刊登的《古代青铜鼓》一文中做过介绍。戈鹭波在1929年第29期同一刊物上刊登的《北圻和北中圻铜器时代》一文中对玉镂鼓做过详细地描述，并附有纹饰图，认为玉镂鼓的年代为东汉。

沱江鼓，黑格尔在1902年出版的《东南亚古代金属鼓》中称之为东京茂利鼓（72），此鼓被列为I型鼓中的第1号鼓详细介绍过，并附有5张线图，分别是鼓身剖面图、鼓面图、鼓面主晕纹图、胸部船纹图、腰上部羽人图。黑格尔对此鼓与另1面形制、纹饰相同的鼓这样写道："对这两面鼓的重要性，除我之外，好像还没有谁对它们做过评价。这两面鼓的特殊价值，在于它们的鼓面主晕圈以及附于鼓体胸、腰两节的两个宽大晕圈，里面有同一类鼓以及他鼓的人物形象和航船等相近纹饰，这些画面似乎是需要表现当地人生活中的某些场面和事件，而这些人便是金属鼓的最初主人。"①

自1990年出版《越南的东山铜鼓》后，越南又发现一些新铜鼓，主要有

① ［奥］弗朗茨·黑格尔著：《东南亚古代金属鼓》，石钟健、黎广秀、杨才秀译，上海古籍出版社，2004年。

下面二批。

1991年老街从黄连山省划出，成为新的老街省，1993年省会老街市加大建筑工程力度，在施工过程中发现19面铜鼓，内含17面东山A型和B型铜鼓，2面万家坝型铜鼓。17面东山A型和B型铜鼓分别是LCI、II、III、IV、V、VI、VII、VIII、IX、X、XII、XIV、XV、XVI、XVII、XVIII、XIX号鼓。

2004年8月，在云南文山召开的文山铜鼓暨民族历史文化国际学术研讨会上，越南学者范明玄女士介绍了越南中部、山地以及南部自1990年至2003年新发现的铜鼓，其中一些是东山A型和B型铜鼓，这批鼓绝大部分都有出处，而且鼓的直径均超过40厘米，因而不是明器鼓。由于范明玄的文章略显简略，对新发现的铜鼓既无详细资料，又无图片，只有数量及出土的简单情况，以及她对这些鼓所做的分类，因而无法深入了解这批铜鼓。根据越南学者的分类，A、B型属于相当于石寨山型年代的东山型铜鼓，范明玄介绍越南中部、南部地区新发现的，属于A、B型鼓有以下22面：广治省2面，由山鼓（Gio Son）、茶禄鼓（Tra Loc）；广义省1面，朵喇鼓（Bau Lat）；平定省9面，永盛（Vinh Thinh）I、II、IV、V、VI、VI号鼓、永合鼓（Vinh Hiep）西江鼓（Tay Giang）、金州鼓（Kim Chau），以上9面发现时多数外面涂着植物油，一些鼓里发现人骨、陶器，陶器带沙莹文化风格；安富省1面，Hoa Hiep Trung鼓；庆和省3面，宁凤（Ninh Phung）II、III号鼓、芽庄II号鼓（Nha Trang）；林同省1面，Da Lat鼓；平富省1面，龙兴鼓（Long Hung）；平阳省4面，富正（Phu Chanh）I、II、III、IV号鼓，这4面鼓均出自墓葬中，富正II号鼓与汉代四乳四螭镜共出。[①]

上述三批材料包括了越南截至2003年的统计数据，也就是说越南属于单鼓出土的非科学发掘品一共有98面。

传世品

东山A型和B型传世品主要出自北方地区，以购买和征集的方式获得，有以下9面：玻龙I号鼓、山西鼓、广昌鼓、维仙鼓、玉镂II号鼓、河内I、II、III号鼓、绞必鼓。

越南发现的三批东山A型和B型铜鼓共计113面，主要分布在北方，以红河三角洲最为密集，清化省发现22面，系越南发现最多的省份，以下依次是

① ［越］Pham Miuh Huyen，*Recent Doug Drum discoveries in Vietnam*：*Some Issues of Significance*，刊于《声震神州——文山铜鼓暨民族历史文化国际学术研讨会论文集》，云南人民出版社，2005年。

老街市（17面）河山平省（15面）河南宁省（11面）义安省（7面）河内市（6面）海兴省（3面）山罗省（2面）黄连山省（2面）广宁省（1面）太原省（1面）海防市（1面）。中部、南方分布相对较少，平定省发现最多，9面，平阳省次之，4面，以下依次为庆和省（3面）广治省（2面）广义省（1面）富安省（1面）林同省（1面）平富省（1面）头顿市（1面）Song Be省（1面）富庆省（1面）。

越南科学发掘品不多，仅有6面，占总数的5.3%。多数是单鼓出土的非科学发掘品，98面，占总数的86.7%。传世品9面，占总数的8%。

玉镂I号鼓[NGOC LU I]

1893年4月出土于河南宁省理仁县如琢社。体形大，胸部突出，最大径接近鼓面，腰部垂直，足高。鼓面中央鼓起十四芒太阳纹，芒间填翎眼纹。鼓面双弦分晕，芒外十五晕。第六、八、十为主晕纹，第六晕为羽人、房屋等人物生活图，第八晕为二十头雌雄相间的鹿纹，间十四只飞鸟纹，第十晕为十八只翔鹭间十八只立鸟纹，立鸟似水鸟。胸下部有六船纹，二船之间有一至三只图案化犀鸟。腰部上部分成数格，格间饰舞人纹，鼓面、胸部、腰部的其余晕分别为锯齿纹、切线圆圈纹、点纹等。四绳辫耳，足部无纹饰。其表面覆盖的一层古铜绿色已变成灰绿色。高63厘米、面径79厘米，完整。现藏于河内越南国家历史博物馆。（图V-1）

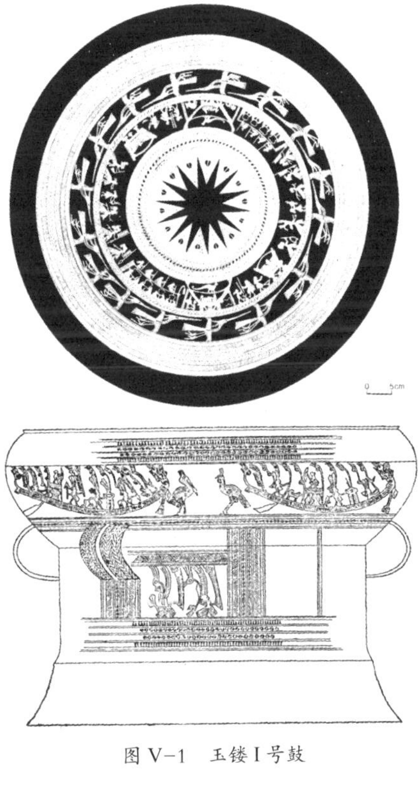

图 V-1　玉镂 I 号鼓

黄下鼓[HOANG HA]

1937年出土于河山平省富川县黄下村。形状、鼓面纹饰与玉镂I号鼓相近，鼓面外沿、胸部、腰部有许多垫片。鼓面中央为十六芒太阳纹，芒外十五晕。第六、九晕为饰写实性花纹的主晕圈，第六晕为羽人、房屋等人物生活图，第九晕为十四只长尾、长脚、有冠、长喙鸟纹。胸部有六船纹，二船之间有二至四只鸟，或相对而立，或两鸟累蹲，船下有鱼纹。腰上部分数格，格间饰舞人纹。鼓面、胸部、腰部的其余晕分别为锯齿纹、切线圆圈纹、点纹等。四绳辫耳，足部无纹饰。高61.5厘米、面径79厘米，完整。现藏于河内越南国家历史博物馆。（图V-2）

图 V-2　黄下鼓

古螺I号鼓[CO LOA I]

1982年出土于河内市东英县古螺社。形状、鼓面纹饰与玉镂I号鼓相近，鼓面中央有十四芒太阳纹，芒外十四晕，单、双弦分晕。第一、五、九、十四晕饰点纹，第二、四、七、十一、十二晕为勾连圆圈纹，第六、八晕为主晕纹，分别为羽人、房屋等和逆时针而飞的十六只飞鸟。胸上部为栉纹等，下部饰船纹。腰上部被斜线、切线圆圈纹带纵分成六格，格间饰羽人。下部四晕，单、双弦分晕，第一、四晕栉纹，第二、三晕切线圆圈纹。鼓身两道合范线，四绳辫耳，足部无纹饰。高53厘米、面径73.8厘米，完整。现藏于河内文化所。（图V-3）

图 V-3　古螺 I 号鼓

沱江鼓[SONG DA]（又称为Moulie鼓）

19世纪末出土于河山平省沱江地区。胸径大于足径，最大径偏上，腰部上宽下窄，呈梯形状。鼓面外沿保存九枚垫片。鼓面中央有十四芒太阳纹，芒间填翎眼纹。芒外十二晕，第六、八、十为主晕纹，六、八晕为写实性花纹，其中第六晕为羽人、房屋、编锣纹，第八晕为十六只飞鸟和二只站立鸟。鼓胸有六条船，各船间有一只立鸟，船首有图案化的鸟头形。腰上部被纵分为八格，每格内有一迈步姿态的武士像，武士均头戴鸟冠，左手执盾牌，盾牌上饰鸟羽，下部饰锯齿纹、切线圆圈纹、点纹。足部无纹饰。高61厘米、面径78厘米，完整。现藏于法国巴黎Guimet博物馆。（图V–4）

图 V–4 沱江鼓

庙门I号鼓[MIEU MON I]

1961年出土于河山平省美德县同心社庙门。腰部呈梯形，上窄下宽状，足径大于胸径。鼓面中央有十四芒太阳纹，芒间填翎眼纹。芒外十四晕，第六、九晕为主晕纹，第六晕饰八只麋鹿，其中一只为雄鹿，分为两群，与四足怪兽彼此相间，每组怪兽有四只。第九晕饰十六只有冠、长颈、短尾、长喙的飞鸟纹。胸下部有船纹六条，每船上有四个头戴羽冠的人，各船间有鸟纹；上部为锯齿纹等。腰上部被锯齿纹带纵分成数格，格间饰舞人纹。胸、腰间有四只两两成对的环耳，饰以结绳纹。足部无纹饰。高48厘米、面径72厘米，完整。现藏于河内越南历史博物馆。（图V–5）

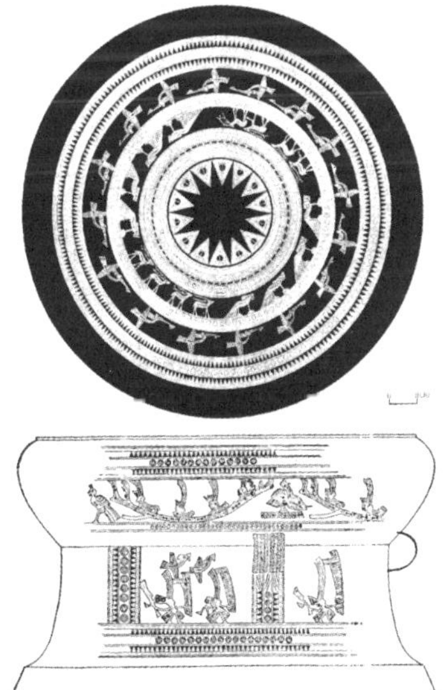

图 V–5　庙门 I 号鼓

玻龙鼓[PHA LONG I]

1956年在河山平省芒姜县玻龙地区征集。鼓面中央有十六芒太阳纹，芒间填重叠三角形纹。芒外十四晕，第四、九晕为主晕，第四晕素面，第九晕上刻有十九只逆时针方向飞行的长尾、长喙鸟纹，其余晕为锯齿纹、点纹、麦穗纹。面径73厘米，残破，仅剩面部和胸部的一部分，现藏于黄连山省文化所。（图V–6）

图 V–6　玻龙鼓

坂吞鼓[BAN THOM]

1957年出土于山罗省顺洲县坂吞。体矮，足径大于胸径，腰部呈上窄下宽的梯形，鼓面中央有十二芒太阳纹，芒间填复线重叠三角形纹。芒外共七晕，单、双弦分晕。第一、三、七晕为锯齿纹，第二、六晕为同心圆圈纹，第四、五晕为主晕纹，第四晕饰四间房屋，六个头戴高羽冠、穿长裙的舞人，舞人一手执矛，一手呈舞蹈状，第五晕饰八只逆时针而飞的翔鹭纹。鼓胸下部有六条船纹，腰部有舞人纹。四绳辫耳。足部无纹饰。高37.5厘米、面径57厘米，胸部已残。现藏于山罗省文化所。（图V–7）

图 V–7　坂吞鼓

庙门II号鼓[MIEU MON II]

1976年出土于河山平省美德县同心社宏村。体高，胸径大于足径，腰直，鼓面、胸部、腰部有许多垫片。鼓面中央饰十二芒太阳纹，芒间饰翎眼纹，芒外十三晕，单、双弦分晕。第七晕为主晕纹，饰十四只飞鸟纹。胸下部有船纹，腰上部被纵分成数格，格间有舞人纹，鼓面、腰上部、腰下部其余部分饰锯齿纹、切线圆圈纹、点纹等。足部无纹饰。高56厘米、面径64厘米，足部已破。现藏于河山平省文化所。（图V-8）

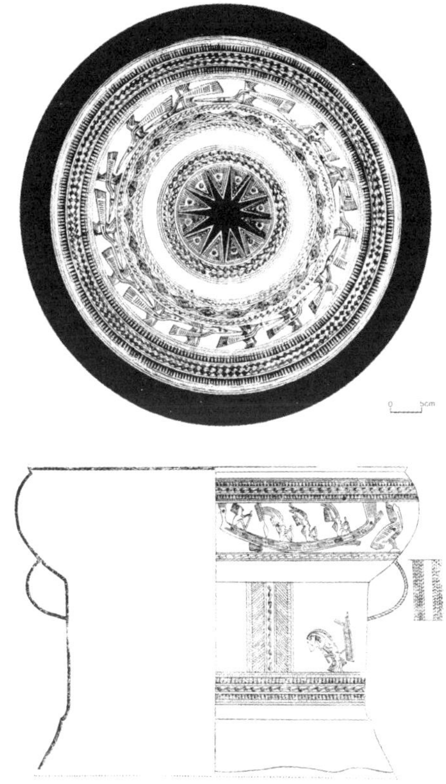

图 V-8　庙门 II 号鼓

武备鼓[VU BI]

1969年出土于河南宁省平陆县大武村。形制与黄下鼓相近，鼓面中心已破，据当地人回忆此鼓中央有十四芒太阳纹，芒外十五晕，第九晕圈为主晕，饰二十只飞鸟，其余晕分别为点纹、栉纹、切线圆圈纹。胸下部有六条船纹。腰上部被纵分成数格，格间有舞人纹，夹耳两对，耳上饰以结绳纹，足部无纹饰。鼓面、胸部、腰部有许多垫片。高60厘米、面径72.5厘米，面部和胸部残破。现藏于河南宁省文化所。（图V-9）

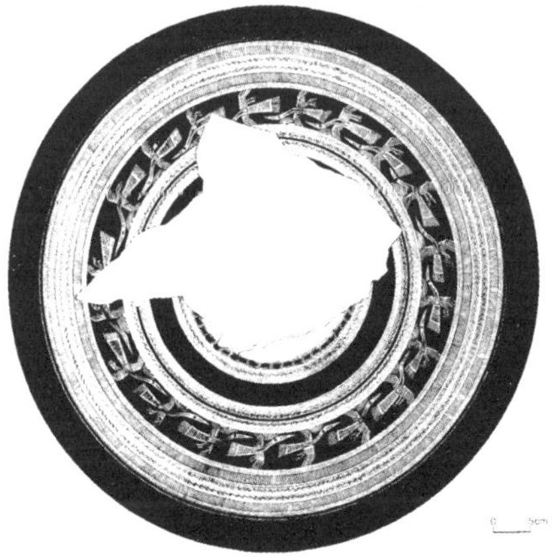

图 V-9　武备鼓

和平鼓[HOA BINH]

1958年在河山平省发现。形制与玉镂I号鼓相近，鼓面中央有十二芒太阳纹，芒间填以翎眼纹，芒外十一晕。第四、六晕圈为主晕，第四晕有六只长嘴卷尾动物，这种奇异动物与富川鼓、庙门鼓上的动物形状完全不同，第六晕为四只长尾、有冠、长嘴的翔鹭纹，鸟、兽均按逆时针方向运动。胸下部无船纹，只有十二只长嘴犀鸟纹，腰上部被几何形纹带纵分为六格，每格内有舞人纹（玉镂I号鼓、黄下鼓和庙门鼓上常为手执战斧、矛或盾的武士像，而这里都是舞人）。鼓面其他晕、胸上部、腰下部分别饰锯齿纹、双圆圈纹、点纹、切线圆圈纹。胸、腰间铸有两只扁绳纹夹耳，足部无纹饰。鼓壁颇厚，鼓面和鼓身上有一层绿色铜锈。高36厘米、面径49.5厘米，完整。现藏于河内越南历史博物馆。（图V-10）

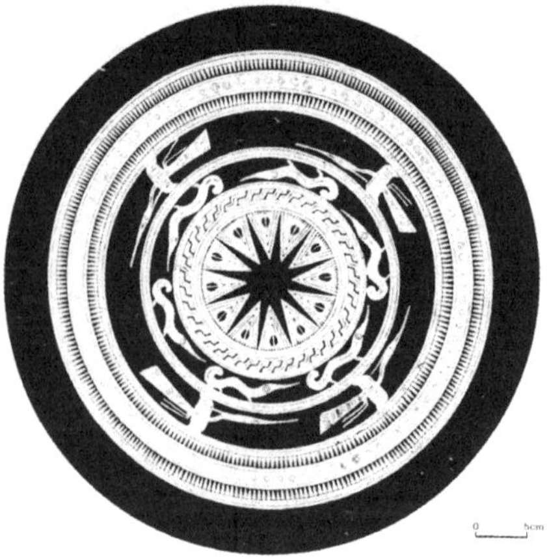

图 V-10　和平鼓

富川鼓[PHU XUYEN]

1907年出土于河山平省富川县。鼓高，足径大于胸径，腰呈上宽下窄的梯形状。鼓面中央有十四芒太阳纹，芒间填重叠三角形纹。芒外十四晕，单弦分晕，其中第三、六晕为主晕。第三晕内有四只逆时针方向行走的奇异动物纹，长嘴张开像獾狸类，弓背，卷尾，双脚弯曲，第六晕为六只翔鹭纹，其中四只顺时针方向飞行，两只逆时针方向飞行。胸下部有船纹两条，船上坐三四名划船羽人，船形较简单，与庙门鼓和沱江鼓胸部船纹相似，各船之间为一些犀鸟。腰部被几何纹带纵分为八格，其中六格有长嘴大犀鸟纹，另两格素面。鼓面其他晕、胸上部、腰下部饰锯齿纹、点纹。足部无纹饰。两对绳纹夹耳。鼓面外沿保存着一圈垫片。高41厘米、面径53厘米，完整。现藏于瑞典斯德哥尔摩远东古物陈列馆内。（图V-11）

图 V-11　富川鼓

广正鼓[QUANG CHINH]

1983年出土于广宁省广河县广正社。体矮，足径大于胸径，腰部呈上窄下宽的梯形状。鼓面中央有十六芒太阳纹，芒间填斜线纹，芒外七晕，单弦分晕。第二晕为主晕，四只顺时针飞翔的翔鹭纹，第一、三、五、七晕饰点纹，第四、六饰锯齿纹。胸部饰船纹，腰上部被锯齿纹带纵分成数格，格间饰立鸟。胸上部、腰下部饰锯齿纹、点纹。足部无纹饰。高33厘米、面径40厘米，面部已破。现藏于广宁省博物馆。（图V–12）

图 V–12　广正鼓

约丘鼓[DOI RO]

1966年出土于河山平省梁山县龙山社。鼓面中央有十六芒太阳纹，芒间填斜线纹，芒外七晕，单弦分晕。第一、五晕饰同心圆圈纹，第二晕为主晕纹，饰六只长喙翔鹭纹，第三、七晕为小圆点纹，第四、六晕为锯齿纹。鼓胸有从左向右移动的四条船纹，船上坐六人或八人，有人束遮羞布，头上无鸟羽装饰，手执桨划船，各船之间饰一至二只犀鸟纹。腰上部纵向分为八格，格间饰牛纹，下部五晕，分别为点纹、锯齿纹、同心圆纹。有两对夹耳，饰四条平行凸线。足部无纹饰。高33厘米、面径43厘米，面部、胸部和足部都已残。现藏河内于越南历史博物馆。（图V–13）

图 V–13　约丘鼓

鼎乡I号鼓[LANG VAC I]

1972年出土于义安省义壇县义和社鼎

乡。鼓身矮，足径大于胸径，腰部呈上窄下宽的梯形。鼓面中央有十二芒太阳纹，芒间填重叠三角形纹，芒外八晕，单弦分晕。第一、四、八晕饰小圆点纹，第二、六晕饰同心圆圈纹，第三晕主晕纹，饰四只长尾、长喙的飞鸟纹，第五、七晕饰齿旁带小点的锯齿纹。胸下部有四条船纹，每船坐四人。腰上部纵分成八格，每格内有一牛纹，共计五头雄牛、三头雌牛。胸上部、足下部都为五晕，从上至下分别饰点纹、锯齿纹、切线圆圈纹，合范线错位。四只绳纹夹耳。足部无纹饰。高27.8厘米、面径37.7厘米，面部靠边沿处已残。现藏于义安省文化所。（图V–14）

图 V–14 鼎乡 I 号鼓

东构鼓[DONG CAU]

1982年出土于北太省（今太原省）武岩县和平社东构村。鼓身矮，足径大于胸径，腰部呈上窄下宽的梯形。鼓面中央有十二芒太阳纹，芒间填重叠三角形纹，芒外八晕，单弦分晕。第四晕为主晕纹，饰四只飞鸟纹。第一、三、五、七晕饰点纹，第六、七晕饰锯齿纹。胸下部有船纹，每船坐四人，腰上部被纵分成数格，格间饰牛纹，胸上部、腰下部均为四晕，分别为点纹、锯齿纹。鼓面、胸、足保存着垫片。足部无纹饰。高32.5厘米、面径41.5厘米，面部和足部已残。现藏在太原省文化所。（图V–15）

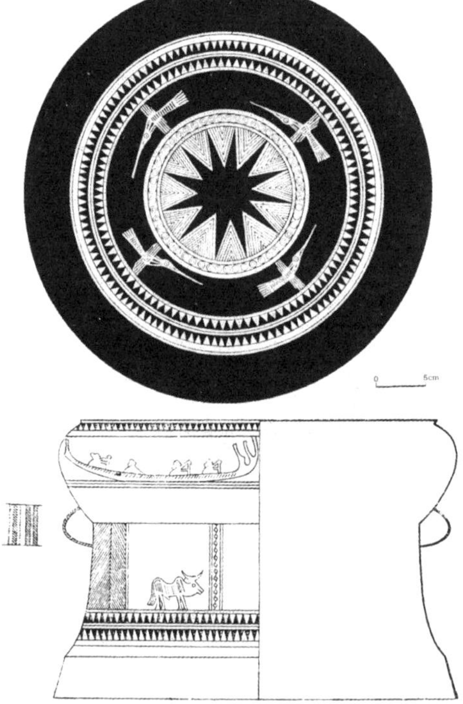

图 V–15　东构鼓

图 V–16　鼎乡 II 号鼓

鼎乡II号鼓[LANG VAC II]

1973年出土于义安省义檀县义和社鼎乡第二发掘坑3号墓。鼓身矮，足径大于胸径，腰部呈上窄下宽的梯形。鼓面中央有十芒太阳纹，芒间填重叠三角形纹，芒外八晕，单弦分晕。第一、二、四、六、八晕饰小圆点纹，第五、七晕饰齿尖带圆点的锯齿纹，两晕的齿尖分别指向两边，第三晕素面。胸下部有四条船纹，每船上坐三名披发划船的人，两船之间立一只犀鸟。腰上部被锯齿纹带纵向分格，格内无纹饰。足部无纹饰。高25.6厘米、面径34.5厘米，面部已残。现藏于义安省文化所。（图V–16）

图 V–17　陶盛鼓

陶盛鼓[DAO THINH]

1962年出土于黄连山省（今安拜省）镇安县富盛社河岸边。腰下部和足部已失，形制不明。鼓面中央有十二芒太阳纹，芒间填斜线纹。芒外共有五晕，单、双弦分晕。第一晕为同心圆圈纹，第二晕为谷穗纹，第三晕为素面，第四、五晕为锯齿纹，两晕之间的锯齿背向。胸部和腰部饰锯齿纹。陶盛鼓内伴出铜斧一件、铜戈一件、铜匕首一件、铜壶一件、相负的蛙像一件、陶瓶一件、石耳环一件。残高30厘米、面径49厘米，残存鼓面部和胸部一部分。现藏于安拜省博物馆。（图V–17）

山西鼓[SON TAY]

1923年于河内市山西镇收集。鼓身矮，足径大于胸径，腰部呈上窄下宽的梯形。鼓面中央有十四芒太阳纹，芒间填重叠三角形纹。芒外九晕，双弦分晕。第一、二、七晕饰同心圆圈纹，第七、八晕饰锯齿纹，第三、五、九晕饰点纹，第四晕主晕，饰八只逆时针飞翔的飞鸟纹。胸下部有船纹，腰上部被纵分成数格，格间饰舞人纹。胸上部、腰下部均铸四晕，纹饰相同，都为锯齿纹、同心圆圈纹。足部无纹饰。高39.5厘米、面径59厘米，面部稍残。现藏于胡志明市越南历史博物馆。（图V-18）

图 V-18　山西鼓

濮邪鼓[PAC TA]

1963年出土于黄连山省宝胜县南强社富盛村。鼓面中央有八芒太阳纹，芒间填重叠三角形纹。芒外六晕，第一、四、六晕为锯齿纹，第二、五晕为圆点圆圈纹，第三晕为主晕纹，饰四只逆时针飞行的长尾、有冠、长喙鸟纹。鼓胸和腰部饰切线圆圈纹。面径35.5厘米，鼓已锈蚀残坏，仅存鼓面和鼓身一段。现藏于黄连山省文化所。（图V-19）

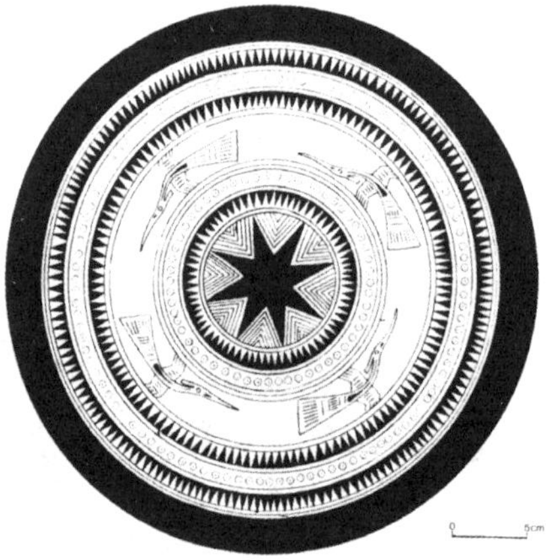

图 V-19　濮邪鼓

越溪鼓[VIET KHE]

1961年出土于海防市水原县符宁社越溪村的船棺墓地。鼓面中央有八芒太阳纹，芒间填复线三角形纹，芒

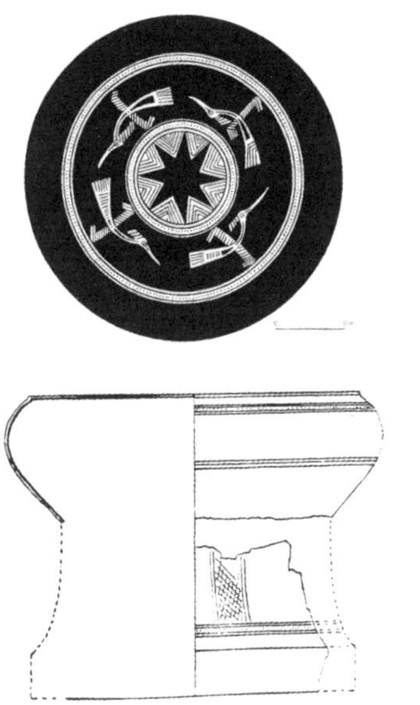

图 V-20　越溪鼓

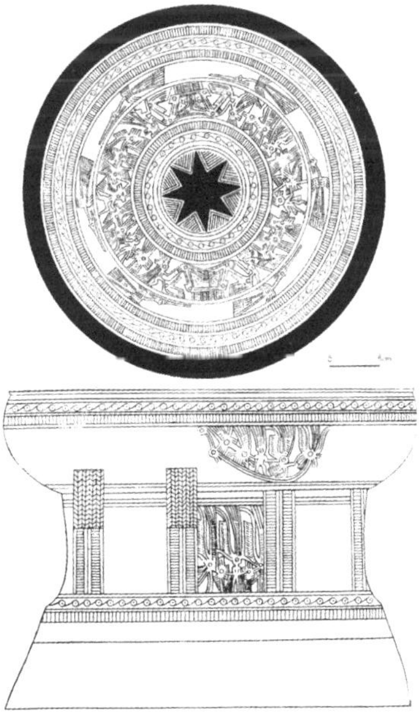

图 V-21　广昌鼓

外三晕，单弦分晕。第一、三晕饰点纹，第二晕为主晕纹，饰四只逆时针方向飞行的长尾、有冠、长喙鸟纹，鼓面和鼓胸饰切线圆圈纹和简单的线纹。鼓腰上有仰喙朝天的犀鸟纹，鼓面外沿保存着垫片八片。面径23厘米，已残，仅余鼓面和鼓胸。现藏于河内越南历史博物馆。（图V–20）

广昌鼓[QUANG XUONG]

1934年由远东博古学院在清化省广昌县购买。鼓身矮，腰部呈垂直状，足高。鼓面中央有八芒太阳纹，芒间填斜线纹，芒外七晕，双弦分晕。第一、六晕饰切线圆圈纹，第二、五、七晕饰栉纹，第三晕为主晕纹，饰对称的高脚屋，屋顶为下凹的弓形，房屋之间为两组羽人舞像，一些人穿长裙，另一些人裸体。第四晕也为主晕纹，饰六只逆时针方向飞行的长尾、有冠、短身、长喙鸟纹。胸上部有栉纹和切线圆圈纹，胸下部有六条图案化船纹，船上站立着近似鼓面的人形。鼓腰被几何纹带纵分成六格，格内为图案化舞人纹。腰下部纹饰同于胸上部纹饰。足部无纹饰。高29厘米、面径36.5厘米，鼓面完整，鼓身多处破损。现藏于河内越南历史博物馆。（图V–21）

维仙鼓[DUY TIEN]

1974年在河南宁省维仙县征集，

鼓身细高，腰部呈垂直状。鼓面中央仅存四芒，芒间填翎眼纹，芒外八晕，双弦分晕。第三、四晕主晕纹，第三晕饰三只长尾、有冠犀鸟纹。第四晕饰三只逆时针方向飞行的带冠、长尾、长喙鸟纹。胸和腰部有几何形花纹。足部无纹饰，四绳纹耳。残高46.5厘米、足径65厘米，鼓残甚，仅余部分面、胸、腰、足部。现藏于河内越南历史博物馆。（图V–22）

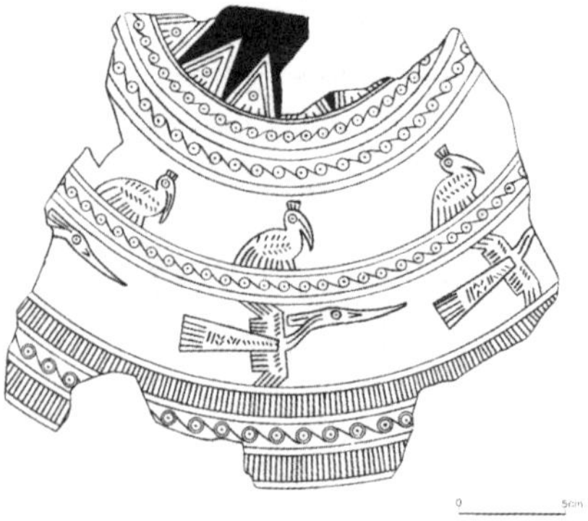

图 V–22　维仙鼓

安集鼓[YEN TAP]

出自河南宁省平陆县富多社安集村。鼓身高，腰部呈垂直状，足高。鼓面中央有十二芒太阳纹，芒间填翎眼纹，芒外十三晕，单、双弦分晕。第六、八晕为主晕纹，第六晕饰八只短尾、短嘴犀鸟纹，第八晕饰六只长嘴、有冠飞鸟纹，其他晕圈分别饰栉纹、切线圆圈纹和点纹。胸上部、腰下部纹饰相同，饰六晕点纹、栉纹、切线圆圈纹，腰上部被双斜线纹带纵分成数格，格间无纹。有四夹耳，足部无纹饰。高53厘米、面径65厘米，完整。现下落不明。（图V–23）

图 V–23　安集鼓

富维鼓[PHU DUY]

1959年出土于河山平省美德县富维村。鼓身高，腰部呈垂直状，足高。鼓面外沿、胸、腰、足部保存着垫片。鼓面中央有十二芒太阳纹，芒间填翎眼纹，芒外十晕，单、

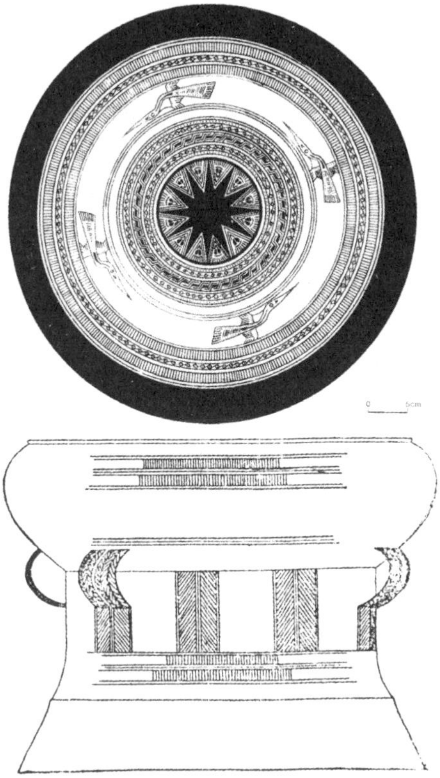

图 V-24　富维鼓

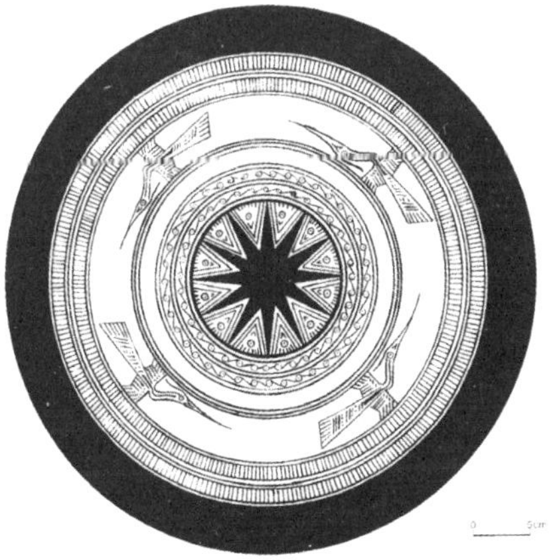

图 V-25　玉镂 II 号鼓

双弦分晕。第二、四、九晕饰切线圆圈纹，第三晕饰S形曲线纹，第七晕为主晕纹，饰四只逆时针方向飞行的长尾、有冠、长喙鸟纹，第八、十晕饰栉纹。鼓面边缘留着24枚垫片孔，垫片已失。胸上部、腰下部饰两圈栉纹带，胸下部无船纹，腰上部被双斜线纹带纵分成数格，格间无纹。四绳纹耳，足部无纹饰。高43厘米、面径51厘米，面部残。现藏于河内越南历史博物馆。（图V–24）

玉镂II号鼓[NGOC LU II]

在河南宁省平陆县玉镂社征集而来。鼓形细高，腰部呈垂直状，足高。鼓面外沿、胸、腰、足部保存着垫片。鼓面中央有十二芒太阳纹，芒间填翎眼纹，芒外六晕。第一、二晕饰切线圆圈纹，第三晕素面，第四晕为主晕纹，饰四只逆时针方向飞行的长尾、有冠、长喙鸟纹，第五、六晕饰栉纹。胸上部饰栉纹带，下部无船纹。腰上部被双斜线纹带纵分成数格，格间无纹。腰下部饰两晕，纹饰与胸上部纹饰相同。四绳纹耳，足部无纹饰。合范线两侧纹饰错位。高39厘米、面径49.5厘米，完整。现藏于河内越南历史博物馆。（图V–25）

玉镂III号鼓[NGOC LU III]

1981年出土于河南宁省平陆县玉镂社，鼓面中央有十二芒太阳纹，腰上部被宽纵向纹带（两条斜线纹夹一条切线圆圈纹）纵分成数格，格间无纹，腰下部饰两栉纹带。胸、腰间铸四条形耳，足部无纹饰。胸上部残。残高36厘米。现藏于河南宁省文化所。（图V–26）

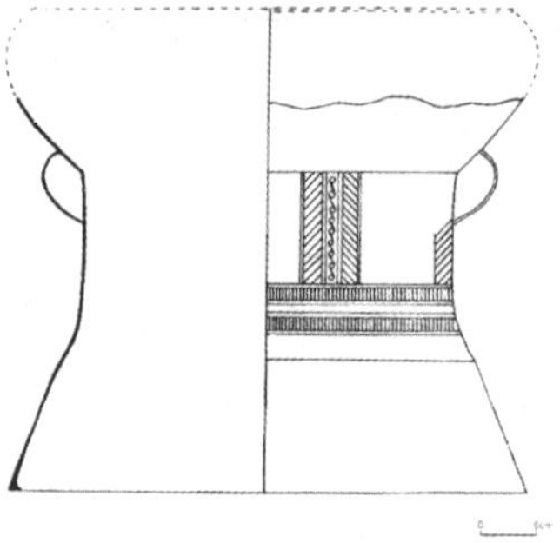

图 V–26　玉镂 III 号鼓

文村鼓[THON VAN]

1983年出土于河南宁省维仙县文村，面、胸已残。胸部突出，腰部呈垂直状，足高。鼓面中央有十二芒太阳纹，芒间填翎眼纹，芒外六晕，单、双弦分晕。第一、二晕饰切线圆圈纹，第三晕素面，第四晕为主晕纹，饰四只逆时针方向飞行的长尾、有冠、长喙鸟纹，第五、六晕饰栉纹。腰上部被双斜线纹带纵分成数格，格间无纹，腰下部饰两栉纹带。四条形耳，足部无纹饰。高37.5厘米、面径42厘米。现藏于河南宁省维仙县安北社文村。（图V–27）

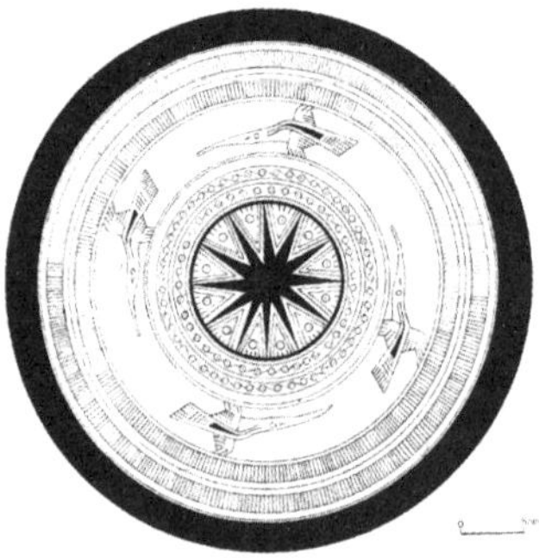

图 V–27　文村鼓

鼎乡III[LANG VAC III]

1973年出土于义安省义檀县义和社鼎乡第二发掘坑14号墓。鼓身高，胸部外鼓，腰部呈垂直状，足高。鼓面中央有十二芒太阳纹，芒间填翎眼纹，芒外十晕，单、双弦分晕。第二、四、九晕饰切线圆圈纹，第三晕饰S形曲线纹，第七晕为主晕纹，饰四只逆时针方向飞行的长尾、有冠、长喙鸟纹，第一、五晕为点纹，第八、十晕饰栉纹。胸上部、腰下部均饰三晕栉纹、切线圆圈纹，胸下部无船纹。腰上部被双斜线纹带纵分成数格，格间无纹。足部无纹饰。高48.5厘米、面径56厘米，鼓面部分破损。现藏于义安省文化所。（图V–28）

图 V–28　鼎乡 III 号鼓

图 V-29　九高鼓

九高鼓[CUU CAO]

1964年出土于海兴省文江县九高社。鼓身高，胸部外鼓，腰部呈垂直状，足高。鼓面外沿、胸、腰、足部保存有垫片，合范线两侧纹饰错位。鼓面中央有十二芒太阳纹，芒间填翎眼纹，芒外八晕。第一、三晕为点纹，第二晕饰回形雷纹，第四、七晕饰切线圆圈纹，第五晕为主晕纹，饰四只逆时针方向飞行的长尾、有冠、长喙鸟纹，第六、八晕为栉纹。胸上部、腰下部均饰两晕栉纹，胸下部无船纹。腰上部被双斜线纹带纵分成数格，格间无纹。两对绳纹耳，足部无纹饰。高44.4厘米、面径53.7厘米，完整。现藏于海兴省文化所。（图V-29）

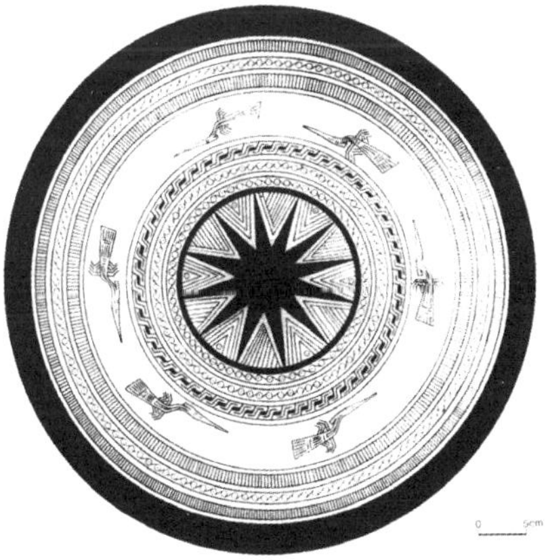

图 V-30　铁疆鼓

铁疆鼓[THIET CUONG]

1972年出土于清化省赵山县民权社铁疆村。鼓身高，腰部呈垂直状，足高。鼓面中央有十二芒太阳纹，芒间填斜线纹间翎眼纹，芒外七晕，双弦分晕。第一、二、六晕饰切线圆圈纹，第三晕饰S形曲线纹，第四晕为主晕纹，饰六只逆时针方向飞行的长尾、有冠、长喙鸟纹，第五、七晕为栉纹。胸上部、腰下部均饰栉纹、切线圆圈纹，胸部无船纹。腰上部被双斜线纹带纵分成数格，格间无纹。四绳纹耳，足部无纹饰。高45厘米、面径57.5厘米，腰足残。现藏于清化省赵山县民权社基础普通学校。（图V-30）

新约鼓[TAN UOC]

1987年出土于河山平省青威县新约社。鼓身高，胸部突出，腰部呈垂直状，足高。鼓面中央有十芒太阳纹，芒间填翎眼纹，芒外七晕，双弦分晕。第一、三、六晕饰切线圆圈纹，第二晕饰回形雷纹，第四晕为主晕纹，饰四只逆时针方向飞行的长尾、有冠、长喙鸟，第五、七晕为栉纹。胸上部、腰下部均饰三晕栉纹、切线圆圈纹，腰上部被双斜线纹带纵分成数格，格间无纹。足部无纹饰。高45.6厘米、面径51厘米，完整。现藏于河山平省文化所。（图V–31）

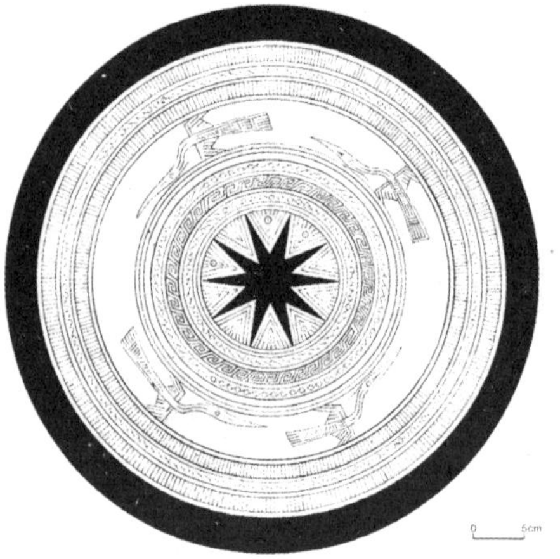

图 V–31 新约鼓

方秀鼓[PHUONG TU]

1967年出土于河山平省应和县方秀社。腰部呈垂直状，足径大于胸径，足高。鼓面中央有十芒太阳纹，芒间填重叠三角形纹。芒外六晕，双弦分晕。第一、二晕饰切线圆圈纹，第四晕为主晕纹，饰四只逆时针方向飞行的长尾、有冠、长喙鸟纹。胸上部、腰下部均饰两晕栉纹，腰上部被双斜线纹带纵分成数格，格间无纹。四绳纹耳，足部无纹饰。高37.5厘米、面径44.5厘米，完整。现藏于河内越南历史博物馆。（图V–32）

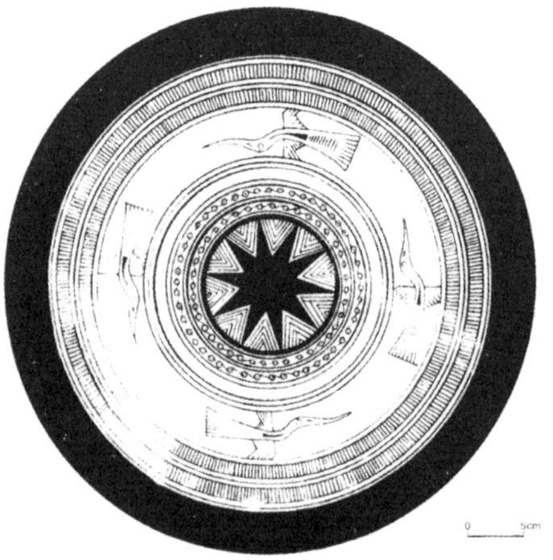

图 V–32 方秀鼓

弘荣鼓[HOANG VINH]

1971年出土于清化省弘化县弘荣社。鼓面中央有八芒太阳纹，芒间填重叠三角形纹间翎眼纹，芒外六晕，双弦分晕。第一晕饰S形曲线纹，中间填三角形小凸点，第二、五晕饰圆点圆圈纹，第四晕为主晕纹，饰四只逆时针方向飞行的长尾、有冠、长喙鸟纹。第三、六晕为栉纹。足部无纹饰。面径40厘米。出土时鼓已裂成多块，仅存鼓面。现藏于河内越南历史博物馆。（图V–33）

定公I号鼓[DINH CONG I]

1973年出土于清化省绍安县定公社伴山。鼓面中央有十二芒太阳纹，芒间填重叠三角形纹间栉纹，芒外九晕，双弦分晕。第一晕饰S形纹，第二、五、七、九晕为栉纹，第三、四、八晕饰圆点圆圈纹，第六晕为主晕纹，饰六只逆时针方向飞行的长尾、长喙鸟纹。面径60厘米，出土时仅剩一半鼓面，现藏于清化省文化所。（图V–34）

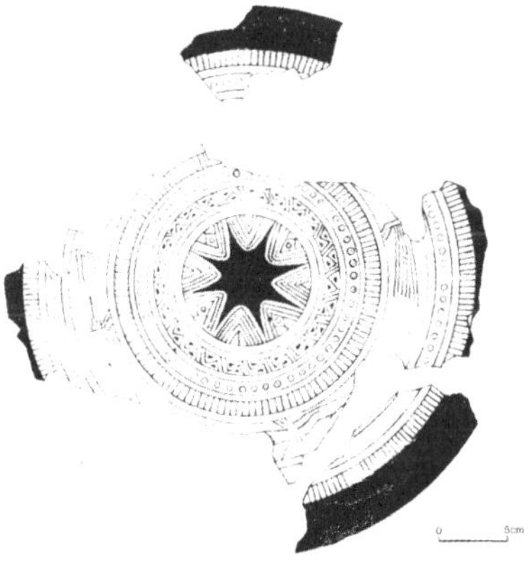

图 V–33　弘荣鼓

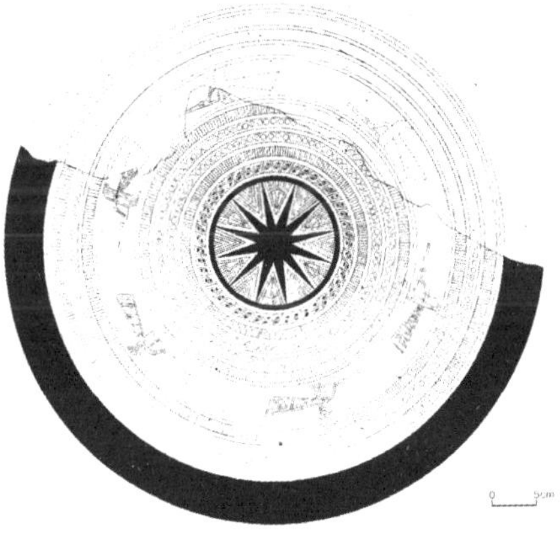

图 V–34　定公 I 号鼓

定公II号鼓[DINH CONG II]

1973年出土于清化省绍安县定公社伴山。鼓面中央有十二芒太阳纹，芒间填重叠三角形纹间翎眼纹，芒外七晕，双弦分晕。第一、三、五、七晕饰栉纹，第二、六晕饰圆点圆圈纹，第四晕为主晕纹，仅存三只飞鸟纹局部。面径44厘米，出土时仅剩鼓面中间的一块。现下落不明。（图V–35）

图 V-35　定公 II 号鼓

定公III号鼓[DINH CONG III]

1973年出土于清化省绍安县定公社伴山。鼓面中央有八芒太阳纹，芒间填重叠三角形纹，芒外七晕，双弦分晕。第一、三、五、七晕为栉纹，第二、六晕为圆点圆圈纹，第四晕为主晕纹，仅存两只逆时针方向飞行的长尾、长喙鸟纹。面径39厘米，出土时仅剩鼓面的一部分。现下落不明。（图V-36）

图 V-36　定公 III 号鼓

定公IV号鼓[DINH CONG IV]

1977年出土于清化省绍安县定公社伴山。鼓面中央有十二芒太阳纹，芒间填翎眼纹，芒外七晕，双弦分晕。第一、三、五、七晕为栉纹，第二、六晕为圆点圆圈纹，第四晕为主晕纹，饰四只逆时针飞翔的长尾、有冠、长喙鸟纹。面径45.5厘米，出土时仅剩鼓面，鼓面边沿残。现下落不明。（图V-37）

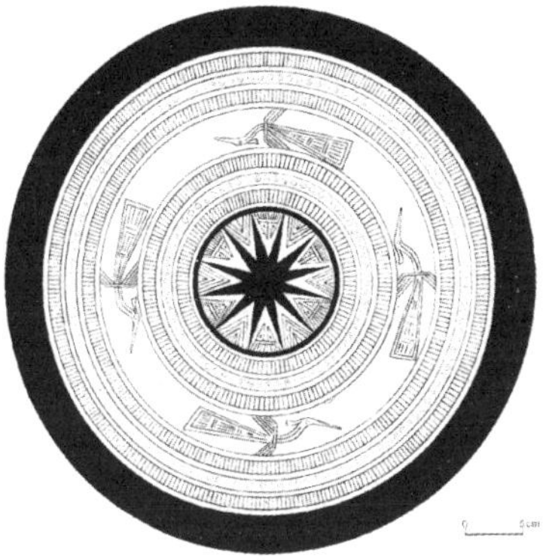

图 V–37　定公 IV 号鼓

定公V号鼓[DINH CONG V]

1977年出土于清化省绍安县定公社伴山。鼓面中央有十芒太阳纹，芒间填翎眼纹，芒外七晕，双、三弦分晕。第一晕饰S形曲线纹，第二、六晕饰圆点圆圈纹，第三、五、七晕为栉纹，第四晕为主晕纹，饰四只逆时针的长尾、有冠、长喙鸟纹。面径61.2厘米，出土时仅剩鼓面。现藏于清化省文化所。（图V–38）

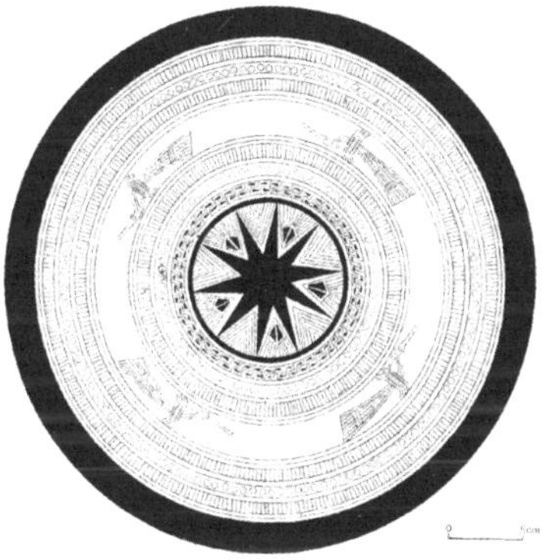

图 V–38　定公 V 号鼓

瑰山I号鼓[NUI GOI]

19世纪末出土于河南宁省务本县青瑰社。鼓身高，胸部突出，胸径大于足径，腰部呈垂直状，足高。鼓面中央仅存五芒太阳纹，芒间填翎眼纹，芒外九晕。第一、三、四、八晕为切线圆圈纹，第二晕饰S形曲线纹，第五晕为主晕纹，饰四只逆时针飞翔的长尾、长喙鸟纹，第六、九晕饰栉纹。鼓腰上部被分成数格，格间无纹。胸上部、腰下部纹饰相同，均饰三晕栉纹、切线圆圈纹。四绳纹耳，足部无纹饰。鼓面外沿有一圈垫片。高51厘米、面径62.8厘米，鼓面、足部残。现藏于河南宁省文化所。（图V–39）

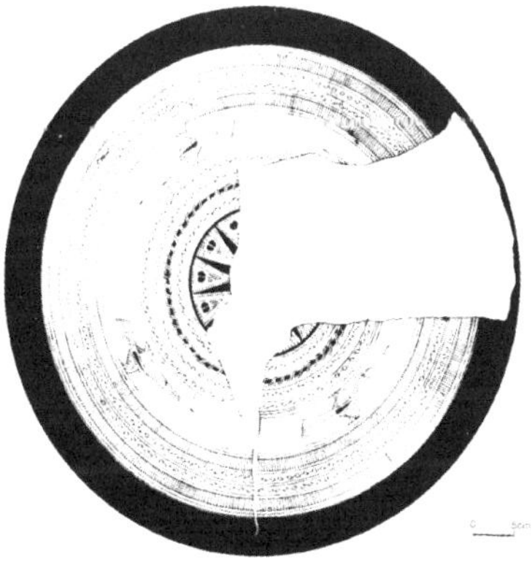

图 V–39　瑰山 I 号鼓

东山I号鼓[DONG SON I]

1925年出土于清化省东山县东山社。鼓身高，胸径大于足径，腰部呈垂直状，足高。鼓面中央有八芒太阳纹，芒间填三角形纹，芒外四晕，双、三弦分晕。第一晕饰切线圆圈纹，第二晕为主晕纹，饰四只逆时针飞翔的长尾、长喙鸟纹，第三、四晕饰栉纹。胸上部、腰下部纹饰相同，均饰两晕栉纹，胸部无船纹。腰上部被双斜线纹带纵分成数格，格间无纹。四绳纹耳，足部无纹饰。高28厘米、面径31.5厘米，完整。鼓面和鼓身满布凸凹不平的铜锈，纹饰简陋、模糊。现藏于河内越南历史博物馆。（图V-40）

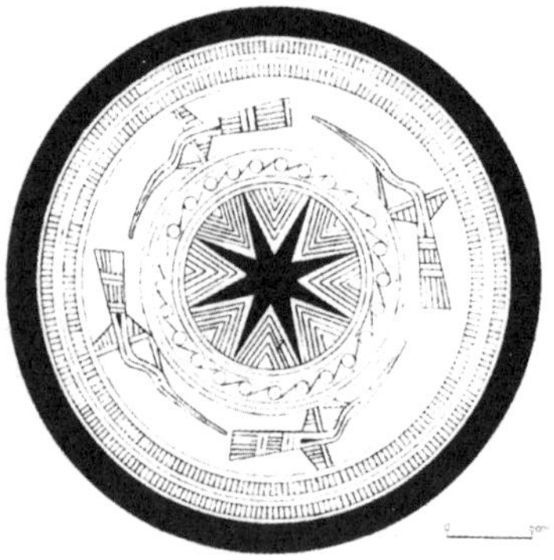

图 V-40　东山 I 号鼓

东山V号鼓[DONG SON V]

1936年出土于清化省东山县东山社第三发掘坑2号墓。鼓面中央有八芒太阳纹，芒间填重叠三角形纹，芒外六晕，双弦分晕。第一、四、六晕饰栉纹，第二、五晕饰切线圆圈纹，第三晕为主晕纹，饰四只逆时针飞翔的长尾、长喙鸟纹。胸、腰部饰栉纹，耳上饰三角形纹。足部无纹饰。高27厘米、面径35.5厘米，已残，仅存鼓面和部分胸、腰部。现藏于法国巴黎Guimet博物馆。（图V-41）

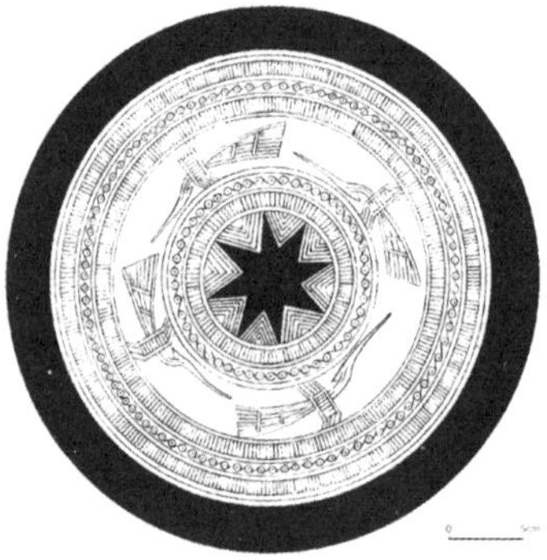

图 V-41　东山 V 号鼓

东山VI号鼓[DONG SON VI]

1936年出土于清化省东山县东山社第三发掘坑1号墓。足径大于胸径，鼓面中央有十芒太阳纹，芒间填三角形纹，芒外七晕，双弦分晕。第一晕饰S形纹，第二、六晕饰圆点圆圈纹，第三、五、七晕饰栉纹，第四晕为主晕纹，饰四只逆时针飞翔的长尾、长喙鸟纹。高31.5厘米、面径44厘米，足残。现藏于法国巴黎Guimet博物馆。（图V-42）

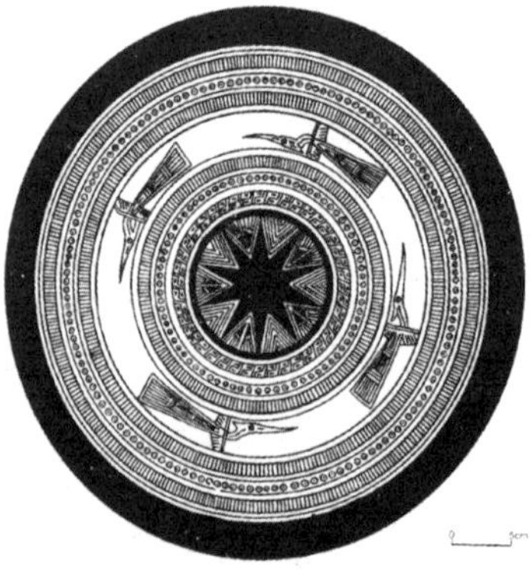

图 V-42　东山 VI 号鼓

广胜I号鼓[QUANG THANG I]

1973年出土于清化省清化市广胜社。鼓身细高，腰部呈垂直状，足高且外侈。鼓面中央有十芒太阳纹，芒间填三角形纹、斜线纹，芒外五晕，第一、四晕饰切线圆圈纹，第

图 V-43 广胜 I 号鼓

图 V-44 广胜 II 号鼓

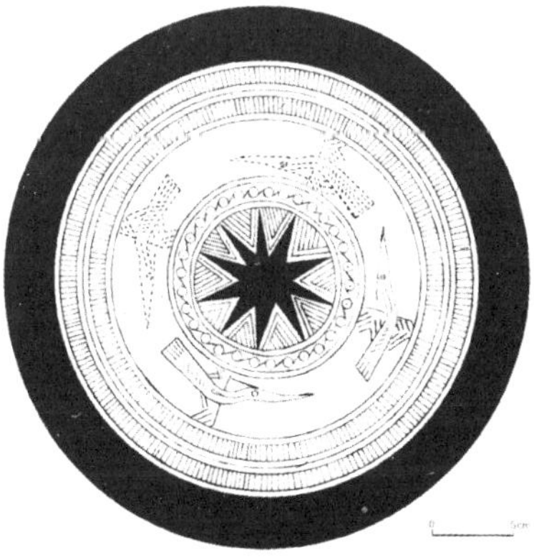

图 V-45 黄山鼓

二、五晕饰栉纹，第三晕为主晕纹，饰四只逆时针飞翔的长尾、长喙鸟纹。胸上部、腰下部均饰两晕栉纹。腰上部被斜线纹带纵分成数格，格间无纹。足部无纹饰。高35厘米、面径39.6厘米，面部已残。现藏于清化省文化所。（图V–43）

广胜II号鼓[QUANG THANG II]

1973年出土于清化省清化市广胜社。鼓面中央有十芒太阳纹，芒间填重叠三角纹，芒外六晕，双弦分晕。第一、三、六晕饰栉纹，第二、五晕圆点圆圈纹，第四晕为主晕纹，饰四只逆时针飞翔的长尾、长喙鸟纹。腰上部饰圆圈圆点纹、栉纹。足部无纹饰。高27厘米、面径36厘米，腰、足部已失，形制不明。现藏于清化省文化所。（图V–44）

黄山鼓[HOANG SON]

1982年出土于清化省农贡县黄山社。腰部呈垂直状，鼓面中央有十芒太阳纹，芒间填斜线纹，芒外四晕，双弦分晕。第一晕饰切线圆圈纹，第二晕为主晕纹，饰四只逆时针飞翔的长尾、长喙鸟纹，第三、四晕饰栉纹。胸上部饰两晕栉纹。腰部已形成上、下两部分，纹饰模糊不明。足部无纹饰。高30厘米、面径33厘米，面、胸、足残。现藏于清化省农贡县文化室。（图V–45）

决山I号鼓[RU QUYET I]

1977年出土于义安省荣市水岸决山。鼓面中央有十芒太阳纹，芒间填翎眼纹，芒外七晕，双弦分晕。第一晕饰S形纹，第二、六晕饰圆点圆圈纹，第三、五、七晕饰栉纹，第四晕为主晕纹，饰四只逆时针飞翔的长尾、长喙鸟纹，喙前、颈部饰四圆点、圆圈纹。面径44.5厘米，仅存鼓面，面边残缺。现藏于义安省文化所。（图V–46）

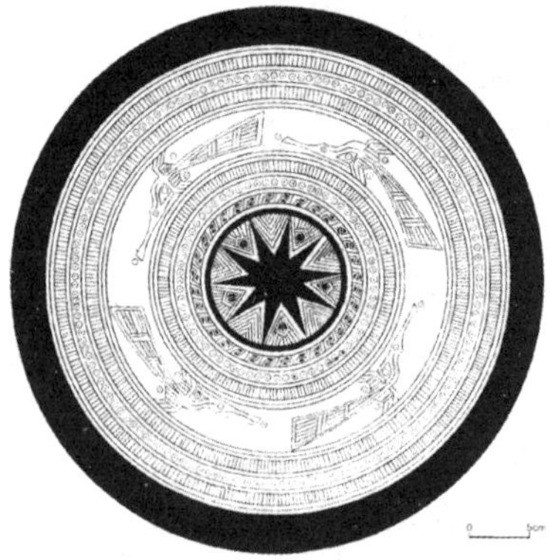

图 V–46　决山 I 号鼓

决山II号鼓[RU QUYET II]

1977年出土于义安省荣市水岸决山。鼓面中央有十芒太阳纹，芒间填重叠三角形纹。芒外七晕，双弦分晕。第一、三、五、七晕饰栉纹，第二、六晕饰圆点圆圈纹，第四晕为主晕纹，饰四只逆时针飞翔的长尾、长喙鸟纹。面径44厘米，仅存鼓面，面边残缺。现藏于义安省文化所。（图V–47）

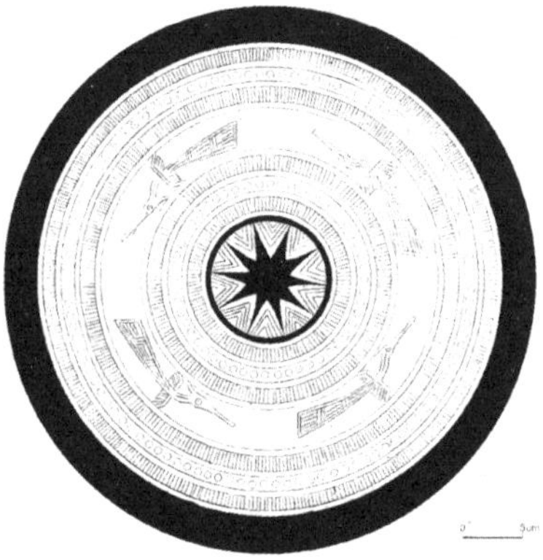

图 V–47　决山 II 号鼓

决山III号鼓[RU QUYET III]

1977年出土于义安省荣市水岸决山。腰细高呈垂直状。腰上部被圆点圆圈纹、斜线纹带纵分成数格，格间无纹，下部饰二晕栉纹。足部无纹饰。现高30厘米。鼓身大部分已残，仅存胸、腰、足一部分。现藏于义安省文化所。（图V–48）

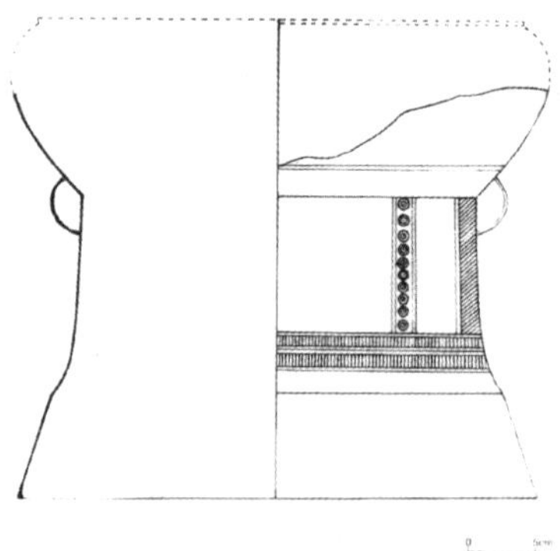

图 V–48　决山 III 号鼓

武舍鼓[VU XA]

1974年出土于河南宁省维仙县武梁社武舍村。胸部突出，腰部呈垂直状，足高。鼓面外沿有垫片孔，合范线两侧纹饰错位。鼓面中央有八芒太阳纹，芒间填翎眼纹，芒外七晕，双弦分晕。第一、三晕饰点纹，第二晕饰S形纹，第四晕为主晕纹，饰四只逆时针飞翔的长尾、长喙鸟纹。第六、七晕饰栉纹。胸上部、腰下部均饰两晕栉纹。腰上部被双斜线纹带纵分成数格，格间无纹。四绳纹耳，足部无纹饰。高38.5厘米、面径45厘米，完整。现藏于河南宁省文化所。（图V-49）

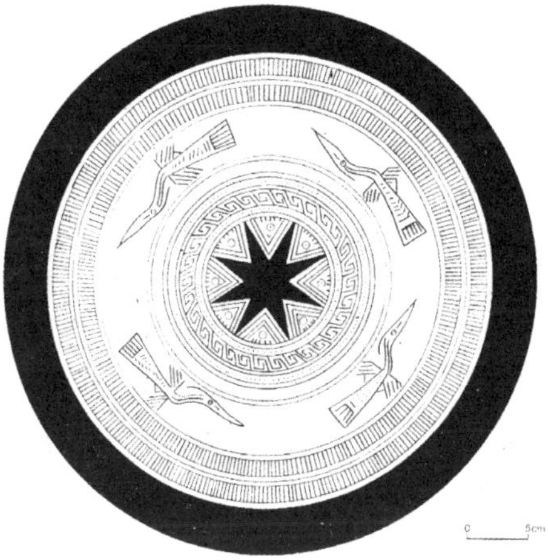

图 V-49　武舍鼓

垄川鼓[LUNG XUYEN]

1980年出土于河南宁省维仙县安北社垄川村。胸径大于足径，腰部呈垂直状，足高。鼓面外沿、胸、腰、足部有垫片脱落后的孔。鼓面中央有十二芒太阳纹，芒间填翎眼纹，芒外六晕，双弦分晕。第一、三晕饰点纹，第二晕饰S形纹，第四晕为主晕纹，饰四只逆时针飞翔的长尾、长喙鸟纹，第五、六晕饰栉纹。胸上部、腰下部均饰两晕栉纹。四绳纹耳，足部无纹饰。高38厘米、面径44.5厘米，完整。现藏于河南宁省文化所。（图V-50）

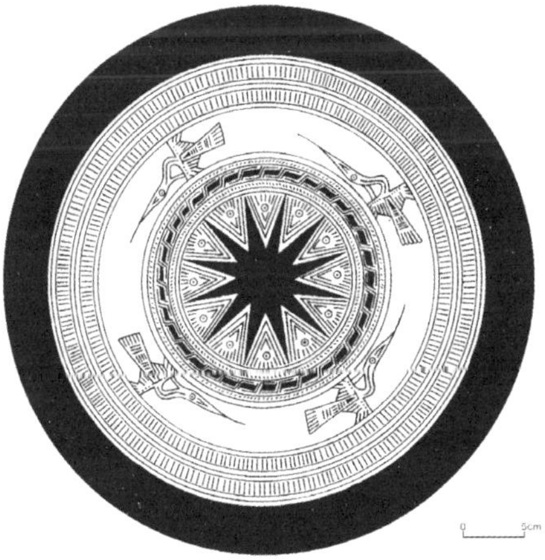

图 V-50　垄川鼓

春立I号鼓[XUAN LAP I]

1981年出土于清化省寿春县春立社。胸、足残，胸径大于足径，腰部呈垂直状，通体有垫片脱落后的孔。鼓面中央有十芒太阳纹，芒间填以重叠三角形纹。芒外七晕，双弦分晕。第一、三、五、七晕饰栉纹，第二、六晕饰圆点圆圈纹，第四晕为主晕纹，饰四只逆时针飞翔的长尾、长喙鸟纹。胸上部、腰下部均饰二晕栉纹、圆点圆圈纹，腰上部被双斜线纹带纵分成数格，格间无纹。四绳纹耳，足部无纹饰。高35厘米、面径46厘米，已残。现藏于清化省文化所。（图V–51）

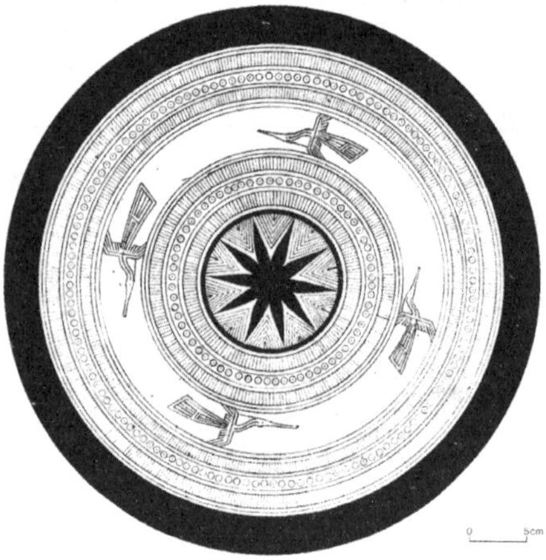

图 V–51 春立 I 号鼓

春立II号鼓[XUAN LAP II]

1986年出土于清化省寿春县春立社。胸部外鼓，腰部略呈垂直状，足高且外撇。鼓面中央有十六芒太阳纹，芒间填重叠三角形纹。芒外七晕，双弦分晕。第一、三、六晕饰切线圆圈纹，第二晕饰S形纹，第四晕为主晕纹，饰六只逆时针飞翔的长尾、长喙鸟纹。第五、七晕饰栉纹。胸上部、腰下部均饰三晕栉纹、圆点圆圈纹，腰上部被圆点圆圈纹带纵分成数格，格间无纹。四绳纹耳，足部无纹饰。高41.5厘米、面径55.4厘米，完整。现藏于清化省寿春县人民委员会。（图V–52）

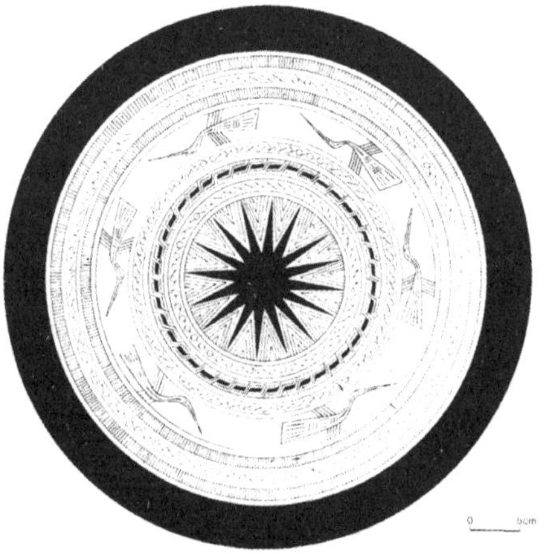

图 V–52 春立 II 号鼓

春立III号鼓[XUAN LAP III]

1986年出土于清化省寿春县春立社。鼓身高，腰部略呈垂直状，足高。鼓面中央有十芒太阳纹，芒间填重叠三角形纹。芒外六晕，双弦分晕。第一、四、六晕饰栉纹，第二、

图 V-53　春立 III 号鼓

图 V-54　锦水鼓

五晕饰圆点、圆圈纹，第三晕为主晕纹，素面。腰上部被斜线纹带纵分成数格，格间无纹。胸、腰下部纹饰模糊不明。四条形耳，足部无纹饰。高43厘米、面径52厘米，完整。现藏于清化省寿春县人民委员会。（图V-53）

锦水鼓[CAM THUY]

出土于清化省锦水县锦平社，胸部外鼓，腰部略呈垂直状，足高。鼓面中央有十二芒太阳纹，芒间填重叠三角形纹。芒外五晕，双、三弦分晕。第一、四晕饰圆点圆圈纹，第二晕为主晕纹，饰四只逆时针飞翔的长尾、长喙鸟纹。第三、五晕饰栉纹。胸部纹饰不明，腰下部饰三晕，分别为栉纹、圆点圆圈纹，腰上部被双斜线纹带、双圆点圆圈纹带纵分成数格，格间无纹。四绳纹耳，足部无纹饰。高45.5厘米、面径51厘米，完整。现藏于清化省博物馆。（图V-54）

安老鼓[AN LAO]

1985年出土于河南宁省平陆县安老社安老山。腰部呈垂直状，胸径大于足径，足高。鼓面中央有十二芒太阳纹，芒外七晕，双弦分晕。第一、二、四晕饰切线圆圈纹，第三、五晕为主晕纹，第三晕素面，第五晕饰四只逆时针飞翔的长尾、长喙鸟纹，第六、七晕饰栉纹。胸上部、腰下部均饰两晕栉纹，腰上部被栉纹带纵分成数格，格间无纹。四绳纹耳，足部无纹饰。高44厘米、面径52.5厘米，现藏于河南宁省平陆县人民委员会。（图V–55）

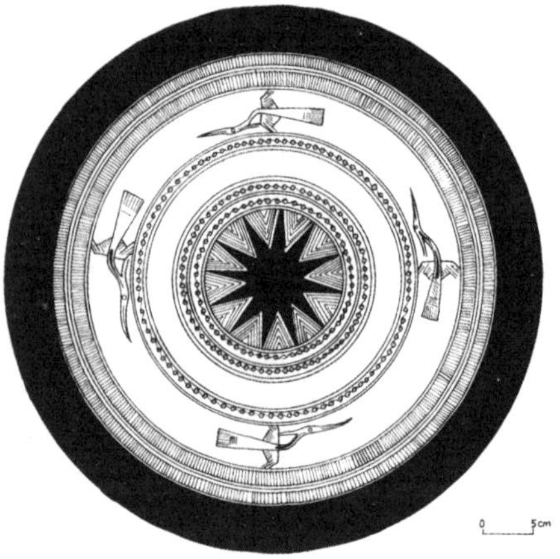

图 V–55　安老鼓

寿域鼓[THO VUC]

1975年出土于河山平省应和县队平社寿域村。腰部呈垂直状，足径大于胸径，足高。鼓面中央有十二芒太阳纹，芒间填翎眼纹，芒外六晕，双弦分晕。第一、二晕饰切线圆圈纹，第三、四晕为主晕纹，第三晕素面，第四晕饰四只逆时针飞翔的长尾、长喙鸟纹，第五、六晕饰栉纹。胸上部、腰下部均饰两晕栉纹，腰上部被栉纹带纵分成数格，格间无纹。四绳纹耳，足部无纹饰。面外沿、胸、腰部保存有众多垫片。高36.5厘米、面径43.5厘米，完整。现藏于河内越南历史博物馆。（图V–56）

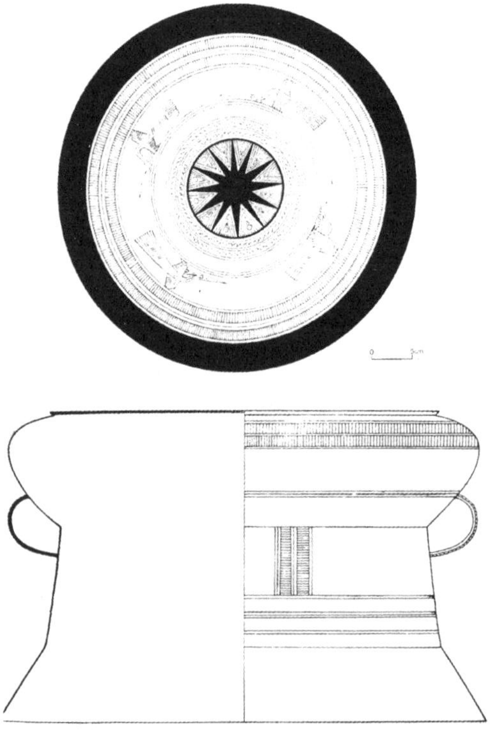

图 V–56　寿域鼓

头顿鼓[VUNG TAU]

1973年出土于头顿市。鼓面中央有十二芒太阳纹，芒间填重叠三角形纹。芒外八晕，双弦分晕。第一、三、六、八晕饰栉纹，第二、七晕饰圆点圆圈纹，第四晕饰

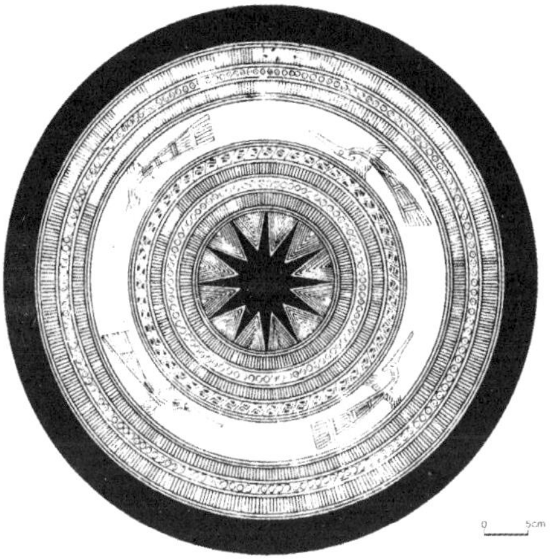

图 V-57　头顿鼓

S形曲线纹，第五晕为主晕纹，饰四只逆时针飞翔的长尾、长喙鸟纹。胸部饰十条弦纹，腰下部饰两晕圆点圆圈纹、栉纹，腰上部被双斜线纹带纵分成数格，格间无纹。四麦穗纹耳，足部无纹饰。面径62厘米，腰下部、足部缺失，形制不明。现藏于昆仑省文化所。（图V–57）

永宁鼓[VINH NINH]

1963年出土于清化省永禄县永宁社。腰部呈垂直状，足高。同出物有铜缸、汉代五铢钱。鼓面中央有十二芒太阳纹，芒间填翎眼纹间重叠三角形纹，芒外八晕，双弦分晕。第一晕饰重叠相连S形曲线纹，近似方形回纹，第二、四、六、八晕饰栉纹，第三、七晕饰圆点圆圈纹，第五晕为主晕纹，饰六只逆时针飞翔的长尾、有冠、长喙鸟纹。胸上部、腰下部均饰两晕圆点圆圈纹、栉纹，腰上部被双斜线纹带纵分成数格，格间无纹。四绳纹耳，足部无纹饰。胸、腰、足部有众多垫片。高41.5厘米、面径62厘米，现藏于清化省文化所。（图V–58）

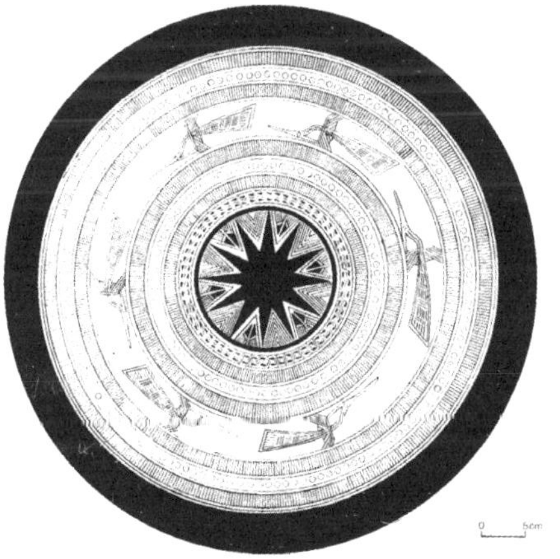

图 V-58　永宁鼓

红石I号鼓[DA DO I]

1980年出土于山罗省扶安县红石社。腰部略呈垂直状，足高。鼓面中央有十芒太阳纹，芒间填翎眼纹。芒外八晕，双弦分晕。第一晕饰S形曲线纹，第二、四、六、八晕饰栉纹，第三、七晕饰圆点圆圈纹，第五晕为主晕纹，饰四只逆时针飞翔的长尾、有冠、长喙鸟纹。胸上部、腰下部均饰两晕圆点圆圈纹，腰上部被双斜线纹带纵分成数格，格间无纹。四绳纹耳，足部无纹饰。胸、腰、足部有垫片。高37厘米、面径57.5厘米，现藏于山罗省扶安县文化室。（图V–59）

图 V–59　红石Ⅰ号鼓

平府鼓[BINH PHU]

1934年发现于SONG BE省平府县。胸部突出，腰部呈垂直状，足高。鼓面中央有十芒太阳纹，芒间填重叠三角形纹。芒外六晕，双弦分晕。第一、五晕为圆点圆圈纹，第二、四、六晕饰栉纹，第三晕为主晕纹，饰四只逆时针飞翔的长尾、有冠、长喙鸟纹。胸上部、腰下部均饰两晕圆点圆圈纹，腰上部被双斜线纹带纵分成数格，格间无纹。四绳纹耳，足部无纹饰。高31厘米、面径46厘米，鼓胸和足部已残。现藏于河内越南历史博物馆。（图V–60）

图 V–60　平府鼓

河内Ⅰ号鼓[HA NOI I]

在河内市收集。鼓身矮，胸径大于足径，足低，腰部呈弧形，胸、腰、足部有众多垫片脱落后的方形孔。鼓面中央有十芒太阳纹，芒间填翎眼纹间重叠三角形纹，芒外八晕，双弦分晕。第一晕素面，第二、三、

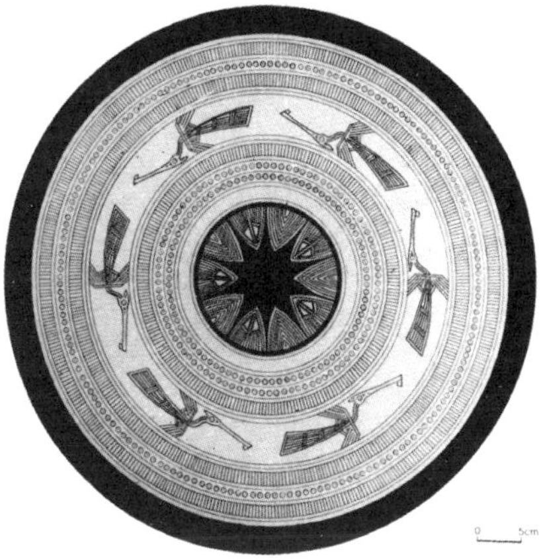

图 V-61　河内 I 号鼓

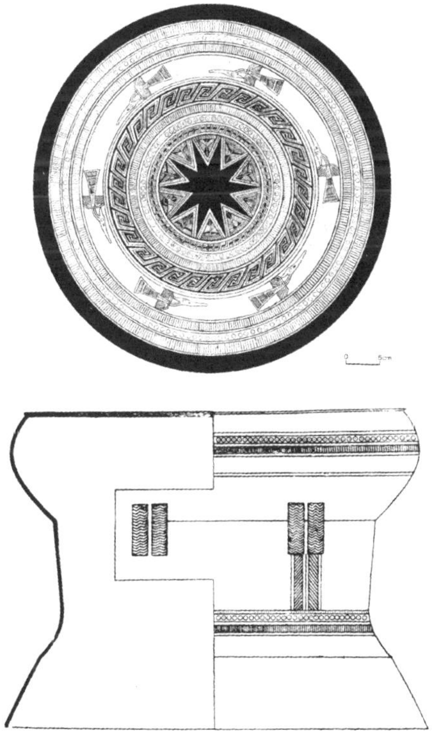

图 V-62　芽庄鼓

七晕为圆点圆圈纹，第四、六、八晕饰栉纹，第五晕为主晕纹，饰六只逆时针飞翔的长尾、长喙鸟纹。胸上部、腰下部均饰两晕栉纹、圆点圆圈纹，腰上部被双斜线纹带纵分成数格，格间无纹。四绳纹耳，足部无纹饰。高32厘米、面径59.5厘米，完整。现藏于河内市李太祖36号阮庭杨家里。（图V–61）

芽庄鼓[NHA TRANG]

1983年出土于庆和省芽庄市福海坊。鼓身高，腰部呈垂直状，足高且宽于胸径。鼓面中央有十芒太阳纹，芒间填翎眼纹间重叠三角形纹，芒外八晕，双弦分晕。第一晕饰S形纹，第二、七晕饰圆点圆圈纹，第三、六、八晕饰栉纹，第四、五晕为主晕纹，第四晕饰回纹，第五晕饰六只逆时针飞翔的长尾、长喙鸟纹。胸上部、腰下部均饰两晕栉纹、圆点圆圈纹，腰上部被双斜线纹带纵分成数格，格间无纹。四绳纹耳，足部无纹饰。高43厘米、面径52厘米，完整。现藏于富庆省文化所。（图V–62）

河内II号鼓[HA NOI II]

在河内市收集。鼓身高，胸径大于足径，足高。鼓面中央有八芒太阳纹，鼓面纹饰不明，胸上部、腰下部均饰二晕栉纹，腰上部被竖直线纹带纵分成数格，格间无纹。四条形耳，足部无纹饰。高28厘米、面径20厘米，完整。

现藏于河内市李太祖36号阮庭杨家里。（图V–63）

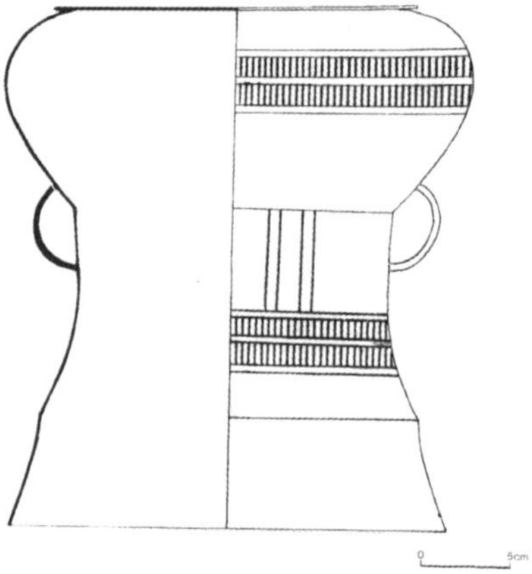

图 V–63　河内 II 号鼓

河内III号鼓[HA NOI III]

在河内市收集。胸径大于足径，腰部呈垂直状。鼓面中央有八芒太阳纹，芒间填斜线纹。芒外三晕，双弦分晕。第一晕为主晕纹，饰四只逆时针飞翔的长尾、长喙鸟纹。胸上部、腰下部均饰两晕栉纹，腰上部被双斜线纹带纵分成数格，格间无纹。四绳纹耳，足部无纹饰。高18厘米、面径20.5厘米，足残。现藏于河内市文化所。（图V–64）

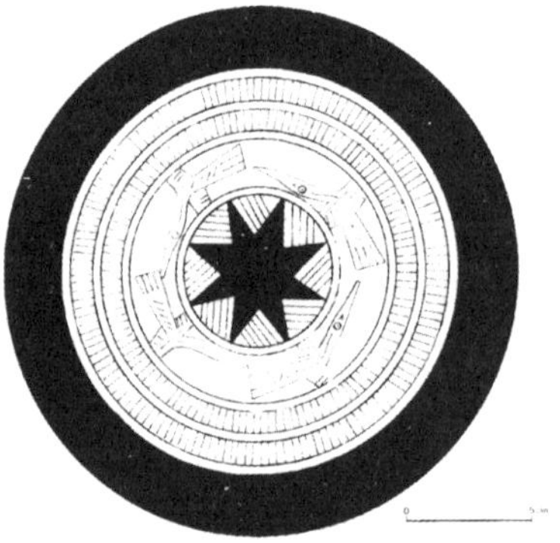

图 V–64　河内 III 号鼓

徕尚鼓[LAI THUONG]

1975年出土于河山平省石七县徕尚社。鼓面中央有六芒太阳纹，芒间填以重叠三角形纹。芒外八晕，双弦分晕，第一、二、五、六晕为切线圆圈纹，第三晕为主晕纹，饰四只逆时针飞翔的长尾、长喙鸟纹。第四、八晕为锯齿纹。面径40厘米，仅有鼓面。现藏于河山平省文化所。（图V–65）

图 V–65　徕尚鼓

GOP乡I号鼓[LANG GOP I]

1976年出土于海兴省南成县先进社GOP乡。鼓身矮，腰部呈上窄下宽的梯形状，足径大于胸径。鼓面中央有十二芒太阳纹，芒间填斜线纹。芒外七晕，第一、五晕饰圆点圆圈纹，第二晕为主晕纹，饰四只逆时针飞翔的长尾、长喙鸟纹。第三、七晕饰点纹，第四、六晕

图 V-66　GOP 乡 I 号鼓

饰锯齿纹。胸上部、腰下部均饰三晕锯齿纹、圆点圆圈纹，腰上部被斜线纹带纵分成数格，格间无纹。四条形耳，足部无纹饰。高33.5厘米、面径44.5厘米，面残。现藏于海兴省文化所。（图V–66）

GOP乡II号鼓[LANG GOP II]

1970年出土于海兴省南成县先进社GOP乡，尺寸不详，已残。仅存鼓面局部，芒外五晕，单弦分晕。第一、二、四、五晕为锯齿纹，第三晕为主晕纹，饰一只逆时针飞翔的长尾、长喙飞鸟纹。现藏于海兴省文化所。（图V–67）

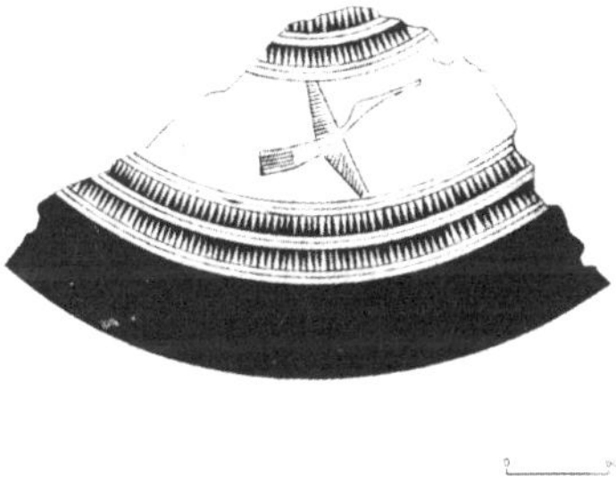

图 V-67　GOP 乡 II 号鼓

平驼鼓[BINH DA]

1982年出土于河山平省青威县平明社平驼II村。鼓身矮，胸径大于足径，腰部呈上窄下宽的梯形。鼓面中央有六芒太阳纹，芒间填斜线纹。芒外七晕，单、双弦分晕，第一、二、六晕饰切线圆圈纹，第三、五、七晕饰锯齿纹，第四晕为主晕纹，饰四只逆时针飞翔的长尾、长喙鸟纹。胸上部、腰下部均饰二晕圆点纹、锯齿纹。腰上部被双斜线纹带纵分成数格，格间无纹。四条形耳，足部无纹饰。胸、腰、足部保存有垫片。高23.4厘米、面径40.9厘米，完整。现藏于河山平省文化所。（图V–68）

图 V-68　平驼鼓

绞必鼓[GIAO TAT]

1918年购买于河内市嘉林县绞必市集。鼓身矮，腰部呈上窄下宽的梯形，足矮。

鼓面中央有十芒太阳纹，芒间填重叠三角形纹。芒外三晕，双弦分晕。第一晕为主晕纹，饰四只逆时针飞翔的长尾、长喙鸟纹，第二、三晕饰锯齿纹。胸上部、腰下部饰两晕锯齿纹带，腰上部被纵向锯齿纹带分成数格，格间无纹。四条形耳，足部无纹饰。高17.5厘米、面径21.3厘米，完整。现藏于河内越南历史博物馆。（图V–69）

图 V–69 绞必鼓

东山 IV 号鼓 [DONG SON IV]

1970年出土于清化省东山县东山社。鼓身变形，形状不明。鼓面中央有八芒太阳纹，芒间填平行斜线纹。芒外三晕，单、双弦分晕。第一晕为主晕纹，饰四只逆时针飞翔的图案化飞鸟纹，第二、三晕饰锯齿纹。胸上部和腰下部有二晕锯齿纹带，腰上部被双斜线纹带纵分成数格，格间无纹。足部无纹饰。高24厘米、面径29厘米，胸、腰、足部残。现藏于清化省文化所。（图V–70）

图 V–70 东山 IV 号鼓

东山II号鼓[DONG SON II]

1929年出土于清化省东山县东山社D发掘坑。胸部突出，胸径大于足径，体矮，腰部呈上窄下宽的梯形。鼓已锈，花纹不清晰，鼓面无纹饰。胸部仅饰二组弦纹，腰上部被平行斜线纹、点纹带纵分成数格，格间无纹。腰下部有斜线三角形纹、点纹带。四条形耳，足部无纹饰。高24.5厘米、面径29厘米，足残。现藏于河内越南历史博物馆。（图V–71）

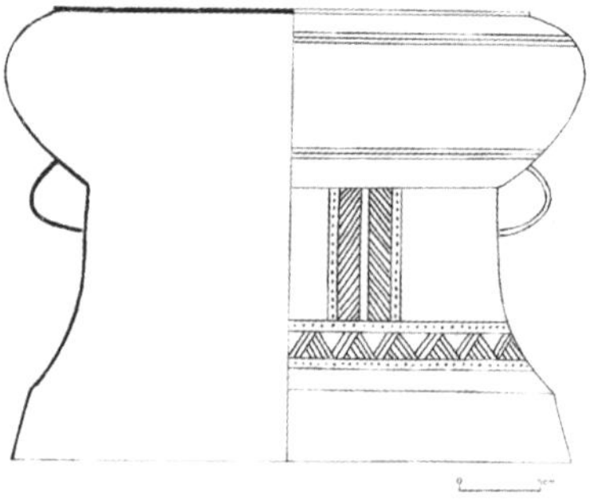

图 V–71 东山 II 号鼓

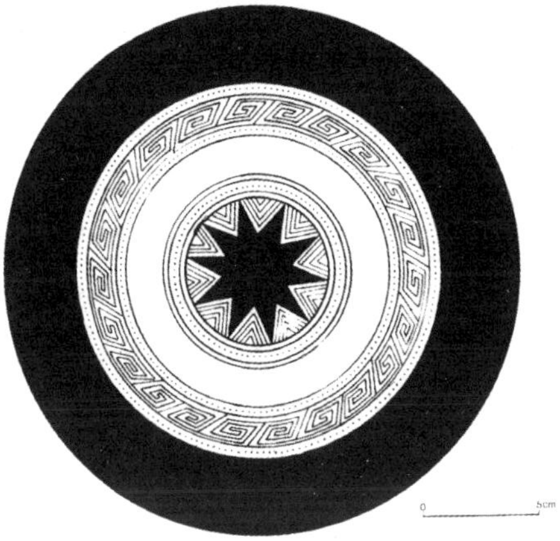

图 V-72　东山 III 号鼓

东山III号鼓[DONG SON III]

1925年出土于清化省东山县东山社第二发掘坑。体小，足径大于胸径，腰部呈上窄下宽的梯形。鼓面中央有十芒太阳纹，芒间填重叠三角形纹。芒外四晕，单、双弦分晕。第一、三、五晕为圆点纹，第二、四晕为主晕纹，第二晕素面，第四晕为回形纹。胸上部、腰下部均饰三晕点纹、平行斜线纹，腰上部被点纹、平行斜线纹带纵分成数格，格间无纹。四条形耳。高21厘米、面径23厘米，腰、足部残。现藏于河内越南历史博物馆。（图V–72）

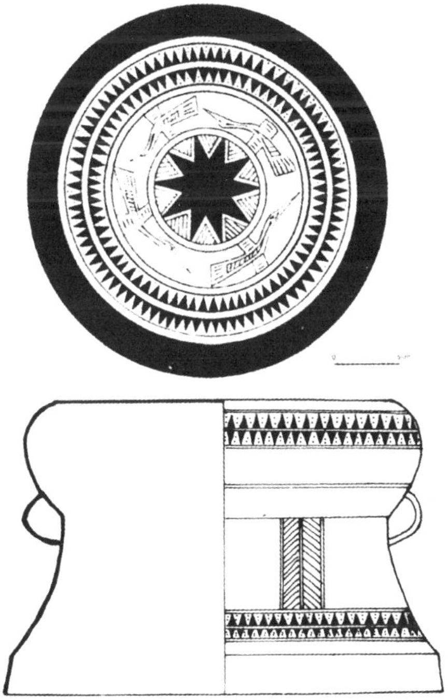

图 V-73　鼎乡 IV 号鼓

鼎乡IV号鼓[LANG VAC IV]

1972年出土于义安省义檀县义和社鼎乡。体小，足径大于胸径，腰部呈上窄下宽的梯形。鼓面中央有十芒太阳纹，芒间填斜线纹。芒外三晕，双弦分晕。第一晕为主晕纹，四只逆时针方向飞行的长尾、长喙鸟纹。第二、三晕为相背的锯齿纹，齿内有两点。胸部纹饰不明，腰上部被双斜线纹带纵分成数格，格间无纹，腰下部饰二晕锯齿纹。四条形耳，足部无纹饰。高23.2厘米、面径27.6厘米，足残。现藏于义安省文化所。（图V–73）

读创鼓[DU SANG]

1976年出土于河山平省金杯县读

创社。鼓面已失，体小，胸部突出，腰部呈上窄下宽的梯形。胸上部饰点纹、平行斜线纹带。腰上部被点纹、斜线纹带纵分成数格，格间无纹，腰下部饰点纹、平行斜线纹带。足部无纹饰。高21厘米、面径29.2厘米，腰、足部残。现藏于河山平省文化所。（图V–74）

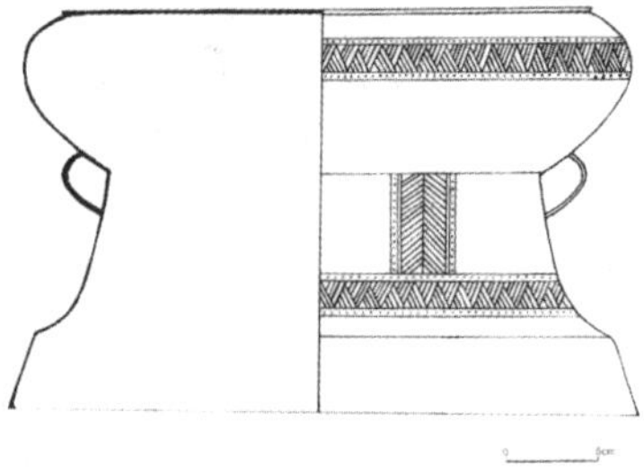

图 V–74 读创鼓

老街I号鼓（93LC I）①

1993年出土于老街红河右岸山丘。鼓面残破，鼓面边沿有四只蹲蛙，两只已失，现仅存两只。鼓面中央饰凸起十一芒太阳纹，芒外八晕，双弦分晕。第一、三、五、七晕饰锯齿纹，第二晕饰圆点纹，第四晕为主晕纹，饰七只逆时针飞翔的翔鹭纹，其中两只较小，第六晕饰同心圆纹，第八晕饰网纹。胸部五晕，第一、二、三晕与腰下部三晕相同，饰锯齿纹夹同心圆纹，第四晕为主晕纹，饰六只船纹，船首尾不分，短小，每船中有两人划船，第五晕为网纹。腰上部分上、下两层，上层被同心圆纹、网纹带纵分成十格，格间饰牛纹、鸟纹。下层饰三十二只长嘴鸟纹。鼓身两道合范线。足部素面。高36厘米、面径44厘米。（图V–75）

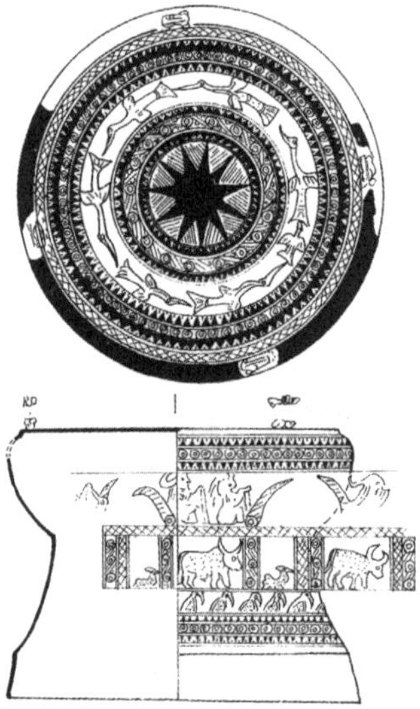

图 V–75 老街 I 号鼓

① 越南老街 1993 年—1994 年发现的 19 面铜鼓是近年来的重要发现，范明玄首先报道了这批材料，她在《铜鼓和青铜文化的再探索》（1997 年《民族艺术增刊》）上，用《1993 年老街发现一批东山铜鼓的新材料》（Some new informations of Dong Son Drums discovered in Lao Cai Town in 1993）为题介绍了 18 面铜鼓，此文对中国学者了解老街铜鼓的情况起到了很大作用。遗憾的是此文也存在不足，例如第 10 面鼓未介绍，她对 18 面铜鼓的介绍略显简单，残损情况，面、胸、腰部纹饰的详情等不太清楚，所配的少数线图与文字无法对应。这些影响了学者们对老街铜鼓的深入了解。近年来，范明玄又在日本考古学杂志上重新撰文，她以《1993 年老街发现的东山铜鼓》（Dong Son Drums discovered in Lao Cai Town in 1993）为题详细介绍了全部铜鼓（19 面），包括过去未介绍的第 10 面铜鼓，弥补了上文材料不全面的缺陷，这对学者们详细了解老街铜鼓极有帮助。本书所介绍的老街铜鼓综合了两篇文章的材料写成，特此说明。

老街II号鼓（93LC II）

1993年出土于老街平整红河右岸山丘。鼓身残破，面与身分离，腰部保存较好，足稍残，它与93LCI鼓形状相似，稍微矮一点。鼓面中央饰八芒太阳纹，芒间填斜线角形纹，芒外七晕。第一、三、五、七晕饰锯齿纹，第二、六晕饰同心圆纹，第四晕为主晕纹，饰六只翔鹭纹。鼓面边沿饰四只带尾、类似蜥蜴的动物雕像（仅存两只）。胸部五晕，第一、三晕饰锯齿纹，第二晕饰同心圆纹，第五晕饰网纹，第四晕为主晕纹，饰六条船纹，每条船上有两人。腰上部被羽纹、锯齿纹夹同心圆纹等纹带纵分成八格，四格中为牛纹，另外四格中间被两条平行线分成上、下二小格，格间饰鸟纹、鱼纹，或空白。四单耳，耳残。足部素面。鼓身两道合范线。高34.2厘米、面径41.8厘米。（图V-76）

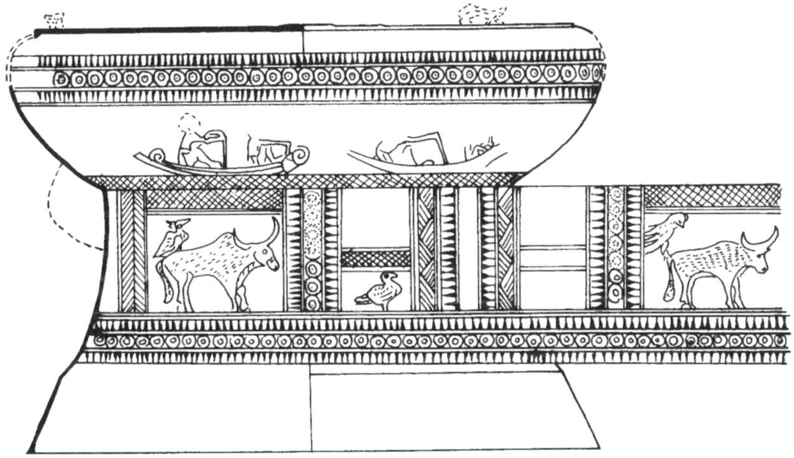

图 V-76　老街 II 号鼓

老街III号鼓（93LC III）

1993年出土于老街红河右岸山丘。鼓面大部分完整，胸、腰部已残，体形略矮，鼓面稍出沿。鼓面中央饰八芒太阳纹，芒间填角形纹，芒外六晕。第一、五晕饰圆点纹，第二、六晕饰锯齿纹，第三、四晕为主晕纹，第三晕饰十二对羽人，每对羽人面对面，第四晕饰六只逆时针飞翔的翔鹭纹。胸部三晕，第一晕饰锯齿纹，第二晕饰圆点纹，第三晕饰船纹，船上有羽人。腰上部被栉纹带纵分成八格，每格饰羽人纹。腰下部饰二晕圆点纹、锯齿纹。四绳纹耳已残。足部素面。鼓身两道合范线。高29.4厘米、面径48厘米。

老街IV号鼓（93LC IV）

1993年出土于老街红河右岸山丘。鼓面仅存一半，身为碎片。鼓面中央饰太阳纹，芒间填角形纹，芒外七晕。第一、五晕饰网状纹，第二、六晕饰圆点纹，第三、七晕饰锯齿纹，第四晕为主晕纹，饰四只逆时针飞翔的翔鹭纹。鼓面边沿铸有八只蹲蛙，两只头向为逆时针。胸部似乎饰有六条船，船上有人，但不清楚。腰上部被六条斜线纹、网状纹带纵分成五格，格间饰牛纹，牛身上饰线纹、圆点纹。腰下部三晕，第一晕饰锯齿纹，第二晕饰圆点纹，第三晕网状纹。四绳纹耳。鼓身仅见三道合范线，另一条应在已失的残片上。足部素面。高29.2厘米、面径42.3厘米。（图V–77）

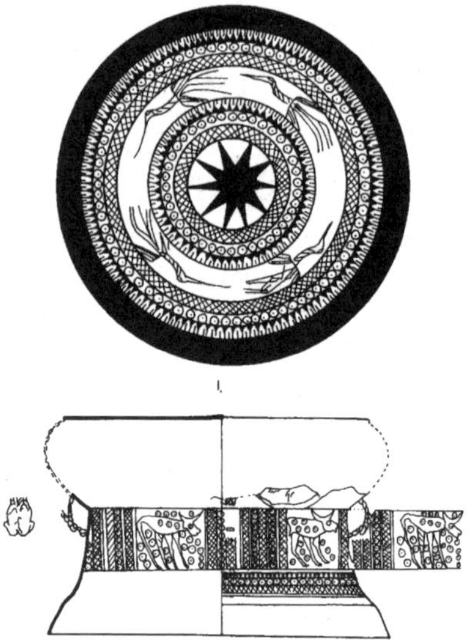

图 V–77　老街 IV 号鼓

老街V号鼓（93LC V）

1993年出土于老街红河右岸山丘。鼓面一半已失，鼓面中央饰十芒太阳纹，芒间填角形纹，芒外五晕。第一晕饰切线圆圈纹，第三、五晕饰锯齿纹，第四晕饰同心圆圈纹，第二晕为主晕纹，饰四只逆时针飞翔的翔鹭纹，鼓面边沿仅存一只蹲蛙，另三只已失。胸部三晕，第一晕饰锯齿纹，第二晕为主晕纹，饰有两条船纹，每船上有二羽人。腰上部被锯齿纹、栉纹带纵分成数格，两格饰牛纹，一格饰两羽人，羽人左手执工具。腰下部有三晕，二晕锯齿纹，一晕同心圆纹。胸腰间保存有两绳纹残耳。足部素面。鼓身两道合范线。高34厘米、面径40厘米。（图V–78）

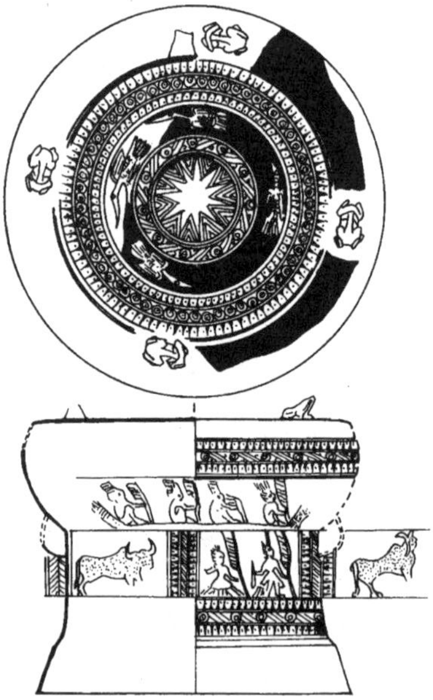

图 V–78　老街 V 号鼓

老街VI号鼓（93LC VI）

1993年出土于老街红河右岸山丘。鼓甚残，鼓面、胸残，腰和足部仅存两片。鼓面中央饰七芒太阳纹，芒间填角形纹，芒外七晕。第一、三、五、七晕饰锯齿纹，第二、六晕饰同心圆纹，第四晕为主晕纹，饰翔鹭纹，数目不清，只见一只翔鹭。胸上部、腰下部各饰三晕，第一、三晕饰锯齿纹，第二晕饰同心圆纹。腰上部被锯齿纹、同心圆纹带纵分成七格，一格中饰有一只带尾及两只后腿的牛。高30厘米、面径43.5厘米。

老街VII号鼓（93LC VII）

1993年出土于老街红河右岸山丘。鼓锈蚀严重，面残，保存有胸上部、部分腰及足部。鼓面中央饰十芒太阳纹，边沿饰一晕锯齿纹。胸部五晕，第一、三晕饰点纹，第二、四晕饰锯齿纹，第五晕仅存两条船尾和一划船人，推测应有六条船，每条船上两人。腰上部被锯齿纹带纵分成八格，每格内饰一舞人。腰下部五晕，第一、三、五晕饰点纹，第二、四晕锯齿纹。胸、腰间存一单耳。足部素面。鼓身两道合范线。高26.8厘米、面径36.5厘米。

老街VIII号鼓（93LC VIII）

1993年出土于老街红河右岸山丘。鼓面一半、部分胸、腰部缺失，鼓面中央饰凸起八芒太阳纹，芒外三弦分三晕。胸上部饰三晕，第一晕饰圆点纹，第二晕饰锯齿纹，第三晕饰六条船纹，船上有划船羽人，船有两种不同类型。腰上部被竖线、切线圆圈纹带纵分成八格，每格内饰头戴羽冠、左手执棍、右手执钩形器两人。腰下部二晕，第一晕饰切线圆圈纹，第二晕饰锯齿纹。足部素面。鼓身两道合范线。高35.9厘米、面径48.5厘米。

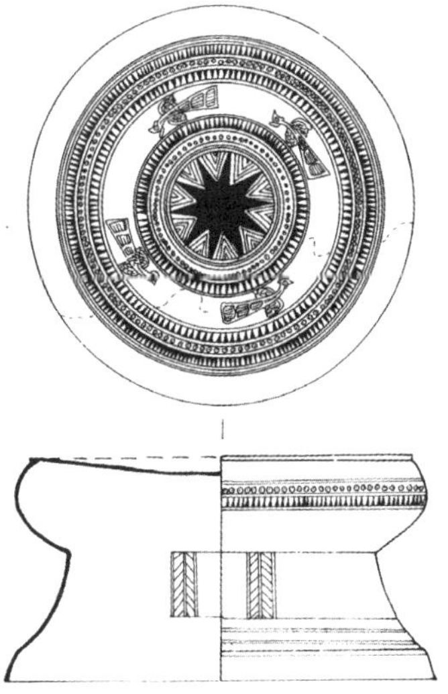

图 V-79 老街 IX 号鼓

老街IX号鼓（93LC IX）

1993年出土于老街红河右岸山丘。鼓身残，胸部保存差，足部已残为两块。鼓面中央饰十芒太阳纹，芒间填角形纹。芒外六晕，双弦分晕。第一、五晕饰切线圆圈纹，第二、四、六晕饰锯齿纹，第三晕为主晕纹，饰四只逆时针飞翔的翔鹭纹。胸部饰三晕，第一、三晕素面，第二晕饰锯齿纹。腰上部被叶脉纹带纵分成数格，格内纹饰不明。腰下部饰二晕，第一晕饰圆点纹，第二晕饰锯齿纹。足部素面。鼓身两道合范线。高23.7厘米、面径42.5厘米。（图V-79）

老街X号鼓（93LC X）

1993年出土于老街红河右岸山丘。仅保存有三分之一鼓面。能辨认的纹饰有三晕，最外面一晕饰锯齿纹。

老街VIII号鼓（94LC VIII）

1994年出土于老 街红河右岸山丘。鼓面略残，胸部三分之一、足部三分之二残，鼓面稍出沿。鼓面中央饰凸起八芒太阳纹，芒间填角形纹。芒外六晕。第一、五晕饰锯齿纹，第三晕饰十四个图案化羽人，左手执羽饰器物，第四晕为主晕纹，饰四只逆时针飞翔的翔鹭纹。胸部三晕，第一晕饰切线圆圈纹，第二晕饰锯齿纹，第三晕饰船纹，船上坐两羽人，船中间立一柱，柱顶饰圆点，柱中部饰方形纹。腰上部被叶脉纹带纵分成数格，格间饰二羽人，左手执羽毛饰器物。腰下部二晕，分别为切线圆圈纹、锯齿纹。足素面。胸腰间铸一对耳。高31厘米、面径45.6厘米。

老街XIV号鼓（94LC XIV）

1994年出土于老街红河右岸山丘。鼓面已失，鼓身三分之一残。胸部六晕，第一、五晕饰点纹，第二、四晕饰锯齿纹，第三晕饰圆点纹，第六晕饰

图 V-80 老街 XIV 号鼓

船纹，船上有三至四人，船尾饰鸟纹。腰上部被十条纹带纵分为八格，格间饰一牛纹。腰下部有五晕，第一、五晕饰点纹，第二、四晕饰锯齿纹，第三晕饰圆点纹。足部素面。鼓身两道合范线。残高28厘米。（图V–80）

老街XV号鼓（94LC XV）

1994年出土于老街红河右岸山丘。胸、腰、足部残，鼓面修补过，修补过的缝线已经锈蚀发黄。鼓面中央饰凸起四芒太阳纹，芒间饰孔雀纹。芒外纹饰模糊不清，共八晕。第一、七晕饰圆点纹，第三、六晕饰锯齿纹，第四晕饰四间房屋纹，两间屋顶呈船形，两间呈圆形，房屋中间有羽人纹。胸部三晕，第一晕饰切线圆圈纹，第二晕饰锯齿纹，第三晕饰船纹，船上有羽人。腰上部被八条纹带纵分成八格，每格上方饰一条弦纹，两条点纹带，格内饰二羽人，左手执矛。腰下部二晕，第一晕饰切线圆圈纹，第二晕饰锯齿纹。胸腰间有两对耳，耳已失。鼓身两条道范线。高51厘米、面径61厘米。

老街XVI号鼓（94LC XVI）

1994年出土于老街红河右岸山丘。鼓面已残为两块，面上纹饰不清晰，虽然胸、腰、足部仅存三分之一，但能复原。鼓面中央饰凸起八芒太阳纹，芒间填角形纹，芒外七晕。第一、三、五、七晕饰锯齿纹，第二、六晕饰切线圆圈纹，第四晕为主晕纹，饰四只逆时针飞翔的翔鹭纹。胸部二晕，第一晕饰切线圆圈纹，第二晕饰锯齿纹。腰上部被两条锯齿纹带纵向分成数格，格间纹饰模糊不清，可能是牛纹。腰下部二晕，一晕饰切线圆圈纹，另一晕饰锯齿纹。足部素面。鼓身两道合范线。高24厘米、面径39厘米。

老街XVII号鼓（94LC XVII）

1994年出土于老街红河右岸山丘。鼓面已残成几片。鼓面中央饰凸起十芒太阳纹，芒间填三角形纹。芒外能分辨出五晕。第一晕饰回纹，第二、六晕饰锯齿纹，第四晕饰羽人纹，羽人身上饰点、线纹，第五晕饰四只逆时针方向飞翔的翔鹭纹。胸部二晕，第一晕饰锯齿纹，第二晕饰切线圆圈纹。腰上部被八条由叶脉纹、网纹带纵分成六格，格间纹饰不明。腰下部二晕，一晕饰切线圆圈纹，另一晕饰锯齿纹。足部素面。鼓身两道合范线。高28厘米、面径46厘米。

老街XVIII号鼓（94LC XVIII）

1994年出土于老街红河右岸山丘。出土时鼓面已失，仅保存有胸、腰和足部的局部。胸部二晕，第一晕饰锯齿纹，第二晕饰两条船纹，一条船首像鸟头，船上有一右手执矛的羽人，另一条船的船首不清楚，船上有人。腰上部被十条纹带纵分成八格，每格内饰一羽人，每个羽人左手执矛，右手拿头部弯曲器或管状器。腰下部二晕，一晕饰切线圆圈纹，另一晕饰锯齿纹。足部素面。鼓身两道合范线。残高20厘米。

老街XIX号鼓（94LC XIX）

1994年出土于老街红河右岸山丘。鼓身略残。鼓面中央饰凸起八芒太阳纹，芒间填内带斜线的角形纹，芒外七晕。第一、三、五、七晕饰锯齿纹。胸部第二晕饰锯齿纹，能看出的第三晕饰船纹，船上有羽人。腰上部被二道竖线纹带纵分成数格，每格内饰两种不同类型的牛纹，一种牛身为素面，另一种牛身饰圆点纹。腰下部二晕，一晕饰圆点纹，另一晕饰锯齿纹。高25厘米、面径40.8厘米。

1990年至2004年越南中部、南部发现的东山型铜鼓。①

由山鼓（GIO SON）

发现于广治省由灵县由山社。鼓面中央饰八芒太阳纹，主晕纹为四只翔鹭纹，其他还饰锯齿纹。高26.8厘米、面径30厘米。

茶禄鼓（TRA LOC）

发现于广治省海陵县海春社茶禄村。鼓面中央饰十芒太阳纹，主晕纹为四只翔鹭纹。胸部饰船纹，船上有人纹。腰部饰牛纹、锯齿纹、圆圈纹、乳钉纹。高27.4厘米、面径33.4厘米。

朵喇鼓（BAU LAT）

出土于广义省山精县精印社大同山顶上。伴出物有陶器，鼓腰分成六格，每格内饰手执兵器的武士。

① 见越南范明玄教授2004年8月出席在云南文山召开的国际铜鼓学术会议的参会论文《关于从1990年到2003年新发现的东山铜鼓的一些意见》。

永盛I号鼓（VINH THINH I）

发现于平定省永盛县永盛社永平村。发现时正放，永盛I号鼓扣合在永盛II号鼓上，鼓面保存较好，身已残破，鼓内有陶器、骨骼、装饰品、玉器等。永盛I号鼓鼓面中央饰十芒太阳纹，主晕纹为四翔鹭纹，其他还饰同心圆纹。面径45厘米。

永盛II号鼓（VINH THINH II）

发现于平定省永盛县永盛社永平村。形制、纹饰与永盛I号鼓基本相同，鼓面还饰锯齿纹。面径48厘米。

永盛III号鼓（VINH THINH III）

发现于平定省永盛县永盛社永平村。鼓内发现有牙齿、骨骼、玉器、装饰品、陶器。纹饰与永盛II号鼓相似。面径约50厘米。

永盛IV号鼓（VINH THINH IV）

发现于平定省永盛县永盛社永平村。鼓内有陶器。纹饰与永盛I号鼓相近。面径约50厘米。

永盛V号鼓（VINH THINH V）

发现于平定省永盛县永盛社永平村。鼓内伴出玉器和陶器，纹饰与永盛I号鼓相近，鼓面中央饰八芒太阳纹。高30厘米、面径约50厘米。

永盛VI号鼓（VINH THINH VI）

发现于平定省永盛县永盛社永平村。鼓内伴出陶器，形制小，纹饰与永盛I号鼓相近。高20厘米、面径38厘米。

永合鼓（VINH HIEP）

出土于平定省永盛县永合社永福村。伴出陶器与玉器，足径宽大，鼓面中央饰十芒太阳纹，主晕纹为六只翔鹭纹，还有栉纹、圆圈纹、S形纹等。高35厘米、面径58厘米。

西江鼓（TAY GIANG）

出土于平定省西山县西江村社左江村。鼓外表涂有一层植物油，鼓已残。纹饰与永盛I—VI号鼓相似。面径48厘米。

金州鼓（KIM CHAU）

出土于平定省安仁县打石镇金州村。鼓是在一个废品店中发现，仅保存着鼓身，纹饰有栉纹、圆圈纹。高33厘米。

华合中鼓（HOA HIEP TRUNG）

出土于富安省。出土情况、鼓形状、纹饰不详。

宁凤II号鼓（NINH PHUNG II）

2004年3月出土于庆和省宁和县宁凤社大抄村。形体大，纹饰不详。

宁凤III号鼓（NINH PHUNG III）

2004年3月出土于庆和省宁和县宁凤社大抄村。形体大，纹饰不详。

芽庄II号鼓（NHA TRANG II）

出土于庆和省芽庄市福海坊。伴出陶器、铜器、铁器，鼓面饰十芒太阳纹、八只翔鹭纹、圆点纹、锯齿纹、S形纹。高49厘米、面径62.4厘米，重27.5千克。

沱喇鼓（DA LAT）

出土于林同省。鼓面中央饰十八芒太阳纹，其余纹饰不明。高37厘米、面径40厘米。

龙兴鼓（LANG HUNG）

出土于平福省福龙县龙兴社。鼓面中央饰十二芒太阳纹，主晕纹为四只翔鹭纹，其他纹饰还有栉纹，鼓身饰栉纹、同心圆纹。身上带众多垫片孔，保存完整。高27厘米、面径40厘米，重6千克。

富正I号鼓（PHU CHANH I）

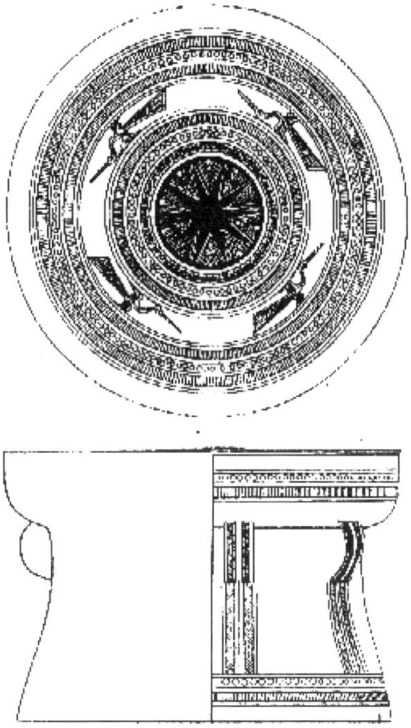

图 V–81 富正 I 号鼓

富正铜鼓共出土四面，分别为富正I、II、III、IV号鼓，1995年均出土于平阳省新渊县富正社富正墓葬之中。出土时鼓倒置在木缸中，鼓已残，鼓面直径宽，等于胸部最大径，胸径大于足径，腰与足部分界线不明显，腰部剖面呈梯形，足部有许多方形垫片孔，与鼓同时还发现一块垫片。鼓面中心凸起十芒太阳纹，芒间填翎眼纹。芒外七晕，双弦分晕。第一晕饰S形纹，第二、六晕饰圆点圆圈纹，第三、五、七晕饰栉纹，第四晕为主晕纹，饰四只逆时针而飞的飞鸟纹。胸部与腰下部各饰二晕纹饰，双弦分晕，一晕饰圆点圆圈纹，另一晕饰栉纹。腰上部被双斜线纹带纵分成六格，格间素面。胸腰间铸四对绳纹耳。高47.5厘米、面径57厘米。[①]（图V–81）

富正II号鼓（PHU CHANH II）

1995年出土于平阳省新渊县富正社富正墓葬。置于木缸中，木缸外高61、内高54厘米，缸径46～50、底径52厘米，木缸内还伴出木剑、纺织品、陶器、四乳四螭镜。鼓身直，体高。高40厘米、面径47.5厘米、足径44厘米。

富正III号鼓（PHU CHANH III）

1995年出土于平阳省新渊县富正社富正墓葬。鼓身矮，胸部低。高21.5厘米、面径37.5厘米。

富正IV号鼓（PHU CHANH IV）

1995年出土于平阳省新渊县富正社富6号墓。高40厘米、面径47.2厘米。

① ［越］范德孟著，李清译：《富正铜鼓》，《中国古代铜鼓研究通讯》第 17 期，2001 年，南宁。

第三节 标准器、年代及其在分类中的位置

根据越南学者的统计，截至2005年，在越南共发现250面东山铜鼓，以及100多面明器鼓。[①]

越南学者将东山铜鼓分成不同类型，本节后面将详述。

越南学者没有用考古类型学的方法找出每一类型的标准器，只是按铜鼓的大小，鼓面有无青蛙雕塑这样比较粗线条的方法去分类。

但是，越南学者一直都是将玉镂铜鼓作为标准器来看待的，而实际上它是东山铜鼓最早的类型A型的标准器。

一百多年以来，先后共发现过3面玉镂铜鼓，发现地是越南河南宁省（现为河南省）平陆县玉镂社。玉镂I号鼓发现于1893年4月，早在1902年11月就在河内博览会上展览过。法国学者巴门特在河内1918年第18期《远东博古学院集刊》上发表《古代青铜鼓》一文，著录此鼓。因此，玉镂1号鼓在国际学术界具有很高的知名度。

玉镂I号鼓，高63厘米，鼓面直径79厘米。现收藏在越南国家历史博物馆。此鼓之鼓面有太阳纹，十四芒。芒间饰孔雀翎眼纹，巴门特在《古代青铜鼓》一文中释为“双鱼纹”，盖误。鼓面十二晕，其中，第六晕、八晕和十晕为主晕圈，晕内花纹为人物、屋宇、动物、飞鸟等。第一、二、三、五、七、九、十一、十二晕为几何纹。

在第六晕晕圈内，有一座拱形顶的屋宇，屋内有一人，手执有柄之圆形器物。法国学者戈鹭波，越南学者陶维英和中国学者汪宁生都释为敲击铜锣，而越南学者阮玉章和中国学者王振镛则释屋宇为祈求丰收仪式的“天房”，屋内的人不是击打乐器（铜锣）的一般人物，而是专司祭祀的巫觋祭司。[②]此晕圈内还有另一组手持杵棒正在舂臼的2人，边舂臼边跳舞，很像古籍记载的“舂堂”，即舂米舞。这是在铜鼓上不常见的花纹。旁边另一组花纹则是一座长脊短檐的干栏式建筑，在鼓面的对称位置处还有一座与此完全相同的建筑物。屋内有披长发之二人相向而坐，手执一物，边奏乐边唱歌。旁边另有露台，上坐多人，在执棒击铜鼓。其旁另一组纹饰则为乐舞行列。第八晕为动物纹饰，晕圈内二十头奔鹿，鹿间饰十四只翔鹭。第十晕为十八

① ［越］阮文好：《论东山文化青铜器的风格和特征》，《声震神州——文山铜鼓暨民族历史文化国际学术研讨会论文集》，云南人民出版社，2005年10月，昆明。

② 王振镛：《越南玉镂鼓考略》，《铜鼓和青铜文化的新探索》，广西民族出版社，1993年10月，南宁。

只翔鹭，间十八只立鹭。鼓身亦为写实图案，胸部靠下一圈装饰六条逆时针排列的船，船之间有鹭鸶之类的高脚长喙水鸟站立。船呈弓状，首尾翘起，船头装饰似为鹢鸟首，船外悬锚碇之类的物体。每船有六至七人不等，船前部坐执斧钺之羽人，船中部站击鼓之羽人，其后站立一至二位执斧钺之羽人和双手被缚之裸人。靠近船尾部搭建祭祀台，台上站一位巫觋之人，手持弓形法器。船尾有掌舵摇橹之人。法国学者戈鹭波在《北圻和北中圻的铜器时代》一文中释此船为东山人为超度死者灵魂到天堂去的超度船，类似大洋洲达雅克人超度亡灵的"黄金船"。越南学者陶维英认为戈鹭波的看法是"基本正确的"。[1]中国学者王振镛认为是"描述庆祝胜利的凯旋献俘仪式或者猎首献祭仪式"。[2]我们认为这几条船为祭祀船，其功能与中国出土的广南鼓类似，[3]祭祀内容待考。此鼓之腰部为手持盾、钺之跳舞羽人。后来越南文物部门在平陆县玉缕社征集到一面铜鼓，被命名为"玉缕II号"铜鼓，此鼓高39厘米，面径49.5厘米，鼓面太阳纹、十二芒、主晕饰四只翔鹭，鼓身饰几何形花纹。1981年在平陆县玉缕社又出土一面铜鼓，被命名为"玉缕III号"铜鼓。此鼓出土时甚残，鼓面无存，从残存铜片上可知鼓面有太阳纹、十二芒，鼓身为几何花纹。

越南学界提及"玉缕铜鼓"，一般指的是"玉缕I号"鼓。

关于玉缕I号铜鼓的年代，可从东山文化的年代入手来加以考察。法国学者戈鹭波认为东山文化的兴盛时期在公元1世纪中叶，即在中国东汉时期。1935年发掘过东山文化的瑞典考古学家阳士不同意戈鹭波的观点，阳士在越南北方清化省发掘过的东汉时代墓葬中，没有或很少发现过"东山式"兵器，从而认为东山文化之兴盛期应在西汉以前，并认为，从艺术史角度来看，应将东山文化的兴盛时期追溯到公元前3世纪或4世纪。[4]因此，这个年代范围应包括在东山文化中出土的玉缕I号铜鼓的年代范围。而越南考古学家黄春征教授则认为"对于东山铜鼓的年代，我们根据器形和花纹衍变过程进行排比，并根据东山文化遗址的^{14}C年代进行东山鼓年代的推测，我们认

① ［越］陶维英著：《越南古代史》下册，刘统文，子钺译，商务印书馆，1976年11月，北京。

② 王振镛：《越南玉缕鼓考略》，《铜鼓和青铜文化的新探索》，广西民族出版社，1993年10月，南宁。

③ 黄德荣、李昆声：《铜鼓船纹考》，《中国铜鼓研究会第二次学术讨论会论文集》，文物出版社，1986年4月，北京。

④ ［越］陶维英：《越南古代史》下册，刘统文，子钺译，商务印书馆，1976年11月，北京。

为越溪鼓属于I类型的晚期鼓，而^{14}C年代推测越溪鼓的木棺为距今2530±100年，所以我们学者认为最早的东山铜鼓可能出现在大约公元前7世纪，其流行年代可能到公元1、2世纪”。[①]日本学者今村启尔教授将黑格尔I型铜鼓分为东山系和石寨山系，并将两系铜鼓的年代划分为3期：第1期为公元前3—2世纪；第2期为公元前1世纪—公元后1世纪；第三期为公元后2—6世纪。这是整个东山系铜鼓的年代，石寨山系在第2期初期就结束了。[②]如果这样，玉镂I号铜鼓的年代最早定在公元前3世纪。中国学者王振镛认为“综观玉镂鼓器形、纹饰及铸造工艺特点，说明它应是古代铜鼓发展到繁荣阶段的作品，其年代约当西汉晚期至东汉前期”。[③]也就是公元1世纪左右。中国学者蒋廷瑜认为“石寨山型东山系铜鼓的流行年代也是战国时期至东汉时期，相对年代当比石寨山系略晚，延续的时期更长一些”。[④]蒋廷瑜虽没讲玉镂I号铜鼓的年代，但说了越南古螺I号铜鼓的年代：“古螺I号鼓出土时内蓄近200件青铜器，包括矛、匕首、镞、斧、锄、犁等，也是公元前2—1世纪的遗物。”在越南有关东山铜鼓的权威著作《越南的东山鼓》一书范辉通院士所写的序言中，是把玉镂I号鼓、黄下鼓和古螺鼓、黑河鼓作为同时代的标准器来看待的。范院士的序言中说：“在整个东山文化分布地区，在越南和中国南部，看来最美丽最完美的东山铜鼓是最早期的。它们是在越南发现的一组4个铜鼓：玉镂I号鼓、黄下鼓、古螺鼓（它们全部收藏在河内），还有黑河鼓（收藏在巴黎）。由欧洲学者在云南发现在维也纳收藏的开化鼓也属于这一独特的组。”[⑤]在范明玄教授、阮文好教授和赖文道博士编辑的这本书中，是将玉镂I号鼓、黄下鼓、古螺鼓均归为东山铜鼓A型I式中的，也就是同时代的。据此，玉镂I号鼓也应于古螺鼓年代一致。

关于东山铜鼓A型和B型的年代，我们认为，东山铜鼓A型之标准器：玉镂I号、黄下鼓和古螺鼓来看A型鼓，其年代最早者可早到战国末期，即公元前3

① ［越］黄春征：《越南发现和研究铜鼓的情况》，《铜鼓和青铜文化再探索》，民族艺术杂志社，1997年，南宁。

② ［日］今村启尔：《论黑格尔I式铜鼓的二个系统》，《铜鼓和青铜文化的再探索》，广西民族出版社，1993年10月，南宁。

③ 王振镛：《越南玉镂鼓考略》，《铜鼓和青铜文化的新探索》，广西民族出版社，1993年10月，南宁。

④ 蒋廷瑜：《古代铜鼓通论》，紫禁城出版社，1999年8月，北京。

⑤ ［越］*DONG SON DRUMS IN VIETNAM*，THE VIETNAM SOCIAL SCIENCE PUBLISHING HOUSE，1990，TOKYO.

世纪中叶。延续至东汉中期，即公元2世纪前叶为其下限，即东山铜鼓B型之下限。至于东山铜鼓之C型，则属冷水冲型，基本上不在本书研究范围。

说到东山铜鼓在考古类型学中的地位，通俗讲就是在铜鼓分类中的位置，越南、日本、中国学者一致认为：东山铜鼓（A型和B型）属黑格尔I型铜鼓。

但是，越南学者有多种分类方法。

黎文兰、范文圣和阮灵将东山铜鼓分为5组或5型。[1]陈孟富分东山铜鼓为4组或称4型。[2]诸文秦将东山铜鼓分为2大组5小组或称2型5式。[3]郑生、范明玄、阮文煊则分为5组18式或称5型18式。[4]

由越南考古研究院编，范辉通院士主编，范明玄教授、阮文好教授和赖文道博士编辑的大型图录《越南的东山鼓》一书，1990年由越南社会科学出版社在日本东京用英文和越文双语出版，目前没有中译本。此书将全部东山铜鼓分成5组22式，或5型22式。[5]

黄春征教授1998年将东山铜鼓分成4组4式，或4型4式。[6]

越南考古研究院和黄春征教授的分类法是目前越南比较新的和比较细的主要的分类法，本节重点介绍。

越南考古研究院范辉通院士在《越南的东山鼓》一书导言中说：“当我们把‘黑格尔I型’的名称改为‘东山铜鼓’时，我们并没有意图把国际用法越南化。黑格尔的命名有它的优点，它证实了史前时期铜鼓的同一性（原文如此，本书作者注），因为毕竟黑格尔II、III、IV型铜鼓是由I型演变而来的。”范院士又说：“根据分类学，东山铜鼓等同于黑格尔I型铜鼓。命名的改变仅仅意味着从分类学标准（黑格尔I型）到系属标准（东山文化）的转变。”

越南考古研究院把上述“东山铜鼓”分为A、B、C、D、E5组或5型22式。A型和B型相当于中国古代铜鼓研究会分类法中的石寨山型；C型相当于

---

① ［越］黎文兰、范文圣、阮灵：《越南青铜时代的第一批遗迹》，1963 年，河内。

② ［越］陈孟富：《在越南发现的黑格尔第一类型鼓的试分组》，（越南）《考古学》1974 年第 13 期。

③ ［越］诸文秦：《东山鼓的年代》，（越南）《考古学》，1974 年第 13 期。

④ ［越］郑生、范明玄、阮文煊：《越南东南亚铜鼓的分类》。转引自黄春征，见本页注⑥。

⑤ ［越］ *DONG SON DRUMS IN VIETNAM*，THE VIETNAM SOCIAL SCIENCE PUBLISHING HOUSE，1990，TOKYO.

⑥ ［越］黄春征：《东山铜鼓的类型》，《铜鼓和青铜文化研究》，贵阳人民出版社，2001 年 11 月，贵阳。

冷水冲型；E型相当于遵义型；D型则相当于万家坝型。

而黄春征教授则把东山铜鼓分为4型4式。第一类型可分两个式：Ia式和Ib式。第三类型IIIa式和IIIb式。

具体说到每一面铜鼓在分类上的归属是：

属于越南考古研究院分类法中东山铜鼓A型I式鼓有玉镂I号、黄下、古螺I号、驼江鼓，A型II式有庙门I号、玻龙、坂吞鼓，A型III式有庙门II号、武备鼓，A型IV式有和平、富川、广正、罗丘、鼎乡I号、东构、鼎乡II号、陶盛、山西、濮邪、越溪鼓，A型V式有广昌鼓。

属于黄春征分类法中东山铜鼓第一类型的Ia式有玉镂I号、黄下、沱江、古螺、熙罔鼓。Ib式有庙门I号、II号、玻龙、武备、池村、富川、广古、锅村I号、II号、东构、山西、越溪鼓。

属于越南考古研究院分类法中的东山铜鼓B型I式鼓有维仙、安集鼓；B型II式有富维，玉镂II号、III号，文村，鼎乡III号，九高，铁疆，新约，方秀，弘荣，定公I号、II号、III号、IV号、V号，瑰山，东山I号、V号、VI号，广胜I号、II号，黄山，决山I号、II号、III号，武舍，垄川，春立，春立II号、III号，锦水，安老，寿域，头顿，永宁，红石I号，平府，河内I号，芽庄，河内II号、III号；B型III式有徕尚，古乡I号、II号，平驼，绞必，东山II号、III号、IV号，鼎乡IV号和读创鼓。

越南考古研究院将以上在越南发现的74面铜鼓归入东山铜鼓之A型和B型。也就是中国古代铜鼓研究会分类法中的石寨山型。

属于黄春征分类法中东山铜鼓之第二类型的铜鼓有维仙，安集，富维，玉镂II号、III号，文村，锅村III号、IV号，铁疆，新约，方秀，弘荣，定公I号、II号、III号、IV号、V号，东山I号、IV号、V号、VI号，广胜I号、II号，黄山，决山I号、II号、III号，武舍，垄川，春立I号、II号、III号，锦水，安老，寿域，永宁，红石I号，平府，河内I号、II号、III号，芽庄，徕尚，平驼，绞必鼓。

由此可见，黄春征分类法中的东山铜鼓第一类型相当于越南考古研究院分类法中的A型，黄氏第二类型则大体相当于B型。

而越南考古研究院分类法中的C型和E型，相当于中国古代铜鼓研究会分类法中的冷水冲型和遵义型鼓，黄春征分类法中之第三类型也主要为此型。因与本书关系不大，就不一一列举。越南考古研究院分类法中的东山铜鼓之D型鼓有陶舍，松林I号、II号和上农鼓共4面。黄春征分类法中东山铜鼓之第四类型鼓有陶舍，松林I号、II号，上农和老街鼓共5面。显然，越南D型和第四类型相当于中国古代铜鼓研究会分类法中的万家坝型。

黄春征教授对此型铜鼓的描述是："第四类型铜鼓体型特别小。鼓面小，鼓胸凸出，鼓腰极度收束，鼓足很矮，但足径较大。饰纹极其简单，饰纹面积仅占一般或三分之一鼓面。鼓面的太阳纹有的仅有光体而无光芒，有的光芒很细，太阳纹之外多为素面。鼓胸和鼓足一般无纹，有的在腰部有比较简单的纹饰。这类铜鼓粗犷、古朴。"黄春征的描述基本上符合万家坝型铜鼓的形态特征。

那么，越南东山铜鼓之D型和黄氏第四类型的年代，越南学者如何看待？

黄春征教授说："大部分我国学者认为从第一类型到第三类型铜鼓是我国东山铜鼓时代的先后排列顺序。关于第四类型铜鼓，因为到现在还没有发现可靠年代，所以我国学者的意见还不完全统一。有的认为它们是最晚的东山铜鼓类型，属于东山铜鼓的衰落阶段，有的认为它们是东山铜鼓的最早类型，是东山铜鼓的初始型鼓。"

我们先列表对比中国和越南学者分类法中的异同（见表）。下面再具体分析一下越南学者分类法中的东山铜鼓之D型或第一类型所处位置是否合理？

越南东山铜鼓与各国分类法对照表

<table>
<tr><th>分类者
类型</th><th>奥地利
弗朗茨·黑格尔
1902年</th><th>美国
埃玛·邦克
1976年</th><th>日本
今村启尔
1979年</th><th>中国古代铜鼓研究会
1988年</th><th>越南考古研究院
1990年</th><th>越南
黄春征
2001年</th></tr>
<tr><td rowspan="9">古代铜鼓</td><td rowspan="5">I型</td><td>先黑格尔I型</td><td>先黑格尔I型</td><td>万家坝型</td><td>东山铜鼓D型</td><td>东山铜鼓第四类型</td></tr>
<tr><td rowspan="2"></td><td rowspan="2">石寨山系
东山系A型B型</td><td rowspan="2">石寨山型</td><td>东山铜鼓A型</td><td>东山铜鼓第一类型</td></tr>
<tr><td>东山铜鼓B型</td><td>东山铜鼓第二类型</td></tr>
<tr><td></td><td>东山系C型</td><td>冷水冲型</td><td>东山铜鼓C型</td><td>东山铜鼓第三类型</td></tr>
<tr><td></td><td>东山系E型</td><td>遵义型</td><td>东山铜鼓E型</td><td></td></tr>
<tr><td>IV型</td><td></td><td></td><td>麻江型</td><td></td><td></td></tr>
<tr><td rowspan="2">II型</td><td></td><td></td><td>北流型</td><td></td><td></td></tr>
<tr><td></td><td></td><td>灵山型</td><td></td><td></td></tr>
<tr><td>III型</td><td></td><td></td><td>西盟型</td><td></td><td></td></tr>
</table>

越南考古研究院所编的《越南东山鼓》一书和黄春征教授所著的《东山铜鼓的类型》一文的分类标准是从大到小，鼓面由大变小，无蛙到有蛙，纹

饰从写实到变形，复杂到简单。《越南东山鼓》一书中共列举了119件铜鼓，越南发现115件，中国云南出土3件，奥地利收藏1件（开化鼓）。119件鼓分为五型，即A、B、C、D、E型，还有29件该书未分型。①黄春征分为四种类型，即第一至第四类型，②两种分法大同小异。

我国学者把铜鼓分为八种类型，顺序为万家坝型、石寨山型、冷水冲型、遵义型、麻江型、北流型、灵山型、西盟型。与我国的分类法对照，越南考古研究院A型、B型（黄春征第一、二类型）相当于石寨山型；C型（黄春征第三类型）鼓面已出现蹲蛙，相当于冷水冲型；D型（黄春征第四类型）相当于万家坝型，E型相当于遵义型。若照他们的分类，铜鼓的编年顺序则变为：石寨山型、冷水冲型、万家坝型、遵义型。万家坝型排在冷水冲型之后和遵义型之前。

两国学者分类法的不同点在于万家坝型（即越南的D型、第四类型）的位置和年代，分歧甚大，也是争论的焦点。

纹饰是他们分型定式的主要依据之一，认为纹饰技术的发展是从写实风格向格式化方向发展，纹饰越复杂，年代越古老。反之，纹饰越简单，或者素面，年代越晚。“最美丽，最完善的东山铜鼓是最早期的”。③A型中的玉镂I号鼓、黄下鼓、古螺I号鼓、沱江鼓年代最早，云南开化鼓也属于此时期。这些鼓的纹饰都是以写实风格——鼓面上各种人物活动场面、翔鹭纹、鹿纹、胸部船纹、腰部羽人纹为主，纹饰繁缛、富丽，铸工精湛。

万家坝型铜鼓的纹饰古朴、简单，铸造技术粗糙，他们认为是A型、B型、C型鼓的退化形式，不是早期铜鼓。在谈到万家坝型的原始古朴时，越南学者认为，粗陋的性质有两种可能，即原始的粗陋和退化的粗陋。万家坝、大波那铜鼓的粗陋是由晚期发展的第I类型鼓的退化造成的，④第I类型鼓即是A、B、C型鼓。

越南学者认为他们本国的D型鼓的时代较晚，“三十年代在越南发现同

① ［越］Pham Minh Huyen，Nguyen Van Hao，Lai Van Toi，*Dong Son Drums in Vietnam*. The Vietnam Social Science Publishing House，1990.（本书作者注：《越南东山鼓》一书由越南社会科学出版社1990年在日本东京用英文和越文印刷出版）。

② ［越］黄春征：《东山铜鼓的类型》，《铜鼓和青铜文化研究》，贵州人民出版社，2001年，贵阳。

③ ［越］Pham Minh Huyen，Nguyen Van Hao，Lai Van Toi，*Dong Son Drums in Vietnam*. The Vietnam Social Science Publishing House，1990.

④ 同③。

类型（万家坝型）的铜鼓（松林鼓），早已被断定是粗糙的，越是晚期的鼓，尽管它们的铸工粗糙，但它们的装饰风格是晚期的”。[①]

这种观点乍一看似乎也有道理，任何事务的发展过程都是从简单到复杂，由粗糙而趋于精美，然后从复杂而衰落，再由精美趋于简陋。但是越南学者认为最古老的A、B型鼓（石寨山型）并非从一开始就具备如此高超的水平，它应该有个产生、发展的过程。此型鼓的纹饰以写实性为主，从各个角度看，这类纹饰的技术水平显得较为成熟、精湛。冷水冲型鼓面铸蹲蛙，全身布满图案化纹饰，也绝非一朝一夕之功。

如果将万家坝型铜鼓置于冷水冲型和遵义型之间，我们姑且不谈万家坝型，先来看看冷水冲型与遵义型的关系，将越南的C型（冷水冲型）与E型（遵义型）纹饰做一比较。C型全身遍布纹饰，鼓面太阳纹光芒多为十二芒，芒间饰翎眼纹，主晕纹为变形羽人纹。E型全身纹饰也非常丰富，鼓面饰太阳纹，十芒，芒间饰翎眼纹，主晕纹是变形羽人纹，变形翔鹭纹，切线同心圆纹减少，而以同心圆纹居多。鼓面边沿青蛙消失，演变成四个蛙爪痕，胸部、腰部常常饰栉纹、圆圈纹，足部饰复线三角纹。

不难看出，从C型直接到E型的纹饰演变脉络是清楚的：鼓面上的变形翔鹭、变形羽人纹都是主晕纹，布局、形状相似。但E型数量多而密集，纹饰更趋图案化。如果将D型放在C型、E型之间则显得多余，十分勉强，三者的关系、演变系列不清楚，看不出D型是C型的退化形式，D型是E型的早期形式。

相反，万家坝型鼓上纹饰却具备初期阶段的特点：纹饰简单、写实，鼓内壁常饰鼍纹。某些鼓甚至通体素面，身带烟炱，还处于炊器、乐器不分的阶段。

越南本国万家坝型铜鼓的资料甚少，迄今为止唯有松林I号鼓、II号鼓、上农鼓、老街市发现的2件鼓（LC XI、LC XII）绍运鼓、永绥鼓、茂东鼓，8件鼓均非科学发掘品，基本上是耕地、基建中发现的，单鼓出土的情况居多。老街2面鼓虽有伴出物，但具体出土情况不明，只知道与其他鼓一起出过一些伴出物，每一件鼓的具体伴出物则不清楚，因此，越南该类鼓一是数量少；二是科学性差，无伴出物；三是没有碳十四年代数据，研究起来有一定的难度，只能依靠纹饰进行研究。脱离了地层、伴出物、器物组合，单纯依赖纹饰来断代，往往会产生偏差。

① ［越］Pham Minh Huyen，Nguyen Van Hao，Lai Van Toi，*Dong Son Drums in Vietnam*. The Vietnam Social Science Publishing House，1990.

其实对于越南发现的万家坝型铜鼓（D型、第四类型）的编年和位置，越南学者的看法也不统一，一些认为早，另一些则认为年代较晚。[①]他们并不否认“东山铜鼓原始形态的问题还有待解决”。[②]“在A组鼓（玉镂鼓）之前显然还存在有处于发生和发展阶段的另一组铜鼓”。

总而言之，东山铜鼓D型在铜鼓分类中的归属，希望越南学者深入研究，找出其正确、合理的位置。

第四节　金属成分分析

东山遗址发掘后，1929年戈鹭波分析了东山遗址出土的2件青铜器残片，这是首次对越南青铜器的科学分析，1件是靴形铜钺，另1件是铜提筒。此项工作是由河内矿业总调查局化学实验室完成的。

目前我们能搜集到的越南东山铜鼓金属成分的资料共计12面（见表），它们分别是来自法国人马尔雷、越南地质院、叶廷花等学者的三次分析和北京大学文博学院的分析资料。锦水鼓由不同单位检测过二次。另外，越南学者还对铜鼓做过光谱分析[③]、中子活化法分析[④]、摄谱仪分析[⑤]，这些多属于定性分析，未做定量分析。以上分析的铜鼓所包括的类型也不仅仅是东山铜鼓，还有其他类型铜鼓。广西的学者也对越南提供的76个铜鼓样品检测过，内含56个黑格尔I型铜鼓样品，由于公布的数据，无法确认哪些是东山型铜鼓，哪些是其他类型鼓。以上检测的数据都不好利用、讨论。因而我们只能就这12面东山型铜鼓的数据进行讨论。

① ［越］Pham Minh Huyen，Nguyen Van Hao，Lai Van Toi，*Dong Son Drums in Vietnam*. The Vietnam Social Science Publishing House，1990.

② 同上。

③ ［越］范明玄、阮文宝：《黄连山和山罗省东山铜器光谱分析结果》，《考古新发现》，1986年。

④ ［越］叶廷花、阮做英：《用中子活化法分析越南的铜鼓样品》，《铜鼓和青铜文化研究》，贵州人民出版社，2001年11月。

⑤ ［越］郑生：《东山铜鼓及铜制品的摄谱仪分析》，《铜鼓和青铜文化研究》，贵州人民出版社，2001年11月。

越南东山型铜鼓金属成分表

样品名称	出土地点	采样位置	化学成分（%）							材质
			铜	锡	铅	铁	锌	锑	总和	
★广昌2号	清化广昌县购买	鼓身	45.8	13.3	20.7	0.6	1.7		82.0	铅锡青铜
			64	17.7	/	1	0.9		83.6	
★东山1号	清化东山	鼓面	68.6	19.1	1.5	0.8	0.6		90.6	锡青铜
			61.91	26.09	1.22	1.47	/		90.69	
▲定公I	清化定公		47.41	8.77	8.30	1.19			65.67	铅锡青铜
▲定公II	清化定公		52.63	0.44	16.65	0.40			70.12	铅青铜
▲定公III	清化定公		44.35	2.53	25.60	0.49			72.97	铅锡青铜
▲锦水	清化锦平		62.63	0.46	20.00	0.36			83.45	铅青铜
●永宁	清化永宁	面	93.23	4.2	1.9	0.44	0.02		99.79	锡青铜
		胸	93.16	4.6	1.8	0.06			99.62	锡青铜
		足	83.09	3.5	13	0.12			99.71	铅锡青铜
		耳	89.99	1.5	7.9	0.32		0.16	99.87	铅青铜
		垫片	79.95	0.43	22			0.34	102.72	铅青铜
●锦水	清化锦平	面	68.42	8.2	22	0.7	0.02	0.10	99.44	铅锡青铜
		胸	62.26	10	25	1.2	0.03	0.19	98.68	铅锡青铜
		足	69.53	4.6	25	0.51		0.07	99.64	铅锡青铜
		耳	83.61	4.2	11	0.4	0.01	0.49	99.71	铅锡青铜
		垫片	93.19	0.03	0.04	5.7	0.04	0.49	99.49	铁青铜
●河内II	河内市收集		54.29	10	32	0.06		砷（3.1）	99.45	铅锡青铜
■富正I	平阳新渊	面	64.84	4.17	30.80		0.011		99.82	铅锡青铜
		胸	62.46	9.62	26.38		0.011		98.47	铅锡青铜
		垫片	90.73	0.25	1.90		7.01		99.89	黄铜
铜鼓	清化东山	面	67.97	9.88	21.07	0.53		0.47	99.92	铅锡青铜
陶盛	安沛富盛		86.14	13.57	0	0.26		0	99.27	锡青铜
浮岩	安沛浮岩		58.36	8.52	32.53	0.51		0	99.92	铅锡青铜

资料来源：★　采自L·马尔雷：《关于青铜的分析》。
▲　采自叶廷花：《几面越南古代铜鼓化学成分》，《考古新发现》，1981年。
●　采自《经过几次铜鼓试铸》，越南《考古学》，1996年第2期。
■　采自范德孟著，李清译：《富正铜鼓》，《中国古代铜鼓研究通讯》第17期，2001年。
未标注号者由北京大学考古文博学院文物保护实验室检测。

对越南铜鼓最初的检测是1954年由法国人马尔雷完成的，[①]他分析了河内历史博物馆收藏的13面铜鼓，其中2面是东山A型、B型铜鼓，1面是广昌II号鼓，另1面是东山I号鼓。从纹饰上分析，东山I号鼓的年代要早一些，它的纹饰写实性强，而广昌II号鼓的纹饰已格式化，正朝几何形方向发展，并且鼓面饰2晕主晕纹。与通常采样方法不同的是，此次采样在鼓的同一部位采2个样品，而不是1个。分析结果表明东山I号鼓是锡青铜，锡含量高达

① ［法］L. 马尔雷：《关于青铜的考古分析》。

26.09%，铅含量最高为1.5%。广昌II号是铅锡青铜，铅、锡含量都很高，铅含量大于锡含量，达到20.7%。1981年叶廷花分析过4面东山铜鼓，[①]此次各取1个样品，它们是定公I、定公II、定公III、锦水鼓，定公I、定公III都是铅锡青铜，定公I铅、锡含量差不多，占8%左右。定公III的铅含量（25.60%）远远超过锡的含量（2.53%）。定公II、锦水鼓属于铅青铜，铅含量在16%～20%之间，锡含量仅为0.4%左右。

越南学者还对同一鼓的面、胸、足、耳、垫片分别取样进行过检测，从中能够看出各部位的金属成分，这种方法比较全面、细致。1996年、1997年曾用此法检测过3面东山A型、B型铜鼓，它们是永宁鼓、锦水鼓和富正I号鼓，3面鼓分别出自清化省锦水县、清化省永禄县和平阳省新渊县。结果表明每一面鼓各部位的成分都不一样，并非统一为一种材质。永宁鼓这种差别面、胸不大，足部与面、胸为二种不同的材质，足部为铅锡青铜，面、胸为锡青铜。为何会出现这种现象？这或许跟浇注方式有关，如果采用鼓面太阳纹处作浇注口的方式，自上而下浇注，由于铅的比重大（11.34），会集中在底部，因而足部铅的成分会高些。如果采用以鼓身侧面的范缝线上为浇注口就不会出现上述现象。耳与垫片都是铅青铜，垫片的铅含量（22%）远远高于耳的铅含量（7.9%），差别甚大，表明不是一次用同样矿料铸成的。锦水鼓面、胸、足、耳都是铅锡青铜，面、胸、足部铅含量均超过20%，而耳部铅含量只有11%，差别不小，说明耳部是单独铸造的。垫片的成分主要是铜（93.19%）铁（5.7%），与鼓身成分相比，是另一种材质。富正I号鼓面、胸部为铅锡青铜，铅成分比较高，均超过26.80%，垫片的成分为铜（90.74%）锌（7.01%），是另一种材质——黄铜。以上3鼓表明鼓耳、垫片与鼓身的金属成分差别较大。从铸造技术分析，有的鼓耳是先铸出金属鼓耳，然后嵌入鼓外范，与鼓身范一起浇注。垫片是用来控制鼓壁的薄厚和支撑内外范，也是用事先准备好的金属片来做垫片，这些都会造成鼓耳、垫片与鼓身的成分不一样。北京大学考古文博学院检测的3面鼓中2面鼓是铅锡青铜，铅的成分均超过21%，锡的含量不足10%，1面鼓（陶盛鼓）是锡青铜。

检测的12面鼓，未发现红铜鼓。锡青铜3面，它们是东山I、永宁、陶盛鼓，占检测总数的25%。铅青铜1面，即定公II号鼓，占8%。虽然锦水鼓1981年分析的为铅青铜，但是1996年分析的面、胸、足都是铅锡青铜，因而锦水鼓主要成分应为铅锡青铜。铅锡青铜8面，它们是广昌II号、定公I和III、锦水

① ［越］叶廷花：《几面越南古代铜鼓化学成分》，《考古新发现》，1981年。

鼓、河内II、富正鼓、东山铜鼓、浮岩鼓，占总数的67%。

如果用石寨山型铜鼓与东山A型、B型铜鼓做一比较，从数量上看，后者铅锡青铜最多，锡青铜次之，铅青铜最少，与石寨山型铜鼓同材质所占比例相似。差别是东山型铜鼓未发现红铜鼓。铅锡青铜鼓中的铅含量普遍比石寨山型鼓高，石寨山型鼓铅含量通常在20%以下，只有孟梅II号鼓为30.37%，孟梅鼓的发现地是文山富宁县，与越南相邻，二者或许有联系。而东山A型、B型铜鼓铅含量普遍在20%以上，最高的是浮岩鼓，达32.53%。

越南56面东山铜鼓金属成分实验数据

韦冬萍等　　2002年

序号	样品号	名称	产地	铜	锡	铅
1	9310	铜鼓HI	福芳	84.21	12.32	2.97
2	9316	铜鼓HI	庙门	90.92	5.93	2.60
3	9317	铜鼓HI	赖长	90.20	7.21	2.04
4	9318	铜鼓HI	福芬	82.53	15.16	1.77
5	9331	铜鼓HI	成功	98.87	0.05	0.60
6	9332	铜鼓HI	成文	82.98	13.47	3.03
7	9333	铜鼓HI	春立	86.57	10.63	2.32
8	9334	铜鼓HI	东山	90.13	6.74	2.67
9	9335	铜鼓HI	大笔	85.68	11.81	2.00
10	9336	铜鼓HI	东和	89.41	8.64	1.44
11	9337	铜鼓HI	东山	91.14	7.13	1.19
12	9338	铜鼓HI	清化	82.61	11.42	5.45
13	9339	铜鼓HI	黄山	89.56	8.31	1.60
14	9340	铜鼓HI	南进	90.06	7.91	1.49
15	9341	铜鼓HI	成功	90.24	8.10	1.19
16	9342	铜鼓HI	东山	95.05	2.01	2.38
17	9343	铜鼓HI	东山	93.82	2.38	3.32
18	9344	铜鼓HI	东山	82.30	9.67	7.50
19	9345	铜鼓I II	东山	89.90	9.03	0.51
20	9346	铜鼓HI	价霸	83.67	11.73	4.12
21	9347	铜鼓HI	价霸	91.61	6.28	1.55
22	9348	铜鼓HI	石寨山?	85.97	11.44	2.04
23	9349	铜鼓HI	石寨山?	90.07	7.01	2.40
24	9350	铜鼓HI	石寨山?	87.10	11.86	0.54
25	9351	铜鼓HI	东山	86.28	11.66	1.51
26	9352	铜鼓HI	不详	86.90	10.96	1.62
27	9353	铜鼓HI	石寨山?	88.35	9.81	1.31
28	9806	铜鼓HI	平定	82.18	6.49	10.84
29	9807	铜鼓HI	平定	84.90	13.99	0.61

序号	样品号	名称	产地	铜	锡	铅
30	9808	铜鼓HI	平定	82.74	16.11	0.59
31	9809	铜鼓HI	平定	76.68	22.34	0.47
32	9810	铜鼓HI	平定	77.14	16.39	5.94
33	9811	铜鼓HI	平定	87.61	7.64	4.24
34	9812	铜鼓HI	平定	89.12	8.06	2.24
35	9813	铜鼓HI	平定	86.37	10.11	3.01
36	9814	铜鼓HI	平定	85.76	10.32	3.55
37	9815	铜鼓HI	平定	88.75	8.75	2.01
38	9816	铜鼓HI	平定	73.89	13.94	11.73
39	9817	铜鼓HI	平定	83.92	10.18	5.45
40	9818	铜鼓HI	平定	75.93	12.61	10.96
41	9819	铜鼓HI	平定	82.65	10.08	6.79
42	9820	铜鼓HI	平定	83.30	13.07	3.08
43	9821	铜鼓HI	平定	81.19	14.28	3.98
44	9822	铜鼓HI	平定	82.57	12.15	4.79
45	9823	铜鼓HI	平定	80.15	14.82	4.50
46	9824	铜鼓HI	平定	81.19	16.46	1.78
47	9825	铜鼓HI	平定	78.92	16.55	3.99
48	9826	铜鼓HI	平定	78.85	15.94	4.63
49	9827	铜鼓HI	平定	82.39	13.47	3.56
50	9828	铜鼓HI	清化	83.74	11.23	4.45
51	9829	铜鼓HI	清化	82.90	11.17	5.38
52	9830	铜鼓HI	清化	84.30	12.14.	3.10
53	9832	铜鼓HI	清化	95.05	2.53	1.99
54	9844	铜鼓HI	和平	87.82	10.06	1.55
55	9847	铜鼓HI	和平	86.98	11.18	1.37
56	9852	铜鼓HI	和平	87.61	9.92	1.95

第五节　铅同位素检测

广西民族大学韦冬萍等学者曾经用铅同位素方法测定过越南考古学者叶廷花教授携来的越南青铜器、铜鼓和矿料的标本共94件。测定结果在《广西民族学院学报（自然科学版）》2002年11月第8卷第4期和越南《考古学》2002年第6期上发表。

在这94件标本中，除矿料、青铜器和黑格尔II型铜鼓标本外，属于黑格尔I型的铜鼓标本有56件。在公布的实验数据中，用“HI”标明，即黑格尔I型。但是，越南学者是把黑格尔I型铜鼓定义为东山铜鼓A型、B型、C型、E

型。其中的A型和B型，是中国古代铜鼓研究会分类法中的石寨山型，C型是冷水冲型，E型则是遵义型。由于所公布的实验报告笼统地只说是“HI”，令读者难以区分孰为石寨山型铜鼓的数据，孰为冷水冲、遵义型铜鼓的数据。或者站在越南学者角度换一种说法：难以区分孰为东山铜鼓A、B型，孰为C、E型。其中，仅标注了样品号为9348、9349、9350和9353的“HI”标本可能为石寨山型铜鼓。

鉴于这是中国学者第一次使用铅同位素方法测定多达56面越南出土的铜鼓的标本，这在铜鼓研究中是一件非常有意义的工作。此次测定的铜鼓之铅同位素比值见下表：

越南56面东山铜鼓铅同位素比值实验数据

韦冬萍等　　2002年

	样品号	名称	产地	$^{263}Pb/^{204}Pb$	$^{207}Pb/^{206}Pb$	$^{208}Pb/^{206}Pb$
1	9310	铜鼓HI	福芳	18.4738	0.85289	2.1199
2	9316	铜鼓HI	庙门	18.4481	0.85432	2.11113
3	9317	铜鼓HI	赖长	18.4708	0.85427	2.12403
4	9318	铜鼓HI	福芬	18.6425	0.85078	2.11119
5	9331	铜鼓HI	成功	18.689	0.84213	2.0948
6	9332	铜鼓HI	成文	18.534	0.85582	2.1146
7	9333	铜鼓HI	春立	18.486	0.85422	2.1248
8	9334	铜鼓HI	东山	18.689	0.84666	2.1034
9	9335	铜鼓HI	大笔	18.467	0.85433	2.1248
10	9336	铜鼓HI	东和	18.431	0.85358	2.1205
11	9337	铜鼓HI	东山	17.806	0.87577	2.1671
12	9338	铜鼓HI	青化	18.547	0.85261	2.128
13	9339	铜鼓HI	黄山	18.522	0.85433	2.1159
14	9340	铜鼓HI	南进	18.363	0.86138	2.1189
15	9341	铜鼓HI	成功	18.436	0.85270	2.1132
16	9342	铜鼓HI	东山	18.148	0.86513	2.1389
17	9343	铜鼓HI	东山	18.129	0.86486	2.1376
18	9344	铜鼓HI	东山	18.460	0.85395	2.1232
19	9345	铜鼓HI	东山	18.508	0.84717	2.1059
20	9346	铜鼓HI	价霸	18.589	0.84877	2.1057
21	9347	铜鼓HI	价霸	18.556	0.84850	2.1003
22	9348	铜鼓HI	石寨山?	18.219	0.86119	2.1039
23	9349	铜鼓HI	石寨山?	18.618	0.84745	2.1040
24	9350	铜鼓HI	石寨山?	18.262	0.85755	2.1359
25	9351	铜鼓HI	东山	18.436	0.85137	2.1121
26	9352	铜鼓HI	不详	18.463	0.85162	2.1119

	样品号	名称	产地	$^{263}Pb/^{204}Pb$	$^{207}Pb/^{206}Pb$	$^{208}Pb/^{206}Pb$
27	9353	铜鼓HI	石寨山?	18.285	0.86330	2.1145
28	9806	铜鼓HI	平定	18.209	0.86069	2.1326
29	9807	铜鼓HI	平定	18.402	0.85341	2.1161
30	9808	铜鼓HI	平定	18.519	0.85607	2.1292
31	9809	铜鼓HI	平定	18.425	0.85404	2.1185
32	9810	铜鼓HI	平定	18.555	0.85251	2.1203
33	9811	铜鼓HI	平定	19.081	0.83068	2.0816
34	9812	铜鼓HI	平定	17.797	0.87864	2.1707
35	9813	铜鼓HI	平定	18.008	0.86457	2.1370
36	9814	铜鼓HI	平定	18.023	0.86532	2.1359
37	9815	铜鼓HI	平定	17.690	0.87717	2.1632
38	9816	铜鼓HI	平定	18.552	0.84911	2.1056
39	9817	铜鼓HI	平定	18.523	0.84953	2.1072
40	9818	铜鼓HI	平定	18.589	0.84995	2.1105
41	9819	铜鼓HI	平定	18.537	0.84973	2.1087
42	9820	铜鼓HI	平定	18.534	0.85523	2.1304
43	9821	铜鼓HI	平定	18.502	0.85458	2.127
44	9822	铜鼓HI	平定	18.484	0.85409	2.1247
45	9823	铜鼓HI	平定	18.430	0.85287	2.1187
46	9824	铜鼓HI	平定	18.429	0.85343	2.1205
47	9825	铜鼓HI	平定	18.436	0.85350	2.1210
48	9826	铜鼓HI	平定	18.459	0.85404	2.1236
49	9827	铜鼓HI	平定	18.458	0.85397	2.1232
50	9828	铜鼓HI	青化	18.428	0.85279	2.1177
51	9829	铜鼓HI	青化	18.468	0.85375	2.1227
52	9830	铜鼓HI	青化	18.422	0.85259	2.1170
53	9832	铜鼓HI	青化	17.974	0.86754	2.1420
54	9844	铜鼓HI	和平	18.491	0.84937	2.10894
55	9847	铜鼓HI	和平	18.459	0.85856	2.12182
56	9852	铜鼓HI	和平	18.638	0.84528	2.09795

万辅彬教授把他们测得的越南56面铜鼓的铅同位素比值的数据与过去他们测得的7面中国石寨山型铜鼓和22面冷水冲型铜鼓（同属黑格尔I型）与中国广西、云南矿石及古代冶矿遗物样品的铅同位素数据在一起进行比较研究后，[①]得出如下结论："1. 中国广西和云南矿石及古代冶矿遗物样品的铅同位素实验数据，在图1形成II、III两个铅同位素比值分布场，7面石寨山型铜鼓和22面冷水冲型铜鼓铅同位素实验数据，在图1中大部分落在II、III两个分布场内，说明中国石寨山型铜鼓和冷水冲型铜鼓的矿料基本都是来自中国本土。

① 万辅彬等：《中国古代铜鼓科学研究》，广西民族出版社，1992年，南宁。

2．56面东山铜鼓（黑格尔I型）和相伴出土的14个其他属于东山文化的青铜器物（共70个）样品的铅同位素实验数据，绝大部分（61个）集中在分布场I中，虽然我们没有采集越南的矿石样品，但可以清楚地看到，越南东山铜鼓及东山文化遗物的矿料应该是就地取材，基本上都不是来自中国。

3．值得注意的是1955年在中国广西贵县（今贵港市）高中发掘的8号汉墓内有一面石寨山型铜鼓（鼓土1011号），其铅同位素数据在越南东山铜鼓铅同位素分布场I中，实验证明这一面铜鼓是在东山文化区域做好后，通过某种途径交流到中国贵县的。

同样值得注意的是越南清化省成功鼓、南进鼓、编号为93LC Ⅰ、93LC Ⅳ、93LC Ⅵ及HB648/01等铜鼓的铅同位素数据落在分布场Ⅱ、Ⅲ内。这说明越南的这6面鼓有可能在石寨山铜鼓和冷水冲铜鼓文化区域做好后，通过某种途径交流到东山文化地区；或者东山文化的主人从中国运来矿料在东山文化地区铸造。上述现象说明东山文化区域和石寨山铜鼓、冷水冲铜鼓文化区域有着很密切的经济往来和文化交流。越南考古研究院原副院长阮文好教授2002年8月10日在广西壮族自治区博物馆作越南考古新发现的学术报告中，列举了很多实例：‘如东山文化分布区内有的铜矛是石寨山型的，而石寨山文化分布区内有的铜钺是东山型的，而且在越南发现过铸造这种铜钺的砂石范。……石寨山型铜鼓在越南也有发现，清化有一人收藏十多面铜鼓，其中有一面是石寨山型铜鼓。羊角钮铜钟在广西、云南有，在越南也有，越南福寿省有个遗址出土过浇铸羊角钮钟（越南标象铃）的砂石范。’

4．图1的Ⅰ、Ⅱ、Ⅲ三个分布场相邻而且相互交叉，你中有我，我中有你，可以看作一个大分布场，越南与中国南方在古代本来就属于同一个铜鼓文化圈，应该说中越两国人民对铜鼓文化都有着巨大的贡献。[①]”

① 万辅彬等著：《越南东山铜鼓再认识与铜鼓分类新说》，《广西民族学院学报（哲学社会科学版）》，2003 年 11 月，第 25 卷第 6 期。

第　六　章

黑格尔I型铜鼓

第一节　黑格尔I型铜鼓的三个亚型及分式

一、黑格尔I型铜鼓分类的相关研究

20世纪90年代以来随着铜鼓研究的深入，伴随铅同位素比值法在铜鼓研究中的运用，学术界对石寨山型的系统（亚型）及式别的研究有了新的成果。1993年日本学者今村启尔在仔细研究中国、越南发现的石寨山型铜鼓、东山铜鼓后，发表了题为《论黑格尔I式铜鼓的二个系统》，文中根据腰部剖面形状、鼓面主晕纹多少及锯齿纹的区别，将中国、越南的石寨山型铜鼓、东山铜鼓分成二亚型，即石寨山系和东山系。[①]

自然科学家运用铅同位素比值法对中国、越南的铜鼓产地曾经做过探讨。广西学者万辅彬等1992年对中国7面石寨山型铜鼓和22面冷水冲型铜鼓进行过铅同位素比值分析，结果表明中国的石寨山型铜鼓和冷水冲型铜鼓基本上都是来自中国本土。[②]2003年他们又对越南的56面东山铜鼓和14件铜器样品进行过铅同位素比值分析，结论是："越南东山铜鼓及东山文化遗物的矿料应该是就地取材。"基于此结论万辅彬等学者提出了石寨山型铜鼓和越南东山早期型铜鼓属于不同的二亚型。[③]2001年北京大学与云南省博物馆联合采用铅同位素比值法对7面云南出土的石寨山型铜鼓和3面越南东山铜鼓样品进行了检测，结果表明石寨山型铜鼓与东山铜鼓各自分布在不同的范围内，原料不是出自同一矿床，二者是并列关系。[④]以上广西、北京的自然科学者

① ［日］今村启尔：《论黑格尔 I 式铜鼓的二个系统》，《铜鼓和青铜文化的新探索》，广西民族出版社，1993 年。

② 万辅彬、李世红、姚舜安：《中国古代铜鼓科学研究》，广西民族出版社，1992 年。

③ 万辅彬、房明惠、韦东萍：《越南东山铜鼓再认识与铜鼓分类新说》，《广西民族学院学报（哲学社会科学版）》2003 年 6 期。

④ 崔剑锋、吴小红：《铅同位素考古研究——以中国云南和越南出土青铜器为例》，文物出版社，2008 年。

先后对中国的石寨山型铜鼓、越南的东山铜鼓样品采用同一种方法进行的检测，结论都一样——石寨山型铜鼓及越南东山铜鼓是二个平行发展的系统，也就是说二者属于不同二亚型。考古学家与自然科学家的结论都相同。

二亚型概念提出后，逐渐已经被学术界认可。1997年越南学者阮文好把二亚型分别称为东山式铜鼓和石寨山式铜鼓。①1999年蒋廷瑜在《古代铜鼓通论》一书中采用了这种说法。②2008年李昆声、黄德荣《中国与东南亚的古代铜鼓》一书中第七章第二节的标题是“中国石寨山型铜鼓与越南东山铜鼓（A型和B型）是黑格尔I型铜鼓的两个亚型，两者基本上是平行发展的关系”，对此问题二位作者专门做了详细的论述。③

需要指出的是，由于历史原因，长期以来尽管中、越两国学者各自都对本国发现的铜鼓做过大量的研究，此型铜鼓中国叫石寨山型，越南称东山铜鼓，表面上看似乎也分两个系统，实际上与本文所说的二亚型不一样，并没有从整体上、理论上解决二亚型问题。

文山州地处云南东南部，地理位置特殊，多年来屡有铜鼓发现，最新发现是2011年在文山州广南县牡宜发现的2面汉代铜鼓。④迄今为止，文山州内共发现铜鼓140面 。⑤文山铜鼓不仅数量多，而且种类全，就其数量、种类而言是其他地区无法相比的。文山铜鼓的上述特点与它所处的地理位置有关，如果从目前铜鼓的分布来看，铜鼓集中分布在下面三个地区，一以云南中部、滇池地区为中心，出土大量万家坝型、石寨山型铜鼓，是铜鼓的起源地；二以广西为中心，铜鼓数量居第一；三以越南北部为中心，铜鼓数量仅次于中国，若将滇中——滇池地区、广西、越南北部用直线连接成三角形，文山处于中心腹地，成为连接三大区域的枢纽。这样的地理位置对探讨三大区域铜鼓的关系、传播、相互影响有着非常重要的意义。⑥

随着2011年广南县牡宜出土2面铜鼓，并且在一座墓中找到了1919年广南

---

① ［越］阮文好：《试论东山式铜鼓和石寨山式铜鼓》，《民族艺术》1997年增刊。

② 蒋廷瑜：《古代铜鼓通论》，紫禁城出版社，1999年。

③ 李昆声、黄德荣：《中国与东南亚的古代铜鼓》，云南美术出版社，2008年。

④ 广南句町历史文化研究中心：《“句町国史”简介》，《云南壮学》2011年总第2期。

⑤ 文山壮族苗族自治州文化局（黄德荣主编）：《文山铜鼓》，云南人民出版社，2004年。文山州下辖8个县，迄今为止共发现140面铜鼓，其中，万家坝型6面，石寨山型8面，冷水冲型6面，遵义型40面，麻江型74面，北流型3面，灵山型1面，西盟型2面。

⑥ 文山壮族苗族自治州文化局：《文山铜鼓》，云南人民出版社，2004年。

鼓出土的准确位置，加之以前崔剑锋、吴小红[①]和李晓岑[②]等学者分析过文山出土的孟梅II号鼓和广西贵县出土的土1611号鼓的铅同位素比值，2面鼓的数据都落入了东山铜鼓的分布范围。另外马关出土的2件铜锄[③]铅同位素比值与上述2面铜鼓的比值完全相同，也在东山铜鼓的分布范围内。同时文山铜鼓具有自身的特点：分布密集，集中分布在靠近越南、广西的四个县。铜鼓尺寸差别甚大，面径最大的2面铜鼓出自广南县。纹饰上古木鼓腰部饰立鹭纹，孟梅I、II号鼓鼓面饰瘤牛纹，广南鼓腰部饰剽牛纹，开化鼓鼓面饰编锣纹、击铜鼓纹，广南牡宜汉墓新出土1面鼓的鼓面饰四足爬虫纹等，[④]这些特征既不见于滇池地区的石寨山型铜鼓，也没有出现在越南东山鼓上。文山战国至西汉时期地属句町国，句町国的范围大致为云南东南部和广西西部。以上现象说明当时句町国开采了东山铜鼓铅同位素分布范围中的铅矿料，用于铸造具有本民族特征的石寨山型铜鼓，表明当时存在着第三个铸造和使用石寨山型或者东山型铜鼓的地区——句町，也就是说此类铜鼓还存在着第三亚型——文山型，此型涵盖文山州和广西西部发现的汉代铜鼓。

在对石寨山型铜鼓型式方面的研究，中国学者曾经做过多种型的划分，产生过不少叫法，相比之下对式的研究较少。1988年中国古代铜鼓研究会在《中国古代铜鼓》中把石寨山型铜鼓分成早、中、晚三期。[⑤]1993年今村启尔在《论黑格尔I式铜鼓的二个系统》一文中，将二个系统的铜鼓分为三期，第一期为战国末至西汉初，第二期为西汉中至东汉初，第一、二期都涉及二个系统（亚型）中的石寨山型铜鼓和东山型铜鼓。[⑥]尽管考古学上的“期”不同于“式”，二位学者并未正式提出“式”的概念，但是实际上他们都在进行分式的尝试。国内最早对石寨山型铜鼓正式提出分式概念的是李昆声、黄德荣1992年在《云南文物》发表的《论石寨山型铜鼓》将中、越两国156面

① 崔剑锋、吴小红：《铅同位素考古研究——以中国云南和越南出土青铜器为例》，文物出版社，2008年。

② 李晓岑：《中国铅同位素考古》，云南科技出版社，2000年。

③ 云南省文物考古研究所、文山州文物管理所、红河州文物管理所编著：《云南边境地区（文山州和红河州）考古调查报告》，云南科技出版社，2008年。

④ 广南句町历史文化研究中心：《“句町国史”简介》，《云南壮学》2011年（总第2期）。

⑤ 中国古代铜鼓研究会编：《中国古代铜鼓》，文物出版社，1988年。

⑥ ［日］今村启尔：《论黑格尔I式铜鼓的二个系统》，《铜鼓和青铜文化的新探索》，广西民族出版社，1993年。

鼓分成四式。①1998年蒋廷瑜在《古代铜鼓通论》中将石寨山系分成二式。②

不少越南学者也对东山系铜鼓进行过分式，其代表观点是范辉通主编、1990年出版的《越南的东山铜鼓》，书中把东山铜鼓分为A、B、C、D、E五型二十二式，A、B型相当于中国的石寨山型，A型下面分五式，B型下面分三式，式分得很细。③2001年越南学者黄春征认为不应当把铜鼓的型式分得太复杂，这样做表面上看形式上很详细、科学，实际上对铜鼓型式不容易划分，读者也很难记住，他主张把越南铜鼓的型式简单化，即分为四型，第一、二型相当于我国的石寨山型，A型下分二式，B型不分式。④

二、黑格尔Ⅰ型铜鼓

根据现有资料，黑格尔Ⅰ型铜鼓。可分三亚型。

1.石寨山（亚）型　石寨山型铜鼓共73面，在三个亚型中科学发掘出土数量最多。此型鼓主要出土于云南晋宁石寨山、江川李家山、呈贡天子庙、广西贵县罗泊湾、贵州赫章等墓地。近20年来，各地陆续又发现一批新材料，如江川李家山第二次发掘、昆明羊甫头等墓地先后出土了一批铜鼓，尤其是2007年于云南曲靖市师宗县龙庆乡黑尔村发现的二面铜鼓，其形制、纹饰在国内尚属首见，这二面鼓的发现，不但给石寨山型铜鼓研究提供了新材料，更使石寨山型铜鼓的分式成为可能。

本书主要以考古发掘品为基础，根据铜鼓的大小、形制、纹饰和年代上的差别，初步将能分式的铜鼓分四式。

Ⅰ式：形体小，面径通常在40厘米以下，胸部最大径虽然在中部以上，但位置稍低，腰部剖面呈梯形，足矮，足径大于胸径。纹饰丰富繁缛，写实性强。鼓面中为凸起太阳纹，仅有一晕主晕纹，即翔鹭纹。胸部船纹、腰部牛纹是常见纹饰，大量使用锯齿纹。主要集中在云南，有石寨山M14：1鼓等16面、李家山第一次发掘出土的8面鼓、第二次发掘出土的M69：171、天子庙2面、羊甫头1面、晋宁梁王山出土的4面、腾冲古永、云县、元江、鼎乡3面、

① 黄德荣、李昆声：《论石寨山型铜鼓》，《云南文物》第33期（1992年9月）。

② 蒋廷瑜：《古代铜鼓通论》，紫禁城出版社，1999年。

③Pham Minh Huyen, Nguyen Van Hao, Lai Van Toi, *Dong son Drums in Vietnam*, The Vietnam Social Science Publishing House, 1990, Tokyo.

④ 黄春征：《东山铜鼓的类型》，《铜鼓和青铜文化研究——中国南方及东南亚地区古代铜鼓和青铜文化第四次国际学术讨论会论文集》，贵州人民出版社，2001年。

广正、濮邪、徕尚、平驼、铰必、东山IV号、老街VII号、老街XVI号、LSb-38072号、KL512号鼓48面。（图VI-1，1）

II式：形体较大，面径约40厘米，整体显扁矮，腰部剖面呈梯形，足径大于胸径，矮足，铸造工艺精湛。广南鼓身高46厘米，胸部最大径在中部，腰部剖面呈梯形，纹饰以写实为主，但较I式丰富、繁缛，晕圈增多，有的鼓腰上部每格采用上、下二层的装饰手法，如广西贵县罗泊湾M1：10。另一些鼓虽然腰上部没有上、下分格的形式，但是腰上部每格采用上、下二层的装饰手法，如西林280号腰部分为十二格，每格又分上、下二层，上层饰鹿纹，下层饰舞人纹。鼓面、胸部、腰部各饰多晕锯齿纹。胸部船纹复杂，船体长，船上人数多。此式鼓有广南鼓、广西西林280、281、282、283号，贵县罗泊湾M1：10、M1：11，贺县龙中鼓，赫章60.2.6712，百色龙川，隆林扁牙，四川会理，约丘，东枸，山西，GOP 乡I、II号，老街VI、VIII、IX、KL229号，瑰宝607、611，展玉鼓共24面，分布范围较广。（图VI-1，4）

III式：形体小，面径约30厘米，胸部最大径偏上，鼓面平，腰部剖面呈梯形，足径大于胸径。通体素面，多数表面镀锡。数量少，分布范围较窄，不带普遍性，是石寨山型铜鼓中特例。铜鼓通常表面是不镀锡的，因为若要镀锡，器物表面需打磨平整光洁，且镀锡后无法显露纹饰。因此，该式鼓已趋于退化，最终消亡。仅有李家山第二次发掘出土的鼓M47：21、M50：89、M57：84、M68：285及M69：192共5面。（图VI-1，2）

IV式：形体多数大于I式，胸部最大径上移，腰部剖面呈梯形，不过已接近长方形。面径多数大于足径。足高，足径大于胸径。纹饰多数为写实性纹饰，不像冷水冲型鼓纹饰已趋图案化，鼓面主晕纹多为翔鹭纹。胸部饰船纹，腰部饰牛纹或羽人纹或素面，鼓面、胸部、腰部饰锯齿纹或栉纹。鼓面边沿饰蹲蛙、蜥蜴立体雕像是此式最大的特点。除老街IV号鼓饰八只蹲蛙，II号鼓饰四只带尾蜥蜴类雕像外，其余均饰四只蹲蛙。有石寨山M10：3，黑尔I、II号，贵州赫章M153：1，老街I号、II号、IV号、V号、LSb-38070、KL245，瑰宝592鼓共11面。石寨山M10：3鼓是已知石寨山型鼓中最小的一面。此式鼓已向冷水冲型发展，赫章M153：1鼓虽无立体雕饰，但其船纹已图案化。（图VI-1，3）

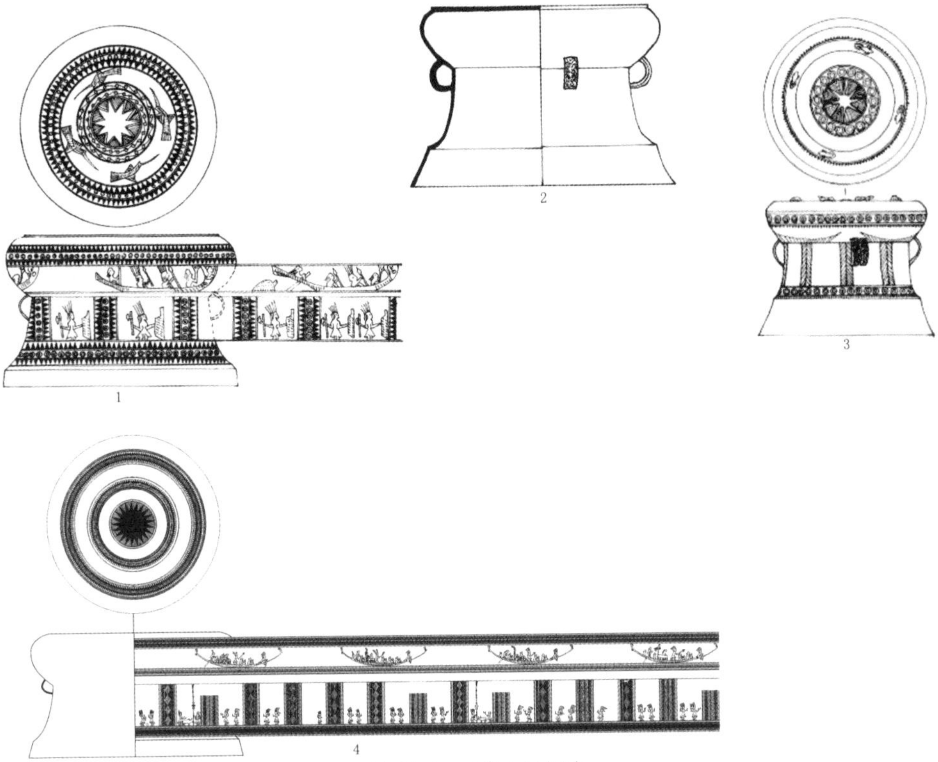

图 VI-1　石寨山型铜鼓

（1.I 式实例石寨山 M14：1　2. III 式实例李家山 M68：285　3. IV 式石寨山 M10：3　4. II 式广南阿章）

2.东山型　越南的黑格尔I型铜鼓数量较多，越南学术界认为这批铜鼓是年代最早的铜鼓，早于万家坝型铜鼓。他们对这批铜鼓进行过多种型式的划分，尽管在型式划分上有分歧，但划分型式的原则基本一致。器形从大到小，鼓面从小于胸径到大于胸径，纹饰从复杂到简单，从写实到几何形，鼓面从无蛙到有蛙。这种划分型式的原则是基于越南科学发掘品少，可作为划分型式的标准鼓不多，虽然有六面科学发掘品，但由于东山遗址早期发掘的不科学性，影响了这四面铜鼓的使用。在标准鼓很少的情况下，上述划分型式的原则不失为一种办法，但是如果用这种办法结合相近地区科学发掘品的材料，效果会更好，这也是考古学上常用的一种方法，比如石寨山、李家山墓地出土的铜鼓。鉴于越南东山铜鼓的这种情况，在划分型式时宜粗不宜细，将来有标准鼓时逐渐细化。基于以上理由，初步将东山型铜鼓分三式。

I式：体量中等，铸工精湛，面径约40厘米。面径大于胸径，腰部剖面呈筒形，足径大于胸径。纹饰以写实风格为主，鼓面只有一晕主晕纹，鼓面、胸部、腰部饰粗而短的锯齿纹，通常只饰二晕锯齿纹。仅有越溪、庙门II号二面。与晋宁石寨山、江川李家山等地出土的鼓类似。（图VI-2，1）

II式：形体最大，面径约70、大者79厘米（玉镂I号、黄下）。胸部最大径靠上，较I式高，腰部剖面呈筒形，足部增高。纹饰繁缛，遍布全身，鼓面饰二至三晕主晕纹，一晕常饰乐舞，或间有房屋、舂米纹，外侧饰翔鹭纹，腰部多饰羽人纹，少牛纹，鼓面、腰部饰锯齿纹或栉纹。II式鼓数量少，有开化，玉镂I号，黄下，古螺I号，沱江，庙门I号，坂吞，和平，富川，广昌，维仙，安集，老街III号、XVII号、LSb-33202、LSb-38068、LSb-38067，瑰宝594、590、587、588、545，翁巴86和89，乌汶鼓，北加浪26面。（图VI-2，2）

III式：形体比II式小，胸部最大径靠上，腰部呈长方形且变细，高足。纹饰由写实向几何纹饰转化，鼓面一般饰一晕翔鹭主晕纹，胸下部、腰格间基本无纹饰，锯齿纹消失，切线圆圈纹和圆点纹大量涌现。数量最多，有武备，富维，玉镂II号，文村，鼎乡III号，九高，铁疆，新约、芳秀、弘荣、定公I—V号，瑰山I号，东山I和VI号，广胜I、II号，黄山，决山I—III号，武舍，垄川、春立I—III号，锦水，安老，寿域，头顿，永宁，红石I号，平府，河内I号，芽庄，河内II、III号、LSb-33204、LSb-24294、KL370，滕贝林，克朗，三宝垄I号46面。（图VI-2，3）

3.文山型 文山州和广西西部迄今为止发现8面文山型铜鼓，文山州发现的7面，分别是古木鼓、孟梅I—III号鼓、城子上鼓、牡宜I和II号，7面中有3面来自孟梅村，属征集品。石寨山型铜鼓多数是科学发掘品，其次是有确切地点出土的单鼓，而保存在村寨中的目前仅见二例，一例是富宁孟梅村征集的3面，另一例是石寨山型IV式的黑尔2面。广西西部仅发现1面文山型铜鼓，即锅盖岭鼓。

这8面铜鼓中无论从尺寸、形制、纹饰上都有差别，古木鼓面径29.5、牡宜I号面径86厘米。形制上文山型鼓多数腰部剖面呈梯形。纹饰上古木鼓腰部饰立鹭纹，孟梅I、II号鼓面饰瘤牛纹，多数有线图或照片。根据以上差别，可将文山型分成三式。

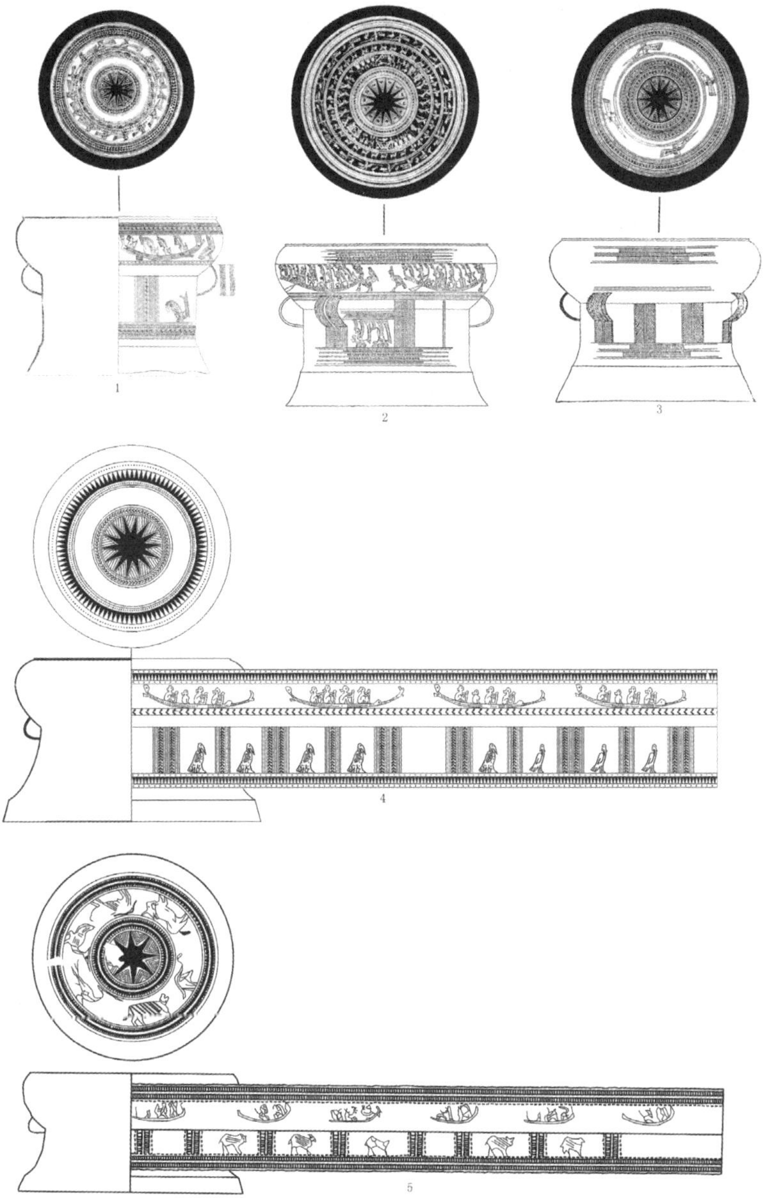

图 VI–2　铜鼓
（1. 东山型Ⅰ式实例庙门Ⅱ号　2. 东山型Ⅱ式实例玉镂Ⅰ号　3. 东山型Ⅲ式实例富维
4. 文山型Ⅰ式实例古木　5. 文山型Ⅱ式实例孟梅Ⅰ号）

Ⅰ式：体量小，且瘦高，面径小，胸部最大径位于中部，腰部剖面为梯形，矮足，足径小于胸径。胸部饰四条船纹，腰部饰八只立鹭纹。鼓面、胸部、腰部只饰一晕锯齿纹。有古木鼓、锅盖岭鼓2面。锅盖岭鼓出土于战国墓中。（图VI-2，4）

II式：体量小，扁矮，面径大于I式鼓，面径约40厘米，胸部最大径略偏上，腰部剖面为梯形，矮足，足径大致等于胸径。鼓面饰一晕主晕纹，为翔鹭和瘤牛纹，或者翔鹭纹，胸部饰四至六条船纹，腰部饰五至十头瘤牛纹，鼓面、腰部饰多晕锯齿纹。有孟梅I—III号、城子上鼓4面。（图VI-2，5）

III式：体量大，是三型中面径最大的，面径约60厘米，铸造精湛，纹饰丰富，鼓面饰二至三晕主晕纹，牡宜I号鼓面分别饰卷云纹、四足爬虫纹和翔鹭纹三晕主晕纹。胸部饰四至六条船纹，船长而船上人多，腰部饰羽人纹。有广南牡宜新出土的2鼓，II号鼓残。

以上文山型鼓I至III式形制、纹饰接近滇池地区的石寨山型铜鼓，体量大、小皆有，纹饰以翔鹭、船纹、牛纹、锯齿纹为主，而鼓面上饰瘤牛纹，腰部饰立鹭纹又显示出地方特点。

以上各型式铜鼓数量是仅现有图或有文字资料可进行分类的数量，而各国发现的铜鼓中部分既无照片，又无线图，只有简短的文字简介，因此分型分式的数量与总的面数不吻合。

第二节　黑格尔I型铜鼓的年代与来源

一、年代上下限

1. 石寨山型铜鼓的年代　万家坝型（先黑格尔I型）铜鼓中最晚的为云南曲靖八塔台鼓，鼓面及鼓腰已出现若干晕，已向石寨山型铜鼓形制、纹饰发展。其年代早于石寨山型铜鼓，晚于其他万家坝型铜鼓，大约在战国中期至晚期。在晋宁石寨山墓葬的四类型中，出土铜鼓的M14—M17的I类墓年代为西汉早期或更早，M3、M10、M11、M13的II类墓年代为西汉中期，表明石寨山墓葬出土的铜鼓年代大致在西汉早中期。其中M10：3出土有铜柄铁剑、铁剑、草叶纹铜镜，是蛙饰鼓中年代比较早的一面，草叶纹镜流行于西汉中期。李家山古墓群第一次发掘出土铜鼓的M17、M23、M24，年代大致在战国末至西汉初。第二次发掘的四期墓葬中，出土铜鼓的M47、M57、M68为第二期，既随葬贮贝器等滇式器物，又有铜镜等汉式器物，说明该地区已受到汉文化影响，年代应在西汉中晚期；M50、M69为第三期，已出现铁器，而不见浮雕扣饰等滇文化器物，说明汉文化影响深刻，滇文化衰落，年代应在西汉晚期至东汉初期。因此，可知石寨山型铜鼓的年代上限在战国晚期，下限为东汉初期。

2．文山型铜鼓的年代　科学发掘品中，属I式的锅盖岭鼓出土于战国墓中，年代较早，属III式的西林鼓年代根据所出墓葬的随葬品的特征，大致在西汉中晚期。结合该型其余形式铜鼓的文化特征，铜鼓年代为战国晚期至东汉初期，大致与石寨山型铜鼓同时。

3．东山型铜鼓的年代　包含越南学者分类中的东山铜鼓A和B型。其中，A型年代较早，B型较晚，年代上限为战国末期，也是A型的上限，约为公元前3世纪中叶，下限为东汉早期，大约在公元后2世纪上叶，也是B型铜鼓的下限。东山型铜鼓最早的有1961年出土于海防市水原县符宁社越溪村一船棺内的越溪鼓，其木棺碳十四年代测定为距今2530±100年。此外，属较早时期的鼓还有玉镂1号、古螺1号、黄下、沱江鼓等，时代约为西汉早期。时代较晚的有头顿、永宁、红石1号、平府、河内1号、芽庄鼓等，时代已晚至东汉时期。①

二、由万家坝型（先黑格尔I型）鼓演变而来

黑格尔I型铜鼓的石寨山型、文山型和东山三亚型，时代大致相同（战国晚期至东汉初、中期），器形大体相似，花纹均为写实性的动物、人物等花纹（与其他类型铜鼓仅有几何花纹和图案化花纹不同），但三者之间的差异也很明显。最大的差别是遍布鼓面、鼓胸和鼓腰的几何形装饰花纹。石寨山型和文山型是以宽短的三角锯齿纹为标志性花纹，这是上述二类铜鼓的文化“DNA”；而东山型铜鼓鼓面、胸、腰部的标志性几何形花纹是栉纹和它的祖型花纹细长的三角锯齿纹，栉纹是东山型铜鼓的文化“DNA”。栉纹是三角锯齿纹逐渐由粗变细、由短变长演变而成的。②从对越南东山铜鼓的A、B型的研究可得出相同的结论，A型鼓年代较早，鼓饰几何形花纹多为三角锯齿纹，而B型鼓年代较晚，鼓饰几何花纹多为栉纹。

现将黑格尔I型石寨山型、文山型和东山型铜鼓体量大小、花纹不同特征列表比较如下。

---

① 李昆声、黄德荣：《中国与东南亚的古代铜鼓》，云南美术出版社，2008年。

② 李伟卿：《铜鼓及其纹饰》，云南科技出版社，2000年。

表一　黑格尔I型铜鼓3个亚型比较表

长度单位：厘米

黑格尔I型铜鼓	鼓面直径	鼓腰形制	鼓面芒间花纹	鼓面写实动物人物花纹	鼓面·胸·腰部几何形花纹
石寨山型	最小11.2、最大52、一般20~30	剖面梯形	斜线纹、复线角形纹	单组数目不等的翔鹭纹、偶见凫鸟纹	三角锯齿纹
文山型	约25	剖面梯形	复线角形纹	单组数目不等的翔鹭纹和牛纹	三角锯齿纹
东山型	最小34、最大79、一般30~50	圆桶形	翎眼纹、复线角形纹	单组翔鹭纹、2组外圈翔鹭纹、内圈人物乐舞房屋纹、少数3组花纹	栉纹

关于这三亚型铜鼓的源流，石寨山型鼓是万家坝型鼓（先黑格尔I型）的直接继承者，主要有四方面的证据。一是二者形制相似；二是年代学证据，万家坝型铜鼓的流行年代是春秋早期至战国晚期，石寨山型铜鼓的流行年代战国晚期至东汉早期；三是花纹证据，万家坝型铜鼓内壁上的鼍纹是该类型铜鼓的标志性花纹，是其文化“DNA”，这种花纹“遗传”到石寨山型铜鼓上。如属万家坝型楚雄万家坝M23：159、M23：161号内壁上的鼍纹，曲靖八塔台M1：1号鼓面和腰上，永胜军河B、A型鼓内壁上的鼍纹，“遗传”到石寨山型的广南铜鼓的胸部；[①]四是自然科学方面的证据，北京大学吴小红教授和崔剑峰博士用铅同位素比值方法在实验室对这两类铜鼓样本进行了分析，沙果I号鼓与者偏鼓铅同位素接近，与李晓岑分析的楚雄万家坝M23：161号鼓比值相同，表明三者的矿料应相同。上述2面鼓的铅同位素比M23：161号鼓更接近石寨山铜鼓。而且，更接近石寨山型铜鼓的矿料范围，所以不排除这2面鼓的矿料来源和石寨山型鼓相同。“直接表征了万家坝型铜鼓和石寨山型铜鼓的承继关系，说明这两面铜鼓的矿料产地很可能就是以后的石寨山型铜鼓的矿料产地”。[②]

此后，石寨山型铜鼓有一支发展成冷水冲型铜鼓，实物证据是晋宁石寨山出土的晋石M10：3、越南老街省老街市1993年出土的老街I号（越南编号93LC I）老街V号鼓（93LC V）。在分类上均属黑格尔I型石寨山型铜鼓，鼓面、鼓胸、鼓腰遍布此型铜鼓的标志性花纹——三角锯齿纹，其中有的鼓面仍有写实性花纹翔鹭纹、鼓胸仍有船纹、鼓腰仍有牛纹，器形是石寨山型。

① 李昆声、黄德荣：《中国与东南亚的古代铜鼓》，云南美术出版社，2008年。

② 崔剑锋、吴小红：《铅同位素考古研究——以中国云南和越南出土青铜器为例》，文物出版社，2008年。

唯一不同的是，上述3面鼓鼓面上都有四只蹲蛙，越南老街2面鼓鼓面上的翔鹭纹业已从写实向图案化转化。这两个特征是冷水冲型铜鼓的特征，且已有学者将晋宁石寨山M10：3号鼓划入冷水冲型。所以，这三面鼓是石寨山型铜鼓发展成冷水冲型鼓的实物证据，在分类上既可划归为石寨山型亦可划归冷水冲型。而石寨山型铜鼓还有一支退化成制作粗糙没有纹饰的铜鼓。实物证据是江川李家山第二次发掘中出土的M50：89、M69：192鼓，发掘共获铜鼓6面，其中有5面为素面。此二鼓年代为西汉晚期至东汉初期。[1]这二面通体光素，仅器形保留石寨山型铜鼓的特征，胸、腰、足三段分明，鼓胸直径大于面径，鼓腰之剖面呈梯形，是鼓的退化，最终消失。

文山型铜鼓的源流关系与石寨山型类似，祖型是万家坝型铜鼓。经铅同位素分析云南文山州富宁出土的孟梅II号和广西贵县出土的1611号鼓，及云南文山州马关出土的2件铅青铜锄，其铅同位素均落入越南东山鼓分布范围。说明汉代文山型铜鼓的主人开采了“具有落入了东山铜鼓的铅同位素比值分布范围的矿料的铅矿，而当地的先民使用这种矿料制作了具有本民族特点的石寨山型铜鼓”。[2]而在云南文山州用越南矿料制造的铜鼓就是用本文所定义的黑格尔I型文山型铜鼓。鼓面花纹既不同于石寨山型又不同于东山型铜鼓。

东山型铜鼓的源流关系国际学术界意见分歧很大。越南学者认为东山型铜鼓是所有铜鼓的祖先，它本身就是“源”。[3]日本学者今村启尔教授认为，东山型铜鼓来源于石寨山型铜鼓，“对于成立经过大致可推测的石寨山系来说的，可认为东山系是由石寨山系或石寨山系相近的铜鼓派生出来的”。[4]

我们认为东山型铜鼓是在万家坝型（先黑格尔I型）铜鼓影响下产生的，在年代学上证据最为有力的是，万家坝型铜鼓（先黑格尔I型）的下限：战国晚期，与东山型铜鼓最早者A型鼓的上限相衔接。而古代铜鼓的基本形

① 云南省文物考古所、玉溪市文物管理局、江川区文化局编著：《江川李家山—第二次发掘报告》，文物出版社，2007年。

② 崔剑锋、吴小红：《铅同位素考古研究——以中国云南和越南出土青铜器为例》，文物出版社，2008年。

③ ［越］Pham Minh Huyen, Nguyen Van Hao, Lai Van Toi, *Dong son Drums in Vietnam*, The Vietnam Social Science Publishing House, 1990, Tokyo.

④ ［日］今村启尔：《论黑格尔Ⅰ式铜鼓的二个系统》，《铜鼓和青铜文化的新探索》，广西民族出版社，1993年。

制——鼓面正圆、曲腰、中空无底，这是后来所有类型铜鼓都遵循的基本式样，这正是万家坝型铜鼓所创制的。而万家坝型（先黑格尔I型）和石寨山型的鼓腰均呈剖面梯形，说明石寨山型（黑格尔I型）铜鼓是万家坝型（先黑格尔I型）铜鼓的直接继承者。东山型铜鼓的圆桶形腰正是其区域性特色，经对56面东山型铜鼓和14件青铜器的铅同位素分析，证明东山型铜鼓及东山文化青铜器的矿料是在越南就地取材，在越南制造的。①

最后，将三型铜鼓的源流关系图示如下。

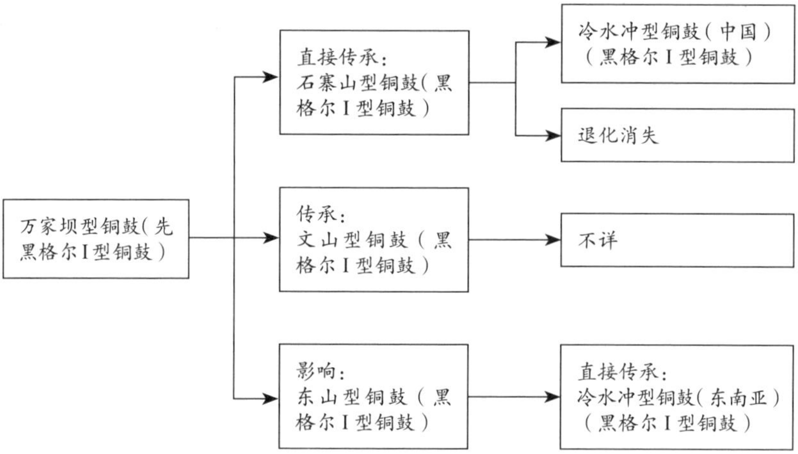

黑格尔I型铜鼓三个亚型的关系示意图

第三节 铅同位素检测

20世纪80年代末期，中国学者首次将铅同位素技术运用到铜鼓研究领域，以期解决铜鼓的产地问题。对万家坝型、石寨山型铜鼓的检测，涉及铜鼓的产地问题，李晓岑等②和彭子成等③学者对云南出土的6面万家坝型铜鼓和6面石寨山型铜鼓进行过检测，结论是云南早期铜鼓的矿料均来自滇西至滇中一带，石寨山型铜鼓、万家坝型铜鼓与铜、铅矿料产地铅同位素比值分

① 万辅彬、房明惠、韦东萍：《越南东山铜鼓再认识与铜鼓分类新说》，《广西民族学院学报（哲学社会科学版）》2003年6期。

② 李晓岑、李志超张秉伦、李志超、李昆声、万辅彬：《云南早期铜鼓矿料来源的铅同位素考证》，《考古》1992年5期。

③ 彭子成、李晓岑、张秉伦、李志超、李昆声、万辅彬：《云南铜鼓和部分铜、铅矿料来源的铅同位素示踪研究》，《科学通报》1992年8期。

布范围区域绝大部分相互重叠，说明两类铜鼓的矿料来源相同或相近，石寨山型铜鼓是由万家坝型铜鼓发展而来的。至于具体产地，石寨山型铜鼓的铜矿料应出自东川、会泽一带，铅矿料源于鹤庆、禄丰、姚安、武定、蒙自等地，而非来自越南东山。

从2001年起北京大学考古文博学院与云南省博物馆联合开展了一项云南省院省校合作研究项目《云南青铜器矿物原料的来源分析与中国青铜文明研究》，采用目前国际上较为先进的多接受电感耦合等离子质谱方法（MC-ICP-MS），对其中九个黑格尔I型铜鼓样品进行分析（表二）。

表二　黑格尔I型铜鼓铅同位素比值表

序号	器物号	$^{207}Pb/^{206}Pb$	$^{208}Pb/^{206}Pb$	$^{206}Pb/^{204}Pb$	$^{207}Pb/^{204}Pb$	含铅量%	鼓型
1	石甲M1:58	0.847523	2.0894793	18.50099	15.67841	n.d	石寨山
		0.004	0.0048	0.0234	0.0215		
2	江李M23:16	0.844528	2.0929529	18.60102	15.70908	15.28	石寨山
		0.003	0.0038	0.0146	0.0143		
3	羊甫头M113:53	0.843602	2.0910705	18.64463	15.72852	10.11	石寨山
		0.0018	0.0015	0.009	0.0092		
4	城子上	0.850808	2.1019616	18.45633	15.70288	9.6	文山
		0.0028	0.0028	0.0126	0.0127		
5	孟梅II号	0.852306	2.1144877	18.40446	15.68564	30.37	文山
		0.003	0.0039	0.0169	0.0185		
6	天子庙	0.844071	2.092243	18.66335	15.75308		石寨山
		0.0037	0.005	0.0195	0.0199		
7	铜鼓	0.8664	2.1386	18.013	15.607	21.07	东山
		0.003	0.0034	0.012	0.01		
8	铜鼓	0.8509	2.1034	18.561	15.801	n.d	东山
		0.0127	0.0078	0.094	0.089		
9	铜鼓	0.8473	2.0974	18.544	15.713	32.53	石寨山
		0.003	0.0038	0.009	0.009		

检测后参照上述对石寨山型、文山型、东山型铜鼓研究成果，从中可以看出，三种类型铜鼓各自分布在不同的范围内，呈现出少数重叠现象，说明有过交流。这三种铜鼓尽管形制、纹饰大致相同，但它们属于不同的形式，是并列共存的关系，原料不是出自同一矿床。

第　七　章

东南亚发现的中国石寨山型和越南东山铜鼓（A型和B型）

石寨山型铜鼓、东山A型和B型铜鼓除了中国、越南之外，在东南亚一些国家也有发现，由于资料所限以及相互交流不够，对东南亚国家铜鼓的情况了解不多，深入而系统的研究更无从谈起，极少见到东南亚本国学者的研究文章。相反，倒是中国内地与香港、日本、西方学者有一些研究文章，外界通过这些文章多少了解该地区铜鼓的资料。

东南亚地区（不含越南）使用铜鼓的历史比较早，根据文献记载最晚在唐宋时期就已经使用铜鼓了，唐朝刘恂《岭表录异》记载：唐贞元时期“骠国进乐有玉螺铜鼓”，骠国就是今天的缅甸。另外，在缅甸江喜佗伏明（Kyansitha Umin）佛教寺院的壁画上，绘着三面类似麻江型的铜鼓，壁画的年代大约是北宋。①

铜鼓实物发现表明东南亚诸国使用铜鼓的历史要早于文献记载，证据是石寨山型和东山A型和B型铜鼓除了在中国、越南有大量发现外，在东南亚诸国也有少量发现，虽然数量远不及中国、越南。

从此两类铜鼓在该地区发现的时间来看，最早的要数1883年在印度尼西亚三宝垄发现的3面鼓。比较早的还有印度尼西亚1904年发现的展玉鼓。老挝的乌汶鼓，发现时间不晚于1924年。马来西亚的滕贝林鼓发现的时间也在此阶段（1926年）。东南亚地区发现的铜鼓多数属于单鼓出土的情况，科学发掘品较少，仅见于泰国的翁巴洞穴4面鼓。另外还有少量传世品。

东南亚地区发现的铜鼓类型相对单一，基本上都是石寨山型和冷水冲型，也就是越南学者东山铜鼓分类中的A、B、C型，即黑格尔I型鼓。而缅甸只发现西盟型铜鼓（即黑格尔III型鼓），不见其他类型鼓。该地区的铜鼓受中国石寨山型、越南东山铜鼓影响比较大，由于地域的关系，后者的影

① ［法］维京尼亚·M·地克罗克：《北宋时期在缅甸使用铜鼓的证据》，《铜鼓和青铜文化的新探索》，广西民族出版社，1993年10月。

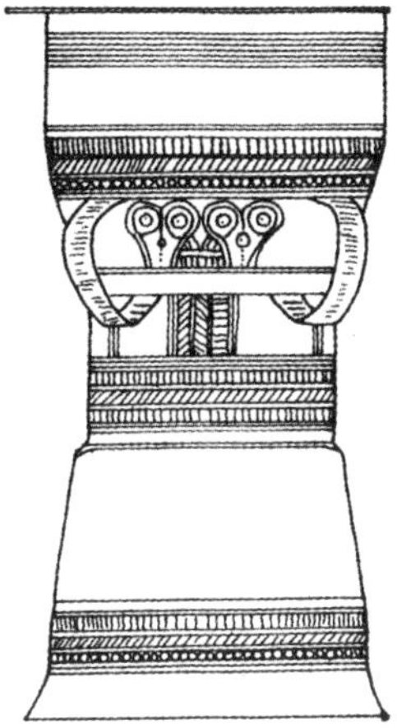

图 VII-1 莫科鼓

响更强烈，比如老挝乌汶鼓的形制、纹饰与西林鼓、广南鼓接近，而印度尼西亚的北加浪鼓相似于越南沱江鼓，展玉鼓相似于越南的约丘鼓、鼎乡鼓、富川鼓。泰国翁巴86、89号鼓与中国的石寨山型、越南东山鼓类似。可以说东南亚地区发现的黑格尔I型铜鼓绝大部分是从中国南方或者越南传过去的。

当然印度尼西亚有一种本地特有的铜鼓——莫科（Moko）鼓，这种鼓形制特殊，与中国、越南等地发现的铜鼓完全不同，形制瘦长，上、下两端稍粗，中间细，带4耳，纹饰与其他地区的铜鼓纹饰相同（图VII-1）。

从石寨山型、东山A型和B型铜鼓在东南亚地区分布来看（越南除外），泰国发现8面，老挝发现4面，柬埔寨2面，马来西亚4面，印度尼西亚9面，共计27面。缅甸、新加坡虽然也有铜鼓分布，但都不是石寨山型或东山铜鼓，属于晚期铜鼓。菲律宾和加里曼丹没有发现，印度尼西亚发现的最多，史书也可证，张燮《东西洋考》下港物产条：“铜鼓即今华人所用者，诸国以爪哇为最。振响遏云，价值可数十金。”

泰国

泰国北碧府沙越县翁巴洞穴出土过4面鼓，分别为翁巴86、87、88、89号鼓，4面鼓系1960年—1962年泰国、丹麦第一次史前联合考察队在此洞穴调查发掘的，2面出自船棺葬中间，2面出自洞中过道内，过道中间也发现船棺，推测铜鼓应该与船棺葬有关。[①]

翁巴（Ongbah）86号鼓

1960年—1962年出土于沙越县翁巴洞穴。体高，胸部突出，腰部直，剖面呈柱形，腰、足分界不明显。鼓面中央饰凸起的十二芒太阳纹，芒外八晕。第一晕饰锯齿纹，第二晕饰切线圆圈纹，第三晕为主晕纹，饰九只逆时针飞行的鸟纹，第四晕饰二组羽人、房屋相间纹，第五晕饰八只逆时针排列

① ［丹麦］佩尔·索伦森著，蔡葵译：《泰国翁巴洞穴及其出土的第五面铜鼓》，《民族考古译文集》1，1985 年。

的飞鸟纹，第六至第八晕饰栉纹。胸上部饰同心圆纹、栉纹，胸下部素面。腰上部被同心圆纹、栉纹带纵分成数格，格间无纹，腰下部饰栉纹、同心圆纹。高53.5厘米、面径66.5～67厘米。（图VII-2）

翁巴（Ongbah）87号鼓

1960年—1962年出土于沙越县翁巴洞穴。鼓残。腰部饰栉纹、切线圆圈纹，与翁巴86号鼓相近。残高35.4厘米。（图VII-3）

翁巴（Ongbah）88号鼓

1960年—1962年出土于沙越县翁巴洞穴。鼓残。腰部饰栉纹、圆点纹，胸下部残留栉纹、圆点纹。残高40.3厘米、面径约58厘米。（图VII-4）

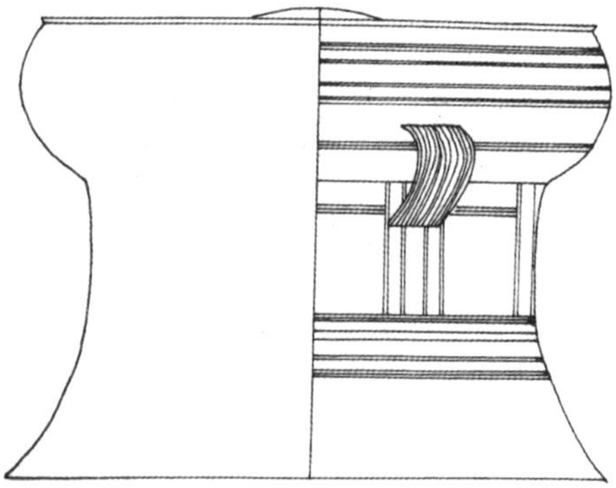

图 VII-2 翁巴 86 号鼓

翁巴（Ongbah）89号鼓

1960年—1962年出土于沙越县翁巴洞穴。鼓面宽，体扁矮，腰直，足高。鼓面中央饰凸起的十二芒太阳纹，芒外九晕。第一、七晕饰回纹，第二、八晕饰同心圆纹，第三晕饰栉纹，第四晕饰绳索纹，第五晕饰羽人纹，第六晕饰翔鹭纹，第九晕素面。胸上部、腰下部均饰相同的几何纹，第九晕

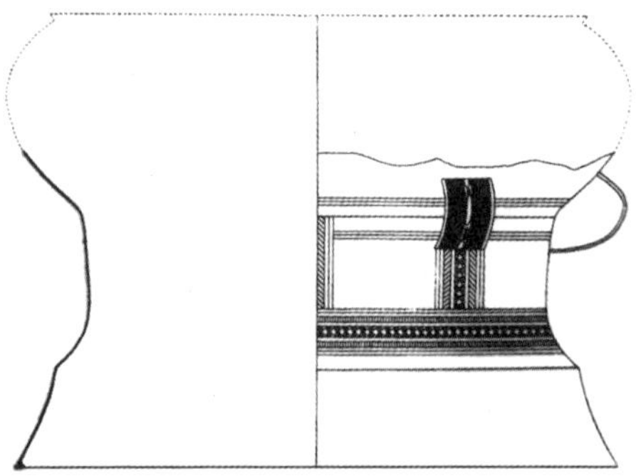

图 VII-3 翁巴 87 号鼓

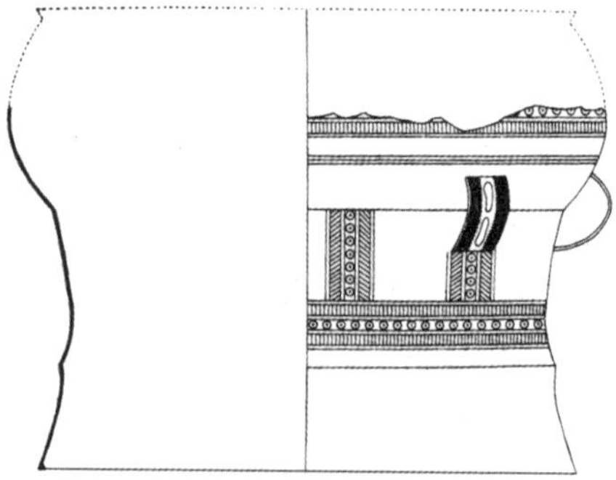

图 VII-4 翁巴 88 号鼓

素面。胸下部饰船纹，船身长，船尾有舵（？），船上有图案化羽人。腰上部被栉纹带纵分成数格，格间有变形羽人纹饰。高59.9厘米、面径74厘米。（图VII-5）

阁沙梅（Koh Samui）鼓

出土于泰叻他尼省阁沙梅（Koh Samui）岛。鼓面上饰大量羽人，无房屋型纹饰。高54.5厘米、面径69厘米。[①]

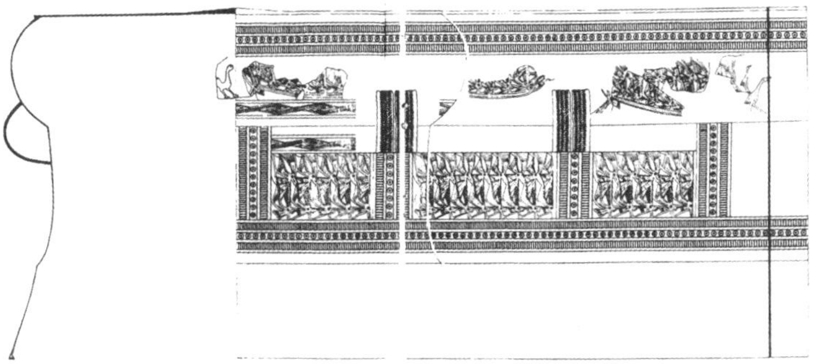

图 VII-5　翁巴（Ongbah）89 号鼓

呵叻（Khorat）鼓

发现于呵叻的加拉信县。鼓面中央饰凸起的十二芒太阳纹。芒外饰锯齿纹、切线圆圈纹、栉纹、翔鹭纹。[②]

其他还有童昂（Tangomg）III、IV号鼓。[③]

老挝

乌汶鼓

出土于老挝南部乌汶公路的水田中，后被送到河内，1924年被法国远

① ［越］何文瑨：《东南亚铜鼓的记录》，《铜鼓和青铜文化的再探索》，《民族艺术》增刊，民族艺术杂志社，1997 年，南宁。

② ［日］松本信广：《古代印度支那稻作民宗教思想的研究——通过古代铜鼓纹饰所见》，《印度支那研究》，1965 年。

③ ［越］何文瑨：《东南亚铜鼓的记录》，《铜鼓和青铜文化的再探索》，《民族艺术》增刊，民族艺术杂志社，1997 年，南宁。

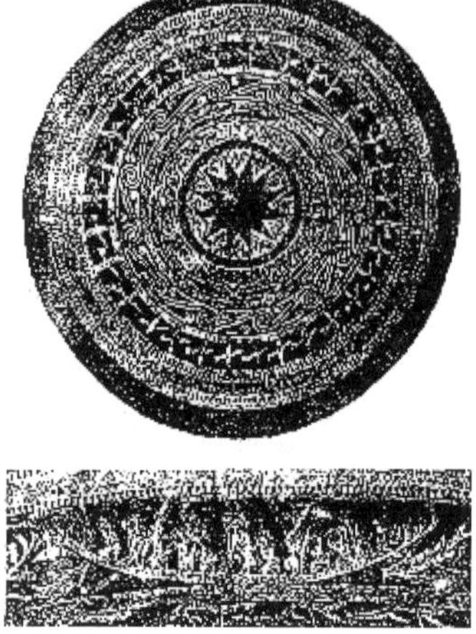
图 VII-6　乌汶鼓

东学院收藏，1929年戈鹭波在其文章《东京和安南北部的青铜时代》中做过介绍，与广西西林鼓、广南鼓相似，体型大，足矮。鼓面中央凸起十二芒太阳纹，芒间填斜线，芒外十四晕，第一、五、七、九、十四晕饰点线纹，第二晕素面，第三、十一、十二晕饰切线圆圈纹，第四晕饰十只蜥蜴类动物纹，第六晕饰漩涡纹，第八晕为主晕纹，饰三十只逆时针而飞的翔鹭纹，第十、十三晕饰锯齿纹。胸上部饰点线纹、切线圆圈纹、锯齿纹，胸下部饰六条船纹，船上有站、坐九至十二羽人，船之间饰大鱼、鸟、鹿纹。腰上部被点线纹、锯齿纹、切线圆圈纹带纵分成十二格，每格又分上、下二层，上层饰二鹿，下层饰二羽人。腰下部饰点线纹、锯齿纹、切线圆圈纹。高58厘米、胸径86.5厘米。[①]（图VII-6）

会华桑（Huoihuasang）I号鼓

鼓面饰凸起的十二芒太阳纹。主晕纹是图案化的翔鹭纹，其他晕为几何纹。高65厘米、面径97厘米。

会华桑（Huoihuasang）II号鼓

纹饰有切线同心圆圈纹。高50厘米、面径78厘米。[②]

丰沙瓦（Phonxavan）鼓

1974年8月出土于沙湾拿吉省丰沙瓦村。鼓面小于胸径，腰部剖面为长方形，足部较高。鼓面中央饰十二芒太阳纹，芒间填角形纹。芒外饰几何纹、曲线纹。胸部饰栉纹、切线圆圈纹。腰部被切线圆圈纹带纵分成数格，

① ［日］松本信广：《古代印度支那稻作民宗教思想的研究——通过古代铜鼓纹饰所见》，《印度支那研究》，1965 年。

② 蒋廷瑜：《铜鼓是东盟古代文化的共同载体》，《广西民族学院学报》，第 27 卷第 1 期，2005 年 1 月。

格间饰动物纹。高56厘米、胸径71厘米。[①]

柬埔寨

托农孟鲁塞（Thonommongrussl）鼓

出土于马德望的托农孟鲁塞。又名马德望鼓，鼓残，仅存鼓面。鼓面中央饰十二芒太阳纹，芒间填翎眼纹、角形纹，芒外七晕。第一、三、五、七晕饰竖线纹，第二、六晕饰圆点同心圆纹，第四晕为主晕纹，饰四只逆时针飞翔长喙、三角形尾的翔鹭纹。胸径64厘米。陈列在金边国立博物馆。[②]

托斯塔鼓

发现于磅清扬省坦波乐的托斯塔村。鼓身残，仅存面、胸部分。纹饰模糊。鼓面饰十芒太阳纹，芒间填重叠三角纹。芒外饰曲线纹、图案化羽人纹。胸部饰圆点同心圆纹。高约35厘米、面径67厘米。陈列在金边国立博物馆。[③]

马来西亚

滕贝林（Tembeling）鼓

1926年出土于彭亨州滕贝林河畔的巴都帕锡加拉（Batu Pasin Garam）。仅存鼓面的一部分。鼓面中央饰凸起十芒太阳纹，芒间填重叠三角纹，芒外九晕。第一、四、六、八晕饰栉纹，第二、三、七晕饰圆点纹，第五晕为主晕纹，饰四只逆时针飞翔的翔鹭纹，第九晕素面。面径61厘米。现藏于新加坡来佛士博物馆（Raffles Museum）。[④]（图VII–7）

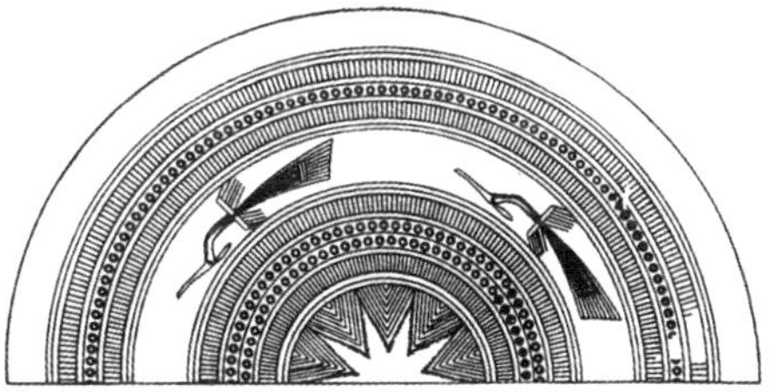

图 VII–7 滕贝林鼓

① 蒋廷瑜：《铜鼓是东盟古代文化的共同载体》，《广西民族学院学报》，第 27 卷第 1 期，2005 年 1 月。

② 同上。

③ ［日］松本信广：《古代印度支那稻作民宗教思想的研究——通过古代铜鼓纹饰所见》，《印度支那研究》，1965 年。

④ 同上。

克朗（Klang）鼓

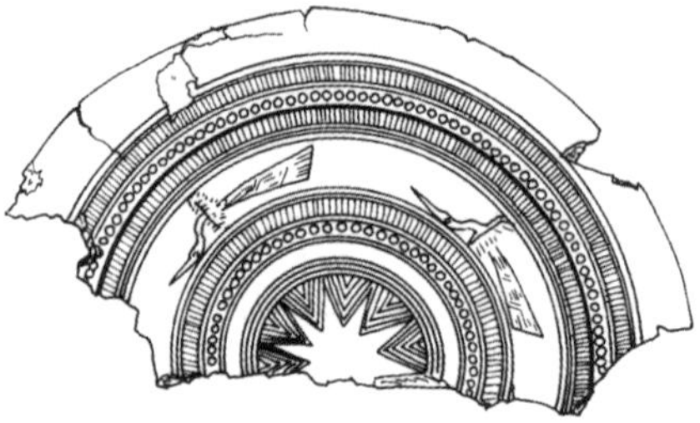
图 VII–8 克朗鼓

1944年出土于雪兰莪（Selangor）的克朗。仅存一半鼓面及小片鼓身。鼓面中央饰凸起的十芒太阳纹，芒间填三角纹、翎眼纹，芒外七晕。第一晕饰折线纹，第二、六晕饰圆点纹，第三、五、七晕饰栉纹，第四晕残存二只逆时针方向飞行的翔鹭纹。腰上部被羽纹带纵向分成数格，腰下部饰圆点纹、栉纹。残高40 ~ 50厘米。[①]（图VII–8）

瓜拉丁加奴（Kuala Trengganu）I号鼓

1964年6月出土于瓜拉丁加奴市南面的巴生古墓。发现时与瓜拉丁加奴II号鼓并排倒置，[②]鼓内残留有编织物的痕迹、铁箭簇、铁箭头。鼓已残，纹饰模糊。胸径约72厘米。

瓜拉丁加奴（Kuala Trengganu）II号鼓

1964年6月在瓜拉丁加奴市南面的巴生古墓中发现。尺寸小于瓜拉丁加奴I号鼓。鼓面中央饰十芒太阳纹，芒外六晕。第一、六晕饰锯齿纹，第二、五晕饰切线圆圈纹，第三晕饰羽人纹，第四晕饰飞鸟纹。胸部饰图案化船纹，船上有羽人，风格与越南广昌鼓相似。胸径约45厘米。

印度尼西亚

北加浪（Pekalongan）鼓

发现于中爪哇的北加浪海岸。形制与越南沱江鼓相似，鼓面中央饰凸起的十八芒太阳纹。芒外饰若干几何形纹、同心圆纹、圆点圆形纹、栉纹，主晕纹为羽人、干栏式房屋纹，干栏式房屋前为四人击四面鼓的棚架图形，屋顶为马鞍形，房顶上有二只犀鸟，胸部饰船纹。高48.2厘米、面径63.9

① ［日］松本信广：《古代印度支那稻作民宗教思想的研究——通过古代铜鼓纹饰所见》，《印度支那研究》，1965年。

② ［日］今村启尔：《古式铜鼓的起源和变迁》，日本《考古学杂志》1973年第59卷第3号。

厘米。[①]

展玉（Cianjur）鼓

1904年出土于西爪哇展玉地区的甘蓬巴巴甘，又名普里安加（Pniangan）或巴巴甘（Babakan）鼓。鼓胸部最大径偏上，腰部剖面呈梯形，腰、足接合处过渡平缓，足外侈，足径大于胸径。鼓面中央饰十六芒太阳纹，芒间填线纹。鼓面纹饰模糊不清，计有折线纹、锯齿纹、同心圆纹，第八晕为主晕纹，饰逆时针而飞的翔鹭纹。鼓胸上部与腰下部纹饰相同，均各饰三晕，第一、三晕饰锯齿纹，第二晕饰同心圆纹，胸下部饰一条数只大嘴立鸟组成的纹带，下饰一晕同心圆纹。腰上部被锯齿纹、同心圆纹带纵分成十格，八格间各饰二只大嘴立鸟纹，鸟形与胸部鸟形一样，二格素面。胸腰间铸四只叶脉纹扁耳。高47.5厘米、面径66厘米、足径75厘米。[②]（图VII–9）

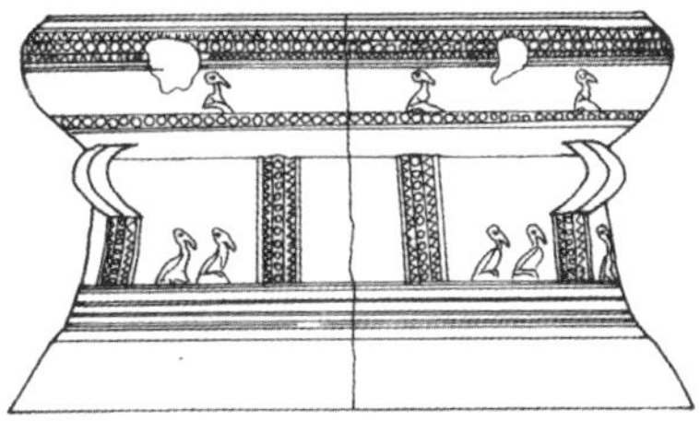

图 VII–9 展玉鼓

苏门答腊鼓

1936年出土于苏门答腊克林季湖。仅存鼓面残片。纹饰有太阳纹、曲线纹、飞鸟纹。[③]

迪延（Dieng）鼓

仅存鼓面一部分，饰有十芒太阳纹及飞鸟纹。

三宝垄（Semarang）I号鼓

1883年出土于三宝垄市南部。鼓面中央饰十二芒太阳纹，芒间填三角形纹、翎眼纹，芒外十二晕。第一、五、十一晕饰点线纹，第二、四、九晕饰

① ［越］何文瑨：《东南亚铜鼓的记录》，《铜鼓和青铜文化的再探索》，《民族艺术》增刊，民族艺术杂志社，1997 年，南宁。

② ［越］何文瑨：《东南亚铜鼓的记录》，《铜鼓和青铜文化的再探索》，《民族艺术》增刊，民族艺术杂志社，1997 年，南宁。

③ 苏门答腊鼓、迪延鼓、三宝垄 I、II、III 鼓的材料均出自［日］松本信广：《古代印度支那稻作民宗教思想的研究——通过古代铜鼓纹饰所见》，《印度支那研究》，1965 年。

切线圆圈纹，第三晕饰雷纹，第六、十二晕素面，第七晕为主晕纹，饰飞鸟纹，第八、十晕饰栉纹。腰部饰切线圆圈纹。高48.5厘米、胸径59.9厘米。（图VII–10）

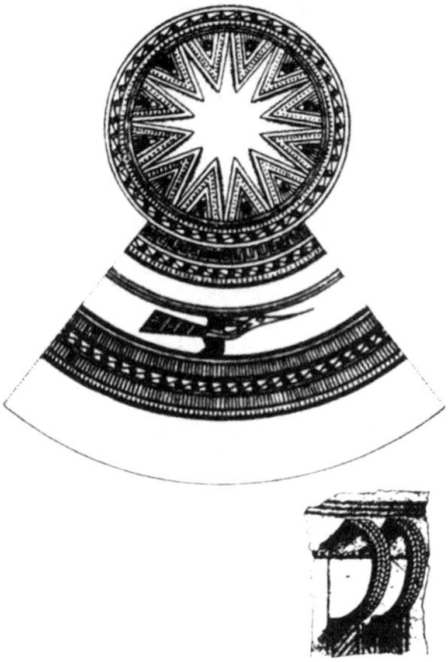

图 VII–10　三宝垄 I 号鼓

三宝垄（Semarang）II号鼓

1883年出土于三宝垄市南部。鼓残。

三宝垄（Semarang）III号鼓

1883年出土于三宝垄市南部。鼓残，仅存鼓面。鼓面中央饰十二芒太阳纹，芒间填三角形纹，芒外十晕。第一晕饰曲线纹，第二、五、七、十晕饰栉纹，第三、四、八、九晕饰同心圆纹，第六晕为主晕纹，饰八只飞鸟纹。鼓边沿置蛙。

班久马斯（Banjumas）鼓

出土于中爪哇班久马斯。鼓身残。鼓面中央饰十芒太阳纹，芒间填三角形纹，芒外十晕。第一、六、七、十晕饰栉纹，第二、三、八、十晕饰切线圆圈纹，第四晕饰菱形纹，第五晕为主晕纹，饰飞鸟纹。腰上部被同心圆纹、斜线纹带纵分成数格。面径64.5厘米。

其他还有班贾尔马辛（Bajumering）鼓。[1]

①［越］何文瑨：《东南亚铜鼓的记录》，《铜鼓和青铜文化的再探索》，《民族艺术》增刊，民族艺术杂志社，1997年，南宁。

第　八　章

中国万家坝型铜鼓、石寨山型铜鼓、越南东山铜鼓（A型和B型）以及东南亚其他国家有关铜鼓之间的关系

第一节　石寨山型铜鼓是万家坝型铜鼓的直接继承者

一、从形制和类型上看两类铜鼓的关系

万家坝型铜鼓在形制上的特征是：铸工粗糙、形制古拙。鼓面小，鼓身明显分为胸、腰、足三段，胸部极其膨胀，胸部直径大于鼓面直径，腰部收缩程度大，足部外侈，部分铜鼓足部内沿有一圈折边。少数铜鼓鼓身遗留当年作炊具使用时留下的烟熏炊爨痕迹。

石寨山型铜鼓与万家坝型铜鼓相比较，在形制上的特征是：铸工精良，鼓面小，鼓身亦明显分为胸、腰、足三段，胸部膨胀程度比万家坝型铜鼓要小，腰部收缩程度也比万家坝型铜鼓要小，足部外侈程度也比万家坝型铜鼓要小。

从形制上的比较可知，万家坝型铜鼓是比较早期、原始形态的铜鼓。石寨山型铜鼓在形制上除上述差异外，基本上继承了万家坝型铜鼓的形态特征。

现将楚雄万家坝M1出土的铜鼓与铜釜进行比较，可以看出万家坝型铜鼓在形态上的原始性，即与铜釜的相似性。（图VIII–1）

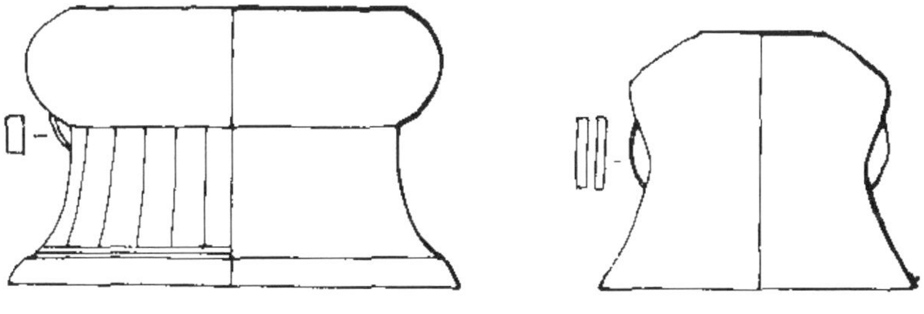

图 VIII–1　M1：12 号铜鼓（左）与 M1 出土铜釜（右・倒置）比较图

下面列举一面万家坝型铜鼓的标准器——楚雄万家坝M23：159号铜鼓，一面从万家坝型向石寨山型过渡时期的铜鼓——曲靖八塔台曲八M1：1号铜鼓（此鼓在类型学上既可划入万家坝型铜鼓中最晚的一面，亦可划入石寨山型铜鼓最早的一面），以及晋宁石寨山M1：58号铜鼓，即可看出其形制上的演变继承关系。（图VIII–2）

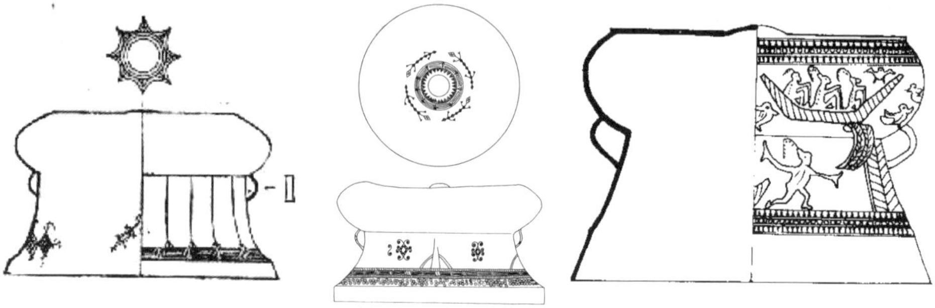

楚万 M23：159 号铜鼓　　曲八 M1：1 号铜鼓　　晋石 M1：58 铜鼓

图 VIII–2 三铜鼓对比图

铜鼓因形制和纹饰的不同而划分为不同的类型。最早将铜鼓进行分类的弗朗茨·黑格尔在一百多年前没有见过万家坝型铜鼓。因此，在他的分类法中没有它的位置。中国、美国、日本的学者大都同意万家坝型铜鼓早于其他各类型的铜鼓，主要是早于黑格尔分类法中最早的一类铜鼓：黑格尔I型鼓，亦即中国分类法所称的石寨山型铜鼓。所以，美国、日本学者把万家坝型铜鼓称为先黑格尔I型鼓，也就是比黑格尔I型更早的鼓。只有越南学者因为种种原因，把万家坝型铜鼓列为东山铜鼓之D型，视其为“退化的鼓”。

从铜鼓的形制以及在分类中的位置来看，石寨山型铜鼓与万家坝型铜鼓是一种继承发展的关系，即：石寨山型铜鼓是万家坝型铜鼓的继承者。

日本学者也指出，石寨山系从形状来说和先I式相接近。①用中国学者习惯的说法就是：石寨山型铜鼓在器形上是和万家坝型铜鼓相似的。

万家坝型铜鼓和石寨山型铜鼓的科学发掘所获标本，主要集中在中国云南省。长期在云南从事田野考古发掘和研究的学者发现，在万家坝型铜鼓和石寨山型铜鼓出土时有三个重要的田野考古现象：第一，在云南滇池地区的田野考古中，“尚没有发现一例万家坝型铜鼓和石寨山型铜鼓共存于一墓的

① [日]今村启尔：《论黑格尔I式铜鼓的二个系统》，《铜鼓和青铜文化的新探索》，广西民族出版社，1993年10月，南宁。

现象”。第二，在时代较晚的墓葬中没有发现用万家坝型铜鼓随葬的现象，同时，也没有发现在时代较早的墓葬中有用石寨山型铜鼓随葬的现象。换句话说，在滇池地区的墓葬中发现的万家坝型铜鼓均比石寨山型铜鼓要早。第三，“在云南滇池以外的其他地方，零星发现的非考古发掘出土的铜鼓，也没有发现万家坝型和石寨山型铜鼓共存的现象”。总的来看，在石寨山文化中根本看不到万家坝型和石寨山型铜鼓平行发展的迹象。①

所以，从形制和类型学以及田野考古发掘的角度来看，石寨山型铜鼓和万家坝型铜鼓形态相似而年代却不同。

二、从年代学来看两类铜鼓孰早孰晚

只需把黑格尔“四分法”认为最早的铜鼓：黑格尔I型鼓（即中国古代铜鼓研究会“八分法”中的石寨山型鼓）与万家坝型铜鼓的流行年代进行比较，看孰早孰晚，即可找到年代学的证据。

中国古代铜鼓研究会“八分法”中万家坝型铜鼓的标准器是楚雄万家坝型M23：158、M23：159、M23：160、M23：161和M1：12号铜鼓，一共5面一组标准器。石寨山型铜鼓的标准器则更多，有晋宁石寨山M1：32A、M1：58、M3：3、M6：2、M11：1、M12：205、M13：2、M14：15、M14：18、M15：17、M16：1、M16：3、M13：4号铜鼓。

先查万家坝型铜鼓5面标准器的年代。万家坝型铜鼓之M1：12号铜鼓是楚雄万家坝1号墓出土的唯一一面铜鼓。

M1：12号铜鼓所在的M1年代测定如下：

地理坐标：东经 101°　35′，北纬 25°
测年单位：中国社科院考古研究所实验室
测年方法：放射性碳 14
测年样本：M1 残存棺木
标本编号：ZK—373
年　　代：距今 2375±80 年（公元前 425±80 年）
距今 2310±80 年（公元前 360±80 年）

北京大学碳14实验室用同样方法测定M1年代，结果如下：

距今 2350±85 年（公元前 400±85 年）

这些科学的测定年代数据表明，楚雄万家坝M1：12铜鼓年代在春秋战国时期。

楚雄万家坝还有4面铜鼓均出土于23号墓中，编号为M23：158、M23：159、

① 蒋志龙：《铜鼓·贮贝器·滇国》，《中华文化论坛》，2002 年第 4 期，北京。

M23：160、M23：161。

以上4面铜鼓所在的M23年代测定如下：

地理坐标：东经 101° 35′，北纬 25°
测年单位：中国社科院考古研究所实验室
测年方法：放射性碳 14
测年样本：M23 棺木
标本编号：ZK—374
年　　代：距今 2405±80 年（公元前 455±80 年）
距今 2340±80 年（公元前 390±80 年）

北京大学碳14实验室用同样方法测定M23年代，结果如下：

距今 2640±85 年（公元前 690±85 年）

国家文物保护科学技术研究所用同样方法测得如下数据：

距今 2635±80 年，树轮校正后年代为 2710±130 年

根据北京大学和文保所测出的年代，云南楚雄万家坝第23号墓的年代在春秋中期甚至还可早到春秋早期。

这样，M23出土的4面铜鼓的年代可以定为春秋中期或更早。因此，万家坝型铜鼓的年代上限可定为春秋早期，下限定为战国晚期。

下面再来考查石寨山型铜鼓的年代。出土石寨山型铜鼓之标准器的中国云南省昆明市晋宁区石寨山古墓群的墓葬可分为4种类型，第1类型是年代最早的，标准器所在之M14、M15、M16和M17属这一类型。在这一类型墓中没有发现从中原输入的“汉式”器物铜镜、铜钱、铜带钩、铜弩机等。与铜鼓共生的主要是“滇式”器物铜鼓，铜贮贝器，铜葫芦笙，滇式兵器戈、矛、剑等，年代应该在西汉早期甚至可早到战国晚期。

除晋宁石寨山古墓葬群以外，云南省玉溪市江川区李家山古墓群是经考古学者科学发掘出土的石寨山型铜鼓的另一大密集地点。江川李家山古墓群从1972年至1996年24年间一共进行了二次发掘，1972年第一次发掘27座墓葬，1991—1992年、1994年、1996年第二次发掘59座墓葬，总计发掘86座墓葬，出土铜鼓多达14面。[1]

以江川李家山第一次发掘为例，在M17出土铜鼓2面，M23出土铜鼓2面和M24出土铜鼓4面。

M17、M23和M24属于江川李家山第一次发掘所分3类墓葬中第1类型，

① 云南省文物考古研究所等：《云南江川李家山——第二次发掘报告》，文物出版社，2007 年 11 月，北京。

也是最早的一类。[①]以M24为例，除4面铜鼓外，有青铜戈、剑、斧、矛、狼牙棒等“滇式”器物及著名的“牛虎铜案”，不出“汉式”器物。年代应早于汉武帝在云南设益州郡的元封二年（公元前109年），应在战国晚期至西汉早期。此墓曾做过^{14}C测年，结果为距今2575±105年，代表M21和M24的年代。[②]中国著名考古学家汪宁生教授[③]和法国著名考古学家米歇尔·皮拉佐里教授[④]对这个年代表示怀疑。

皮拉佐里教授说：“在考古学和艺术史上，有一条公认的原则，即两件完全相同的器物，在没有仿照真品而复制完美的赝品的情况下，可以认为属于同一时期。”根据这个原则，她采用研究器形和花纹的方法，认为石寨山3号、6号、12号、13号有可能大致上都属于同一时期。[⑤]

众所周知，晋宁石寨山M6即六号墓是大名鼎鼎的滇王墓，因墓内出土黄金质地的“滇王之印”而闻名世界。

《史记·西南夷列传》有汉武帝赐滇王印的记载：“元封二年（公元前109年），天子发巴蜀兵击灭劳浸、靡莫，以兵临滇。滇王始首善，以故弗诛。滇王离难西南夷，举国降，请置吏入朝。於是以为益州郡，赐滇王王印，复长其民。”

因此，M6的年代是没有必要做碳14进行测定。史籍已明确记载赐印为公元前109年之事。此外，M6墓内与2面铜鼓同时出土一大批青铜器，除大量“滇式”器物外，其中有少量“汉式”器物完全可以作为断代之依据，如M6出土的带“宜佳人”铭文的铜镜是汉镜，还有铜熏炉、烹炉、鎏金扣饰、漆器、鎏金铜耳杯等等，都是西汉器物。因此，M6的年代可能为公元前109—87年。[⑥]那么，标准器中的M3：3、 M6：2、M6：12、M12：205、M13：2铜鼓的年代均应与此相同。

在江川李家山第二次发掘的铜鼓中，属于典型的石寨山型的是M69：171号鼓。其余有铜鼓改装的祭器，如M51：262号，为石寨山型铜鼓鼓面另铸三个立体骑士而改装成的祭器。M169：162号则是石寨山型铜鼓之鼓面上加铸

① 云南省博物馆：《云南江川李家山古墓群发掘报告》，《考古学报》，1975 年第 2 期。
②《考古》，1977 年第 3 期、第 4 期。
③ 汪宁生：《云南考古》，云南人民出版社，1980 年。
④［法］米歇尔·皮拉佐里：《滇文化的年代问题》，《考古》，1990 年第 1 期。
⑤［法］米歇尔·皮拉佐里：《滇文化的年代问题》，《考古》，1990 年第 1 期。
⑥ 蔡葵：《考古学与古代史》，云南大学出版社，1995 年 1 月，昆明。

四位巫觋人物而改变功能的祭器。M69：192号则明显为明器鼓。

江川李家山M69：171号鼓鼓面太阳纹，九芒五晕，主晕为六只翔鹭，其余晕为同心圆圈纹和三角锯齿纹。胸部上段为三角锯齿纹间同心圆圈纹，下段为十八个羽人，腰部亦装饰羽人。M69属李家山第二次发掘报告所定的三类墓葬，年代为西汉末至东汉初。[①]也是此鼓的年代。

皮拉佐里教授在研究了晋宁石寨山、江川李家山、呈贡天子庙、昆明石碑村一批青铜器的器形和花纹后得出的结论是："就我们研究的所有墓葬似乎只能得出一个结论，其年代介于公元前250年与公元50年之间，而不是十年来所推论的公元前500年与公元50年之间。"[②]

我们认为，皮拉佐里教授关于滇池地区（石寨山型铜鼓的故乡）青铜时代的年代上限为战国晚期（不一定要确定在公元前250年这个具体年代）下限在东汉早期（不一定要确定在公元50年这个具体年代）的意见是正确的。这也是石寨山型铜鼓的年代。这样，万家坝型铜鼓和石寨山型铜鼓的年代关系可以确定：

万家坝型铜鼓：春秋早期至战国晚期
石寨山型铜鼓：战国晚期至东汉早期

三、从翟纹——文化"DNA"看两类铜鼓的关系

全世界所有国家和地区发现的古代铜鼓，形态大体都是上有鼓面、平面曲腰、中空无底。在装饰纹样方面，不同类型的铜鼓的花纹都不相同。但8种类型的铜鼓鼓面中央，均装饰有"太阳纹"，这种装饰纹样肇始于万家坝型铜鼓，铜鼓鼓面上的"太阳纹"由"光体"和"光芒"组成，少数万家坝型铜鼓上仅有"光体"而无"光芒"。所有万家坝型铜鼓上都有"太阳纹"，发展到石寨山型铜鼓鼓面上的太阳纹，其"光芒"开始规范化，到后面6种类型的鼓面，毫无例外地均有"太阳纹"，而且，其"光芒"数量多寡、形状宽窄几何，均有规律可循。这都是万家坝型铜鼓"遗传"下来的花纹。

万家坝型铜鼓"遗传"到它的直接继承者——石寨山型铜鼓上的一种重要花纹是翟纹，本书借用遗传学的术语将这种花纹称为万家坝型铜鼓的文化"DNA"。

在楚雄万家坝M23：159号铜鼓的内壁，有一种被发掘报告称之为"四足

① 云南省文物考古研究所等：《云南江川李家山——第二次发掘报告》，文物出版社，2007年11月，北京。

② [美]米歇尔·皮拉佐里：《滇文化的年代问题》，《考古》，1990年第1期。

爬虫纹”“菱形网状纹”的花纹，在M23：161号铜鼓的内壁也有被发掘报告称为“四菱形网状纹”“网四角带卷云纹”的花纹；另在永胜军河A鼓内壁上也有“一对菱形网状纹”“四足爬虫纹”，永胜军河B鼓内壁上也有“菱形网状纹”；在丘北草皮村鼓之内壁上也有“似蜥蜴、羊等纹饰”；在曲靖八塔台鼓之鼓面上，也出现“四足爬虫纹”，鼓腰饰“菱形网状纹”。

上述6面铜鼓均属万家坝型铜鼓，它们“菱形网状”等装饰花纹经考证为鼍纹。①很有意思的一个现象是，这种花纹——鼍纹，竟“遗传”到石寨山型铜鼓上，典型事例是在石寨山类型的广南铜鼓上面发现了鼍纹。世界闻名的广南铜鼓于1919年在云南省文山州广南县阿章寨农民犁地时发现，1949年著录于《新纂云南通志·金石考》，现收藏于云南省博物馆。此鼓胸部铸有4只祭祀船花纹，有研究者发现，广南铜鼓船纹上有鼍纹：“（广南鼓）甲船表柱上悬菱形网状纹，网四角带并头卷云纹。这种纹饰在云南早期铜鼓上屡见不鲜。据李昆声先生考证，此纹饰应为鼍纹，亦即鳄鱼纹。笔者从之。”②

很显然，万家坝型铜鼓上的鼍纹“遗传”到石寨山型铜鼓上了。但鼍纹在这两种铜鼓上面的位置并不相同，大多数万家坝型铜鼓上的鼍纹是铸造在鼓之内壁上的，铜鼓或其他任何器物上的花纹，本来主要是作装饰用，要让人看见的，铸在铜鼓之内壁上的花纹只有倒置时才有装饰作用。那么，为什么要倒置？只有一种解释：当它用于炊爨，即当作“釜”使用时，必须倒置。这一点又反过来证明了万家坝型铜鼓是由铜釜演变而来，初始阶段，甚至还处于“又当铜鼓又作釜”的阶段。楚雄万家坝M23：158，M23：159，M23：160，M23：161号鼓身上均有烟熏痕迹，证明这4面铜鼓均曾被当作炊具——铜釜使用过。这又证明，万家坝型铜鼓是最早类型的铜鼓，而“遗传”到石寨山铜鼓上时，鼍纹都是铸造在鼓之外壁，绝无铸于内壁的现象。

四、从铜鼓合金成分看两类铜鼓的关系

中国云南省古今都是铜、锡矿的重要产地，铅矿也为数不少。而铜、锡、铅是铜鼓的主要合金成分。我们先考察一下云南在汉代有关矿产的记载：

《汉书·地理志》益州郡：“贲古，北采山出锡，西羊山出银、铅，

① 李昆声：《释早期铜鼓鼍纹》，《李昆声文物考古论集》，逢甲大学出版社，2007年10月，台中。

② 樊海涛：《关于广南鼓船纹的几点看法》，《云南文物》，2001年第2期。

南乌山出锡。”著名历史学家方国瑜教授考证西汉益州郡所辖贲古县在今天之蒙自市、个旧市和元阳县。[①]《汉书·地理志》益州郡：“律高，西石空山出锡，东南监町山出银、铅。”西汉益州郡所辖之律高县在今通海县、玉溪市。《汉书·地理志》益州郡：“来唯，从陶山出铜”。西汉益州郡所辖之来唯县在今云南之南涧县。《汉书·地理志》犍为郡：“朱提，山出银、铜。”《续汉书·地理志》犍为属国补充说：“朱提，山出银、铜。”《汉书·地理志》益州郡俞元县：“怀山出铜。”西汉俞元县在今澄江县、玉溪市、江川区。

以上记载表明古代云南有产生青铜器和铜鼓的资源条件和物质基础。

古代铜鼓的成分有少数为红铜鼓，根据现代冶金学的分类，含锡量和含铅量都小于2%的铜器为红铜。多数铜鼓为青铜鼓，其成分有铜锡二元合金和铜、锡、铅三元合金。锡青铜又按含锡量高于17%为高锡青铜器，含锡量低于17%者则为低锡青铜器。[②]

对铜鼓标本取样分析其金属成分，然后找出不同类型铜鼓的不同金属成分及其合金成分之衍变规律，可以找出它们之间的一些发展变化，甚至继承演变规律。

北京科技大学孙淑云教授在1986年对100面云南和广西的铜鼓进行金相分析和金相鉴定，结果是：铜鼓的材质为红铜、铜锡二元合金、铜锡铅三元合金。从对其中5面万家坝型铜鼓的金相分析中知道，其中有红铜鼓和青铜鼓。青铜鼓的合金元素含量的频率分布，集中于含铜量高于80%、含锡量低于10%、含铅量低于5%的范围，属低铅锡青铜。而石寨山型铜鼓的锡和铅的含量增加了。而且铜鼓的合金成分呈现出一定的规律，“（铜鼓）的含锡量从春秋时代（即万家坝型铜鼓）到两汉时代（即石寨山型铜鼓）逐渐增加……春秋时代（万家坝型）铜鼓的铅、锡总含量较低，与其他时代有较大差异。随时代的推移，铜鼓的铅、锡总含量相应增加，到魏晋、南北朝时期增加到最高值，以后稍有减少。不同时代铜鼓在合金成分上的差异，反映了铜鼓制作技术的变化”。石寨山型铜鼓之合金中加入较多的铅或锡以后，降低了熔点，提高了合金的铸造性能，一定量的锡还能提高铸件的强度和硬度，改善音响效果，所以，石寨山型铜鼓是冶铸技术成熟阶段的产物。而万

① 方国瑜：《中国西南历史地理考释》上册，中华书局，1987 年 10 月，北京。

② 云南省省院省校教育合作项目：《云南青铜器矿物原料的来源分析与中国青铜文明研究》结项报告。2005 年 3 月，昆明。

家坝型铜鼓铸工粗糙，纹饰单纯，铸造缺陷较多，反映其为铜鼓初创阶段的特征。①

2005年，北京大学吴小红教授和崔剑峰博士公布了他们对30面中国云南和越南铜鼓进行成分分析和金相观察的结果，其中有9面万家坝型铜鼓和14面石寨山型铜鼓。他们的研究结论是："随着时代和类型的变化，铜鼓的金属材质呈现出从红铜向铅锡青铜变化的趋势，合金组成由不稳定逐渐向趋于稳定变化。最早期的万家坝型铜鼓多为红铜鼓，但也有一部分晚期铜鼓为锡青铜和铅锡青铜鼓，其合金配比非常不稳定，例如万家坝出土的一面锡青铜鼓，其含锡量仅为3%，这样的锡含量很难讲是人为加入还是铸造时候混入的。还有属万家坝II期的者偏铜鼓，其含铅量和含锡量都大于10%，说明其合金配比的进步性，但比之晚的大各大鼓含锡量却仅2%，锡含量这样的迂回波动，表明万家坝类型流行时期处于铜鼓制造的探索阶段，仍属于青铜技术发展的初期。从石寨山型中晚期开始，铜鼓的锡含量比较稳定，在14%左右。在分析的石寨山以后的18面铜鼓中，有10面锡含量在12%～15%之间……这一点符合《周礼·考工记》'六分其金而锡居一，是为钟鼎之齐'的记载。研究表明，当含锡量为14.2%时，青铜敲击可以达到很好的音响效果。另外，后期的铜鼓中铅含量都较多且不稳定，说明古人已经掌握了铅的加入对于青铜铸造的用途，铅的加入降低了合金的熔点并且增强了合金液体的流动性和充型性，这一点对于铸造大型薄壁器物非常有利。"最后的结论很重要："云南省古代铜鼓的合金成分发展规律是红铜—低锡铅青铜—高锡铅青铜。从石寨山中期开始，多数铜鼓中锡的含量稳定在14%左右。"②

铜鼓合金成分发展的规律证明了两类铜鼓的继承关系：

万家坝型 → 石寨山型（早期 → 中期 → 晚期）

五、从铅同位素——矿料"DNA"看两类铜鼓的关系

1966年，美国学者R·H·布雷尔将铅同位素技术引入考古学，用铅同位素的比值来寻找古代铅玻璃和含铅颜料的铅矿料。随后英国学者和德国学者将此技术应用于古代青铜器，并成功地鉴定出地中海东部地区古典时期青铜

① 孙淑云等：《广西、云南铜鼓合金成分及金属材质的研究》，《中国铜鼓研究会第二次学术讨论会论文集》，文物出版社，1986 年，北京。

② 崔剑峰、吴小红：《云南古代铜鼓的合金成分和显微结构分析》，《声震神州——文山铜鼓暨民族历史文化国际学术研讨会论文集》，云南人民出版社，2005 年 10 月，昆明。

器的矿料。从此，在欧美诞生了一门新的学科——铅同位素考古学。[①]

20多年后，在1980年代，中国科技大学金正耀教授[②]将此技术引进中国考古学研究，首先开展古代青铜器的铅同位素研究，发现商代高放射成因铅。

概括起来说，铅同位素考古最终的目的是建立古代青铜器与其矿料之对应关系，揭示矿料和成品的交换、流通模式。也就是说，用铅同位素比值研究古代青铜器，可查到其矿料产地，也不妨借用遗传学的术语，将其称之为"矿料DNA"。

用铅同位素比值对万家坝型铜鼓、石寨山型铜鼓和越南东山铜鼓进行研究，对解决古代铜鼓起源地问题将起到十分重要的作用。

因为，一直以来，关于铜鼓的起源（地）问题就是中国和越南两国铜鼓研究学者争论的焦点。中国学者根据形制、花纹以及对发掘品伴出物年代的测定，认为万家坝型铜鼓是铜鼓的最原始类型。但越南一些学者则认为东山铜鼓才是最原始的类型，而万家坝型铜鼓是东山铜鼓的一种退化了的地方类型。

2000年，中国学者对万家坝型铜鼓进行铅同位素分析，结论是"以现代科学数据肯定了铜鼓发源地在滇西至滇中偏西地区"。[③]在对越南100多面铜鼓的铅同位素比值研究中，又发现有几面时代较早的东山铜鼓是来自中国云南。[④]

2008年5月，北京大学考古文博学院副院长吴小红教授和崔剑峰博士公布了他们从2001年以来用铅同位素比值方法对万家坝型铜鼓、石寨山型铜鼓、越南东山铜鼓和一批云南古代青铜器进行研究，获得很多成果。其中，"分析了两面出自文山州广南县的124号沙果I号铜鼓和125号者偏铜鼓。这两面铜鼓的铅同位素较为接近，且和李晓岑等分析的楚雄万家坝M23：161的比值近似，表明三者矿源可能相同，但这两面铜鼓的铅同位素比M23：161更靠近石寨山型铜鼓的范围，且更接近石寨山型铜鼓的矿料范围，所以亦不排除这两面铜鼓的矿料来源和后期石寨山型铜鼓的相同。如果的确如此，则此结

① 崔剑峰、吴小红：《铅同位素考古研究》，文物出版社，2008 年 4 月，北京。

② 金正耀：《晚商中原青铜器矿料来源研究》，《科学史论集》，中国科技大学出版社，1987 年，合肥。

③ 李晓岑：《中国铅同位素考古》，云南科技出版社，2000 年 5 月，昆明。

④ 韦冬萍、房明惠、万辅彬：《越南铜鼓样品铅的富集与铅同位素测定》，《广西民族学院学报》（自然科学版），2002 年第 11 期。

果非常重要，直接表征了万家坝型铜鼓和石寨山型铜鼓的继承关系，说明这两面铜鼓的矿料产地很可能就是以后的石寨山铜鼓的产地，即石寨山型铜鼓的出现很可能和这个矿料产地相关”。[①]而越南学者认为是最早的鼓的越南东山铜鼓之A型和B型与石寨山型铜鼓处于同一时代是越南学者公认的。

以自然科学实验证明了石寨山型铜鼓是万家坝型铜鼓的直接继承者。

第二节　中国石寨山型铜鼓与越南东山铜鼓（A型和B型）是黑格尔I型铜鼓的两个亚型；两者基本上是平行发展的关系

在弗朗茨·黑格尔的“四分法”中，石寨山型与东山A型和B型铜鼓均属H1型，即黑格尔第一类型鼓。

越南学者把几乎在越南发现的所有铜鼓都称为“东山铜鼓”。因此，这是广义的东山铜鼓，越南权威著作把东山铜鼓分成A、B、C、D、E5型22式。[②]其中，东山铜鼓之A型和B型相当于中国古代铜鼓研究会分类法之石寨山型。这是狭义的“东山铜鼓”。而东山铜鼓之C型相当于中国古代铜鼓研究会分类法之冷水冲型，E型相当于遵义型。夹在C型和E型之间的D型相当于中国古代铜鼓研究会分类法中的万家坝型和美国、日本学者分类中的“先黑格尔I型”鼓。但D型被越南学者说成是时代较晚的、“退化了的铜鼓”，这当然是毫无道理的。这些分类上的对应关系在前面几章均已叙述，此不赘言。

本节所讨论的是石寨山型铜鼓与狭义的东山铜鼓，即与东山铜鼓之A型和B型的关系。

关于石寨山型铜鼓与东山铜鼓的关系，日本东京大学今村启尔教授曾发表过一篇论文，题目是《论黑格尔I式铜鼓的二个系统》。[③]今村在这篇论文中是把石寨山型铜鼓和东山铜鼓作为黑格尔I型。（今村的文章被翻译成黑格尔I式，有些不准确。因为在考古学术语中，“型”大于“式”，如越南学者分东山铜鼓为A、B、C、D、E5型22式）铜鼓的两个亚型或两个系统来看待

---

① 崔剑峰、吴小红：《铅同位素考古研究》，文物出版社，2008年4月，北京。

② ［越］Pham Minh Huyen, Nguyen Van Hao, Lai Van Toi, *Dong son Drums in Vietnam*, The Vietnam Social Science Publishing House, 1990, Tokyo.

③ ［日］今村启尔：《论黑格尔I式铜鼓的二个系统》，《铜鼓和青铜文化的新探索》，广西民族出版社，1993年10月，南宁。

的，这无疑是正确的。今村在论文中将两类铜鼓的关系图示如下。

- 黑格尔Ⅰ型铜鼓
  - 石寨山系
    - 复数画纹带
    - 单数画纹带
  - 东山系
    - 复数画纹带
    - 单数画纹带

今村并将这两类铜鼓在器形和花纹上的特点列表如下：

石寨山系和东山系的主要特点

今村启尔 1993年

<table>
<tr><th></th><th>器型</th><th>画纹带的分布</th><th>口沿部纹饰</th><th>光芒之间</th><th>画纹的表现</th></tr>
<tr><td>石寨山系
复数画纹带</td><td rowspan="2">喇叭形腰部</td><td>内侧动物纹
外侧翔鹭纹</td><td rowspan="2">锯齿纹</td><td rowspan="2">斜线纹和
复线角形纹</td><td>鼓面和侧面
都有很多阴线</td></tr>
<tr><td>石寨山系
单数画纹带</td><td>翔鹭纹</td><td>鼓面是阴纹和凸线纹
侧面有很多凸线纹</td></tr>
<tr><td>东山系
复数画纹带</td><td rowspan="2">圆筒形腰部</td><td>内侧乐舞纹
外侧翔鹭纹</td><td>细锯齿纹
或栉纹</td><td rowspan="2">翎眼纹和
复线角形纹</td><td>鼓面有阴纹
侧面是凸线纹</td></tr>
<tr><td>东山系
单数画纹带</td><td>翔鹭纹</td><td>栉纹</td><td>鼓面、侧面
都是凸线纹</td></tr>
</table>

石寨山型铜鼓虽然分布在中国云南、广西、四川、贵州等省区和越南北方，但因其分布中心在中国云南省，也可以称为“云南系”。东山铜鼓虽然分布在越南、中国广西、泰国、马来西亚和印度尼西亚，但因其分布中心在越南，也可以称为“越南系”。

在对比石寨山型和东山铜鼓在花纹上的特征中，今村把两类铜鼓上的写实花纹分成一组花纹的铜鼓——单数画纹带和两组花纹的铜鼓——复数画纹带来分别考察。

石寨山型和东山铜鼓A型和B型鼓面上的写实性花纹——翔鹭纹、动物纹、乐舞纹和早于它们的万家坝型铜鼓上的简单的几何纹和晚于它们的冷水冲型（东山铜鼓C型）铜鼓上的图案化花纹是有着根本的区别的。

所以，写实性花纹是石寨山型和东山铜鼓A型和B型的共性。在有一组写实性花纹的铜鼓中，它们这两类铜鼓上的花纹是相同的翔鹭纹。在有两组写实性花纹的铜鼓中，它们这两类铜鼓上的外侧花纹都是相同的，也是翔鹭纹；在内侧花纹上不相同，石寨山型铜鼓内侧为动物纹，东山铜鼓A型和B型内侧上是乐舞纹。

所以，石寨山型铜鼓与东山铜鼓A型和B型的共性是主要的。它们与其“左邻右舍”——万家坝型和冷水冲型铜鼓的花纹类型（写实性与几何纹、图案花纹）的不同是本质的不同。而它们两者在写实性花纹中的一些不同则是区域不同而形成的差异。

下面再来考察石寨山型铜鼓与东山铜鼓A型和B型的年代。

石寨山型铜鼓的年代在本书第三章第二节已经讨论过，上限在战国，下限在西汉晚期。

今村教授将黑格尔I型铜鼓的两个亚型的年代放在一起进行讨论。他把整个年代分成3期，第一期的年代为战国末期至西汉早期，包括中国晋宁石寨山、江川李家山、广西贵县罗泊湾和越南越溪遗址的年代。今村指出：“（越南）东山遗址或鼎乡遗址的墓地整体情况来看大约属于西汉时期。”

越溪遗址位于越南北方海防市水原县符宁社越溪村。遗址内有船棺葬，1961年出土1面四翔鹭纹铜鼓，越南学者将此鼓定为东山铜鼓A型4式。

鼎乡遗址位于越南义安省义壇县义和社鼎乡村。1972年出土1面鼓面四翔鹭、鼓胸船纹，鼓腰牛纹的铜鼓，命名为鼎乡I号，越南学者定为东山铜鼓A型4式。1973年，在该遗址的第3号墓内又出土1面，此鼓鼓面十芒太阳纹，无写实花纹，鼓胸船纹，腰部由三角锯齿纹和点线纹组成几何纹。越南学者命名此鼓为鼎乡II号，属东山铜鼓A型4式。

据此3面鼓的情况可知东山铜鼓A型，也就是最早的，年代上限在西汉初期。越溪鼓出土时有中国文物可作参照物，或可早到战国末期。

关于第2期的年代，今村说：“关于第2期在东山系中虽没有特定的可决定年代的东西，但石寨山M10：3号铜鼓可作为探讨的钥匙。如把此鼓作为第1期末或第2期初来考虑，此墓即可作为石寨山第2类型墓中最新的东西来看，相当于公元前2世纪的末期。也就是说第2期是开始于公元前2世纪末到1世纪初。”

关于石寨山M10：3号铜鼓在分类上的归属，各家划分不尽相同。中国古代铜鼓研究会（1988年）将其划入冷水冲型；①黄德荣、李昆声（1992年）将其划入石寨山型；②今村启尔（1993年）将其划入石寨山型。③

石寨山M10：3因鼓面出现立体蟾蜍雕塑而成为一种承前启后的铜鼓，在类型学上，上述两种分类方法并无孰是孰非的问题。

重要的是M10：3号鼓的年代。此鼓出土的10号墓属石寨山墓葬分期中的

① 中国古代铜鼓研究会：《中国古代铜鼓》，文物出版社，1988 年 10 月，北京。

② 黄德荣、李昆声：《论石寨山型铜鼓》，《云南文物》33 期，1992 年 9 月，昆明。

③ 今村启尔：《论黑格尔 I 式铜鼓的二个系统》，《铜鼓和青铜文化的新探索》，广西民族出版社，1993 年 10 月，南宁。

II期墓，因此墓与M10：3号铜鼓一起出土西汉中期的草叶纹铜镜，M10与M13同属II期墓，M13出土文帝半两和铁器，汉文帝在位期间为公元前179年至公元前157年，因此，将M10：3号鼓定在西汉中期是可行的。

今村将其第二期定在公元前1世纪至公元后1世纪也是可行的。

至于今村的第3期，时间是公元后2世纪至公元后5世纪、6世纪，则是冷水冲型和东山铜鼓C型的年代，因与本书无涉，在此就不讨论了。

今村认为，“除石寨山M10：3以外，属石寨山系的鼓面有蛙的只有（越南的）鼎乡V号鼓（Lang Vac–5）的鼓面残片。它体现出石寨山系是平行于东山系I期或往下到2a期”。

鼎乡V号鼓系1981年在越南义安省义壇县义和社鼎乡村第三次发掘的第42号墓出土，此鼓出土时已残，鼓面饰七芒太阳纹和几何纹晕圈，边沿有四只立体蟾蜍雕像。越南学者将其归入东山铜鼓C型3式。此鼓之鼓面上因有两圈三角锯齿纹，今村将其归入石寨山系是有道理的。

与此鼓同被定为东山铜鼓C型3式的还有古螺II号鼓，此鼓于1982年在河内市东英县古螺社即古螺城遗址内出土。此鼓出土时甚残，鼓面仅余一只立体青蛙雕塑，鼓面晕圈花纹由栉纹和圆圈纹组成。因此应归入今村启尔之东山系。

1982年与古螺II号鼓同出的还有古螺I号鼓，鼓面十四芒太阳纹，两组主晕圈外侧是十六只翔鹭纹，内侧为羽人乐舞、杵臼等纹饰。胸部船纹，腰部羽人纹。胸腰遍布栉纹。此鼓被越南学者定为东山铜鼓A型1式。

我们曾把石寨山型铜鼓分为4式。中国开化鼓、越南玉缕I号、古螺I号、黄下鼓，庙门II号和沱江鼓均属III式，年代在西汉晚期至东汉初期。①

因此，鼓面有蟾蜍的鼎乡V号、古螺II号鼓的年代应该在西汉晚期至东汉初期年代范围内的偏晚时期，即东汉初期，甚至比此年代范围还要晚一些，晚至东汉中晚期亦有可能。

综上所述，本节讨论的这两类铜鼓的关系如下：

一、石寨山型铜鼓和东山铜鼓是黑格尔I型铜鼓的两个亚型。

二、石寨山型铜鼓的流行时间是战国晚期至西汉晚期，分布中心在中国云南滇池地区，其次为云南其他地区、广西、贵州、四川和越南北方及东南亚一些国家均有分布。

三、东山铜鼓之A型和B型的流行时间是西汉初期至东汉中晚期。分布中

① 黄德荣、李昆声：《论石寨山型铜鼓》，《云南文物》33期，1992年9月，昆明。

心是越南北方，其次为中国广西、泰国、柬埔寨、马来西亚和印度尼西亚等东南亚国家。

四、根据铅同位素分析，在中国云南出土的石寨山型鼓的矿料来自云南；在越南出土的东山铜鼓A型和B型矿料来自越南。说明在古代这两类铜鼓是在各自出土地点冶炼铸造出来的。①这两类铜鼓是在各自分布区内平行存在和发展的。

五、如本章第一节所述，石寨山型铜鼓来源于万家坝型铜鼓，即石寨山型铜鼓是万家坝型铜鼓的直接继承者。

六、关于东山铜鼓（A型，最早的）的来源，越南学者坦陈："东山铜鼓的原始形态的问题还有待解决。"②今村启尔教授认为中国石寨山型铜鼓可能是越南东山铜鼓的祖型，这一观点值得重视，今村的原话是："可以认为东山系是由石寨山系或和石寨山系相近的铜鼓派生出来的。"③产生这种观点的依据是三角锯齿纹，这是石寨山型铜鼓的"标志性花纹"，出现时间可以早到战国晚期铜鼓上，在东山铜鼓上也有三角锯齿纹，但都出现得比较晚。此外，东山铜鼓上的"标志性花纹"栉纹是由三角锯齿纹演变而来的。④三角锯齿纹的形状由宽短三角—窄细长三角形—栉纹的演变关系在这两类铜鼓身上有迹可循。但目前要下结论说东山铜鼓是石寨山型铜鼓演变而来的，还没有充足的科学证据。

第三节　越南东山铜鼓（A型和B型）是在中国万家坝型铜鼓影响下出现的、在越南本土制造的铜鼓

因为越南学者认为东山铜鼓A型和B型是最早的，所以，讨论万家坝型铜鼓与东山铜鼓的关系之实质是在讨论与A型和B型鼓的关系。

蒋廷瑜教授在《东山铜鼓在铜鼓发展史中的地位》一文中详细分析说明有关年代关系、形态特征后认为："东山铜鼓是在先黑格尔I型铜鼓的基础上

① 崔剑峰、吴小红：《铅同位素考古研究》，文物出版社，2008 年 4 月，北京。

② ［越］ Pham Minh Huyen, Nguyen Van Hao, Lai Van Toi, *Dong son Drums in Vietnam*, The Vietnam Social Science Publishing House, 1990, Tokyo.

③ ［日］今村启尔：《论黑格尔 I 式铜鼓的二个系统》，《铜鼓和青铜文化的新探索》，广西民族出版社，1993 年 10 月，南宁。

④ 李伟卿：《铜鼓及其纹饰》，云南科技出版社，2000 年 8 月，昆明。

发展起来，是先黑格尔I型铜鼓的完善和提高，也只有到这时，铜鼓才彻底从铜釜中脱离出来成为专门的祭祀用乐器”。[①]换句话说，蒋廷瑜认为东山铜鼓是在万家坝型铜鼓的基础上发展起来，是万家坝铜鼓的完善和提高。

蒋廷瑜和万辅彬两教授都认为“早期东山铜鼓与石寨山型铜鼓平行发展”[②]。“在先黑格尔I型（万家坝型）之后，铜鼓分南北两区发展。在南区以红河平原为中心是东山早期类型，在北区以中国云南滇池为中心，是石寨山型，这两支铜鼓并列发展，都有先黑格尔I型（万家坝型）传统，但又各有自己的地方特点”。[③]

关于万家坝型、石寨山型和东山铜鼓（A型、B型）的关系，今村启尔教授的观点是很值得重视的。他在《论黑格尔I式铜鼓的二个系统》一文中有以下几个观点：第一，“可以认为东山系（铜鼓）是由石寨山系或和石寨山系相近的铜鼓派生出来的”。第二，“东山系铜鼓是从先黑格尔I式（万家坝型）变化而来的假说是不能成立的”。主要原因是万家坝型铜鼓与东山系在器型上有很大的差异。第三，“石寨山系从形状来说和先I式接近，然而从纹饰来看，以先黑格尔I式（万家坝型）和石寨山系中与此最近的相比也有相当的差别，不但纹饰的主题不同，而且在写实性纹饰的表现技巧、阴纹的精密铸造等方面，也能看到先黑格尔I式（万家坝型）和石寨山系之间有飞跃性的进步。应该看到在此阶段引进了高度的技术”。[④]

关于万家坝型铜鼓与东山铜鼓、石寨山型铜鼓的关系，美国学者邱兹惠是这样论述的：“假设万家坝式铜鼓首先发现于滇中，稍后由此向各方向散播，其中一支沿着元江南下而进入红河三角洲。其时恰值越南文化之门丘期，当地青铜冶金……已有相当的基础。但其所有青铜合金一般多为铸造小件物品，尚未见有铜鼓。此时红河流域及其邻近地区的文化发展步入社会阶级分化的过程，铜鼓本身与生俱来的宗教与社会功能，恰好受到当地社会高阶层分子的青睐，于是进一步得到认可。但最早的万家坝式鼓形制古拙，造

① 蒋廷瑜：《东山铜鼓在铜鼓发展史中的地位》，《广西博物馆文集》第2辑，广西人民出版社，2005年8月，南宁。

② 蒋廷瑜：《东山铜鼓在铜鼓发展史中的地位》，《广西博物馆文集》第2辑，广西人民出版社，2005年8月，南宁。

③ 万辅彬等《越南东山铜鼓再认识与铜鼓分类新说》，《广西民族学院学报》（哲学社会科学版），2003年第6期。

④［日］今村启尔：《论黑格尔I式铜鼓的二个系统》，《铜鼓和青铜文化的新探索》，广西民族出版社，1993年10月，南宁。

型单调且乏味，于是骆越人便依其所好，在器表加饰一些简单的几何纹饰。其中一些装饰母题，极可能源自当地新石器时代的陶纹。其后为东山地区的黑格尔I式铜鼓沿用。”“万家坝式铜鼓入主红河三角洲后进一步造就了东山的黑格尔I式鼓，且与之相辅相成。但后来的骆越人不明白当初万家坝式鼓与炊器铜釜的血缘关系，且受了当地原产铜提筒的影响，或许逐渐将万家坝式原来的斜式腰身改为越南黑格尔I式鼓最有特色的直式筒形腰身”。[①]

李昆声、黄德荣于1980年在《昆明师院学报》第4期上发表《谈云南早期铜鼓》一文，对万家坝型铜鼓做如下论述：“（万家坝型）铜鼓在滇西—滇中产生后，很快就往东、北、南三个方向传播。往东传播的结果是在滇池区域的晋宁、江川、呈贡等地发展成为纹饰精美的石寨山型铜鼓（战国晚期—西汉）。并在此基础上衍生出云南青铜文化特有的器物——铜鼓形贮贝器。往东更远的远达广南县，广西西林，甚至远达广西贵县。往北和东北方向传播，在滇东北曲靖珠街八塔台出现了承前启后的铜鼓。在四川会理，贵州赫章产生了石寨山型铜鼓。往西南方向传播，在云县产生石寨山型鼓。往南和东南方向传播，在文山产生了开化鼓、麻栗坡鼓（均为石寨山型）。我们研究了云南发现的早于黑格尔第一类型的云南早期铜鼓（黑格尔没有见过的铜鼓）后得出的结论是：最先制造和使用铜鼓的地区是我国云南的滇西—滇中地区。”

在关于万家坝型铜鼓与越南东山鼓的关系问题中，李昆声、黄德荣在《考古》1990年第5期上发表《论万家坝型铜鼓》一文中指出：“云南万家坝型铜鼓的影响越过国界后，很快被越南北部一种成熟的青铜文化——东山文化所接受，因而，在越南北部之清化省东山县东山村发现的20多面铜鼓中，出现了有羽人和翔鹭的石寨山型铜鼓。”

综上所述，关于中国万家坝型铜鼓与越南东山A型和B型铜鼓关系如下：

第一，东山A型和B型铜鼓与万家坝型铜鼓的关系不是直接的继承关系。万家坝型铜鼓因有上节所列种种证据，表明石寨山型铜鼓是万家坝型铜鼓的直接继承者。

而东山铜鼓则不然，根据万辅彬教授等人“对56面东山铜鼓（黑格尔I型）和相伴出土的14个其他属于东山文化的青铜器物（共70个）样品的铅同位素实验数据，绝大部分（61个）集中在分布场I中，虽然我们没有采集越南

①［美］邱兹惠：《试论东南亚所见之万家坝式鼓》，《铜鼓和青铜文化的再探索》，《民族艺术》增刊，民族艺术杂志社，1997 年 12 月，南宁。

的矿石样品，但可以清楚地看到，越南东山铜鼓及东山文化遗物的矿料应该是就地取材，基本上都不是来自中国”。[①]

第二，越南东山A型和B型铜鼓是在中国万家坝型铜鼓影响下产生的。这种影响主要依据为万家坝型铜鼓的流行年代之下限——战国晚期，基本上与东山铜鼓A型鼓之年代上限相衔接。而古代铜鼓的基本形制——鼓面正圆、平面曲腰、中空无底，这是后来所有类型铜鼓都遵循的基本式样。至于发展到石寨山型的鼓身为截头喇叭形，与其祖型万家坝型铜鼓的外形保持很相似的形态，说明了石寨山型鼓是万家坝型铜鼓的直接继承者。而东山铜鼓之鼓身为直筒形，正说明它的区域性文化特征。但其基本形制以及鼓面太阳纹这一纹饰基本元素在东山铜鼓上的存在，是万家坝型铜鼓影响的结果。

东山A型和B型铜鼓是在万家坝型铜鼓影响下，使用越南本国的矿料，在越南冶炼铸造的。万家坝型铜鼓对东山铜鼓的影响体现在工艺、技术、纹饰等方面，应该是一种文化传播关系。

第三，东山铜鼓虽然和石寨山型铜鼓是平行发展关系，但两者在年代上却不完全一致，即石寨山型铜鼓出现的年代略早于东山铜鼓最早的A型鼓。石寨山型铜鼓鼓面和鼓身上的“标志性花纹”——三角锯齿纹，在一部分东山铜鼓上存在，但有一个现象应特别引起重视：东山铜鼓上凡有三角锯齿纹者，均为年代较早的。这似乎向人们暗示东山铜鼓上的三角锯齿纹应该来自石寨山型铜鼓。而东山铜鼓上的“标志性花纹”——栉纹，都是年代比较晚一些的鼓身上的。当然，其中也有少数交叉的。但总的规律是三角锯齿纹早于栉纹，而且栉纹有可能是三角锯齿纹变细变长慢慢演变而成，这就为寻找东山铜鼓的祖型提供重要线索。所以今村启尔教授说东山铜鼓是由石寨山型铜鼓或相近的铜鼓派生出来的，是有道理的。只是证据少了一些，尤其是石寨山型鼓身截头喇叭形与东山铜鼓直筒形鼓身，两者差异尚无合理的解释。石寨山型鼓的截头喇叭形鼓身来自万家坝型当无疑问，东山铜鼓直筒形鼓身是来自越南的铜缸（中国称铜桶）吗?

还是回到越南范辉通院士那句名言吧：“东山铜鼓原始形态的问题还有待解决。”

① 万辅彬等：《越南东山铜鼓再认识与铜鼓分类新说》，《广西民族学院学报》（哲学社会科学版），2003年第6期。

第四节　中国万家坝型铜鼓、石寨山型铜鼓、越南东山铜鼓（A型和B型）以及泰国、老挝、柬埔寨、马来西亚、印度尼西亚铜鼓之间的关系

除中国以外，万家坝型铜鼓在越南发现8面，有关问题前几节已论述，此不赘言。万家坝型铜鼓在越南以外的其他东南亚国家，仅在泰国发现2面，曼谷鼓是在古董店的商品中发现的，克规鼓应该也是从其他地区流传到泰国的。所以，泰国并不是万家坝型铜鼓的出土地和分布地区。此外，东南亚其他国家均未发现过万家坝型铜鼓，也不是万家坝型铜鼓的出土地与分布地区。

因此，东南亚国家也就不是古代铜鼓的起源地。

越南以外的东南亚国家所发现的古代铜鼓年代最早的是黑格尔I型鼓，也就是中国的石寨山型、越南的东山A型和B型铜鼓是本节要讨论的内容。东南亚国家还有中国冷水冲型，即越南东山铜鼓C型，以及中国麻江型、西盟型的铜鼓，在老挝琅勃拉邦旧王宫内的国家博物馆就陈列着三四十面西盟型铜鼓。因与本书讨论范围无涉，故不论。

在泰国、老挝、柬埔寨、马来西亚、印度尼西亚共发现27面中国石寨山型和越南东山A型和B型铜鼓。

老挝乌汶鼓是研究东南亚历史和考古的学者非常熟悉的一面铜鼓，因修筑巴色乌汶公路出土而得名。又称“老挝一号鼓”，1929年戈鹭波在《东京和安南北部的青铜时代》一文中著录。此鼓与中国石寨山型鼓——广西西林鼓和云南广南鼓相似。从形制上比较，乌汶鼓与西林鼓、广南鼓一样，均属鼓足较矮的大型铜鼓；从铜鼓的装饰纹样方面来加以比较，乌汶鼓之鼓面第十晕、十三晕饰三角锯齿纹、鼓腰之上段又被点线纹、三角锯齿纹和切线圆圈纹带纵向分格，这都是云南出土的中国石寨山型铜鼓的典型装饰作风，尤其是三角锯齿纹，已经是云南出土的石寨山型铜鼓的“标志性花纹”了！此外，乌汶鼓鼓面上第四晕装饰着十只“蜥蜴类动物纹”，[①]我们怀疑是鼍纹，[②]如是，则与广南铜鼓更有相似性，因广南鼓也有鼍纹。[③]

① [日]松本信广：《古代印度支那稻作民宗教思想的研究——通过古代铜鼓纹饰所见》，《印度支那研究》，1965年。

② 李昆声：《释早期铜鼓鼍纹》，《李昆声文物考古论集》，逢甲大学出版社，2007年10月，台中。

③ 樊海涛：《关于广南鼓船纹的几点看法》，《云南文物》，2001年第2期。

因为乌汶鼓于1924年归法国远东学院收藏，法国学者戈鹭波著录时是见过此鼓的。戈鹭波说乌汶鼓“第五晕面相对成对配合的蜥蜴类动物五对，总计十只环绕的纹样”（本书作者注：戈鹭波所说的“第五晕”，在本书中为“第四晕”，通常中国学者将鼓面太阳纹称成“第一晕”，戈鹭波的文章不符合中国读者的阅读习惯，故改之）。根据我们对石寨山型数十面铜鼓的观察和研究，从未发现有“蜥蜴纹”，所以，我们怀疑是鼍纹，即鳄鱼纹，因未见过乌汶鼓实物，也不能十分肯定。此外乌汶鼓之胸部铸有六条船纹，从图片上看，很像广南鼓上的船，广南鼓上的船纹已被考证为“祭祀船”，[①]因此，乌汶鼓上的船纹亦应为祭祀船。

老挝乌汶鼓在分类上属黑格尔I型鼓当无疑问，黑格尔I型鼓有中国石寨山型和越南东山A型和B型两个亚型。综上所述，乌汶鼓应当归入中国石寨山型。

老挝乌汶鼓是在当地制造还是从中国传入的？此鼓出土地点是巴色至乌汶公路边水田里，巴色公路位于老挝南部，从目前对老挝青铜时代的考古学信息，已知老挝北部的琅勃拉邦地区，即旧王都地区，包括南乌河、南芽河、南博河畔一些遗址，以及湄公河沿岸的零星发现，有铜斧、铜凿、铜镰、铜鱼钩、铜箭头等青铜器。1972年老（挝）越（南）联合研究调查团在琅勃拉邦也收集到了3件铜斧等文物。而老挝中部的甘蒙地区则是老挝另一个发现青铜时代文物较多的地区。比较重要的有1951年法国学者埃德蒙·索兰在老挝甘蒙之容马拉（Nhommalat）发现铸造铜斧的石范和铜斧。1974年在万象地区之丁洞（Hang Din）遗址出土小铜条。[②]

总的来说，老挝青铜时代目前发现的青铜器均有斧、矛、凿等类的小型器物，尚未发现大型青铜器。像乌汶鼓这样的大型薄壁的青铜容器，比铸造斧凿要复杂得多，需要有较高的青铜铸造技术。乌汶鼓因与中国云南广南鼓和广西西林鼓相似，年代可定在西汉中期左右或公元前1世纪。根据目前已知考古资料，在公元前1世纪左右，老挝尚不具备铸造乌汶鼓这样的大型薄壁、空体器物的技术能力。而同时期的越南已有成熟的东山文化，不仅可以铸造铜鼓，还铸造了铜缸这样的大型空体容器。而同时期中国云南青铜时代已处于鼎盛时期，不仅铜鼓就多达数十面。而且还出现了铸造工艺更为复杂的一

① 黄德荣、李昆声：《铜鼓船纹考》，《中国铜鼓研究会第二次学术讨论会论文集》，文物出版社，1986年，北京。

② 梁志明：《东南亚的青铜时代文化与古代铜鼓综述》，《南洋问题研究》，2007年第4期。

批贮贝器。

综上所述，老挝乌汶鼓应该是在中国铸造，尔后传入老挝的，是古代中老文化交流的实物见证。

老挝的会华桑I号、II号鼓因资料贫乏，尚难以确定属中国石寨山型还是越南东山型。

老挝的丰沙瓦（Phonxavan）鼓则明显具有越南东山铜鼓的特征，鼓之腰部剖面呈长方形，鼓、胸、腰部装饰着越南东山铜鼓的标志性花纹——栉纹。蒋廷瑜认为此鼓似越南东山铜鼓之富维鼓。[1]富维鼓属越南东山铜鼓之B型II式鼓，也是以鼓面及鼓身的栉纹为重要特征的铜鼓。丰沙瓦鼓也应该是在越南铸造好以后交流到老挝的，此鼓之年代比乌汶鼓略晚一些。

中国石寨山型鼓不仅传播到中南半岛上的东南亚国家，而且传播到更南边的东南亚海岛国家。印度尼西亚的展玉（Cianjur）鼓就是典型的范例。展玉鼓早在1904出土于印度尼西亚爪哇岛上展玉之甘蓬巴巴甘，所以又称巴巴甘（Babakan）鼓。此鼓之腰部剖面呈梯形，是中国滇池地区出土的石寨山型铜鼓的特征，而越南东山铜鼓之A型的腰部剖面是呈长方形的。此外，展玉鼓鼓面有三角锯齿纹，鼓胸之上部与腰之下部第一、三晕为三角锯齿纹，夹在中间的第二晕装饰着同心圆纹。而鼓腰之上部被三角锯齿纹和同心圆纹组成的装饰带纵分为十格。这些都是典型的滇池地区出土的石寨山型铜鼓的装饰风格。而展玉鼓之鼓腰上被纵分的格子间有八格各装饰着一只大嘴长喙鸟，则与中国云南文山市出土的属石寨山型的古木鼓相同。古木鼓腰上也有八个格子，每格各站一只展玉鼓腰格子间站着的同样的鸟。展玉鼓总体特征和风格是中国石寨山型的，少数特征是越南东山型的，如展玉鼓之足部较高。越南考古研究院何文瑨教授将印尼的展玉鼓归入越南东山铜鼓之A型，并说与约丘鼓、鼎乡I号鼓、鼎乡II号鼓、富川鼓相似。[2]其实，约丘鼓、鼎乡I号鼓、鼎乡II号鼓和富川鼓之鼓面、鼓身上的三角锯齿纹，已经弥漫出中国滇池地区出土的一大批石寨山型铜鼓的气息了！尤其是鼎乡I号鼓，从鼓的形制、鼓面、鼓胸、鼓腰一圈一圈的三角锯齿纹夹同心圆圈纹的晕圈，以及鼓腰上站立着的可爱的瘤牛，与滇池地区出土的石寨山型铜鼓毫无区别！

---

① 蒋廷瑜：《东山铜鼓在铜鼓发展史中的地位》，《广西博物馆文集》第二辑，广西人民出版社，2005 年 8 月，南宁。

② ［越］何文瑨：《东山铜鼓的记录》《铜鼓和青铜文化的再探索》，《民族艺术》1997 年增刊，民族艺术杂志社，1997 年 12 月，南宁。

因此，印度尼西亚的展玉鼓在分类上可以归入中国石寨山型。应该重视的是，越南东山铜鼓对印度尼西亚的影响是巨大的。研究印尼史的专家认为："印尼公元前5世纪到公元初的文化，较多地受到中南半岛的东山文化的影响。"而且"（印尼）所有青铜器都是成熟期的形态。铜鼓当时主要是靠输入的"。[①]在印尼的同一个岛——爪哇岛出土的北加浪（pekalongan）鼓，就可以归入越南东山铜鼓的A型。越南学者何文瑨[②]和中国学者蒋廷瑜[③]均认为印尼北加浪鼓与越南沱江鼓相似，我们赞成这一观点。印尼北加浪鼓与越南沱江鼓最相似的地方是鼓面上特殊的装饰纹样。此两面之鼓面上均有马鞍形屋顶的干栏式房屋。有架子悬挂的铜鼓（北加浪鼓）和用架子悬挂的编锣（沱江鼓）。沱江鼓19世纪出土于越南河山平省，又名慕列（Moulie）鼓，现收藏在法国巴黎的吉美博物馆，有清晰的图像可审（见本书第五章第一节），而北加浪鼓只能依据何文瑨转述Van der Hoop的描述，是否正确有待今后研究和验证。

从以上分析得出的结论是，印尼展玉鼓是从中国云南传播过去的。那么，印尼古代会不会铸造铜鼓呢？回答是肯定的。印尼万隆、巴厘岛曾经出土过青铜时代铸造青铜器和铜鼓的石范和泥范。本书第六章所述及的莫科（Moke）鼓就是在印尼铸造的一种外形像中国云南傣族的象脚鼓的铜鼓。印尼阿洛岛上自古及今都铸造这种铜鼓，古代铸造的青铜鼓，鼓身上有虎蛇、虎猪鸡、虎龙、鸟马等动物组合纹饰，还有植物、人物纹饰。而近现代铸造的莫科鼓之材质则是黄铜，最大的功能是作为男子结婚用的交换物，[④]莫科鼓应归入铜鼓类中的异型铜鼓。

根据越南考古研究院何文瑨教授的研究，越南东山铜鼓中的A型5式的广昌鼓对东南亚铜鼓有着"相当大的影响"。并且，广昌鼓在越南铜鼓进化中占据一个重要的位置，因为此鼓既保留了早期的特征，如鼓面之羽人纹虽

① 王任叔：《印度尼西亚古代史》上册，中国社会科学出版社，1987年，北京。

② ［越］何文瑨：《东山铜鼓的记录》、《铜鼓和青铜文化的再探索》，《民族艺术》1997年增刊，民族艺术杂志社，1997年12月，南宁。

③ 蒋廷瑜：《东山铜鼓在铜鼓发展史中的地位》，《广西博物馆文集》，广西人民出版社，2005年8月，南宁。

④ ［荷］贝纳特·坎普斯：《东南亚铜鼓：青铜世界及其余波》，1988年，鹿特丹。转引自江瑜、孙章峰。

然仍为写实纹样，但都开始简化和图案化，有具备较晚的鼓的纹饰特征。[①]泰国翁巴（Ongban）86号鼓、89号鼓之鼓面上的两座带楼梯的房屋纹和越南广昌鼓相似。翁巴86号鼓鼓面第六至八晕饰栉纹，鼓胸上部由栉纹带纵分数格，鼓腰下部饰栉纹；翁巴89号鼓鼓面上有三个晕圈内饰栉纹，鼓腰上部被栉纹带分格。翁巴洞出土的86号、89号铜鼓上的这些越南东山铜鼓上的“标志性花纹”——栉纹，在越南广昌鼓上是很明显的。广昌鼓之鼓面上也是有三个晕圈用栉纹装饰，鼓胸上也有栉纹，鼓腰上也用栉纹带纵分成格。

马来西亚的瓜拉丁加奴（Kuala Trengganu）I号、II号鼓鼓面上的翔鹭纹，变形羽人和鼓胸上图案化的船纹也和越南广昌鼓上的相似，这些纹饰是从写实到图案化的过渡时期的纹饰，而瓜拉丁加奴两面鼓上的这些纹饰已经图案化了，还有一个共同点就是这两面鼓鼓面和鼓身上装饰着和广昌鼓一样的栉饰。

而泰国翁巴87号、88号鼓和柬埔寨托农孟鲁塞（Thonommongrussl）鼓因与越南富维鼓相似，而被越南学者归入东山铜鼓B型。

综上所述，东南亚泰国、老挝、柬埔寨、印度尼西亚和马来西亚发现的属于黑格尔I型的铜鼓，是在中国石寨山型铜鼓和越南东山铜鼓（A型和B型）影响下产生的。有些鼓是通过贸易、交换、赠予等途径直接输出到这些国家的。

缅甸也是发现和分布铜鼓较多的国家，但大多数是麻江型和西盟型，以及少量其他类型。迄今为止，缅甸尚未发现万家坝、石寨山型或东山铜鼓（A型和B型），因此，不在本书讨论范围之内。

菲律宾迄今为止尚无古代铜鼓出土。

结　论

一、中国云南滇中至滇西地区是世界铜鼓的起源地。

二、中国万家坝型铜鼓是世界最早的铜鼓。

三、中国石寨山型铜鼓是万家坝型铜鼓的直接继承者。

四、越南东山铜鼓（A型和B型）是在中国万家坝型铜鼓影响下，在越南本国制造的铜鼓。

---

① ［越］何文瑨：《东山铜鼓的记录》《铜鼓和青铜文化的再探索》，《民族艺术》1997 年增刊，民族艺术杂志社，1997 年 12 月，南宁。

五、越南东山铜鼓的出现时间稍晚于中国石寨山型铜鼓，然后与石寨山型铜鼓平行发展，相互交流，比石寨山型铜鼓消亡时间晚一百多年。

六、泰国、老挝、柬埔寨、马来西亚、印度尼西亚发现的属黑格尔I型的铜鼓，是在中国石寨山型铜鼓和越南东山铜鼓（A型和B型）影响下产生的，有些铜鼓是通过贸易、交换、赠予等途径直接输出到这些国家的。越南东山铜鼓（A型和B型）对以上东南亚诸国的影响大于中国石寨山型铜鼓。

主要参考文献

一、考古发掘报告、简报、图录
1. 云南省博物馆编著：《云南省博物馆铜鼓图录》，云南人民出版社，1959 年，昆明。
2. 云南省文物工作队：《云南祥云大波那木椁铜棺墓清理报告》，《考古》，1964 年第 12 期。
3. 云南省文物工作队、四川大学历史系考古专业七四级学员：《云南省楚雄万家坝古墓群发掘简报》，《文物》，1978 年第 10 期。
4. 云南省博物馆：《近年来云南出土铜鼓》，《考古》，1981 年第 4 期。
5. 云南省文物工作队：《楚雄万家坝古墓群发掘报告》，《考古学报》，1983 年第 3 期。
6. 云南省博物馆：《云南晋宁石寨山古遗址及墓葬》，《考古学报》，1956 年第 1 期。
7. 云南省博物馆：《云南晋宁石寨山古墓群发掘报告》，文物出版社，1959 年，北京。
8. 云南省博物馆：《云南江川李家山古墓群发掘报告》，《考古学报》，1975 年第 2 期。
9. 云南省文物考古研究所等：《云南江川李家山——第二次发掘报告》，文物出版社，2007，北京。
10. 昆明市文物管理委员会：《云南呈贡天子庙滇墓》，《考古学报》，1985 年第 4 期。
11. 云南省文物考古研究所：《曲靖八塔台与横大路》，科学出版社，2003 年，北京。
12. 云南省文物考古研究所等：《昆明羊甫头墓地》，科学出版社，2005 年，北京。
13. 广西壮族自治区文物工作队：《广西西林县普驮铜鼓墓葬》，《文物》，1978 年第 9 期。
14. 广西壮族自治区博物馆：《广西贵县罗泊湾汉墓》，文物出版社，1988，北京。
15. 贵州省博物馆考古组等：《赫章可乐发掘报告》，《考古学报》，1986 年第 2 期。
16. 会理县文化馆：《四川会理出土的一面铜鼓》，《考古》，1977 年第 3 期。

二、中文著作
1. 郑师许著：《铜鼓考略》，上海市博物馆出版，1936 年，上海。
2. 徐松石著：《百粤雄风 岭南铜鼓》，东南研究所，1974 年 10 月，香港。
3. 中国古代铜鼓研究会编：《古代铜鼓学术讨论会论文集》，文物出版社，1982 年 4 月，北京。
4. 中国古代铜鼓研究会编：《中国古代铜鼓研究会第二次学术讨论会论文集》，文物出版社，1986 年 4 月，北京。
5. 中国古代铜鼓研究会编：《铜鼓和青铜文化的新探索》，广西民族出版社，1993 年 10 月，南宁。
6. 中国古代铜鼓研究会编：《铜鼓和青铜文化的再探索》，《民族艺术》1997 年增刊，民族艺术杂志社，1997 年 12 月，南宁。
7. 中国古代铜鼓研究会编：《铜鼓和青铜文化研究》，贵州人民出版社，2001 年 11 月，贵阳。
8. 文山州文化局编（李昆声主编）：《声震神州——文山铜鼓暨民族历史文化国际学术研讨会论文集》，云南人民出版社，2005 年 10 月，昆明。
9. 中国古代铜鼓研究会编：《中国古代铜鼓》，文物出版社，1988，北京。
10. 蒋廷瑜著：《古代铜鼓通论》，紫禁城出版社，1999 年 8 月，北京。
11. 文山州文化局编（黄德荣主编）：《文山铜鼓》，云南人民出版社，2004 年 7 月，昆明。
12. 汪宁生著：《铜鼓与南方民族》，吉林教育出版社，1989 年，长春。
13. 李昆声著：《云南艺术史》，云南教育出版社，2001 年 8 月，昆明。
14. 李晓岑等著：《中国铅同位素考古》，云南科技出版社，2000 年 5 月，昆明。
15. 崔剑峰、吴小红著：《铅同位素考古研究》，文物出版社，2008 年 4 月，北京。
16. 李昆声：《李昆声文物考古论集》，逢甲大学出版社，2007 年 10 月，台中。

三、中文论文
1. 李家瑞：《汉晋以来铜鼓发现地域图》，《考古》，1961 年第 9 期。
2. 冯汉骥：《云南晋宁出土铜鼓研究》，《文物》，1974 年第 1 期。
3. 洪声：《广西古代铜鼓研究》，《考古学报》，1974 年第 1 期。
4. 李定：《铜鼓》，《文物》，1978 年第 2 期。

5. 汪宁生：《试论中国古代铜鼓》，《考古学报》，1978 年第 2 期。
6. 李伟卿：《中国南方铜鼓的分类与断代》，《考古》，1979 年第 1 期。
7. 宋世坤：《贵州铜鼓的分布、类型和断代》，《贵州文史丛刊》，1980 年创刊号。
8. 李昆声、黄德荣：《谈云南早期铜鼓》，《昆明师院学报》，1980 年第 4 期。
9. 黄德荣、李昆声：《铜鼓船纹考》，《中国铜鼓研究会第二次学术讨论会论文集》，文物出版社，1986 年，北京。
10. 饶宗颐：《铜鼓余论》，《选堂集林史林》，中华书局香港分局，1982 年。
11. 童恩正：《试论早期铜鼓》，《考古学报》，1983 年第 3 期。
12. 万辅彬：《古代铜鼓矿料来源的铅同位素考证》，《物理》，1990 年第 3 期。
13. 李昆声、黄德荣：《论万家坝型铜鼓》，《考古》，1990 年第 5 期。
14. 祁庆富：《早期铜鼓鸟纹与朱鹮》，《广西民族研究》，1992 年第 2 期。
15. 李晓岑、李志超等：《云南早期铜鼓矿料来源的铅同位素考证》，《考古》，1992 年第 5 期。
16. 龙村倪：《铜鼓鼓面中心太阳纹的演变——兼谈越南东山铜鼓》，台北故宫《中国艺术文物讨论会论文集》，1992 年，台北。
17. 蒋廷瑜：《关于铜鼓起源的争论》，《故宫博物院院刊》，1993 年第 1 期。
18. 万辅彬、田丰、蒋廷瑜：《论田东出土万家坝型铜鼓的意义》，《广西民族学院学报》（哲学社会科学版）第 19 卷 3 期，1997 年。
19. [美] 邱兹惠：《试论东南亚所见之万家坝式铜鼓》，《铜鼓和青铜文化的再探索》，《民族艺术》1997 年增刊，南宁。
20. 李保伦：《从曲靖新发现的早期铜鼓看铜鼓的起源及在云南的传播》，《云南文物》，1997 年第 1 期。
21. 凉山博物馆、西昌市文管所、盐源县文官所：《盐源近年出土的战国西汉文物》，《四川文物》，1999 年第 4 期。
22. 李昆声：《云南文山在世界铜鼓起源研究中的地位》，《声震神州——文山铜鼓暨民族历史文化国际学术研讨会论文集》，云南人民出版社，2005 年 10 月。
23. 黄德荣：《关于万家坝型铜鼓研究中的几个问题》，《声震神州——文山铜鼓暨民族历史文化国际学术研讨会论文集》，云南人民出版社，2005 年 10 月，昆明。
24. 王林斌：《文山万家坝型铜鼓初探》，《声震神州——文山铜鼓暨民族历史文化国际学术研讨会论文集》，云南人民出版社，2005 年 10 月，昆明。
25. 董晓京：《浅谈石寨山型铜鼓花纹》，《声震神州——文山铜鼓暨民族历史文化国际学术研讨会论文集》，云南人民出版社，2005 年 10 月，昆明。
26. 李健民：《陶寺遗址出土的鼍鼓和陶鼓》，《声震神州——文山铜鼓暨民族历史文化国际学术研讨会论文集》，云南人民出版社，2005 年 10 月，昆明。
27. （云南省省院省校教育合作项目）云南青铜器矿料来源分析与中国青铜文明研究项目组（负责人：李昆声、吴小红）：《云南青铜器矿料原料来源研究报告》，《云南青铜器矿料原料的来源分析与中国青铜文明研究结项报告》，2005 年，昆明。
28. 李昆声、黄德荣：《再论万家坝型铜鼓》，《考古学报》，2007 年第 2 期。
29. 田桂清：《对万家坝型铜鼓与石寨山型铜鼓关系研究中的几点意见》，《铜鼓和青铜文化的再探索》，《民族艺术》1997 年增刊，民族艺术杂志社，1997 年 12 月，南宁。
30. 《云南文物》第 1 期至第 66 期（1973 年—2007 年）。
31. 《中国古代铜鼓研究通讯》第 1 期至第 19 期（1981 年—2004 年）。

四、中文译著
1. [奥] 弗朗茨·黑格尔著：《东南亚古代金属鼓》（1902 年），石钟健、黎广秀、杨才秀译，中国古代铜鼓研究会编，上海古籍出版社，2004 年 12 月，上海。
2. [越] 阮文煊、黄荣著：《越南发现的东山铜鼓》（越文），越南历史博物馆出版社，1975 年。梁志明译，载《铜鼓资料选译》第 2 辑。
3. [越] 卢天宝：《越南河江省铜鼓研究》，潘艳勤译，《中国古代铜鼓研究通讯》第 17 期，2001 年，南宁。
4. [越] 范明玄：《越南老街 1993 年新发现的东山铜鼓》，黄德荣译，《中国古代铜鼓研究通讯》第 17 期，2001 年，南宁。
5. [越] 郑生：《中国浙江新发现的东山铜鼓》，越南《考古学》，1997 年第 3 期。农立夫译，《中国古代铜鼓研究通讯》第 18 期，2001 年，南宁。
6. [越] 黄春征：《东山铜鼓的类型》，《铜鼓和青铜文化研究》，贵州人民出版社，2001 年，贵阳。
7. [日] 今村启尔：《论黑格尔 I 式铜鼓的二个系统》，《铜鼓和青铜文化的新探索》，广西人民出版社，

1993 年，南宁。

五、英文文献

1. Pham Minh Hvyen,Nguyen Van Han,Lai Van Toi:*Dong Son Drums in Vietnam*,The Vietnam social science publishing house,1990,Tokyo.
2. Bunker,Emma C,The Tien Culture and Some Aspects of Its Relationship to Dong Son Culture in N.Barnard Early Chinese Art and Its Possible Influence in the Pacific Basin 291—328.The proceedings of a symposium arranged by the Department of Art History and Archaeology.Columbia University,New York City, August21—25,1967.
3. Pham Minh Huyen:Dong Son Drums discovered in Lao Cai Town in 1993.Journal of Southeast Asian Archaeology 17, 1997.
4. Ambra Calo:Aspects of the Decorative Development of Heger I Bronze Drums.The Bronze Drums & International conferece on national history and culture of Wenshan,Yunnan people pubulishing house,Kunming,October,2005.
5. Nishimura Shoya:Two Mold Fragments of Heger I Bronze Drum from Lung Khe Citadel site, Northern Vietnam.The Bronze Drums & International conferece on national history and culture of Wenshan,Yunnan people pubulishing house,Kunming,October,2005.
6. Pham Minh Huyen:Recent Dong son Drum Discoveries in Vietnam:Some Issue of Significance.The Bronze Drums & International conferece on national history and culture of Wenshan,Yunnan people pubulishing house,Kunming,October,2005.
7. A.J.Bernet Kempers, The Kettle drums of Southeast Asia: A Bronze Age World and Its Aftermath, Rotterdam, Balkema, 1988.
8. M.Dewall, New evidence on the ancient bronze kettle-drums of South East Asia from recent Chinese finds, In B.Allchin(ed), South Asia Archaeology, Cambridge, Cambridge University Press,1981.
9. S. Fraste-Lu, Frog drums and their importance in the Karen culture, Arts of Asia, 1983,Sept-Oct.
10. P.Srensen, The Ongbah Cave and its fifth drums, In R.Smith and W. Watson(eds), Early South-East Aisa, London and New York, Oxford University Press, 1979.
11. D.R.Spennnemann, Some critical remarks on the boats depicted on the South East Asian Kettledrums: an assessment of the daggerboards, The international Journal of Nautical Archaeology and Underwater Exploration 13(2), 1984.
12. Nitta Eiji, HegerItype drums discovered in the Mekong River Basin. In Nitta(ed), Archaeological study on the civilization of the Mekong River Basin, 2000.
13. Yoshikai Masato, Bronze drums in the age of reorganization, Toyo Bunka 78, Univesity of Tokyo.
14. Charles Higham, the bronze age of Southeast Asia, Cambridge World Archaeology, Norman Yoffee(ed) , Cambridge University Press,2003.
15. The lang vac sites, The university of Tokyo, 2004.

六、日文文献

1. 近森正　1959　《雲南におけるドンソン文化の問題》《史學》32-1。
2. 近森正　1962　《ドンソン青銅器文化の起源に関する一試論》《史學》35-1。
3. 岡崎敬　1962　《雲南石寨山遺跡と銅鼓の問題》《史淵》86。
4. 松本信広　1965　《インドシナ稲作民宗教思想の研究：古銅鼓の纹样をじてたゐ》《インドシナ研究：東南アジア稲作民族文化綜合調査報告》。
5. 今村啓爾　1973　《古式銅鼓の變遷と起源》《考古學雑誌》59-3。
6. 今村啓爾　1979　《プレＩ式銅鼓について》東京大學考古學研究室《考古學研究ノート》。
7. 近森正·市原常夫　1980《西江、ンソホン(紅河)水系流域における銅鼓の分佈》《中國大陸古文化研究》9、10。
8. 白鳥芳郎　1980　《石寨山文化の擔い手》季刊《どゐめん》10。
9. 白鳥芳郎　1980　《銅鼓の來源とその文化的意義》《上智史學》25。
10. 今村啓爾　1986　《出光美術館所蔵の先Ｉ式銅鼓：失蠟法で鑄造された先へーガーＩ式銅鼓の発見》《出光美術館館報》56。

11. 量博満　1985　《雲南の早期銅鼓》《三上次男博士喜壽紀念論文集：考古編》。
12. 新田榮治　1990　《東南アジアの早期銅鼓とその受容》《九州上代文化論集（乙益繁隆先生古稀紀念論文集）》。
13. 西江清高　1991　《書評：Dong Son Drum in Viet Nam》《上智史學》36。
14. 今村啓爾　1992　《ヘーガーⅠ式銅鼓における2つの系統》《東京大學考古學研究室研究紀要》11。
15. 新田榮治　1994　《メコン水系新発見のヘーガーⅠ式銅鼓とその意味するもの》《鹿兒島大學史學科報告》41。
16. 新田榮治　1995　《ラオス、チヤンバサック、サン島出土のヘーガーⅠ式銅鼓とメコン水運》《鹿兒島大學史學科報告》42。
17. 俵寛司　1995　《古式銅鼓の變遷と分佈》《日本中國考古學會會報》5。
18. 今村啓爾 1997 《東南アジア考古學における銅鼓研究の役割》《考古學雜誌》82。
19. 吉開將人　1998　《銅鼓「再編」の時代》《東洋文化》78。
20. 吉開將人　1999　《銅鼓にみる「傳統」の諸相》《季刊考古學》66。
21. 吉開將人　2000　《百越　南越　越南—南越印と銅鼓傳説（要旨）》一《東南アジア考古學》20。

附录一　万家坝型铜鼓登记表

序号	鼓名	收藏单位	出土地点	出土情况	发现时间(年)	主要纹饰及特征	尺寸（厘米）			式别	资料来源	备注
							面径	身高	足径			
1	楚大11号	云南省博物馆	楚雄市敦仁乡大海波		1960	胸部最大径偏上，足内沿有折边，通体素面	26.5	27	40	I	云南省博物馆：《近年来云南出土铜鼓》，《考古》，1981年4期	
2	楚万M23：158	同上	楚雄市鹿城镇万家坝M23号墓	鼓面向下	1975	鼓面无芒、晕，胸部最大径偏下，腰内壁饰卷云纹二，身带烟熏痕迹	46.5	40	70	II	云南省文物工作队：《楚雄万家坝古墓群发掘报告》，《考古学报》，1983年3期	
3	楚万M23：159	同上	楚雄市鹿城镇万家坝M23号墓	鼓面向下	1975	鼓面八芒，胸部最大径偏下，腰内壁饰爬虫纹一、菱形网状纹三、卷云纹四，足内有折边，身带烟熏痕迹	41.5	37	63	II	同上	
4	楚万M23：160	同上	楚雄市鹿城镇万家坝M23号墓	鼓面向下	1975	鼓面无芒、晕，胸部最大径偏下，身带烟熏痕迹，足内有折边	38	34	54	II	同上	
5	楚万M23：161	同上	楚雄市鹿城镇万家坝M23号墓	鼓面向下	1975	鼓面十八芒，胸部最大径偏下，腰内壁饰菱形网状纹四，身带烟熏痕迹，足内有折边	41	39	59.3	II	同上	以上四鼓同墓所出
6	楚万M1：12	同上	楚雄市鹿城镇万家坝M1号墓	鼓面向下	1975	鼓面无芒、晕，胸部最大径偏上，近足处三道弦纹	46	38.5	64	III	云南省文物工作队：《楚雄万家坝古墓群发掘报告》，《考古学报》，1983年3期	
7	小贝苴鼓	牟定县文管所	牟定县戌街乡小贝苴村	鼓面向下	1962	鼓面一太阳纹，无芒、晕，胸部最大径偏上，腰部羽纹六道，近足处饰雷纹，足内有折边	41	33	72	IV	刘纯祖同志提供	
8	牟定小铜鼓	云南民族大学博物馆	牟定县山区		20世纪80年代	体形小，胸部最大径偏上，八绳纹耳，胸、腰、足素面	22	17.8	22.4	III	玉腊：《民族博物馆文物珍品选介》，《云南民族学院报》，1996年11月5日	残为碎片
9	吴家山鼓	牟定县文管所	牟定县军屯乡余丁村	鼓面向下	1992	鼓面六芒太阳纹，胸部最大径偏上，腰与足分界不明显，胸、腰、足素面	26.5	32	44.2	I	夏萍：《楚雄新近出土的一批铜鼓》，《云南文物》，2003年1期	
10	麦地冲鼓	禄丰县文管所	禄丰县碧城镇麦地冲村胜利大队	鼓面向下	1983	鼓面无芒、晕，近足处饰弦纹二道，足内有折边	24.2	26	32	III	王正举同志提供	

序号	鼓名	收藏单位	出土地点	出土情况	发现时间(年)	主要纹饰及特征	尺寸（厘米）			式别	资料来源	备注
							面径	身高	足径			
11	祥大M1：19	云南省博物馆	祥云县刘厂乡大波那村		1964	鼓面四芒，胸部最大径偏上，胸、腰、足素面	23	27.8	38	III	云南省文物工作队：《云南祥云大波那木椁铜棺墓清理报告》，《考古》，1964年12期	
12	三街鼓	楚雄州博物馆	楚雄市三街镇丫口田	鼓面向下	1985	体高、鼓面一太阳纹，无芒、晕，胸部最大径偏上，腰部分为八格，胸、腰、足素面，身带烟熏痕迹	38.5	37	50	II	夏萍：《楚雄新近出土的一批铜鼓》，《云南文物》，2003年1期	
13	营盘山鼓	姚安县博物馆	姚安县仁河乡青岭村营盘山	鼓面向下	1986	鼓面一太阳纹，无芒、晕，胸部最大径偏上，有折边，无耳，通体素面	27	30	45.5	I	夏萍：《楚雄新近出土的一批铜鼓》，《云南文物》，2003年1期	鼓面与腰残
14	下新屯I号鼓	姚安县博物馆	姚安县龙岗乡下新屯村		2000	鼓面一太阳纹，无芒、晕，胸部最大径偏上，腰部被单弦纵分为二十一格，足部有一圈绳辫纹		28	40	III	夏萍：《楚雄新近出土的一批铜鼓》，《云南文物》，2003年1期	
15	下新屯II号鼓	姚安县博物馆	姚安县龙岗乡下新屯村		2000	造型同下新屯I号鼓，腰部被单弦纵分为十三格	25.5	27	39	III	同上	
16	七街鼓	大姚县文管所	大姚县七街乡	鼓面向下	1996	鼓面十三芒太阳纹，胸部最大径偏上，腰部由纵线分格，格间饰羽状纹，足部饰三角形纹	25.5	38	39	IV	同上	
17	三岔路鼓	弥渡县文化馆	弥渡县苴力镇三岔路村	鼓面向下	1978	鼓面八芒，腰内壁饰对称网纹二，近足处饰云雷纹	26.8	26	41.4	II	大理白族自治州文化馆：《云南弥渡县苴力公社出土两具早期铜鼓》，《考古》，1981年4期	
18	青石湾鼓	大理州博物馆	弥渡县苴力镇青石湾村	鼓面向下	1979	鼓面六芒，其中二芒间饰一箭头，足内有折边，胸、腰、足素面	34.5	33.5		III	同上	
19	三岔河鼓	同上	南涧县浪沧乡三岔河村	鼓面向下	1990	鼓面中心呈圆饼形凸起，腰部最大径偏下，腰部被纵线分为八格	29.5	29.9	47.5	II	田怀清：《南涧县浪沧乡三岔河村出土一面早期铜鼓》，《云南文物》，2002年第2期	
20	大各大鼓	文山州博物馆	砚山县阿基乡大各大村	鼓面向下	1997	鼓面无芒、晕，腰部单线纵分为八格，格间无纹，胸腰间有两对条形扁耳	65	40	81	III	文山州文化局编著：《文山铜鼓》，云南人民出版社，2004年	

序号	鼓名	收藏单位	出土地点	出土情况	发现时间(年)	主要纹饰及特征	尺寸（厘米）			式别	资料来源	备注
							面径	身高	足径			
21	沙果村I号鼓	广南县文管所	广南县五珠乡沙果村后山南坡	鼓面向下	1983	鼓面十三芒太阳纹，腰部单弦纵分为八格，格间无纹，胸足部素面	45—47	37	62.8	III	张国云同志提供	
22	沙果村II号鼓	同上	广南县五珠乡沙果村后山北坡	鼓面向下	1985	鼓面中央一直径约九厘米的太阳纹呈圆饼形凸起，胸、腰、足素面	40.3	31.1	53	I	同上	I、II号鼓出自同一山
23	平坝鼓	文山州博物馆	文山市平坝镇平坝村		1926	鼓面一太阳纹，无芒、晕，腰纵分为八格，格间无纹，近足部饰三角形纹、同心圆纹、绳纹，胸、足部光素	33	26.5	44.5	IV	曾跃明同志提供	
24	草皮村鼓	文山州博物馆	丘北县戈寒乡草皮村	鼓面向下	1962	鼓面中央六芒太阳纹，无晕，腰部分上下格，上格由雷纹分为不均的八格，格间饰十二似蜥蜴、羊等写实图案，下格饰锯齿纹、雷纹、点纹、圆涡纹，胸、足部光素	63	39	74	IV	李加能、白天明二同志提供	
25	者偏鼓	广南县文管所	广南县者兔乡者偏村安得克山	鼓面向下	2001	鼓面中央十二芒太阳纹，其中五芒尖饰箭头，无晕，腰部由八条单垂线分格，格间无纹，四绳纹小耳	45	36	64	III	文山州文化局编著（黄德荣主编）：《文山铜鼓》，云南人民出版社，2004年	腰、足残
26	八甲大山鼓	云南省文物考古研究	昌宁县达丙乡九甲村八甲大山	鼓面向下	1973	鼓面无芒、晕，胸部最大径偏上，近足处有弦纹二周	41	39.8		III	云南省博物馆：《近年来云南出土铜鼓》，《考古》，1981年4期	
27	曼遮鼓	云县文管所	云县幸福乡曼遮村	鼓面向下	1992	鼓面无芒，腰上部被纵向卷云纹带分为六格，腰下部饰云雷纹	47	43	60	IV	李恩凤：《临沧地区的铜鼓》，《云南日报》，2002年1月23日	
28	固东鼓	腾冲市文管所	腾冲市固东镇二龙山	鼓面向下	1981	胸部最大径偏下，通体素面，身带烟熏痕迹	29	30	50	I	李伟卿同志提供	面、胸、腰、足残
29	苦草坡脚鼓	同上	腾冲市古永乡苦草坡脚	鼓面向下	1985	鼓面无芒、晕，胸、腰、足素面，鼓身留垫片洞十四个	34.5	26		III	吕蕴琪、李淳信二同志提供	胸、腰、足残
30	中和鼓	同上	腾冲市中和乡东坪村小卧龙山寨	鼓面向下	1992	鼓面一太阳纹，无芒、晕，近足处有弦纹二，鼓面内壁饰有凸起饰物四个，足内有折边	43.5	43.5	55	II	耿德铭：《哀牢国与哀牢文化》，云南人民出版社，2003年	胸残
31	勐来鼓	同上	梁河县河西乡勐来村高营盘山地	鼓面向下	1994	鼓面一太阳纹，十二芒，腰部被下端为叉头形的纵线分为十二格，足部饰弦纹五，腰内壁饰三组鼍纹和螺旋纹，足内有折边	36.5	34	55.5	II	李正：《梁河勐来出土早期铜鼓》，《云南文物》，2001年1期	胸、腰、足、残

序号	鼓名	收藏单位	出土地点	出土情况	发现时间(年)	主要纹饰及特征	尺寸(厘米)			式别	资料来源	备注
							面径	身高	足径			
32	八塔台2号鼓	曲靖市麒麟区文管所	曲靖市珠街乡董家村八塔台	鼓面向下	1977	鼓面较小，胸部突出，腰、足矮小，足部上沿有二道弦纹，面、胸、腰素面	19	28.5	35.5	I	李保伦：《从曲靖新发现的早期铜鼓看铜鼓的起源及在云南的传播》，《云南文物》，1997年1期	足、1耳残
33	曲八M1：1	云南省文物考古研究所	曲靖市珠街乡董家村八塔台	鼓面向上	1978	鼓面二晕，胸部最大径偏上，腰部形成上、下格，上格饰鼍纹，下格四晕	45.6	23.3		IV	云南省博物馆：《近年来云南出土铜鼓》，《考古》，1981年4期	
34	严家箐A鼓	永胜县文管所	永胜县全官区军和乡严家箐	鼓面向上	1986	鼓面八芒，腰内壁饰鼍纹二，爬虫纹一，胸、腰、足素面	37	37.6		II	张顺彩同志提供	
35	严家箐B鼓	同上	永胜县全官区军和乡严家箐	鼓面向上	1986	鼓面无芒、晕，腰、足内壁饰鼍纹等纹，腰近足处外壁饰圆点纹	28	27		II	同上	A、B鼓同出
36	鸣鹫鼓	蒙自市文管所	蒙自市鸣鹫乡鸣鹫中学	鼓面向上	1989	腰下部饰一圈绳纹和以绳纹组成的三角形纹	24	23.5	37	III	尹天钰：《云南蒙自县鸣鹫出土一面铜鼓》，《文物》，1992年5期	
37	石箴鼓	凤庆县文管所	凤庆县凤山镇石箴村		1993	鼓面一太阳纹，无芒、晕，腰部被纵线分为二十格，腰下部饰弦纹三，腰内壁饰鼍纹四，足内有折边	37	34		II	李恩凤：《临沧地区的铜鼓》，《云南日报》，2002年1月23	
38	太极山鼓	安宁市文管所	安宁市连然镇太极山	鼓面向下	1993	鼓面一太阳纹，五芒，外饰四弦纹，胸部带一圈波折纹，腰被两纵线分为六格，两纵线间饰波折纹、三角纹，腰下部饰一周菱形纹。四耳，鼓身二道合范线	34	22	36	IV	资料由安宁市文物管理所提供	
39	曼因鼓	勐海县档案馆	勐海县布朗山乡曼囡村班麻曼山	鼓面向下	1995	腰内壁有一对鼍纹，足内壁饰尖角形纹，外壁饰五条弦纹	40	29.5	51	II	该鼓资料由西双版纳州文物管理所原所长罗廷振先生提供	重12.5千克
40	南哈坡A鼓	广西区田东县博物馆	广西区田东县祥周乡联福村南哈坡		1993	鼓面一太阳纹，十五芒，腰部由三角形斜直线纹带纵向分格，近足处有一周三叉纹和雷纹	50	32	66	III	陈其复、黄振良：《田东县出土两面“万家坝”铜鼓，填补了广西铜鼓发展序列的空白》，中国古代铜鼓研究会编印：《中国古代铜鼓研究通讯》第9期，1993年，南宁	重33.5千克
41	南哈坡B鼓	同上	广西区田东县祥周乡联福村南哈坡		1993	鼓面一太阳纹，二十二芒，外饰绳索纹，腰上部由曲折纹纵向分格，近足处一周勾连雷纹	50	37	66	III		重41千克

序号	鼓名	收藏单位	出土地点	出土情况	发现时间(年)	主要纹饰及特征	尺寸（厘米）			式别	资料来源	备注
							面径	身高	足径			
42	大岭坡鼓	广西区田东县博物馆	广西区田东县林蓬乡和同村大岭坡		1994	鼓面一太阳纹，十一芒，腰上部由绳索纹夹对角三角纹纵分成格，腰下部饰回纹、绳索纹各二道	34	29	50	III	陈其复、黄振良：《田东县再次出土万家坝型铜鼓》，中国古代铜鼓研究会编印：《中国古代铜鼓研究通讯》第10期，1993年，南宁	重18.5千克
43	盐源鼓	四川省凉山州博物馆	四川省凉山州盐源县		1999	体型瘦高，腰足不分，鼓面外缘饰一道凸起弦纹，太阳纹中饰“十”字纹，太阳纹外饰四对牛角形纹	25.2	25.8	28.6	异	凉山州博物馆、西昌市文管所、盐源县文管所：《盐源近年出土的战国西汉文物》，《四川文物》，1999年第4期	重3.8千克
44	松林I号鼓	越南历史博物馆	越南河西省璋美县美良社松林寺		1932	鼓面中央一太阳纹，十六芒，芒外饰雷纹等，胸部最大径偏上，腰部形成上下分格，下格饰点纹等	52	38		IV	阮文玄、黄荣：《在越南发现的东山铜鼓》（越南文），1975年，河内	又名雀波鼓
45	松林II号鼓	同上	越南河西省璋美县美良社松林寺		1973	鼓面中央一太阳纹，十六芒，外围第一晕为分组的弦纹，第二晕为鱼骨形纹	38			IV	Pham Minh Huyen,Nguyen Van Hao,Lai Van Toi,*Dong Son Drums in Vietnam*. The Vietnam Social Science Publishing House,1990	仅存鼓面，其余残
46	上农鼓	越南富寿省博物馆	越南富寿省三清县上农社逢仓村	鼓面向下	1981	鼓面无太阳纹，稍微凹下，有一对绳纹形单耳，通体素面	32	26	43	I	新田荣治著，黄德荣译：《东南亚早期铜鼓及其起源》，原文载《乙益重隆先生古稀纪念》，《九州上代文化论集》，1990年；译文载《云南文物》，1999年第1期	鼓面有三个圆孔及一条裂缝
47	老街XI号鼓	越南老街省博物馆	越南老街市红河右岸山丘		1993	鼓面中央一太阳纹，无芒，腰上部被二十二条纵线分格，下部饰弦纹三	45	37		III	此鼓资料由越南考古研究院阮文好教授提供	从腰部残断为二
48	老街XII号鼓	越南老街省博物馆	越南老街市红河右岸山丘		1993	鼓面中央一太阳纹，八芒	28	5.6(残)		无法分式	此鼓资料由越南考古研究院阮文好教授提供	仅存部分鼓面及胸
49	绍运鼓	越南清化省博物馆	越南清化省绍化县绍运社云龟村	鼓面向下	2000	鼓面中央为一凸起太阳纹，无芒，腰部被十二条纵线分格，二对绳纹耳	38.5	29.5	44	III	《声震神州——文山铜鼓暨民族历史文化国际学术研讨会论文集》，云南人民出版社，2005年10月	鼓内有二铜短剑
50	永绥鼓		越南河江省永绥县			鼓面有太阳纹，腰部被纵线分为八格，近足处饰绳纹，体高，腰细，胸部突出	30.5	32.5		III	同上	重7.5千克，与大波那鼓相似

序号	鼓名	收藏单位	出土地点	出土情况	发现时间(年)	主要纹饰及特征	尺寸（厘米）			式别	资料来源	备注
							面径	身高	足径			
51	茂东鼓		越南安沛省文安县茂东社			鼓面太阳纹十三芒，外饰五个云雷纹，腰上部以斜三角纵纹带分为八格，格间下部饰三角形纹，腰下部饰云雷纹，胸足部素面	47.5	31.5	70	IV	越南安沛省博物馆阮文光馆长：《安沛的史前及早期历史时期》越文版图68	重33千克
52	《云南省博物馆铜鼓图录》第5鼓	云南省博物馆	云南省博物馆征集			鼓面三十二芒，有晕纹，腰部以绳纹、人字形纹分为六格	36	23(残)		IV	云南省博物馆：《云南省博物馆铜鼓图录》，文物出版社，北京	足部残缺
53	I鼓3	云南省文物商店	云南省文物商店征集			形状与楚雄大海波鼓相似，通体素面	35.5	31.7		I	云南省博物馆：《近年来云南出土铜鼓》，《考古》，1981年第4期	
54	I式3	同上	云南省文物商店征集			鼓面无芒、晕，胸部最大径偏下，腰、足内壁分别饰菱形网纹四，羽纹二，绳辫状耳	30	30		II	同上	
55	I鼓2	同上	云南省文物商店征集			鼓面五芒，无晕，胸部最大径偏上	30.2	29		III	同上	
56	I鼓5	同上	云南省文物商店征集			形状与楚万M1：12号鼓相似，足内壁饰一网状纹	45	33.5		II	同上	
57	昆明市博物馆藏鼓	昆明市博物馆	昆明市再生资源公司征集			鼓面一太阳纹，六芒，腰部被纵线（下端为叉头形）分为八格，格内无纹，胸、足素面	42	33	54	III	资料由昆明市博物馆提供	据说此鼓来自楚雄地区
58	大理市博物馆藏鼓	大理市博物馆	邓川县沙坝街旧货市场征集		1990	鼓面中心呈圆饼形凸起，无芒，腰内壁有一对鼍纹，足内有折边	30.2	28.2	47	II	段进明：《大理市博物馆收藏的一面万家坝型铜鼓》，《云南文物》，2002年第2期	腰、足残
59	泰国东北鼓	泰国曼谷一古董店	日本量博满教授在曼谷一古董店发现		1972	形状与祥云大波那鼓相似，无耳，通体素面				III	（日）量博满：《班清彩陶概观》，1977年，东京	又名班清鼓
60	泰国曼谷鼓	日本东京出光博物馆	日本新田荣治在曼谷一古董店发现		1984	鼓面无芒、晕，胸部最大径偏上，腰内壁存八条垂直线，四绳辫纹耳	32.5	33.3	49.1	III	（日）今村启尔：《用失蜡法铸造的一面先黑格尔I式铜鼓的发现》，中国南方和东南亚古代铜鼓及青铜文化国际学术讨论会论文	失蜡法铸造，足残，仅存鼓面
61	克规鼓		泰国南部							无法分式	邱兹惠：《试论东南亚所见之万家坝式铜鼓》，《铜鼓和青铜文化的再探索》，《民族艺术》1997年增刊	仅存鼓面，出土情况、纹饰、尺寸不详

附录二　石寨山型铜鼓登记表

序号	鼓名	收藏单位	出土地点	出土情况	发现时间(年)	主要纹饰及特征	尺寸（厘米）			式别	资料来源	备注
							面径	身高	足径			
1	晋石M1：32A鼓	云南省博物馆	晋宁区石寨山		1955	鼓面二弦分晕，中心有破孔，残留主晕饰四翔鹭纹，最外两晕为锯齿纹，鼓胸上部及腰下部双弦分晕，各饰二晕相背锯齿纹，腰上部被羽纹带纵分成八个空格	23.5	30.2	35.4	I	云南省博物馆：《云南晋宁石寨山古遗址及墓葬》，《考古学报》，1956年第1期	鼓面中心有破孔
2	晋石M1：58鼓	同上	同上		1955	鼓面中央饰凸起太阳纹，芒间填斜线。芒外七晕，二或一弦分晕。第四晕为主晕纹，饰四只顺时针飞翔的翔鹭间四凫鸟。胸上部和腰下部饰锯齿纹夹同心圆纹，胸下部饰六组船纹，船尾、船首翘起，首尾不分，各立一鸟，每船上有二至四人，皆裸体椎髻。鼓腰被叶脉纹纵分为两部分，每部分饰二组船纹，船间有牛、鸟及舞人	30	36	44	I	同上	
3	晋石M3：3鼓	同上	同上		1956	鼓面中央饰凸起的十芒太阳纹，芒间填以复线角形纹，芒外五晕，单、双弦分晕。第二晕为主晕纹，饰四只逆时针飞翔的翔鹭纹，第三到五晕饰锯齿纹夹同心圆纹带。胸上部饰锯齿纹纹带，胸下部饰四组船纹，船上坐两人，人像模糊。腰上部由羽纹纵分为两半，花纹模糊。腰下部饰锯齿纹	32	40.6	51	I	云南省博物馆：《云南晋宁石寨山古墓群发掘报告》，文物出版社，1959年，北京	
4	晋石M10：3鼓	同上	同上		1956	鼓面边沿上立四只实心蟾蜍，鼓面中央饰凸起的六角光芒太阳纹，芒间填以复线三角纹，芒外四晕，双弦分晕。第二晕为主晕纹，素面，胸上部、腰下部各饰二晕同心圆纹、锯齿纹，胸下部饰船纹腰上部被叶脉纹纵分为八格，格内无纹饰	19	21.1	25.5	IV	同上	
5	晋石M11：1鼓	同上	同上		1956	鼓面的太阳纹模糊，有结疤，主晕无纹，其外环绕内外向锯齿纹夹勾连雷纹，鼓胸上部饰锯齿纹夹雷纹纹带，胸下部饰四组船纹，每船上有三四人，皆裸体，椎髻		39.5		I	同上	
6	晋石M11：2鼓	同上	同上		1956	鼓面中央饰凸起的十二芒太阳纹，芒间填以羽纹，芒外七晕，二或三弦分晕。第三晕为主晕纹，饰五只逆时针飞翔的翔鹭纹，鼓胸上部饰锯齿纹，胸下部饰六只船纹，船的两头上翘，每船有一头戴羽冠、裸体、手执鹭鸟羽毛的人		36		I	同上	

序号	鼓名	收藏单位	出土地点	出土情况	发现时间(年)	主要纹饰及特征	尺寸（厘米）			式别	资料来源	备注
							面径	身高	足径			
7	晋石M11：3鼓	同上	同上		1956	鼓面饰十芒太阳纹，芒间填以复线角形纹				I	同上	
8	晋石M13：2鼓	云南省博物馆	晋宁区石寨山		1956	鼓面仅保存着最外三晕，饰锯齿纹夹点纹，胸上部与腰下部饰锯齿纹夹点纹，胸下部饰六组船纹，腰上部由锯齿纹或网纹带纵分为九个空格	28.5	36.4	45.4	I	云南省博物馆：《云南晋宁石寨山古墓群发掘报告》，文物出版社，1959年，北京	鼓面有破孔
9	晋石M13：3鼓	同上	同上		1956	鼓胸上部、腰下部各饰一晕点纹，二晕相背锯齿纹，胸下部有船纹，船间补刻舞人、武士、孔雀、鱼虾等纹样。腰上部被相背锯齿纹带纵分成十格，格中原铸牛纹，后又补刻骑士、武士、虎、孔雀、猴等纹样。胸腰间铸辫纹扁耳两对，皆阴纹	残50			I	同上	鼓面残失，胸部残破
10	晋石M14：1鼓	同上	同上		1956	鼓面饰凸起的十芒太阳纹，芒间填以斜线纹，芒外六晕，单、双弦分晕。第三晕为主晕纹，饰四只逆时针飞翔的翔鹭纹，胸上部及腰下部各饰三晕锯齿夹圆圈纹，胸下部为四组船纹，每船上有四个裸体的人像，其中二人戴羽冠，二人披发，两船间饰一海龟。腰上部被锯齿纹夹同心圆纹带纵分为八格，每格立一舞人，戴羽冠，手执干戚	31.2	40.7	48.1	I	同上	
11	晋石M14：18鼓	同上	同上		1956	鼓面中央饰凸起的十芒太阳纹，芒间填以复线角形加圆圈纹，芒外五晕。第二晕为主晕纹，饰翔鹭纹，胸上部和腰下部均饰三晕点纹、锯齿纹，腰上部被羽纹带纵分成八格。胸、腰、足部线刻着动物纹	23	27.8		I	同上	腰、足部分残
12	晋石M15：1鼓	同上	同上		1956	花纹、尺寸不详				I	同上	鼓面、胸、腰、足残
13	晋石M15：7鼓	同上	同上		1956	鼓面中部有一大孔，太阳纹已失，孔外四晕，双弦分晕。第一晕为主晕纹，饰四只逆时针飞翔的翔鹭纹，胸上部与腰下部各饰二晕点纹、二晕锯齿纹，胸下部饰四组船纹，每船上有三个裸体、项髻的人。腰上部被羽纹带纵分成十格，其中四格各饰一高峰牛纹	28	32.8	40.2	I	同上	

序号	鼓名	收藏单位	出土地点	出土情况	发现时间(年)	主要纹饰及特征	尺寸（厘米）			式别	资料来源	备注
							面径	身高	足径			
14	晋石M16：1鼓	同上	同上		1956	鼓面中央饰凸起的十芒太阳纹，芒间填以斜线纹，芒外四晕，双弦分晕。第二晕为主晕纹，饰四只逆时针飞翔的翔鹭纹，鼓胸上部和腰下部纹饰相同，饰上下向的锯齿纹，胸下部饰双弦纹，腰上段由斜网格纹带纵分成八个空格	23.8	29	37.2	Ⅰ	同上	
15	晋石M16：3鼓	云南省博物馆	晋宁区石寨山		1956	鼓形尺寸、纹饰与M16：1鼓相同	23.8	29	37.2	Ⅰ	云南省博物馆：《云南晋宁石寨山古墓群发掘报告》，文物出版社，1959年，北京	鼓面正中为破孔
16	晋石M16：33鼓	同上	同上		1956	花纹不详	20	21	27.7	Ⅰ	同上	
17	晋石M17：4鼓	同上	同上		1956	胸上部饰四晕，分别为点纹、锯齿纹、雷纹，胸下部饰牛纹、点纹腰部纹饰模糊不明		40		Ⅰ	同上	鼓面、足部残缺，腰仅为残片。
18	第一鼓（1948.10—13.3；1950.4—5.9）	英国伦敦大英博物馆	晋宁区梁王山		20世纪40年代末期	胸部纹饰有三晕，双弦分晕，自上而下分别为：第一晕饰勾连圆点纹，第二晕饰锯齿纹，内饰点纹，第三晕为主晕纹，饰二船纹及一大嘴鸟纹，一船纹残留前半部大部分，船首为鹢鸟状，上坐二羽人，呈划船状，船身饰勾连圆点纹，另一船纹只剩一高翘的船尾，上饰勾连圆点纹，一人在做摇橹状				Ⅰ	黄德荣：《大英博物馆收藏的一批云南晋宁梁王山出土的青铜器》，《考古学集刊》10，地质出版社，1996年12月，北京	为胸部残片，能粘对
	第一鼓（1950.4—5.8）	同上	同上		20世纪40年代末期	双弦分晕。腰下部饰三晕，第二晕饰锯齿纹，第三晕饰勾连圆点纹，腰上部被叶脉纹分成二格				Ⅰ		为足、腰部残片
19	第二鼓（1948.10—13.1、2）	同上	同上		20世纪40年代末期	鼓面中部饰略凸的十二芒太阳纹，芒间填以三角形纹，芒外六晕，双弦分晕。第一、三、六晕饰斜线纹，第二晕为主晕纹，饰四只逆时针飞翔的翔鹭纹，第四、五晕饰锯齿纹		约40		Ⅰ	同上	
	第二鼓（1950.4—5.10）	同上	同上		20世纪40年代末期	为侧面部分，分别饰锯齿纹、圆圈纹、弦纹等。				Ⅰ		为鼓侧面部分

序号	鼓名	收藏单位	出土地点	出土情况	发现时间（年）	主要纹饰及特征	尺寸（厘米）			式别	资料来源	备注
							面径	身高	足径			
20	第三鼓（1950.4—5.14）	同上	同上		20世纪40年代末期	胸部饰斜线纹，腰部饰弦纹				I	同上	为胸、腰部分
21	第四鼓（1950.4—5.11；1950.4—5.12）	英国伦敦大英博物馆	晋宁区梁王山		20世纪40年代末期	上饰锯齿纹、弦纹、回纹等				I	黄德荣：《大英博物馆收藏的一批云南晋宁梁王山出土的青铜器》，《考古学集刊》10，地质出版社，1996年12月，北京	两件均为胸部上的小残片
22	江李M17：10鼓	云南省博物馆	江川区李家山		1972	鼓面孔外保存四晕，双弦分晕。第一晕为主晕纹，饰四只翔鹭纹，胸上部、腰下部纹饰相同，各饰相背锯齿纹，胸下部素面。腰上部被羽纹带纵分成八个空格	24.5	30.8	36.7	I	云南省博物馆：《近年来云南出土铜鼓》，《考古》，1981年第4期	鼓面中央有穿孔
23	江李M17：30鼓	同上	同上		1972	鼓面残留部分凸起太阳纹光芒，芒间填以斜线纹，芒外六晕，单弦分晕。第二晕较宽，为素晕，第三至六晕与胸上部、腰下部皆饰点纹和锯齿纹纹带。胸下部环绕四组船纹，每船上有三或四人，皆裸体，挽髻，发尾下垂。鼓腰上部由点纹、锯齿纹带或羽纹纹带纵分成八个空格	21.9	26.7	34.2	I	云南省博物馆：《云南江川李家山古墓群发掘报告》，《考古学报》，1975年第2期	鼓面中心有破孔
24	江李M23：10鼓	同上	同上	鼓面朝上	1972	鼓面仅见太阳纹的部分角芒，芒间填以斜线纹，芒外四晕，双弦分晕。第一晕为主晕纹，饰四只翔鹭纹，胸上部饰二晕相背锯齿纹，胸下部素面。腰上部被锯齿纹带纵分成八格，格间无纹	21.5	25.7	35.9	I	云南省博物馆：《近年来云南出土铜鼓》，《考古》，1981年第4期	鼓面中央有一破孔。
25	江李M23：30鼓	同上	同上	鼓面朝上	1972	鼓面太阳纹已残，仅存八芒，芒间填以斜线纹，芒外三晕，第一晕为主晕纹，饰四只翔鹭纹，胸上部、腰下部均饰二晕锯齿纹、切线圆圈纹，胸下部素面，腰上部被网纹带纵分成八格，格间无纹	20.9	25	33	I	同上	鼓面中央有一破孔

序号	鼓名	收藏单位	出土地点	出土情况	发现时间(年)	主要纹饰及特征	尺寸（厘米）			式别	资料来源	备注
							面径	身高	足径			
26	江李M24：36鼓	同上	同上	鼓面朝上	1972	鼓面中央饰凸起的十芒太阳纹，芒间填以复线角形纹，芒外五晕，双弦分晕。第一晕为主晕纹，饰四只翔鹭纹，胸上部、腰下部饰锯齿夹点纹，腰上部被羽纹、点纹、锯齿纹带纵分成八格，格间饰舞人	31	39	47.5	I	同上	
27	江李M24：60鼓	云南省博物馆	江川区李家山	鼓面朝上	1972	鼓面中央饰太阳纹，已残，芒数不清，芒间填以复线三角形纹，芒外四晕。第一晕为主晕纹，饰四只翔鹭纹。胸上部、腰下部均饰锯齿纹、切线圆圈纹腰上部被锯齿纹、圆圈纹带纵向分成八格，二格素面，六格各有一羽人	31.5	37.9	47.5	I	云南省博物馆：《近年来云南出土铜鼓》，《考古》，1981年第4期	鼓面已残
28	江李M24：42a鼓	同上	同上	鼓面朝下	1972	鼓面中央饰凸起的十芒太阳纹，芒间填以斜线纹，芒外五晕，双弦分晕。第一晕为主晕纹，饰七只翔鹭纹，鼓胸上部与腰下部为点纹、锯齿纹夹同心圆纹，胸下部饰四组船纹，其中三船上有四个裸体、项髻的人像；另一船上有五人，其中有三人裸体，另二人头戴羽冠。船间有鸬鹚和鱼纹。腰上部由切线圆圈纹带纵分为八格，其中七格饰高峰牛和水鸟，一格为磨秋图，人物皆头戴羽冠、裸体	33	37.5	47	I	云南省博物馆：《云南江川李家山古墓群发掘报告》，《考古学报》，1975年第2期	
29	江李M24：42b鼓	同上	同上	鼓面朝上	1972	鼓面中央饰凸起的十二芒太阳纹，芒间填以斜线纹，第一、四晕饰同心圆纹，第二晕光素，第三晕至第五晕饰锯齿纹夹同心圆纹，鼓胸上部与腰下部饰锯齿纹夹同心圆纹，鼓胸下部饰四组船纹，每船上有四或五个戴羽冠、裸体、划桨的人。腰上部被锯齿纹夹圆圈纹带纵分成八格，其中二格饰立牛，三格为羽人舞蹈图，三格素面	30	39.8	50	I	云南省博物馆：《近年来云南出土铜鼓》，《考古》，1981年第4期	
30	江李M47：21鼓	云南李家山青铜器博物馆	江川区李家山	鼓面朝上	1991	素面，通体镀锡	27	31.7		II	云南省文物考古研究所等：《云南江川李家山——第二次发掘报告》，文物出版社，2007，北京	
31	江李M50：89鼓	同上	同上	鼓面朝上	1991	通体素面	22.3	27.5		II	同上	
32	江李M57：84鼓	同上	同上		1991	通体素面	20.5	25.8～26.2		II	同上	

序号	鼓名	收藏单位	出土地点	出土情况	发现时间(年)	主要纹饰及特征	尺寸（厘米）			式别	资料来源	备注
							面径	身高	足径			
33	江李M68:285鼓	云南李家山青铜器博物馆	江川县李家山		1991	表面镀锡，通体素面	21	25.5		II	云南省文物考古研究所等：《云南江川李家山——第二次发掘报告》，文物出版社，2007，北京	
34	江李M69:171鼓	同上	同上		1991	鼓面中央饰凸起的九芒太阳纹，芒间填以复线三角纹，芒外五晕，双弦分晕。第二晕为主晕纹，饰六只逆时针飞翔的翔鹭纹，翅呈长方形状，尾作长三角形状，长喙。胸上部、腰下部各饰三晕锯齿纹、同心圆纹，胸下部为头戴羽冠、手持长羽、屈膝侧坐、足股相连的羽人一周，共十八羽人。腰上部用羽状纹纵分成六格，每格内有一羽人，头戴羽冠，左手持长羽，右手外张。鼓表镀锡	23.4	27.6		I	同上	
35	江李M69:192鼓	同上	同上		1991	表面镀锡，通体素面	11.2	10.7～11.2	14.4～14.7	II	同上	
36	广南鼓	云南省博物馆	广南县黑支果阿章寨		1919	鼓面中央饰二十一芒太阳纹，芒间填斜线纹，芒外十三晕。胸上部、腰下部六晕，四晕点纹，二晕锯齿纹，纹饰相同。胸中部饰四组船纹，每组船上有七至八人，皆裸体，项髻，其中第一、第四人戴羽冠，人腰系二襶，执羽仪。第五人坐于台上击鼓，第七人髻插双羽掌舵，其余划桨。胸下部饰三晕。腰上部被锯齿纹夹菱形纹或锯齿纹夹羽纹纵分成十四格，格中有羽人对舞和剽牛等图案。与此相关方格内，每一格各有两位化装成鹭鸟的舞人，他们或曲张双手，作翔鹭飞状，或一手执钺，举手蹬腿，作等待上场砍牛之状。与砍牛图相邻的另一侧，则有一幅猜拳罚酒图像	46	68.5	84	III	文山壮族苗族自治州文化局编著（黄德荣主编）：《文山铜鼓》，云南人民出版社，2004年6月，昆明	
37	古木鼓	文山州博物馆	文山市古木村		1989	鼓面中央饰凸起的十四芒太阳纹，芒间填以斜线纹，芒外六晕，双弦分晕。胸上部单弦分晕，第一、三晕饰点纹，第二晕饰锯齿纹，胸下部饰四人船纹共四组，四人皆裸体、项髻，作划船状，裸人身上有点纹，船下饰羽状纹腰上部被点纹、羽状纹带纵分为八格，格间饰一站鹭，腰下部分三晕，第一、三晕饰点纹，第二晕饰向下锯齿纹	24	29.5	39	I	同上	

序号	鼓名	收藏单位	出土地点	出土情况	发现时间(年)	主要纹饰及特征	尺寸（厘米）			式别	资料来源	备注
							面径	身高	足径			
38	城子上鼓	文山州博物馆	麻栗坡县南温河城子上		1975	鼓面中央饰凸起的十二芒太阳纹，芒外六晕，单弦分晕。第一晕为主晕纹，饰四只逆时针飞翔的翔鹭纹，胸上部、腰下部分五晕，第一、五晕饰点纹，第二、四晕饰锯齿纹，第三晕饰圆圈纹，胸下部饰四只船纹，有的已模糊不清，从一船纹看到有四个裸体羽冠人执桨划船。腰上部被网纹和羽纹带纵分为十格，其中四格饰立牛，第六格不清	28.3	36.5	43	III	文山壮族苗族自治州文化局编著（黄德荣主编）：《文山铜鼓》，云南人民出版社，2004年6月，昆明	
39	孟梅I号鼓	文山州博物馆	富宁县普阳乡孟梅村征集		1992	鼓面中央饰八芒太阳纹，芒间填复线三角形纹，芒外十二晕，单弦分晕。第六晕为主晕纹，饰四瘤牛和两只翔鹭。胸上部、腰下部五晕，第一、三、五晕素面，第二、四晕饰锯齿纹，胸下部饰三人、二人船纹各三组，船形状相同，船上的人均裸体，三人船上的人头戴羽冠，二人船上的头发后梳成髻，手持羽毛。腰上部被双连梯子格和双连锯齿纹纵分成七格，五格间饰瘤牛，二格素面	25.2	41.2	46.5	I	同上	
40	孟梅II号鼓	文山州博物馆	富宁县普阳乡孟梅村征集		1992	鼓面中央饰凸起的八芒太阳纹光体与芒混为一体，芒间填以复线三角形纹，芒外十六晕，单弦分晕。第八晕为主晕纹，饰翔鹭和瘤牛各四只，相互间隔。胸上部饰二晕相背锯齿纹，胸下部有船纹（图案化）各三组，上立有四个几何状物。腰上部被双连梯子纹带纵向分八格，六格间饰瘤牛，二格素面，腰下部有同心圆纹、锯齿纹	24	40	43	I	同上	
41	开化鼓	奥地利民族博物馆	云南开化府的苗族酋长收藏			鼓面中央饰十二芒太阳纹，芒间填以坠形纹，芒外十五晕，单弦分晕。第六晕为主晕纹，有两组舞人纹，每组有奏乐者四人（包括吹葫芦笙、击铜鼓者），徒手舞者七人，另有编锣一架，干栏式房屋两间，屋顶立大鸟，屋内有铜鼓台和罐类容器。胸上部所饰纹带与鼓面第十一至十五晕相同，胸下部有羽人划船纹六组，再下是一条已模糊的纹带。腰上部被点纹、斜线纹夹勾连云纹纹带纵分为六格，每格饰一持盾羽人，腰下部所饰纹带与鼓面第十一至十五晕相同	53.5	65	71	III	同上	

序号	鼓名	收藏单位	出土地点	出土情况	发现时间(年)	主要纹饰及特征	尺寸（厘米）			式别	资料来源	备注
							面径	身高	足径			
42	甲式1A号鼓	云南省博物馆	云南省博物馆征集			鼓面纹多模糊，隐约可见十二芒太阳纹，芒间填以复线三角形纹，胸上部与腰下部纹饰相同，均饰三晕锯齿纹夹同心圆纹，胸下部隐约可见为孔雀纹，腰上部被锯齿纹夹同心圆纹带纵分成大小十二格，其四大格中各饰一牛纹，格下边为一周勾连圆圈纹与锯齿纹	30.4	44.5	51	Ⅰ	中国古代铜鼓研究会编：《中国古代铜鼓》，文物出版社，1988年，北京	
43	羊甫头M19：151鼓	云南省文物考古研究所	昆明羊甫头墓地		1998	鼓面中央饰十二芒太阳纹，芒间无纹饰。芒外饰二晕锯齿纹，胸上部、腰下部均饰点纹夹锯齿纹，胸下部为四组船纹，船上的人像多模糊。腰上部由点纹间锯齿纹分割为十格，其中花纹模糊	26.4	35.8	37.6	Ⅰ	云南省文物考古研究所等：《昆明羊甫头墓地》，科学出版社，2005年，北京	
44	呈贡县天子庙M33：28鼓	昆明市博物馆	呈贡区天子庙M33	鼓面朝下	1979	鼓面无纹，带烟炱，足内壁有线刻鸟纹	约20	18.5	28	Ⅰ	昆明市文物管理委员会：《云南呈贡天子庙滇墓》，《考古学报》，1985年第4期	
45	呈贡区天子庙M41：117鼓	昆明市博物馆	呈贡区天子庙M41	鼓面朝下	1979	鼓面中央饰十芒太阳纹，芒间填以斜线纹，芒外五晕，双弦分晕，第二晕为主晕纹，饰四只逆时针飞翔的翔鹭纹，胸上部、腰下部纹饰相同，各饰三晕锯齿纹、点纹，腰上部被锯齿纹带纵分成八格，格间无纹	25	34.4	43.2	Ⅰ	同上	
46	云县曼品鼓	云县文管所	云县幸福公社下曼品生产队	鼓面朝下	1972	鼓面中央饰十二芒太阳纹，芒间填以复线角形纹，芒外九晕。第四晕为主晕纹，饰六只逆时针飞翔的翔鹭纹，胸部四晕，第一、三晕饰锯齿纹，第二晕饰同心圆纹，第四晕饰四组船纹，划船者头戴羽冠、项髻、裸体。腰上部被点纹与切线圆圈或切线同心圆纹带纵分为十格，其中八格有高峰水牛纹腰下部五晕，第一、五晕饰点纹，第二、四晕饰锯齿纹，第三晕饰同心圆纹	30.5	40.3	48.4	Ⅰ	云南省博物馆：《近年来云南出土铜鼓》，《考古》，1981年第4期	

序号	鼓名	收藏单位	出土地点	出土情况	发现时间(年)	主要纹饰及特征	尺寸（厘米）			式别	资料来源	备注
							面径	身高	足径			
47	古永鼓	腾冲市文管所	腾冲市古永公社猴桥大队大横山的耕土层中		1979	胸部近面处有同样两晕锯齿纹夹一晕同心圆纹的纹带，其下环以六条船纹，船纹首尾高翘，首尾顶端有的各饰一同心圆，每船皆二人，或对坐或同向坐，双翎插于椎髻，上衣贯纹，双手平伸握桨做划船状。腰上部被羽纹带纵分成八格，格内饰牛纹，腰下部三晕纹饰与胸上部纹饰相同	39	27	42	I	杨复兴、吕蕴琪：《云南腾冲出土的古代铜鼓》，《中国古代铜鼓研究通讯》第2期，1982年10月，南宁	鼓面已失
48	碗窑小钟山鼓	腾冲市文管所	腾冲市城西北马站区碗窑乡小钟山顶		1976	鼓面无纹饰。腰上部被锯齿纹、立体蛙纵分成数格，格间无纹有立蛙四只，蛙头向下。腰下部纹带由三角形、菱形和回纹组成	38.6	50	48.2	IV	吕蕴琪、李淳信：《腾冲新发现二具铜鼓》，《中国古代铜鼓研究通讯》第5期，1987年8月，南宁	鼓面残存方孔两个
49	诸葛营鼓	昭通市文管所	昭通市诸葛营			鼓面中央有一缺孔，太阳纹及芒不明，孔外纹饰保存完好，共三晕。第一晕为主晕纹，饰四只逆时针而飞的长嘴翔鹭纹，尾呈梯形状，双翼呈三角形状，二只已残，第二晕饰锯齿纹，四分之三锯齿向内，四分之一锯齿向外，这种一晕中锯齿方向相反的现象极为少见。第三晕向外锯齿纹鼓面边沿等距离存十八方形垫片孔		29.4		I	昭通市文管所游有山提供	鼓已失，仅存鼓面拓片
50	元江鼓	元江县文管所	元江县甘庄华侨农场甘坝分场马母格勒黑山北侧		1989	鼓面中央饰十二芒太阳纹，芒间填以斜线三角纹，芒外七晕。第二晕为主晕纹，饰六只翔鹭纹，胸上部及腰下部纹饰相同，各有五晕纹饰，第一、五晕点纹，第二、四晕饰锯齿纹，第三晕饰同心圆纹，胸下部饰四只船纹，船上坐四至五羽人，两船之间有一犀鸟，腰上部被羽纹或锯齿纹、涡纹纵分成十格，八格内饰牛纹（分公母），牛身上饰涡纹或绳纹	35.9	47.8	57.5	I	玉溪地区行政公署编：《云南李家山青铜器》，云南人民出版社，1995年3月	
51	贵县土1011鼓	广西壮族自治区博物馆	贵县高中8号墓		1955	鼓面中央饰八芒太阳纹，芒间填以羽状纹，芒外七晕，双弦分晕。第四晕为主晕纹，饰四只逆时针飞翔的翔鹭纹，腰上部被纹带纵分为数格	43.3	42.3	51	III	黄增庆：《广西贵县汉木椁墓清理简报》，《考古通讯》，1956年第4期	鼓身残破

序号	鼓名	收藏单位	出土地点	出土情况	发现时间(年)	主要纹饰及特征	尺寸（厘米）			式别	资料来源	备注
							面径	身高	足径			
52	罗泊湾M1：10鼓	广西壮族自治区博物馆	贵县罗泊湾汉墓地		1976	鼓面中央饰十二芒太阳纹，芒间填以斜线角形纹，芒外十一晕。第六晕为主晕纹，饰十只逆时针飞翔的翔鹭纹，胸下部饰六船纹，每船上六羽人，船头下饰鸬鹚、凫、龟纹，船下饰同心圆纹，胸上部、腰下部均饰三晕锯齿纹夹同心圆纹，腰上部被锯齿纹、同心圆纹带分为十格。其中八格上层饰一至二只翔鹭纹，下层饰二至三个舞人，二格素面。足部刻“百廿斤”三字	36.8	56.4	67.8	III	广西壮族自治区博物馆：《广西贵县罗泊湾汉墓》，文物出版社，1988年，北京	
53	罗泊湾M1：11鼓	广西壮族自治区博物馆	贵县罗泊湾汉墓地		1976	鼓面中央饰十芒太阳纹，芒间填以斜线角形纹，芒外六晕。第一晕素面，第二、四、六晕饰点纹，第三、五晕饰栉纹，胸下部饰二船纹，每船上二羽人，作划船状。腰上部被点纹夹栉纹纹带、点纹夹网纹、锯齿纹夹羽纹纹带纵分为八格，格内素面。腰下部有点纹、栉纹各二晕。	24.4	28.8	37	III	同上	
54	西林土280鼓	广西壮族自治区博物馆	西林县普驮屯西汉初年墓地		1972	鼓面中央饰十六芒太阳纹，芒间填以斜线角形纹，芒外十二晕。第六晕为主晕纹，饰二十只逆时针飞翔的翔鹭纹，鼓胸上部、腰下部纹饰相同，分别饰锯齿纹、勾连圆圈纹，胸下部饰羽人划船纹，共有六组，每船上有八至十一人，船之间有飞鸟，船下有鱼。鼓腰上部被锯齿纹夹羽纹纹带纵分为十二格，即十二组。每格又分上、下两层，上层鹿纹，下层舞人纹	52	77.5	90	III	广西壮族自治区文物工作队：《广西西林普驮铜鼓墓葬》，《文物》，1978年第9期	入土时胸、腰被截开
55	西林土281鼓	广西壮族自治区博物馆	西林县普驮屯西汉初年墓地	鼓面朝上	1972	鼓面中央饰十四芒太阳纹，芒间填以斜线角形纹，鼓面饰翔鹭纹，鼓胸饰羽人划船纹，鼓腰被圆点纹带锯齿纹带和羽纹带纵向分格，格内有羽人舞蹈纹	49	72	83.3	III	同上	
56	西林土282鼓	广西壮族自治区博物馆	西林县普驮屯西汉初年墓地	鼓面朝上	1972	鼓面中央饰八芒太阳纹，芒间填以复线角形纹，芒外八晕，双弦分晕。第四晕素面，第五晕为主晕纹，饰翔鹭纹表面锈结大量的玻璃串珠，鼓身纹饰可辨的有勾连雷纹和圆点圆圈纹	41	52	56	III	同上	锈蚀严重
57	西林土283鼓	广西壮族自治区博物馆	西林县普驮屯西汉初年墓地	鼓面朝下	1972	鼓面饰八芒太阳纹，芒间填以复线角形纹，芒外八晕，双弦分晕。第一晕饰雷纹，第二、三、六、七晕是栉纹、勾连圆圈纹，第四晕为主晕纹，饰翔鹭纹		57		III	同上	鼓腰以下被截

序号	鼓名	收藏单位	出土地点	出土情况	发现时间(年)	主要纹饰及特征	尺寸（厘米）			式别	资料来源	备注
							面径	身高	足径			
58	田东土3269鼓	广西壮族自治区博物馆	田东县锅盖岭战国墓地		1977	鼓面中心饰八芒太阳纹，芒间填以斜线纹，芒外五晕，双弦分晕。第一晕为主晕纹，饰四只逆时针飞翔的翔鹭纹，第二、三、四、五晕饰锯齿纹、乳钉纹胸部突出，饰回形纹和弦纹		23.3	27.7	Ⅰ	广西壮族自治区文物工作队：《广西田东发现战国墓葬》，《考古》，1979年第6期	耳残，腰下部崩残，断痕不规整。仅有鼓面和鼓胸
59	百01鼓	右江革命文物馆	百色市龙川公社平乐大队		1977	鼓面中央饰十芒太阳纹，芒间填以复线角形纹，芒外六晕。第一、二晕纹饰模糊，第三晕素面，第四至六晕是锯齿纹夹同心圆纹带。鼓胸及鼓腰下部也饰锯齿纹夹同心圆纹带，鼓腰上部被羽状纹带纵向分隔成八格，其中四格内饰立牛纹	28.5	41	49.7	Ⅰ	中国古代铜鼓研究会：《中国古代铜鼓》，文物出版社，1988年，北京	
60	共和村鼓	隆林县文物管理所	隆林扁牙乡共和村		1990	鼓面中央饰八芒太阳纹，芒间填以羽状纹，芒外四晕，双弦分晕。第二晕为主晕纹，饰四只逆时针飞翔的翔鹭纹，第四晕饰切线圆圈纹胸部饰三晕锯齿纹、切线圆圈纹腰部由锯齿纹带纵分成六格，每一格内饰一立牛，格下饰二晕切线圆圈纹和锯齿纹纹带		30	44.4	Ⅰ	陈应生：《隆林县首次出土石寨山型铜鼓》，《中国古代铜鼓研究通讯》第15期，1999年12月，南宁	
61	龙中鼓	贺州市博物馆	贺州市沙田乡龙中村红朱山岩洞葬		1991	鼓面中央饰十八芒太阳纹，芒间填以斜线纹，芒外六晕。第二晕为主晕纹，光素。鼓胸饰羽人划船纹四组，每组四人，皆裸体。胸与腰之间隔以斜线纹带。腰上部以羽纹和点纹纹带分隔成十格，每一格内饰一峰牛，鼓足饰锯齿纹和点纹纹带	36	26.6	45	Ⅰ	罗坤馨：《贺县出土石寨山型铜鼓》，《中国古代铜鼓研究通讯》第8期，1992年4月，南宁	
62	赫章60.2.6712鼓	贵州省博物馆	赫章县可乐辅处公社		1957	鼓面中央饰九芒太阳纹，芒间填以圆圈纹和复线三角纹，芒外八晕，双弦分晕。第四晕为主晕纹，饰六只翔鹭。第三晕为主晕纹，饰四组船纹，船上站立羽冠舞人一至四人不等。腰上部分为四格，格内饰立牛，腰下部二晕，均为锯齿纹	24.5	45.6	48.8	Ⅲ	中国古代铜鼓研究会：《中国古代铜鼓》，文物出版社，1988年，北京	足部残

序号	鼓名	收藏单位	出土地点	出土情况	发现时间(年)	主要纹饰及特征	尺寸（厘米）			式别	资料来源	备注
							面径	身高	足径			
63	赫章M153：1鼓	贵州省博物馆	赫章县可乐祖家老包	鼓面朝下	1978	鼓面中央饰八芒太阳纹，芒间填以复线角形纹，芒外七晕，双弦分晕。第四晕为主晕纹，饰六只逆时针飞翔的翔鹭纹，胸部三晕，第一、二晕饰圆圈纹、锯齿纹，第三晕饰六条船纹，每船上站羽人八个。腰上部被栉纹带纵分成八格，每格饰以牛纹腰下部饰二晕锯齿纹、圆圈纹	25	42	46	Ⅲ	贵州省博物馆考古组等：《赫章可乐发掘报告》，《考古学报》，1986年第2期	足部残
64	会理3号鼓	四川省博物馆	会理县罗罗冲山坡废弃耕地	鼓面朝下	1975	鼓面中央饰十芒太阳纹，芒间填以斜线纹，芒外七晕，双弦分晕。第一、二、三晕与第六、七、八晕以及胸上部、腰下部均为锯齿纹夹同心圆纹纹带。第五晕为主晕，光素。胸下部饰六船纹，每船上有二至四人不等，做划船状，椎髻，着条纹衣，有的椎髻插雉翎，有的髻飘角巾。腰上部被斜线纹带纵分为八格，格间饰以牛、鱼鹰、鸬鹚、鸳鸯等花纹样	30.4	41	50	Ⅲ	会理县文化馆：《四川会理出土的一面铜鼓》，《考古》，1977年第3期	
65	盐源鼓	盐源县文管所	盐源县双河乡老龙头M4			鼓面中央饰十芒太阳纹，芒间填以翎眼纹，芒外四晕，第一晕为主晕纹，饰四只逆时针飞翔的翔鹭纹，第二、四晕饰圆点纹，第三晕饰S形折线纹，腰上部被双竖线纹带纵分成十几格，格间填斜线。腰下部为两晕圆圈纹夹一晕S形折线纹	23.8	26.2	36	Ⅰ	钟雅莉：《盐源青铜艺术初探》，《中华文化论坛》，2002年第4期	
66	T4752号鼓	上海市博物馆	不详			鼓面大部分纹饰模糊，仅见最外三晕饰点纹夹菱形雷纹纹带，鼓胸上部与腰下部四晕，皆饰以二晕点纹夹二晕锯齿纹纹带。胸下部饰点纹夹“人”字形图案。腰上部由点纹夹双连菱形纹图案纹带分成十空格	28	37.5	48		中国古代铜鼓研究会：《中国古代铜鼓》，文物出版社，1988年，北京	足略残
67	24339号鼓	上海市博物馆	富宁县普阳乡孟梅村征集		1992	鼓面中央饰十芒太阳纹，芒间填以复线角形纹加复线圆圈纹，第一晕为主晕纹，饰翔鹭纹，第二至五晕饰锯齿纹夹同心圆纹纹带。胸上部、腰下部四晕，分别饰点纹夹锯齿纹，胸中部饰船纹，纹多模糊。鼓腰上部被锯齿纹等纹带纵分成十格，各格中饰高峰水牛纹，牛身中有勾连圆圈纹	29.5	39.3	44.5		中国古代铜鼓研究会：《中国古代铜鼓》，文物出版社，1988年，北京	
68	3—796号鼓	广州市博物馆	不详			鼓面中心有十芒太阳纹，芒间填以斜线纹，芒外五晕。第一、二晕和第四、五晕饰对称的锯齿纹、点纹，第四晕宽，为素面。胸上部、腰下部四晕，分别饰二晕点纹、二晕锯齿纹，胸下部为船纹，船身长，船上坐执桨划船四人。腰上部由点纹、锯齿纹带或羽纹纹带纵分成八个空格	24.8	32	40.2		中国古代铜鼓研究会：《中国古代铜鼓》，文物出版社，1988年，北京	

序号	鼓名	收藏单位	出土地点	出土情况	发现时间(年)	主要纹饰及特征	尺寸（厘米）			式别	资料来源	备注
							面径	身高	足径			
69	上马山鼓	安吉县博物馆	安吉县上马山西汉墓群		1989～1990	鼓面中央饰十二芒太阳纹，芒长而尖，芒间饰斜线纹，芒外饰一晕锯齿纹，胸上部、腰下部均饰锯齿纹腰上部被竖纹带纵分成数空格	5	7	9		安吉县博物馆：《浙江安吉县上马山西汉墓的发掘》，《考古》，1996年第7期	
70	罗山鼓	河南省文物研究所	罗山县文化馆征集		1956	鼓面中央饰十二芒太阳纹，芒外五晕。胸部刻羽人划船纹四组，每船上有五人，一人坐船头，四人划船。腰部铸八个舞人，皆头戴羽冠、裸露双臂，下着长裙，举步作舞					赵世纲：《河南收藏铜鼓简介》，《中国古代铜鼓研究通讯》第12期，1996年，南宁	

附录三
越南东山铜鼓（A型和B型）登记表

序号	鼓名	收藏单位	出土地点	发现时间	主要纹饰及特征	尺寸（厘米）		式别	备注
						面径	高		
1	玉镂I号鼓	河内越南国家历史博物馆	河南省理仁县如琢社	1893	鼓面鼓起有十四芒太阳纹，鼓面双弦分晕，芒外十五晕，第六、八、十为主晕纹：第六晕为羽人、房屋等人物生活图；第八晕为二十头雌雄相间的鹿纹，间十四只飞鸟纹；第十晕为十八只翔鹭间十八只立鸟，鼓胸下部有六船纹，船之间有一至三只图案化犀鸟腰部上部分为数格，格间饰舞人纹，鼓面、胸部、腰部的其余晕分别为锯齿纹、切线圆圈纹、点纹等	79	63	A－I－1	
2	黄下鼓	河内越南国家历史博物馆	河山平省富川县黄下村	1937	鼓面有十六芒太阳纹，芒外十五晕，第六，九晕饰有写实性花纹的主晕圈：第六晕为羽人、房屋等人物生活图；第九晕为十四只长尾、长脚、有冠、长喙鸟纹胸部有六船纹，船之间有二至四只鸟，或相对而立，或两鸟累蹲，船下有鱼纹；腰上部分数格，格间饰舞人纹，鼓面、胸部、腰部的其余晕分别为锯齿纹、切线圆圈纹、点纹等	79	61.5	A－I－2	
3	古螺I号鼓	河内文化所	河内市东英县古螺社	1982	鼓面有十四芒太阳纹，芒外十四晕，单、双弦分晕。第六、八晕为主晕纹，分别为羽人、房屋等和逆时针而飞的十六只飞鸟胸下部饰船纹，腰上部被斜线、切线圆圈分成六格，格间饰羽人，下部四晕，单、双弦分晕。第一、四晕栉纹，第二、三晕切线圆圈纹	73.8	53	A－I－3	
4	沱江鼓	法国巴黎，Guimet博物馆	河山平省沱江地区	19世纪末	鼓面中心有十四芒太阳纹，芒外十二晕，第六、八、十为主晕纹，第六晕为羽人、房屋、编锣纹，第八晕为十六只飞鸟和两只站立鸟鼓胸有六条船，各船间有一只立鸟，船首有图案化的鸟头形。腰上部被纵分为八格，每格内有一迈步姿态的武士像，武士均头戴鸟冠，左手执盾牌，盾牌上饰鸟羽，下部饰锯齿纹、切线圆圈纹、点纹	78	61	A－I－4	
5	庙门I号鼓	河内越南历史博物馆	河山平省美德县同心社庙门	1961	鼓面有十四芒太阳纹，芒外十四晕，第六、九晕为主晕纹，第六晕为八只麋鹿，其中一只为雄鹿。分为两群，与四足怪兽彼此相间，每组怪兽有四只。第九晕为十六只有冠、长颈、短尾、长喙的飞鸟胸下部有船纹六条，每船上有四个头戴羽冠的人，各船间有鸟纹；腰上部被锯齿纹纵分为数格，格间饰舞人纹	72	48	A－II－1	
6	玻龙I号鼓	黄连山省文化所	河山平省芒姜县玻龙地区收买	1956	鼓面中央有十六芒太阳纹，芒外十四晕，第四、九晕为主晕纹，第四晕素面，第九晕内刻有十九只逆时针方向飞行的长尾、长喙鸟，其余晕为锯齿纹、点纹、麦穗纹	73		A－II－2	残破，仅剩面部和胸部的一部分

序号	鼓名	收藏单位	出土地点	发现时间	主要纹饰及特征	尺寸（厘米）		式别	备注
						面径	高		
7	坂吞鼓	山罗省文化所	山罗省顺洲县坂吞	1957	鼓面有十二芒太阳纹，芒外共七晕，单、双弦分晕，第四、五晕为主晕纹，第四晕饰四间房屋，六个头戴高羽冠、穿长裙的舞人，舞人一手执矛，一手舞蹈状。第五晕饰翔鹭纹鼓胸下部有六条船纹，腰部有舞人纹	57	37.5	A－II－3	胸部已破
8	庙门II号鼓	河山平省文化所	河山平省美德县同心社宏村	1976	鼓面十二芒太阳纹，芒外十三晕，单、双弦分晕，第七晕为主晕纹，饰十四只飞鸟一晕圈。胸下部有船纹，腰上部被纵分为数格，格间有舞人纹	64	56	A－III－1	足部已破
9	武备鼓	河南宁省文化所	河南宁省平陆县大武村	1969	鼓有太阳纹十四芒，芒外有十五晕，第九晕圈为主晕，饰二十只飞鸟，鼓胸下部有六条船纹，腰上部被纵分为数格，格间有舞人纹	72.5	60	A－III－2	面部和胸部残破
10	和平鼓	河内越南历史博物馆	河山平省	1958	鼓面中央有十二芒太阳纹，芒外十一晕，第四、六晕为主晕，第四晕上有六只长嘴、卷尾动物，第六晕为四只长尾、有冠、长嘴的翔鹭；鼓胸下部有十二只长嘴犀鸟，鼓腰上部被几何形纹带纵分为六格，每格内有舞人纹	49.5	36	A－IV－1	
11	富川鼓	瑞典斯德哥尔摩远东古物陈列馆	河山平省富川县	1907	鼓面中央有十四芒太阳纹，芒外共有十四晕，单弦分晕，其中第三、六晕为主晕。第三晕上有四只逆时针方向行走的奇异形状动物，长嘴张开像獾狸类，弓背，卷尾，双脚弯曲；第六晕为六只翔鹭，鼓胸下部有船纹两只，船上有三四名划船羽人，各船之间为一些犀鸟，腰部被几何纹纵分为八格，其中六格有长嘴大犀鸟，另两格空白	53	41	A－IV－2	
12	广正鼓	广宁省博物馆	广宁省广河县广正社	1983	鼓面有十六芒太阳纹，芒外七晕，单弦分晕，第二晕为主晕，饰四只顺时针飞翔的翔鹭，胸部饰船纹，腰上部被锯齿纹纵分为数格，格间饰立鸟胸上部、腰下部饰锯齿纹、点纹晕圈	40	33	A－IV－3	面部已破
13	约丘鼓	河内越南历史博物馆	河山平省梁山县龙山社	1966	鼓面有十六芒太阳纹，芒外共有七晕，单弦分晕，第二晕为主晕纹，饰六只长喙翔鹭，鼓胸有从左向右移动的四条船纹，船上有六人或八人，有人束遮羞布，头上无鸟羽装饰，手执桨划船，各船之间刻有一至二只犀鸟腰上部纵向分为八格	43	33	A－IV－4	面部、胸部和足部都已破
14	鼎乡I号鼓	义安省文化所	义安省义壇县义和社鼎乡	1972	鼓面中央有十二芒太阳纹，单弦分晕，第三晕主晕纹，饰四只长尾、长喙的飞鸟鼓胸下部有四条船纹，每船坐四人。腰上部纵分为八格，每格内有一牛纹，共有五头雄牛，三头雌牛。胸上部、足下部都为五晕，分别饰点纹、锯齿纹、切线圆圈纹	37.7	27.8	A－IV－5	面部靠边沿处已残
15	东枸鼓	太原省文化所	安太省（今太原省）武岩县和平社东枸村	1982	鼓面中央有十二芒太阳纹，芒外共有八晕，单弦分晕。第四晕为主晕纹，饰四只飞鸟胸下部有船纹，腰上部被纵分为数格，格间饰牛纹，腰上部、足下部均为四晕，分别为点纹锯齿纹	41.5	32.5	A－IV－6	面部和足部已残

序号	鼓名	收藏单位	出土地点	发现时间	主要纹饰及特征	尺寸（厘米）		式别	备注
						面径	高		
16	鼎乡Ⅱ号鼓	义安省文化所	义安省义檀县义和社鼎乡（第二发掘地）3号墓地	1973	鼓面中央有十芒太阳纹，芒外共有六晕圈，单弦分晕，第三晕素面，鼓胸下部有四条船纹，每船上有三名披发、坐着划船的人，两船之间有一只犀鸟腰上部被锯齿带纹纵向分格，格内无纹饰	34.5	25.6	A－IV－7	面部已残
17	陶盛鼓	安拜省博物馆	黄连山省（今安拜省）镇安县富盛社河岸边	1962	鼓面中央有十二芒太阳纹，芒外共有五晕，单、双弦分晕，第三晕为主晕纹，素面	49	30	A－IV－8	腰下部和足部已失，残存鼓面部和胸部一部分
18	山西鼓	胡志明市越南历史博物馆	河内市山西镇收集	1923	鼓面中央凸起十四芒太阳纹，芒外九晕，双弦分晕。第四晕主晕，饰八只飞鸟胸下部有船纹，腰上部被纵分为数格，格间饰舞人纹，胸上部、腰下部均铸四晕，纹饰相同，都为锯齿纹、同心圆圈纹	59	39.5	A－IV－9	面部稍残
19	濮邪鼓	黄连山省文化所	黄连山省宝胜县南强社富盛村	1963	鼓面中央有八芒太阳纹，芒外六晕，第三晕为主晕纹，饰四只逆时针飞行的长尾、有冠、长喙鸟纹鼓胸和腰部饰切线圆圈纹		35.5	A－IV－10	已破
20	越溪鼓	河内越南历史博物馆	海防市水原县符宁社越溪村的船棺墓地	1961	鼓面有八芒太阳纹，芒外三晕，单弦分晕，第二晕为主晕纹，饰四只逆时针方向飞行的长尾、有冠、长喙鸟，鼓面和鼓胸饰切线圆圈纹和简单的线纹鼓腰上有仰喙朝天的犀鸟纹		23	A－IV－11	已破，仅余鼓面和鼓胸
21	广昌鼓	河内越南历史博物馆	由远东博古学院在清化省广昌县买来	1934	鼓面有八芒太阳纹，芒外七晕，双弦分晕。第三晕为主晕纹，饰对称的高脚屋，屋顶为下凹的弓形，房屋之间为两组羽人舞像，这些人有的穿长裙，有的裸体。第四晕为主晕纹，饰四只逆时针方向飞行的长尾、有冠、短身、长喙鸟胸下部有六条图案化船纹，船上有站立近似鼓面的人形。鼓腰被几何纹带纵分为六格，格内有图案化舞人纹	36.5	29	A－V－1	鼓面完整，鼓身多处破损
22	维仙鼓	河内越南历史博物馆	河南宁省维仙县征集	1974	鼓面仅存四芒，芒外八晕，双弦分晕。第三、四晕主晕纹，第三晕饰三只逆时针方向飞行的有、长喙、犀鸟纹第四晕饰三只长尾、有冠、长喙鸟，胸和腰部有几何形花纹	65	46	B－I－1	鼓胸已残，仅剩鼓面
23	安集鼓	现下落不明	河南宁省平陆县富多社安集村		鼓面中央有十二芒太阳纹，芒外十三晕，单、双弦分晕。第六、八晕为主晕纹，第六晕饰八只短尾、短嘴犀鸟纹，第八晕饰六只长嘴、有冠飞鸟	65	53	B－I－2	

序号	鼓名	收藏单位	出土地点	发现时间	主要纹饰及特征	尺寸（厘米）		式别	备注
						面径	高		
24	富维鼓	河内越南历史博物馆	河内平山省美德县富维村	1959	鼓面中央有十二芒太阳纹，芒外十晕，单、双弦分晕。第七晕为主晕纹，饰四只逆时针方向飞行的长尾、有冠、长喙鸟，胸部、腰下部饰两圈栉纹带，腰上部被双斜线纹带纵分成数格，格间无纹	51	43	B－II－1	面部残
25	玉镂II号鼓	河内越南历史博物馆	河南宁省平陆县玉镂社征集		鼓面中央有十二芒太阳纹，芒外六晕。第四晕为主晕纹，饰四只逆时针方向飞行的长尾、有冠、长喙鸟胸下部无船纹，腰上部被双斜线纹带纵分成数格，格间无纹腰下部饰两晕，纹饰与胸上部纹饰相同	49.5	39	B－II－2	
26	玉镂III号鼓	河南宁省文化所	河南宁省平陆县玉镂社	1981	鼓面中央有十二芒太阳纹，腰上部被宽纵向纹带（两条斜线纹夹一条切线圆圈纹）纵分成数格，格间无纹，腰下部饰两栉纹带		36	B－II－3	残破
27	文村鼓	河南宁省维仙县安北社文村	河南宁省维仙县文村	1983	鼓面中央有十二芒太阳纹，芒外六晕，单、双弦分晕。第三晕素面，第四晕为主晕纹，饰四只逆时针方向飞行的长尾、有冠、长喙鸟，腰上部被双斜线纹带纵分成数格，格间无纹，腰下部饰两栉纹带	42	37.5	B－II－4	面、胸已残
28	鼎乡III号鼓	义安省文化所	义安省义檀县义和社鼎乡第二发掘坑14号墓	1973	鼓面中央有十二芒太阳纹，芒外十晕，单、双弦分晕。第七晕为主晕纹，饰四只逆时针方向飞行的长尾、有冠、长喙鸟，胸上部、腰下部均饰三晕栉纹、切线圆圈纹，胸下部无船纹腰上部被双斜线纹带纵分成数格，格间无纹	56	48.5	B－II－5	鼓面部分破损
29	九高鼓	海兴省文化所	海兴省文江县九高社	1964	鼓面中央有十二芒太阳纹，芒外八晕。第五晕为主晕纹，饰四只逆时针方向飞行的长尾、有冠、长喙鸟胸上部、腰下部均饰两晕栉纹，胸下部无船纹腰上部被双斜线纹带纵分成数格，格间无纹	53.7	44.4	B－II－6	
30	铁疆鼓	清化省赵山县民权社基础普通学校	清化省赵山县民权社铁疆村	1972	鼓面中央有十二芒太阳纹，芒外七晕，双弦分晕。第四晕为主晕纹，饰六只逆时针方向飞行的长尾、有冠、长喙鸟胸上部、腰下部均饰栉纹、切线圆圈纹，胸部无船纹腰上部被双斜线纹带纵分成数格，格间无纹	57.5	45	B－II－7	腰足残
31	新约鼓	河山平省文化所	河山平省青威县新约社	1987	鼓面中央有十芒太阳纹，芒外七晕，双弦分晕。第四晕为主晕纹，饰四只逆时针方向飞行的长尾、有冠、长喙鸟胸上部、腰下部均饰三晕栉纹、切线圆圈纹，腰上部被双斜线纹带纵分成数格，格间无纹	51	45.6	B－II－8	
32	方秀鼓	河内越南历史博物馆	河山平省应和县方秀社	1967	鼓面中央有十芒太阳纹，芒外六晕，双弦分晕。第四晕为主晕纹，饰四只逆时针方向飞行的长尾、有冠、长喙鸟胸上部、腰下部均饰两晕栉纹，腰上部被双斜线纹带纵分成数格，格间无纹	44.5	37.5	B－II－9	
33	弘荣鼓	河内越南历史博物馆	清化省弘化县弘荣社	1971	鼓面中央有八芒太阳纹，芒外六晕，双弦分晕。第四晕为主晕纹，饰四只逆时针方向飞行的长尾、有冠、长喙鸟	40		B－II－10	出土时鼓已裂成多块，仅存残破鼓面
34	定公I号鼓	清化省文化所	清化省绍安县定公社伴山	1973	鼓面中央有十二芒太阳纹，芒外九晕，双弦分晕。第六晕为主晕纹，饰六只逆时针方向飞行的长尾、长喙鸟	60		B－II－11	出土时仅剩一半鼓面

序号	鼓名	收藏单位	出土地点	发现时间	主要纹饰及特征	尺寸（厘米）		式别	备注
						面径	高		
35	定公II号鼓	现下落不明	清化省绍安县定公社伴山	1973	鼓面中央有十二芒太阳纹，芒外七晕，双弦分晕。第四晕为主晕纹，仅存三只飞鸟局部	44		B－II－12	出土时仅剩鼓面中间的一块
36	定公III号鼓	现下落不明	清化省绍安县定公社伴山	1973	鼓面中央有八芒太阳纹，芒外七晕，双弦分晕。第四晕为主晕纹，仅存两只逆时针方向飞行的长尾、长喙鸟	39		B－II－13	出土时仅剩鼓面的一部分
37	定公IV号鼓	现下落不明	清化省绍安县定公社伴山	1977	鼓面中央有十二芒太阳纹，芒外七晕，双弦分晕。第四晕为主晕纹，饰四只逆时针的长尾、有冠、长喙鸟	45.5		B－II－14	出土时仅剩鼓面，鼓面边沿残
38	定公V号鼓	清化省文化所	清化省绍安县定公社伴山	1977	鼓面中央有十芒太阳纹，芒外七晕，双、三弦分晕。第四晕为主晕纹，饰四只逆时针的长尾、有冠、长喙鸟	61.2		B－II－15	出土时仅剩鼓面
39	瑰山鼓	河南宁省文化所	河南宁省务本县青瑰社	19世纪末	鼓面仅存五芒太阳纹，芒外共有九晕。第五晕为主晕纹，饰四只逆时针的长尾、长喙鸟，鼓腰上部被分为数格，格间无纹，胸上部、腰下部均饰三晕栉纹、切线圆圈纹	62.8	51	B－II－16	鼓面、足部残
40	东山I号鼓	河内越南历史博物馆	清化省东山县东山社	1925	鼓面有八芒太阳纹，芒外四晕，双、三弦分晕。第二晕为主晕纹，饰四只逆时针的长尾、长喙鸟，胸上部、腰下部均饰两晕栉纹，胸部无船纹，腰上部被双斜线纹带纵分成数格，格间无纹	31.5	28	B－II－17	鼓面和鼓身满布凸凹不平的铜锈，纹饰简陋、模糊
41	东山V号鼓	法国巴黎Guimet博物馆	清化省东山县东山社第三发掘坑2号墓地	1936	鼓面有八芒太阳纹，芒外六晕，双弦分晕。第三晕为主晕纹，饰四只逆时针的长尾、长喙鸟胸、腰部饰栉纹	35.5	27	B－II－18	已残，仅存鼓面和部分胸、腰部
42	东山VI号鼓	法国巴黎Guimet博物馆	清化省东山县东山社第三发掘坑1号墓地	1936	鼓面有十芒太阳纹，芒外七晕，双弦分晕。第四晕为主晕纹，饰四只逆时针的长尾、长喙鸟	44	31.5	B－II－19	足残
43	广胜I号鼓	清化省文化所	清化省清化市广胜社	1973	鼓面有十芒太阳纹，芒外五晕，第三晕为主晕纹，饰四只逆时针的长尾、长喙鸟，胸上部、腰下部均饰两晕栉纹，腰上部被斜线纹带纵分成数格，格间无纹	39.6	35	B－II－20	面部已残
44	广胜II号鼓	清化省文化所	清化省清化市广胜社	1973	鼓面有十芒太阳纹，芒外共有六晕圈，双弦分晕。第四晕为主晕纹，饰四只逆时针的长尾、长喙鸟，腰上部饰圆圈圆点纹、栉纹	36	27	B－II－21	腰、足部已失，形制不明
45	黄山鼓	清化省农贡县文化室	清化省农贡县黄山社	1982	鼓面有十芒太阳纹，芒外共有四晕，双弦分晕。第二晕为主晕纹，饰四只逆时针的长尾、长喙鸟，胸上部饰两晕栉纹，腰部已形成上、下两部分，纹饰模糊不明	33	30	B－II－22	面、胸、足残

序号	鼓名	收藏单位	出土地点	发现时间	主要纹饰及特征	尺寸（厘米）面径	尺寸（厘米）高	式别	备注
46	决山Ⅰ号鼓	义安省文化所	义安省荣市水岸决山	1977	鼓面有十芒太阳纹，芒外共有七晕，双弦分晕。第四晕为主晕纹，饰四只逆时针的长尾、长喙鸟，喙前、颈部饰四圆点、圆圈纹	44.5		B－Ⅱ－23	仅存鼓面，面边残缺
47	决山Ⅱ号鼓	义安省文化所	义安省荣市水岸决山	1977	鼓面有十芒太阳纹，芒外共有七晕，双弦分晕。第四晕为主晕纹，饰四只逆时针的长尾、长喙鸟	44		B－Ⅱ－24	仅存鼓面，面边残缺
48	决山Ⅲ号鼓	义安省文化所	义安省荣市水岸决山	1977	腰上部被圆点圆圈纹、斜线纹带纵分成数格，格间无纹，下部饰二晕栉纹		30	B－Ⅱ－25	鼓身大部分已残，仅存胸、腰、足一部分
49	武舍鼓	河南宁省文化所	河南宁省维仙县武梁社武舍村	1974	鼓面有八芒太阳纹，芒外共有七晕，双弦分晕。第四晕为主晕纹，饰四只逆时针的长尾、长喙鸟，胸上部、腰下部均饰两晕栉纹，腰上部被双斜线纹带纵分成数格，格间无纹	45	38.5	B－Ⅱ－26	
50	奎川鼓	河南宁省文化所	河南宁省维仙县安北社奎川村	1980	鼓面有十二芒太阳纹，芒外共有六晕，双弦分晕。第四晕为主晕纹，饰四只逆时针的长尾、长喙鸟，胸上部、腰下部均饰两晕栉纹	44.5	38	B－Ⅱ－27	
51	春立Ⅰ号鼓	清化省文化所	清化省寿春县春立社	1981	鼓面有十芒太阳纹，芒外共有七晕，双弦分晕。第四晕为主晕纹，饰四只逆时针的长尾、长喙鸟，胸上部、腰下部均饰二晕栉纹、圆点圆圈纹，腰上部被双斜线纹带纵分成数格，格间无纹	46	35	B－Ⅱ－28	已残
52	春立Ⅱ号鼓	清化省寿春县人民委员会	清化省寿春县春立社	1986	鼓面有十六芒太阳纹，芒外共有七晕，双弦分晕。第四晕为主晕纹，饰六只逆时针的长尾、长喙鸟，胸上部、腰下部均饰三晕栉纹、圆点圆圈纹，腰上部被圆点圆圈纹带纵分成数格，格间无纹	55.4	41.5	B－Ⅱ－29	
53	春立Ⅲ号鼓	清化省寿春县人民委员会	清化省寿春县春立社	1986	鼓面有十芒太阳纹，芒外共有六晕，双弦分晕。第三晕为主晕纹，素面。腰上部被斜线纹带纵分成数格，格间无纹，胸、腰下部纹饰模糊不明	52	43	B－Ⅱ－30	
54	锦水鼓	清化省博物馆	清化省锦水县锦平社		鼓面有十二芒太阳纹，芒外共有五晕，双、三弦分晕。第二晕为主晕纹，饰四只逆时针的长尾、长喙鸟，腰下部饰三晕，分别饰栉纹、圆点圆圈纹，腰上部被双斜线纹纹带、双圆点圆圈纹带纵分成数格，格间无纹	51	45.5	B－Ⅱ－31	胸部纹饰不明
55	安老鼓	河南宁省平陆县人民委员会	河南宁省平陆县安老社安老山	1985	鼓面有十二芒太阳纹，芒外共有七晕，双弦分晕。第三、五晕为主晕纹，第三晕素面，第五晕饰四只逆时针的长尾、长喙鸟，胸上部、腰下部均饰两晕栉纹，腰上部被栉纹带纵分成数格，格间无纹	52.5	44	B－Ⅱ－32	
56	寿域鼓	河内越南历史博物馆	河山平省应和县队平社寿域村	1975	鼓面有十二芒太阳纹，芒外共有六晕，双弦分晕。第三、四晕为主晕纹，第三晕素面，第四晕饰四只逆时针的长尾、长喙鸟，胸上部、腰下部均饰两晕栉纹，腰上部被栉纹带纵分成数格，格间无纹	43.5	36.5	B－Ⅱ－33	

序号	鼓名	收藏单位	出土地点	发现时间	主要纹饰及特征	尺寸（厘米）		式别	备注
						面径	高		
57	头顿鼓	昆仑省文化所	头顿市	1973	鼓面有十二芒太阳纹，芒外共有八晕，双弦分晕。第五晕为主晕纹，饰四只逆时针的长尾、长喙鸟，胸部饰十条弦纹，腰下部饰两晕圆点圆圈纹、栉纹，腰上部被双斜线纹纵分成数格，格间无纹	62		B－II－34	腰下部、足部缺失，形制不明
58	永宁鼓	清化省文化所	清化省永禄县永宁社	1963	鼓面有十二芒太阳纹，芒外共有八晕，双弦分晕。第五晕为主晕纹，饰六只逆时针的长尾、有冠、长喙鸟，胸上部、腰下部均饰两晕圆点圆圈纹、栉纹，腰上部被双斜线纹纵分成数格，格间无纹	62	41.5	B－II－35	
59	红石I号鼓	山罗省扶安县文化室	山罗省扶安县红石社	1980	芒间填以翎眼纹，芒外共有八晕，第五晕为主晕纹，饰四只逆时针的长尾、有冠、长喙鸟，胸上部、腰下部均饰两晕圆点圆圈纹，腰上部被双斜线纹纵分成数格，格间无纹	57.5	37	B－II－36	
60	平府鼓	河内越南历史博物馆	SONG BE省平府县	1934	鼓面有十芒太阳纹，芒外共有六晕，双弦分晕。第三晕为主晕纹，饰四只逆时针的长尾、有冠、长喙鸟，胸上部、腰下部均饰两晕圆点圆圈纹，腰上部被双斜线纹纵分成数格，格间无纹饰	46	31	B－II－37	鼓胸和足部已残
61	河内I号鼓	河内市李太祖36号院庭杨家里	河内市收集		鼓面有十芒太阳纹，芒外八晕，双弦分晕。第五晕为主晕纹，饰六只逆时针的长尾、长喙鸟，胸上部、腰下部均饰两晕栉纹、圆点圆圈纹，腰上部被双斜线纹纵分成数格，格间无纹	59.5	32	B－II－38	
62	芽庄鼓	富庆省文化所	庆和省芽庄市福海坊	1983	鼓面有十芒太阳纹，芒外八晕，双弦分晕。第四、五晕为主晕纹，第四晕饰回纹，第五晕饰六只逆时针的长尾、长喙鸟，胸上部、腰下部均饰两晕栉纹、圆点圆圈纹，腰上部被双斜线纹纵分成数格，格间无纹	52	43	B－II－39	
63	河内II号鼓	河内市李太祖36号院庭杨家里	河内市收集		鼓面有八芒太阳纹，鼓面纹饰不明，胸上部、腰下部均饰二晕栉纹，腰上部被竖直纹带纵分成数格，格间无纹	20	28	B－II－40	
64	河内III号鼓	河内市文化所	河内市收集		鼓面有八芒太阳纹，芒外有三晕，双弦分晕。第一晕为主晕纹，饰四只逆时针的长尾、长喙鸟，胸上部、腰下部均饰两晕栉纹，腰上部被双斜线纹纵分成数格，格间无纹	20.5	18	B－II－41	足残
65	徕尚鼓	河山平省文化所	河山省石七县徕尚社	1975	鼓面有六芒太阳纹，芒外共有八晕，双弦分晕。第三晕为主晕纹，饰四只逆时针的长尾、长喙鸟	40		B－III－1	仅有鼓面
66	GOP乡I号鼓	海兴省文化所	海兴省南成县先进社GOP乡	1976	鼓面有十二芒太阳纹，芒外共有七晕，第二晕为主晕纹，饰四只逆时针的长尾、长喙鸟，胸上部、腰下部均饰三晕锯齿纹、圆点圆圈纹，腰上部被斜线纹带纵分成数格，格间无纹	44.5	33.5	B－III－2	面残

序号	鼓名	收藏单位	出土地点	发现时间	主要纹饰及特征	尺寸（厘米）		式别	备注
						面径	高		
67	GOP乡II号鼓	海兴省文化所	海兴省南成县先进社GOP乡	1970	芒外五晕，单弦分晕，第三晕为主晕纹，饰一只逆时针的长尾、长喙的飞鸟			B－III－3	尺寸不详，已残，仅存鼓面局部
68	平驼鼓	河山平省文化所	河山平省青威县平明社平驼II村	1982	鼓面有六芒太阳纹，芒外共有七晕，单、双弦分晕，第四晕为主晕纹，饰四只逆时针的长尾、长喙鸟，腰上部、腰下部均饰二晕圆点纹、锯齿纹腰上部被双斜线纹带纵分成数格，格间无纹	40.9	23.4	B－III－4	
69	绞必鼓	河内越南历史博物馆	购买于河内市嘉林县绞必市集	1918	鼓面有十芒太阳纹，芒外共有三晕，双弦分晕。第一晕为主晕纹，饰四只逆时针的长尾、长喙鸟，胸上部、腰下部饰两晕锯齿纹带，鼓腰被纵向锯齿纹带分成数格，格间无纹	21.3	17.5	B－III－5	
70	东山IV号鼓	清化省文化所	清化省东山县东山社	1970	鼓面中央有八芒太阳纹，芒外三晕，单、双弦分晕。第一晕为主晕纹，饰四只图案化的飞鸟，胸上部和腰上部有二晕锯齿纹带，腰上部被双斜线纹纵分成数格，格间无纹	29	24	B－III－6	胸、腰、足部残
71	东山II号鼓	河内越南历史博物馆	清化省东山县东山社D发掘坑	1929	鼓面无纹饰。胸部饰二组弦纹，鼓腰上部被平行斜线纹、点纹带纵分为数格，格间无纹腰下部有斜线三角形纹、点纹带	29	24.5	B－III－7	足残
72	东山III号鼓	河内越南历史博物馆	清化省东山县东山社第二发掘坑	1925	鼓面中央有十芒太阳纹，芒外四晕，单、双弦分晕。第二、四晕为主晕纹，第二晕素面，第四晕为回形纹。胸上部、腰下部均饰三晕点纹、平行斜线纹，腰上部被点纹，平行斜线纹纵分为数格，格间无纹	23	21	B－III－8	腰、足部残
73	鼎乡IV号鼓	义安省文化所	义安省义檀县义和社鼎乡	1972	鼓面中央有十芒太阳纹，芒外三晕，双弦分晕。第一晕为主晕纹，饰四只逆时针方向飞行的长尾、长喙鸟，胸部纹饰不明，腰上部被双斜线纹纵分成数格，格间无纹，腰下部饰二晕锯齿纹	27.6	23.2	B－III－9	足残
74	读创鼓	河山平省文化所	河山平省金杯县读创社	1976	胸上部饰点纹、平行斜线纹带等。腰上部被点纹、斜线纹带纵分为数格，格面无纹，腰下部饰点纹、平行斜线纹	29.2	21	B－III－10	腰、足部残
75	老街I号鼓		老街红河右岸山丘	1993	鼓面中央饰凸起十一芒太阳纹，芒外八晕，双弦分晕。第四晕为主晕纹，饰七只逆时针飞翔的翔鹭纹，其中两只较小。胸部五晕，第一、二、三晕与腰下部三晕相同，饰锯齿纹夹同心圆纹，第四晕为主晕纹，饰六只船纹，船首尾不分，短小，每船中有两人划船。腰上部分上、下两层，上层被同心圆纹、网纹纵分成十格，格间饰牛纹、鸟纹	44	36	AVI	鼓面残破，两只蹲蛙已失
76	老街II号鼓		老街红河右岸山丘	1993	鼓面中央饰八芒太阳纹，芒间填以斜线角形纹，芒外七晕。第四晕为主晕纹，饰六只翔鹭纹。鼓面边沿饰四只带尾、类似蜥蜴的动物雕像（仅存两只）。胸部五晕，第四晕为主晕纹，饰六条船纹，每条船上有两人。腰上部被羽纹、锯齿纹夹同心圆纹等纹带纵分成八格，四格中为牛纹，另外四格中间被两条平行线分成上、下二小格，格间饰鸟纹、鱼纹，或空白	41.8	34.2	AVI	鼓身残破，面与身分离，腰部保存较好，足稍残

序号	鼓名	收藏单位	出土地点	发现时间	主要纹饰及特征	尺寸（厘米）		式别	备注
						面径	高		
77	老街III号鼓		老街红河右岸山丘	1993	鼓面中央饰八芒太阳纹，芒间填以角形纹，芒外六晕。第三、四晕为主晕纹，第三晕饰十二对羽人，每对羽人面对面，第四晕饰六只逆时针飞翔的翔鹭纹。胸部三晕，第三晕饰船纹，船上有羽人。腰上部被栉纹带纵分成八格，每格饰羽人纹腰下部饰二晕圆点纹、锯齿纹	48	29.4	BIII	胸、腰部已残
78	老街IV号鼓		老街红河右岸山丘	1993	鼓面中央饰太阳纹，芒间填以角形纹，芒外七晕。第四晕为主晕纹，饰四只逆时针飞翔的翔鹭纹。鼓面边沿铸有八只蹲蛙，两只头向为逆时针。胸部似乎饰有六条船，船上有人。腰上部被六条斜线纹、网状纹带纵分成五格，格间饰牛纹，牛身上饰线纹、圆点纹腰下部饰三晕	42.1	29.1	AVI	鼓面仅存一半，身为碎片
79	老街V号鼓		老街红河右岸山丘	1993	鼓面中央饰十芒太阳纹，芒间填以角形纹，芒外五晕，第二晕为主晕纹，饰四只逆时针飞翔的翔鹭纹，鼓面边沿仅存一只蹲蛙，另三只已失。胸部三晕，第二晕为主晕纹，饰有两条船，每船上有二羽人。腰上部被锯齿纹、栉纹带纵分成数格，两格饰牛纹，一格饰两羽人，羽人左手执工具。腰下部有三晕	40	34	AVI	鼓面一半已失
80	老街VI号鼓		老街红河右岸山丘	1993	鼓面中央饰七芒太阳纹，芒间填以角形纹，芒外七晕，第四晕为主晕纹，饰翔鹭纹，数目不清，只见一只翔鹭。胸上部、腰下部各饰三晕，第一、三晕饰锯齿纹，第二晕饰同心圆纹，腰上部被锯齿纹、同心圆纹带纵分成七格，一格中饰有一只带尾及两只后腿的牛	43.5	30	AVI	鼓甚残，鼓面、胸残，腰和足部仅存两片
81	老街VII号鼓		老街红河右岸山丘	1993	鼓面中央饰十芒太阳纹，边沿饰一晕锯齿纹。胸部五晕，第五晕仅存两条船尾和一划船人，推测应有六条船，每条船上两人。腰上部被锯齿纹带纵分成八格，每格内饰一舞人。腰下部饰五晕	36.5	26.8	AIV	鼓锈蚀严重，面残
82	老街VIII号鼓		老街红河右岸山丘	1993	鼓面中央饰凸起八芒太阳纹，芒外三弦分三晕。胸上部饰三晕，第三晕饰六条船纹，船上有划船羽人，船有两种不同类型。腰上部被竖线、切线圆圈纹带纵分成八格，每格内饰头戴羽冠、左手执棍、右手执钩形器两人。腰下部二晕	49.5	35.9	AIV	鼓面一半、部分胸、腰缺失
83	老街IX号鼓		老街红河右岸山丘	1993	鼓面中央饰十芒太阳纹，芒间填以角形纹，芒外六晕，双弦分晕。第三晕为主晕纹，饰四只逆时针飞翔的翔鹭纹。胸部饰三晕，腰上部被叶脉纹带纵分成数格，格内纹饰不明。腰下部饰二晕	42.5	23.7	BIII	鼓身残，胸部保存差，足部已残为两块
84	老街X号鼓		老街红河右岸山丘	1993	能辨认的纹饰有三晕，最外面一晕饰锯齿纹			未定	仅保存有三分之一鼓面
85	老街XIII号鼓		老街红河右岸山丘	1994	鼓面中央饰凸起八芒太阳纹，芒间填以角形纹，芒外六晕，第三晕饰十四个图案化羽人，左手执羽饰器物，第四晕为主晕纹，饰四只逆时针飞翔的翔鹭纹。胸部三晕，第三晕饰船纹，船上坐两羽人，船中间立一柱，柱顶饰圆点。柱中部饰方形纹腰上部被叶脉纹带纵分成数格，格间饰二羽人，左手执羽毛饰器物。腰下部二晕	45.6	31	AV	鼓面略残，胸部三分之一、足部三分之二残

序号	鼓名	收藏单位	出土地点	发现时间	主要纹饰及特征	尺寸（厘米）		式别	备注
						面径	高		
86	老街XIV号鼓		老街红河右岸山丘	1994	胸部六晕，第六晕饰船纹，船上有三至四人，船尾饰鸟纹腰上部被十条纹带纵分为八格，格间饰一牛纹腰下部有五晕		28	AIV	鼓面已失，鼓身三分之一残
87	老街XV号鼓		老街红河右岸山丘	1994	鼓面中央饰凸起四芒太阳纹，芒间饰孔雀纹，芒外纹饰模糊不清，共八晕，第四晕饰四间房屋纹，两间屋顶呈船形，两间呈圆形，房屋中间有羽人纹胸部三晕，第三晕饰船纹，船上有羽人。腰上部被八条纹带纵分成八格，每格上方饰一条弦纹，两条点纹带，格内饰二羽人，左手执矛。腰下部二晕	61	51	AI	胸、腰、足部残，鼓面修补过，修补过的缝线已经锈蚀发黄
88	老街XVI号鼓		老街红河右岸山丘	1994	鼓面中央饰凸起八芒太阳纹，芒间填以角形纹，芒外七晕，第四晕为主晕纹，饰四只逆时针飞翔的翔鹭纹。胸部二晕，腰上部被两条锯齿纹带纵向分成数格，格间纹饰模糊不清，可能是牛纹腰下部二晕	39	24	AIV	鼓面已残为两块
89	老街XVII号鼓		老街红河右岸山丘	1994	鼓面中央饰凸起十芒太阳纹，芒间填以三角形纹，芒外能分辨出五晕，第四晕饰羽人纹，羽人身上饰点、线纹，第五晕饰四只逆时针方向飞翔的翔鹭。胸部二晕，腰上部被八条由叶脉纹、网纹带纵向分成六格，格间纹饰不明。腰下部二晕	46	28	BIII	鼓面已残成几片
90	老街XVIII号鼓		老街红河右岸山丘	1994	胸部二晕，第二晕饰两条船纹，一条船首像鸟头，船上有一右手执矛的羽人，另一条船的船首不清楚，船上有人。腰上部被十条纹带纵向分成八格，每格内饰一羽人，每个羽人左手执矛，右手拿头部弯曲器或管状器。腰下部二晕		20	AII	鼓面已失，仅保存有胸、腰和足部的局部
91	老街XIX号鼓		老街红河右岸山丘	1994	鼓面中央饰凸起八芒太阳纹，芒间填以内带斜线的角形纹，芒外七晕，能看出的第三晕饰船纹，船上有羽人。腰上部被二道竖线纹带纵分成数格，每格内饰两种不同类型的牛纹，一种牛身为素面，另一种牛身饰圆点纹腰下部二晕	40.8	25	AIV	鼓身略残
92	由山鼓		广治省由令县由山社		鼓面中央饰八芒太阳纹，主晕纹为四只翔鹭纹，其他还饰锯齿纹	30	26.8	B3组	
93	茶禄鼓		广治省海棱县海春社茶禄村		鼓面中央饰十芒太阳纹，主晕纹为四只翔鹭纹。胸部饰船纹，船上有人纹腰部饰牛纹、锯齿纹、圆圈纹、乳钉纹	33.4	27.4	A4组	
94	朵喇鼓		广义省山精县精印社大同山顶上		鼓腰分成六格，每格内饰手执兵器的武士			A3组	
95	永盛I号鼓		平定省永盛县永盛社永平村		鼓内有陶器、骨骼、装饰品、玉器等。鼓面中央饰十芒太阳纹，主晕纹为四翔鹭纹，其他还饰同心圆纹	45		B2组	鼓身已残
96	永盛II号鼓		平定省永盛县永盛社永平村		形制、纹饰与永盛I号鼓基本相同，鼓面还饰锯齿纹	48		B2组	

序号	鼓名	收藏单位	出土地点	发现时间	主要纹饰及特征	尺寸（厘米）		式别	备注
						面径	高		
97	永盛III号鼓		平定省永盛县永盛社永平村		鼓内发现有牙齿、骨骼、玉器、装饰品、陶器。纹饰与永盛II号鼓相似	约50		B2组	
98	永盛IV号鼓		平定省永盛县永盛社永平村		鼓内有陶器。纹饰与永盛I号鼓相近	约50		B2组	
99	永盛V号鼓		平定省永盛县永盛社永平村		鼓内伴出玉器和陶器，纹饰与永盛I号鼓相近，鼓面中央饰八芒太阳纹	约50	30	B2组	
100	永盛VI号鼓		平定省永盛县永盛社永平村		鼓内伴出陶器，形制小，纹饰与永盛I号鼓相近	38	20	B2组	
101	永合鼓		平定省永盛县永合社永福村		伴出陶器与玉器，足径宽大，鼓面中央饰十芒太阳纹，主晕纹为六只翔鹭纹，还有栉纹、圆圈纹、S形纹等	58	35	B2组	
102	西江鼓		平定省西山县西江村社左江村		鼓外表涂有一层植物油，鼓已残。纹饰与永盛I－VI号鼓相似	48		B2组	
103	金州鼓		平定省安仁县打石镇金州村		鼓是在一个废品店中发现，仅保存着鼓身，纹饰有栉纹、圆圈纹		33	B2组	
104	Hoa Hiep Trung鼓		富安省		出土情况、鼓形状、纹饰不详			B2组	
105	宁凤II号鼓		庆和省宁和县宁凤社大抄村	2004	形体大，纹饰不详。			A组	
106	宁凤III号鼓		庆和省宁和县宁凤社大抄村	2004	形体大，纹饰不详。			A组	
107	芽庄II号鼓		庆和省芽庄市福海坊		伴出陶器、铜器、铁器，鼓面饰十芒太阳纹、八只翔鹭纹、圆点纹、锯齿纹、S形纹	62.4	49	B2组	
108	Da Lat鼓		林同省		鼓面中央饰十八芒太阳纹，其余纹饰不明	40	37	B2组	
109	龙光鼓		平福省福龙县龙兴社		鼓面中央饰十二芒太阳纹，主晕纹为四只翔鹭纹，其他纹饰还有栉纹，鼓身饰栉纹、同心圆纹身上带众多垫片孔	40	27	B2组	
110	富正I号鼓		平阳省新渊县富正社富正墓葬	1995	鼓面中心凸起十芒太阳纹，芒间填以翎眼纹，芒外七晕，双弦分晕。第四晕为主晕纹，饰四只逆时针而飞的飞鸟纹。胸部与腰下部各饰二晕纹饰，腰上部被双斜线纹带纵分成六格，格间素面	57	47.5	B2组	鼓已残

序号	鼓名	收藏单位	出土地点	发现时间	主要纹饰及特征	尺寸（厘米）		式别	备注
						面径	高		
111	富正II号鼓		平阳省新渊县富正社富正墓葬	1995	伴出木剑、纺织品、陶器、四乳四螭镜。鼓身直，体高	47.5	40	B2组	
112	富正III号鼓		平阳省新渊县富正社富正墓葬	1995	鼓身矮，胸部低	37.5	21.5	B2组	
113	富正IV号鼓		平阳省新渊县富正社富正墓葬	1995		47.2	40	B2组	

附录四 东南亚发现的中国石寨山型和越南东山铜鼓（A型和B型）登记表

序号	鼓名	收藏单位	出土地点	出土情况	发现时间	主要纹饰及特征	尺寸（厘米）			备注
							高	面径	胸径	
1	翁巴86号鼓		泰国沙越县翁巴洞穴		1960～1962	鼓面中央饰凸起的十二芒太阳纹。芒外八晕。第一晕饰锯齿纹，第二晕饰切线圆圈纹，第三晕为主晕纹，饰九只逆时针飞行的鸟纹，第四晕饰二组羽人、房屋相间纹，第五晕饰八只逆时针排列的飞鸟，第六至第八晕饰栉纹。胸上部饰同心圆纹、栉纹，胸下部素面。腰上部被同心圆纹、栉纹带纵分成数格，格间无纹，腰下部饰栉纹、同心圆纹	53.5	66.5～67		
2	翁巴87号鼓		泰国沙越县翁巴洞穴		1960～1962	腰部栉纹、圆点齿纹，与翁巴八六号鼓相近。	残高35.4			鼓残
3	翁巴88号鼓		泰国沙越县翁巴洞穴		1960～1962	腰部饰栉纹、圆点纹，胸下部残留栉纹、圆点纹饰	残高40.3	58		鼓残
4	翁巴89号鼓		泰国沙越县翁巴洞穴		1960～1962	鼓面中央饰凸起的十二芒太阳纹，芒外九晕。第一、七晕饰回纹，第二、八晕饰同心圆纹，第三晕饰栉纹，第四晕饰绳索纹，第五晕饰羽人纹，第九晕饰栉纹。胸上部、腰下部均饰相同的几何纹。胸下部饰船纹，船身长，船尾有舵（？），船上有图案化羽人。腰上部被栉纹带纵分成数格，格间有纹饰	59.9	74		
5	阁沙梅鼓		泰国泰叻他尼省阁沙梅岛			鼓面上饰大量羽人，无房屋型纹饰	54.5	69		
6	呵叻鼓		泰国呵叻的加拉信县			鼓面中央饰凸起的十二芒太阳纹。芒外饰锯齿纹、切线圆圈纹、栉纹、翔鹭纹				
7	童昂III号鼓		泰国							
8	童昂IV号鼓		泰国							

序号	鼓名	收藏单位	出土地点	出土情况	发现时间	主要纹饰及特征	尺寸（厘米）			备注
							高	面径	胸径	
9	乌汶鼓	法国远东学院	老挝南部乌汶公路的水田中			鼓面中央凸起十二芒太阳纹，芒间填斜线，芒外十四晕，第一、五、七、九、十四晕饰点线纹，第二晕素面，第三、十一、十二晕饰切线圆圈纹，第四晕饰十只蜥蜴类动物纹，第六晕饰漩涡纹，第八晕为主晕纹，饰三十只逆时针而飞的翔鹭纹，第十、十三晕饰锯齿纹。胸上部饰点线纹、切线圆圈纹、锯齿纹，胸下部饰六条船纹，船上有站、坐九至十二羽人，船之间饰大鱼、鸟、鹿纹。腰上部被点线纹、锯齿纹、切线圆圈纹纵分成十二格，每格又分上、下二层，上层饰二鹿，下层饰二羽人。腰下部饰点线纹、锯齿纹、切线圆圈纹	58		86.5	
10	会华桑I号鼓		老挝			鼓面饰凸起的十二芒太阳纹。主晕纹是图案化的翔鹭纹，其他晕为几何纹	65	97		
11	会华桑II号鼓		老挝			纹饰有切线同心圆圈纹	50	78		
12	丰沙瓦鼓		老挝沙湾拿吉省丰沙瓦村		1974	鼓面中央饰十二芒太阳纹，芒间填角形纹。芒外饰几何纹、曲线纹。胸部饰栉纹、切线圆圈纹。腰部被切线圆圈纹带纵分成数格，格间饰动物纹	56		71	
13	托农孟鲁塞鼓	金边国立博物馆	柬埔寨马德望的托农孟鲁塞			鼓面中央饰十二芒太阳纹，芒间填翎眼纹、角形纹。芒外七晕。第一、三、五、七晕饰竖线纹，第二、六晕饰圆点同心圆纹，第四晕为主晕纹，饰四只逆时针飞翔长喙、三角形尾的翔鹭纹			64	鼓残，仅存鼓面
14	托斯塔鼓		柬埔寨磅清扬省坦波乐的托斯塔村			鼓面饰十芒太阳纹，芒间填重叠三角纹。芒外饰曲线纹、图案化羽人纹。胸部饰圆点同心圆纹	35	67		鼓身残，仅存面、胸部分
15	滕贝林鼓	新加坡米佛士博物馆	马来西亚彭亨州滕贝林河畔的巴都帕锡加拉		1926	鼓面中央饰凸起十芒太阳纹，芒间填重叠三角纹。芒外九晕。第一、四、六、八晕饰栉纹，第二、三、七晕饰圆点纹，第五晕为主晕纹，饰四只逆时针飞翔的翔鹭纹，第九晕素面		61		仅存鼓面的部分
16	克朗鼓		马来西亚雪兰莪的克朗		1944	鼓面中央饰凸起的十芒太阳纹，芒间填三角纹、翎眼纹，芒外七晕。第一晕饰折线纹，第二、六晕饰圆点纹，第三、五、七晕饰栉纹，第四晕残存二只逆时针方向飞行的翔鹭。腰上部被羽纹纵向分成数格，腰下部饰圆点纹、栉纹	40～50			仅存一半鼓面及小片鼓身
17	瓜拉丁加奴I号鼓		马来西亚瓜拉丁加奴市南面的巴生古墓	鼓面朝下	1964	纹饰模糊			约72	鼓已残

序号	鼓名	收藏单位	出土地点	出土情况	发现时间	主要纹饰及特征	尺寸（厘米）			备注
							高	面径	胸径	
18	瓜拉丁加奴II号鼓		马来西亚瓜拉丁加奴市南面的巴生古墓	鼓面朝下	1964	鼓面中央饰十芒太阳纹。芒外六晕。第一、六晕饰锯齿纹，第二、五晕饰切线圆圈纹，第三晕饰羽人纹，第四晕饰飞鸟纹。胸部饰图案化船纹，船上有羽人			约45	
19	北加浪鼓		印尼中爪哇的北加浪海岸			鼓面中央饰凸起的十八芒太阳纹。芒外饰若干几何形纹、同心圆纹、圆点圆形纹、栉纹，主晕纹为羽人、干栏式房屋纹，干栏式房屋前为四人击四面鼓的棚架图形，屋顶为马鞍形，房顶上有两只犀鸟，胸部饰船纹	48.2	63.9		
20	展玉鼓		印尼西爪哇展玉地区的甘蓬巴巴甘		1904	鼓面中央饰十六芒太阳纹，芒间填线纹。鼓面纹饰模糊不清，计有折线纹、锯齿纹、同心圆纹，第八晕为主晕纹，饰逆时针而飞的翔鹭纹。鼓胸上部与腰下部纹饰相同，均各饰三晕，第一、三晕饰锯齿纹，第二晕饰同心圆纹，胸下部饰一条数只大嘴立鸟组成的纹带，下饰一晕同心圆纹。腰上部被锯齿纹、同心圆纹带纵分成十格，八格间各饰二只大嘴立鸟纹，鸟形与胸部鸟形一样，二格素面	47.5	66		
21	苏门答腊鼓		印尼苏门答腊克林季湖		1936	纹饰有太阳纹、曲线纹、飞鸟纹				仅存鼓面残片
22	迪延鼓		印尼			仅存鼓面饰有十芒太阳纹及飞鸟纹				仅存鼓面一部分
23	三宝垄I号鼓		印尼三宝垄市南部		1883	鼓面中央饰十芒太阳纹，芒间填三角形纹、翎眼纹。芒外十二晕，第一、五、九晕饰点线纹，第二、四、六晕饰切线圆圈纹，第三晕饰雷纹，第六、十二晕素面，第七晕为主晕纹，饰飞鸟纹，第八、十晕饰栉纹。腰部饰切线圆圈纹	48.5		59.9	
24	三宝垄II号鼓		印尼三宝垄市南部		1883					鼓残
25	三宝垄III号鼓		印尼三宝垄市南部		1883	鼓面中央饰十二芒太阳纹，芒间填三角形纹。芒外十晕，第一晕饰曲线纹，第二、五、七、十晕饰栉纹，第三、四、八、九晕饰同心圆纹，第六晕为主晕纹，饰八只飞鸟纹。鼓边沿置蛙				鼓残，仅存鼓面
26	班久马斯鼓		印尼中爪哇班久马斯			鼓面中央饰十芒太阳纹，芒间填三角形纹。芒外十晕。第一、六、七、十晕饰栉纹，第二、三、八、十晕饰切线圆圈纹，第四晕饰菱形纹，第五晕为主晕纹，饰飞鸟纹。腰上部被同心圆纹、斜线纹带分成数格		64.5		鼓身残
27	班贯尔马辛鼓		印尼							

插图目录

Illustration Index

第一章

图 I–1 《南诏图传》所见铜鼓（公元 12—13 世纪）（采自《南诏大理国雕刻绘画艺术》）
No.I-1, The bronze drum according to 〈The atlas of the story about founding the Nanzhao Country（Nanzhao Tu Zhuan）〉,（the 12th century AD to the 13th century AD）
（This illustration is from the 〈The sculpture and painting arts of Nanzhao and Dali Kingdom〉）
图 I–2 《西清古鉴》所见铜鼓（公元 18 世纪）（采自《古代铜鼓通论》）
No.I-2, The bronze drum according to 〈Xi Qing Gu Jian〉,（the 18th century AD）
（This illustration is from the 〈On ancient bronze drums〉）
图 I–3 《百苗图》所见铜鼓（公元 18—19 世纪）（采自《〈百苗图〉抄本汇编》）
No.I-3, The bronze drums according to 〈A hundred Miao Painting〉,（the 18th century AD-the 19th century AD）

第二章

图 II–1 楚雄大海波 11 号鼓
No.II-1, The No.II bronze drum in Dahaibo of Chuxiong City in Yunnan Province
图 II–2 楚雄万家坝 M23: 158 号鼓
No.II-2, The M23:158 bronze drum of the Wanjiaba ancient necropolis of Chuxiong city in Yunnan Province
图 II–3 楚雄万家坝 M23: 159 号鼓
No.II-3 The M23:159 bronze drum of the Wanjiaba ancient necropolis of Chuxiong city in Yunnan Province
图 II–4 楚雄万家坝 M23: 160 号鼓
No.II-4, The M23:160 bronze drum of the Wanjiaba ancient necropolis of Chuxiong city in Yunnan Province
图 II–5 楚雄万家坝 M23: 161 号鼓
No.II-5, The M23:161 bronze drum of the Wanjiaba ancient necropolis of Chuxiong city in Yunnan Province
图 II–6 楚雄万家坝 M1: 12 号鼓
No.II-6, The M1: 12 bronze drum of the Wanjiaba ancient necropolis of Chuxiong city in Yunnan Province
图 II–7 祥云大波那 M1: 19 号鼓
No.II-7, The M1: 19 bronze drum in Dabona ancient necropolis of Xiangyun city in Yunnan Province
图 II–8 楚雄市三街鼓
No.II-8, The Sanjie bronze drum of Chuxiong City in Yunnan Province
图 II–9 姚安县营盘山鼓
No.II-9, The Yingpanshan bronze drum of Yaoan County in Yunnan Province
图 II–10 姚安县下新屯 II 号鼓
No.II-10, The No.2 bronze drum of Xiaxintun village of Yaoan County in Yunnan Province
图 II–11 大姚县七街鼓
No.II-11, The Qijie bronze drum of Dayao County in Yunnan Province
图 II–12 弥渡三岔路鼓
No.II-12, The Sanchalu bronze drum of Midu County in Yunnan Province
图 II–13 弥渡青石湾鼓
No.II-13, The Qingsiwan bronze drum of Midu County in Yunnan Province
图 II–14 砚山县大各大鼓
No.II-14, The Dageda bronze drum of Yanshan County in Yunnan Province
图 II–15 广南沙果村 I 号鼓
No.II-15, The No.1 bronze drum of Shaguo Village of Guangnan in Yunnan Province
图 II–16 广南沙果村 II 号鼓
No.II-16, The No.2 bronze drum of Shaguo Village of Guangnan in Yunnan Province
图 II–17 文山平坝鼓
No.II-17, The Pingba bronze drum of Wenshan County in Yunnan Province
图 II–18 丘北草皮村鼓
No.II-18, The Caopicun bronze drum in Caopicun Village of Qiubei County in Yunnan Province
图 II–19 广南县者偏鼓
No.II-19, The Zhepian bronze drum of Guangnan County in Yunnan Province
图 II–20 云县曼遮鼓
No.II-20, The Manzhe bronze drum of Yunxian County in Yunnan Province
图 II–21 腾冲固东鼓
No.II-21, The Gudong bronze drum of Tengchong County in Yunnan Province
图 II–22 腾冲县中和鼓
No.II-22, The Zhonghe bronze drum of Tengchong

County in Yunnan Province
图 II–23　曲靖八塔台 2 号鼓
No.II-23, The No.2 bronze drum of the Batatai ancient necropolis of Qujing City in Yunnan Province
图 II–24　曲靖八塔台 M1: 1 号鼓
No.II-24, The M1:1 bronze drum of the Batatai ancient necropolis of Qujing City in Yunnan Province
图 II–25　永胜严家箐 A 鼓
No.II-25, The Yanjiaqing A bronze drum of Yongsheng County in Yunnan Province
图 II–26　永胜严家箐 B 鼓
No.II-26, The Yanjiaqing B bronze drum of Yongsheng County in Yunnan Province
图 II–27　蒙自县鸣鹫鼓
No.II-27, The Mingjiu bronze drun of Mengzi County in Yunnan Province
图 II–28　田东县南哈坡 A 鼓
No.II-28, The Nanhapo A bronze drum of Tiandong County in Guangxi Province
图 II–29　田东县南哈坡 B 鼓
No.II-29, The Nanhapo B bronze drum of Tiandong County in Guangxi Province
图 II–30　田东县大岭坡鼓
No.II-30, The Dalingpo bronze drum of Tiandong County in Guangxi Province
图 II–31　四川盐源鼓
No. II-31, The Yanyuan bronze drum of Yanyuan County in Sichuan Province
图 II–32　越南松林 I 号鼓
No.II-32, The Tung Lam I bronze drum My Luong of Chuong My County in HaTay Province（Vietnam）
图 II–33　越南上农鼓
No.II-33, The Thuong Nong bronze drum of Tam Thanh County in Vinh Phu Province（Vietnam）
图 II–34　越南老街 XI 号鼓
No.II-34, The Lao Cai XI bronze drum in Lao Cai Province（Vietnam）
图 II–35　越南茂东鼓
No.II-35, The Mao Dong bronze drum（Vietnam）
图 II–36　昆明 I 式 3 鼓
No.II-36, The No.3 of I subgroup bronze drum of Kunming City in Yunnan Province
图 II–37　大理市博物馆藏鼓
No.II-37, The bronze drum kept in the museum of Dali City in Yunnan Province
图 II–38　泰国曼谷鼓
No.II-38, The Bangkok bronze drum（Thailand）
图 II–39　云南楚雄万家坝春秋腰坑墓 M1 平、剖面图（采自《中国南方先秦时期腰坑墓葬俗文化的考古研究》）
No.II-39, The plane graph and sectional drawing of M1 tomb in Wanjiaba ancient necropolis of Chuxiong City in Yunnan Province（the Spring and Autumn Period）
图 II–40　云南楚雄万家坝 M1: 12 号铜鼓
No.II-40, The M1: 12 bronze drum in Wanjiaba ancient necropolis of Chuxiong City in Yunnan Province
图 II–41　云南是雄万家坝 M23 平面、剖面图（采自《考古学报》1983 年第 3 期，下同）
No.II-41, The plane graph and sectional drawing of M23 tomb in Wanjiaba ancient necropolis of Chuxiong City in Yunnan Province
图 II–42　云南楚雄万家坝 M23 号墓青铜兵器
No. II-42, The unearthed bronze weapons of M23 tomb in Wanjiaba ancient necropolis of Chuxiong City in Yunnan Province
图 II–43　楚雄大海波 11 号鼓
No. II-43, The Dahaibo No.11 bronze drum of Chuxiong City in Yunnan Province
图 II–44　楚雄万家坝 M23: 159 号鼓
No. II-44, The M23:159 bronze drum in Wanjiaba ancient necropolis of Chuxiong City in Yunnan Province
图 II–45　楚雄万家坝 M1: 12 号鼓
No.II-45, The M1: 12 bronze drum in Wanjiaba ancient necropolis of Chuxiong City in Yunnan Province
图 II–46　曲靖八塔台 M1: 1 号鼓
No.II-46, The M1:1 bronze drum of the Batatai ancient necropolis of Qujing City in Yunnan Province
图 II–47　四川盐源鼓
No.II-47, The Yanyuan bronze drum of Yanyuan County in Sichuan Province
图 II–48　楚雄万家坝 M23: 160 号鼓内壁上的鼍纹
No.II-48, The crocodile shaped mask on the M23:160 bronze drum of Wanjiaba ancient necropolis of Chuxiong City in Yunnan Province
图 II–49　万家坝铜鼓上的鼍纹
No.II-49, The crocodile shaped mask on the Wanjiaba-Type bronze drums
图 II–50　《天工开物》铸钟图（采自《广西、云南铜鼓铸造工艺初探》，下同）
No.II-59, The illustration of casting bells in 〈Tian Gong Kai Wu〉
图 II–51　周边顶注式浇注法
No.II-51, Hie peripheral top gating pouring process
图 II–52　中心顶注式浇注法
No.II-52, The Central top gating pouring process

第三章

图 III–1　李家山 50 号墓平面图（采自《江川李家山　第二次发掘报告》，下同）
No.III-1, The plane graph of M50 tomb in Lijiashan ancient necropolis of Jiangchuan County in Yunnan Province
图 III–2　石寨山 M1: 58 鼓（采自《云南铜鼓》，下同）
No.III-2, The M1: 58 bronze drum in Shizhaishan ancient necropolis of Jinning County in Yunnan Province

图 III-3 石寨山 M3: 3 鼓（采自《中国古代铜鼓》，下同）
No.III-3, The M3:3 bronze drum in Shizhaishan ancient necropolis of Jinning County in Yunnan Province
图 III-4 石寨山 M10: 3 鼓
No.III-4, The M10:3 bronze drum in Shizhaishan ancient necropolis of Jinning County in Yunnan Province
图 III-5 石寨山 M14: 1 鼓
No.III-5, The M14:1 bronze drum in Shizhaishan ancient necropolis of Jinning County in Yunnan Province
图 III-6 梁王山第一鼓（1948.10—13. 3，1950. 4—5.9）（采自《大英博物馆收藏的一批云南晋宁梁王山出土的青铜器》，下同）
No.III-6, The No.1 bronze drum of Liangwangshan Mountain（kept in the British museum）
图 III-7 梁王山第一鼓（1950. 4—5. 8）
No.III-7, The No.1 bronze drum of Liangwangshan Mountain（kept in the British museum）
图 III-8 梁王山第二鼓（1948.10—13.1. 2）
No.III-8, The No.2 bronze drum of Liangwangshan Mountain（kept in the British museum）
图 III-9 梁王山第二鼓（1950.4—5. 10）
No.III-9, The No.2 bronze drum of Liangwangshan Mountain（kept in the British museum）
图 III-10 梁王山第三鼓（1950.4—5. 14）
No.III-10, The No.3 bronze drum of Liangwangshan Mountain（kept in the British museum）
图 III-11 梁王山第四鼓（1950. 4—5.11, 1950. 4—5. 12）
No.III-11, The No.4 bronze drum of Liangwangshan Mountain（kept in the British museum）
图 III-12 李家山 M17: 30 鼓（采自《云南江川李家山古墓群发掘报告》，下同）
No.III-12, The M17:30 bronze drum in Lijiashan ancient necropolis of Jiangchuan County in Yunnan Province
图 III-13 李家山 M24: 42a 鼓
No.III-13, The M24:42a bronze drum in Lijiashan ancient necropolis of Jiangchuan County in Yunnan Province
图 III-14 李家山 M24: 42b 鼓
No.III-14, The M24:42b bronze drum in Lijiashan ancient necropolis of Jiangchuan County in Yunnan Province
图 III-15 李家山 M68: 285 鼓
No.III-15, The M68:285 bronze drum in Lijiashan ancient necropolis of Jiangchuan County in Yunnan Province
图 III-16 李家山 M69: 171 鼓
No.III-16, The M69:171 bronze drum in Lijiashan ancient necropolis of Jiangchuan County in Yunnan Province
图 III-17 李家山 M69: 192 鼓
No.III-17, The M69:192 bronze drum in Lijiashan ancient necropolis of Jiangchuan County in Yunnan Province
图 III-18 广南鼓（采自《声震神州——文山铜鼓暨民族文化国际学术研讨会沿文集》，下同）
No.III-18, The Guangnan bronze drum at Azhang village of Guangnan County in Yunnan Province
图 III-19 古木鼓
No.III-19, The Gumu bronze drum at Gumu village of Wenshan County in Yunnan Province
图 III-20 城子上鼓
No.III-20, The Chengzishang bronze drum at Chengzishang Village of Malipo County in Yunnan Province
图 III-21 孟梅 I 号鼓
No.III-21, The No.1 bronze drum of Mengmei Village of Funing County in Yunnan Province
图 III-22 孟梅 II 号鼓
No.III-22, The No.2 bronze drum of Mengmei Village of Funing County in Yunnan Province
图 III-23 开化鼓（采自闻宥《古铜鼓图录》）
No.III-23, The Kaihua bronze drum in Yunnan Province
图 III-24 羊甫头 M19:151 鼓（采自《昆明羊甫头墓地》，下同）
No.III-24, The M19:151 bronze drum of the Yangfutou ancient necropolis of Kunming City in Yunnan Province
图 III-25 古永鼓（采自《云南腾冲出土的古代铜鼓》）
No.III-25, The Guyong bronze drum of Tengchong County in Yunnan Province
图 III-26 小钟山鼓（采自《腾冲新发现二鼓》）
No.III-26, The Xiaozhongshan bronze drum of Tengchong County in Yunnan Province
图 III-27 诸葛营鼓（由昭通文管所提供）
No.III-27, The Zhugeying bronze drum of Zhaotong City in Yunnan Province
图 III-28 西林土 280 鼓（采自《广西西林普驮铜鼓墓葬》，下同）
No.III-28, The No.280 bronze drum of Xilintu at the Putuotun of Xilin County in Guangxi Province
图 III-29 田东土 3269 鼓（采自《广西田东发现战国墓葬》，下同）
No.III-29, The No.3269 bronze drum of Tiandongtu of Tiandong County in Guangxi Province
图 III-30 赫章可乐 M153:1 鼓（采自《赫章可乐发掘报告》，下同）
No.III-30, The M153:1 bronze drum of the Hezhangkele ancient necropolis in kele Town of Hezhang County in Guizhou Province
图 III-31 会理 3 号鼓（采自《中国古代铜鼓》）
No.III-31, The No.3 bronze drum of Huili County in Sichuan Province
图 III-32 盐源鼓（采自《盐源青铜艺术初探》）
No.III-32, The Yanyuan bronze drum of Yanyuan County

in Sichuan Province
图 III–33 上马山鼓（采自《浙江安吉县上马山西汉墓的发掘》）
No.III-33, The Shangmashan bronze drum of Jian County in Zhejiang Province
图 III–34 石寨山 M1: 58 鼓
No.III-34, The M1:58 bronze drum in Shizhaishan ancient necropolis of Jinning County in Yunnan Province
图 III–35 石寨山 16 号墓平面图
No.III-35, The plane graph of M16 tomb in Shizhaishan ancient necropolis of Jinning County in Yunnan Province
图 III–36 石寨山 M3: 3 鼓
No.III-36, The M3:3 bronze drum in Shizhaishan ancient necropolis of Jinning County in Yunnan Province
图 III–37 石寨山 M14:1 鼓
No.III-37, The M14:1 bronze drum in Shizhaishan ancient necropolis of Jinning County in Yunnan Province
图 III–38 李家山 17 号墓平面图
No.III-38, The plane graph of M17 tomb in Lijiashan ancient necropolis of Jiangchuan County in Yunnan Province
图 III–39 李家山 M17: 30 鼓
No.III-39, The M17:30 bronze drum in Lijiashan ancient necropolis of Jiangchuan County in Yunnan Province
图 III–40 李家山 24 号墓平面图
No.III-40, The plane graph of M24 tomb in Lijiashan ancient necropolis of Jiangchuan County in Yunnan Province
图 III–41 李家山 M24: 42a 鼓
No.III-41, The M24:42a bronze drum in Lijiashan ancient necropolis of Jiangchuan County in Yunnan Province
图 III–42 I 式鼓（石寨山 M14: 1 鼓）
No.III-42, The I style bronze drum of Shizhaishan-Type bronze（The representative drum is the M14:1 bronze drum in Shizhaishan ancient necropolis）
图 III–43 II 式鼓（李家山 M68: 285 鼓）
No.III-43, The II style bronze drum of Shizhaishan-Type bronze drums（The representative drum is the M68:285 bronze drum in Lijiashan ancient necropolis）
图 III–44 III 式鼓（西林土 280 鼓）
No.III-44, The III style bronze drum of Shizhaishan-Type bronze drums（The representative drum is the The No.280 bronze drum of Xilintu）
图 III–45 IV 式鼓（老街 I 号鼓）
No.III-45, The IV style bronze drum of Shizhaishan-Type bronze drums（The representative drum is the The No.1 bronze drum of Lao Cai in Vietnam）
图 III–46 渔船（石寨山 M1: 58）（采自《铜鼓船纹考》，下同）
No.III-46, The fishing boat design on the the M1: 58 bronze drum in Shizhaishan ancient necropolis
图 III–47 交通船（腾冲古永鼓）
No.III-47, The accommodation ship design on the Guyong bronze drum of Tengchong County
图 III–48 交通船（李家山 M17: 30）
No.III-48, The accommodation ship design on the M17:30 bronze drum in Lijiashan ancient necropolis
图 III–49 战船（石寨山 M14: 1）
No.III-49, The battle ship design on the M14:1 bronze drum in Shizhaishan ancient necropolis
图 III–50 祭祀船（广西西林鼓）
No.III-50, The ritual ship design on the Xilin bronze drum of Guangxi Province
图 III–51 祭祀船（云南广南鼓）
No.III-51, The ritual ship design on the Guangnan bronze drum of Yunnan Province
图 III–52 竞渡船（石寨山残片）
No.III-52, The canoeing ship design on the fragment of the Shizhaishan-Type bronze drum
图 III–53 游戏船（石寨山 M13: 3 鼓）
No.III-53, The pleasure-boat design on the M13:3 bronze drum in Shizhaishan ancient necropolis
图 III–54 海船（罗泊湾 M1: 10）
No.III-54, The seagoing vessel design on the M1: 10 bronze drum of Luobowan grave of Guixian County in Guangxi Province
图 III–55 海船（赫章 M153: 3）
No.III-55, The seagoing vessel design on the M153:3 bronze drum of the Hezhangkele ancient necropolis in kele Town of Hezhang County in Guizhou Province
图 III–56 海船（石寨山 M14: 1）
No.III-56, The seagoing vessel design on the M13:3 bronze drum in Shizhaishan ancient necropolis
图 III–57 古木鼓
No.III-57, The Gumu bronze drum at Gumu village of Wenshan County in Yunnan Province
图 III–58 早期铜鼓的铅同位素比值图（采自《铅同位素考古研究》）
No.III-58, The lead-isotope ratio image of the early stage bronze drums

第四章

图 IV–1 李家山 M47: 22 铜鼓形贮贝器
NO.IV-1, The M47:22 shell container by drum retrofitted of the Lijiashan ancient necropolis
图 IV–2 李家山 M68: 287 铜鼓形贮贝器
NO.IV-2, The M68:287 shell container by drum retrofitted of the Lijiashan ancient necropolis
图 IV–3 石寨山 M12:1 铜鼓形贮贝器上盖拓片（采自《云南文明之光》）
NO.IV-3, The ink rubbing of the Ml2:1 shell containers lid in the Shizhaishan ancient necropolis
图 IV–4 石寨山 M12:1 铜鼓形贮贝器腰部拓片（采自《云南晋宁石寨山出土青铜器研究——若干主要

人物活动图像试释》，下同）
NO.IV-4, The ink rubbing of the M12:1 shell containers waist in the Shizhaishan ancient necropolis
图 IV-5 石寨山 M12: 2 铜鼓形贮贝器器盖（采自《云南艺 术史》）
NO.IV-5, The lid of the M12:2 shell container of the Shizhaishan ancient necropolis
图 IV-6 石寨山 M12: 2 铜鼓形贮贝器胸部拓片
NO.IV-6, The ink rubbing of the the M12:1 shell containers trunk of the Shizhaishan ancient necropolis
图 IV-7 李家山播种祭祀贮贝器（M69: 157）
NO.IV-7, The shell container with the figure of sacrificial rite for sowing of the Lijiashan ancient necropolis
图 IV-8 李家山蛙崇拜场面贮贝器（M163: 164）
NO. Ⅳ -8, The shell container with the figure of frog worship of the Lijiashan ancient necropolis
图 IV-9 羊甫头 M113: 2 杖头饰
NO.IV-9, The M113:2 sceptre ornament of the Yangfutou ancient necropolis
图 IV-10 李家山 M51: 338 杖头饰
NO.IV-10, The M51:338 sceptre ornament of the Lijiashan ancient necropolis
图 IV-11 李家山 M51: 295—1 杖头饰
NO.IV-11, The M51:295-1 sceptre ornament of the Lijiashan ancient necropolis
图 IV-12 李家山 M69: 209 杖头饰
NO.IV-12, The M69:209 sceptre ornament of the Lijiashan ancient necropolis
图 IV-13 羊甫头 M113: 27 漆木杖头
NO.IV-13, The M113:27 sceptre ornament of the Yangfutou ancient necropolis
图 IV-14 李家山 M 69: 159 杖头饰
NO.IV-14, The M69:159 sceptre ornament of the Lijiashan ancient necropolis
图 IV-15 李家山 M68X1: 47—1 玉坠
NO.IV-15, The M68X1:47-1 jade tassel of the Lijiashan ancient necropolis
图 IV-16 李家山 M69: 177 玉坠
NO.IV-16, The M69:177 jade tassel of the Lijiashan ancient necropolis
图 IV-17 八塔台 M41: 8—10 玉坠（采自《曲靖八塔台和横大路》）
NO.IV-17, The M41:8-10 jade tassel of the Batatai ancient necropolis of Qujing City in Yunnan Province
图 IV-18 李家山 M68: 248 金鼓形饰
NO.IV-18, The M68:248 drum shaped golden ornament of the Lijiashan ancient necropolis
图 IV-19 李家山 M69: 99 银鼓形饰
NO.IV-19, The M69:99 drum shaped silver ornament of the Lijiashan ancient necropolis
图 IV-20 李家山 M44: 13 玛瑙鼓形饰
NO.IV-20, The M44:13 drum shaped cornelian ornament of the Lijiashan ancient necropolis
图 IV-21 羊甫头 M113: 111—7 玛瑙鼓形饰
NO.IV-21, The M113:111-7 drum shaped cornelian ornament of the Yangfutou ancient necropolis
图 IV-22 羊甫头 M113: 130—1 玛瑙鼓形饰
NO.IV-22, The M113:130-1 drum shaped cornelian ornament of the Yangfutou ancient necropolis
图 IV-23 羊甫头 M19:183—5 玛瑙鼓形饰
NO.IV-23, The M19:183-5 drum shaped cornelian ornament of the Yangfutou ancient necropolis
图 IV-24 李家山 M 82: 24 绿松石鼓形饰
NO.IV-24,The M82:84 drum shaped turquoise ornament of the Lijiashan ancient necropolis
图 IV-25 羊甫头 M 19: 109 鼓形头盔钮
NO.IV-25, The M19:109 drum shaped knob of the tilting helmet of the Yangfutou ancient necropolis
图 IV-26 李家山 M 47: 25 执伞俑
NO.IV-26,The M47:25 male bronze figure kneeling with an umbrella of the Lijiashan ancient necropolis
图 IV-27 羊甫头 M113: 381 漆跪坐俑
NO.IV-27, The M113:381 lacquer penis with a kneeling female figure of the Yangfutou ancient necropolis
图 IV-28 李家山驯马场面贮贝器（M51: 263）
NO.IV-28, The shell container with the figure of breaking in the horse scene of the Lijiashan ancient necropolis（M51:263）
图 IV-29 李家山纺织场面贮贝器（M69:139）
NO.IV-29, The shell container with the figure of spinning and weaving scene of the Lijiashan ancient necropolis（M69:139）
图 IV-30 李家山 M47: 23 桶形贮贝器
NO.IV-30, The M47:23 tub shaped shell container of the Lijiashan ancient necropolis
图 IV-31 鎏金铜鼓形器座
NO.IV-31, The drum shaped gilt bronze
图 IV-32 李家山 M24: 24 铜壶
NO.IV-32, The M24:24 bronze ewer of the Lijiashan ancient necropolis
图 IV-33 石寨山 M14: 3 铜壶
NO.IV-33, The M14:3 bronze ewer of the Shizhaishan ancient necropolis
图 IV-34 羊甫头 M113: 351—12 铜凿
NO.IV-34, The M113:351-12 bronze chisel of the Yangfutou ancient necropolis
图 IV-35 羊甫头 M113: 88—2 狼牙棒
NO.IV-35, The M113:88-2 bronze spiked dub of the Yangfutou ancient necropolis
图 IV-36 羊甫头 M113: 352 铜锥
NO.IV-36, The M113:352 bronze awl of the Yangfutou ancient necropolis
图 IV-37 李家山 M51: 6 椁钉
NO.IV-37, The M15:6 outer coffins nail of the Lijiashan ancient necropolis

图 IV-38 李家山 M57: 103 椁钉
NO.IV-38, The M57:103outer coffins nail of the Lijiashan ancient necropolis
图 IV-39 李家山钺形器（采集品）
NO.IV-39, The broad-axe shaped weapon of the Lijiashan ancient necropolis
图 IV-40 天子庙铜鼎（M41：132）（采自《呈贡天子庙滇墓》）
NO.IV-40, The M41: 132 bronze tripod of the Tianzimiao ancient necropolis of Chenggong County in Yunnan Province
图 IV-41 李家山 M57X2: 17 铜剑
NO.IV-41, The M57X2:17 bronze sword of the Lijiashan ancient necropolis
图 IV-42 李家山 M57: 28— 1 铜剑
NO.IV-42, The M57:28-1 bronze sword of the Lijiashan ancient necropolis
图 IV-43 李家山 M24: 85 铜剑
NO.IV-43, The M24:85 bronze sword of the Lijiashan ancient necropolis
图 IV-44 石寨山 M17:19 工字形器（采自《云南青铜时代纺织初探》）
NO.IV-44, The M17:19" 工 " shaped utensils of the Shizhaishan ancient necropolis
图 IV-45 李家山 M69: 157 贮贝器器盖上圆形柱
NO.IV-45, The circle pillar on the M69:157 shell containers lid of the Lijiashan ancient necropolis
图 IV-46 李家山 M51: 63 矛头狼牙棒
NO.IV-46, The M51:63 bronze spiked club of the Lijiashan ancient necropolis
图 IV-47 李家山 M47: 30 矛头狼牙棒
NO.IV-47, The M47: 30 bronze spiked club of the Lijiashan ancient necropolis
图 IV-48 李家山 M22: 20 铜勺
NO.IV-48. The M22:20 bronze spoon of the Lijiashan ancient necropolis
图 IV-49 李家山 M51: 282 铜戈
NO.IV-49, The M51:282 bronze dagger-axe of the Lijiashan ancient necropolis
图 IV-50 李家山三骑士祭器（M51: 262）
NO.IV-50, The sacrificial vessel with three Caballeros figures by drum retrofitted（M51:262）
图 IV-51 李家山四巫俑祭器（M69: 162）
NO.IV-51, The sacrificial vessel with four dancing witches figures by drum retrofitted（M69:162）
图 IV-52 西林普驮铜鼓墓葬（采自《中国古代铜鼓研究通讯》）
NO.IV-52, The Putuo tomb with funerary bronze drum of Xilin County in Guangxi Province
图 IV-53 贵县罗泊湾 M1: 1 铜三足案（采自《广西贵县罗泊湾汉墓》）
NO.IV-53, The M1:13 bronze three-legged table of the Luobowan grave of Guixian County in Guangxi Province
图 IV-54 赫章可乐 M153 墓坑
NO.IV-54, The plane graph of M153 tomb in the Hezhangkele ancient necropolis in kele Town of Hezhang County in Guizhou Province
图 IV-55 浙江上马山鼓
NO.IV-55, The Shangmashan bronze drum in Zhejiang Province
图 IV-56 越南浪吟明器鼓
NO.IV-56, The Yin Lang mini funerary bronze drum
图 IV-57 越南嘉林明器鼓
NO.IV-57, The Gia lam mini funerary bronze drum

第五章

图 V-1 玉镂 I 号鼓（采自《越南的东山铜鼓》，下同）
No.V-1, The Ngoc Lu I bronze drum（All the below illustrations from <The Dong Son drums in Vietnam>）
图 V-2 黄下鼓
No.V-2, The Hoang Ha bronze drum
图 V-3 古螺 I 号鼓
No.V-3, The Co Loa I bronze drum
图 V-4 沱江鼓
No.V-4, The Song Da bronze drum
图 V-5 庙门 I 号鼓
No.V-5, The Mieu Mon I bronze drum
图 V-6 玻龙 I 号鼓
No.V-6, The Pha Long I bronze drum
图 V-7 坂吞鼓
No.V-7, The Ban Thom bronze drum
图 V-8 庙门 II 号鼓
No.V-8, The Mieu Mon II bronze drum
图 V-9 武备鼓
No.V-9, The Vu Bi bronze drum
图 V-10 和平鼓
No.V-10, The Hoa Binh bronze drum
图 V-11 富川鼓
No.V-11, The Phu Xuyen bronze drum
图 V-12 广正鼓
No.V-12, The Quang Chinh bronze drum
图 V-13 约丘鼓
No.V-13, The Doi Ro bronze drum
图 V-14 鼎乡 I 号鼓
No.V-14, The Lang Vac I bronze drum
图 V-15 东构鼓
No.V-15, The Dong Cau bronze drum
图 V-16 鼎乡 II 号鼓
No.V-16, The Lang Vac II bronze drum
图 V-17 陶盛鼓
No.V-17, The Dao Thinh bronze drum
图 V-18 山西鼓
No.V-18, The Son Tay bronze drum

图 V-19 濮邪鼓
No.V-19, The Pac Ta bronze drum
图 V-20 越溪鼓
No.V-20, The Viet Khe bronze drum
图 V-21 广昌鼓
No.V-21, The Quang Xuong bronze drum
图 V-22 维仙鼓
No.V-22, The Duy Tien bronze drum
图 V-23 安集鼓
No.V-23, The Yen Tap bronze drum
图 V-24 富维鼓
No.V-24, The Phu Duy bronze drum
图 V-25 玉镂 II 号鼓
No.V-25, The Ngoc Lu II bronze drum
图 V-26 玉镂 III 号鼓
No.V-26, The Ngoc Lu III bronze drum
图 V-27 文村鼓
No.V-27, The Thon Van bronze drum
图 V-28 鼎乡 III 号鼓
No.V-28, The Lang Vac III bronze drum
图 V-29 九高鼓
No.V-29, The Cuu Cao bronze drum
图 V-30 铁疆鼓
No.V-30, The Thiet Cuong bronze drum
图 V-31 新约鼓
No.V-31, The Tan Uoc bronze drum
图 V-32 方秀鼓
No.V-32, The PhuongTu bronze drum
图 V-33 弘荣鼓
No.V-33, The Hoang Vinh bronze drum
图 V-34 定公 I 号鼓
No.V-34, The Dinh Cong I bronze drum
图 V-35 定公 II 号鼓
No.V-35, The Dinh Cong II bronze drum
图 V-36 定公 III 号鼓
No.V-36, The Dinh Cong III bronze drum
图 V-37 定公 IV 号鼓
No.V-37, The Dinh Cong IV bronze drum
图 V-38 定公 V 号鼓
No.V-38, The Dinh Cong V bronze drum
图 V-39 瑰山 I 号鼓
No.V-39, The Nui Goi I bronze drum
图 V-40 东山 I 号鼓
No.V-40, The Dong Son I bronze drum
图 V-41 东山 V 号鼓
No.V-41, The Dong Son V bronze drum
图 V-42 东山 VI 号鼓
No.V-42, The Dong Son VI bronze drum
图 V-43 广胜 I 号鼓
No.V-43, The Quang Thang I bronze drum
图 V-44 广胜 II 号鼓
No.V-44, The Quang Thang II bronze drum
图 V-45 黄山鼓
No.V-45, The Hoang Son bronz drum
图 V-46 决山 I 号鼓
No.V-46, The Ru Quyet I bronze drum
图 V-47 决山 II 号鼓
No.V-47, The Ru Quyet II bronze drum
图 V-48 决山 III 号鼓
No.V-48, The Ru Quyet III bronze drum
图 V-49 武舍鼓
No.V-49, The Vu Xa bronze drum
图 V-50 垄川鼓
No.V-50, The Lung Xuyen bronze drum
图 V-51 春立 I 号鼓
No.V-51, The Xuan Lap I bronze drum
图 V-52 春立 II 号鼓
No.V-52, The Xuan Lap II bronze drum
图 V-53 春立 III 号鼓
No.V-53, The Xuan Lap III bronze drum
图 V-54 锦水鼓
No.V-54, The Cam Thuy bronze drum
图 V-55 安老鼓
No.V-55, The An Lao bronze drum
图 V-56 寿域鼓
No.V-56, The Tho Vuc bronze drum
图 V-57 头顿鼓
No.V-57, The Vung Tau bronze drum
图 V-58 永宁鼓
No.V-58, The Vinh Ninh bronze drum
图 V-59 红石 I 号鼓
No.V-59, The Da Do I bronze drum
图 V-60 平府鼓
No.V-60, The Binh Phu bronze drum
图 V-61 河内 I 号鼓
No.V-61, The Ha Noi I bronze drum
图 V-62 芽庄鼓
No.V-62, The Nha Trang bronze drum
图 V-63 河内 II 号鼓
No.V-63, The Ha Noi II bronze drum
图 V-64 河内 III 号鼓
No.V-64, The Ha Noi III bronze drum
图 V-65 徕尚鼓
No.V-65, The Lai Thuong bronze drum
图 V-66 GOP 乡 I 号鼓
No.V-66, The Lang Gop I bronze drum
图 V-67 GOP 乡 II 号鼓
No.V-67, The Lang Gop II bronze drum
图 V-68 平驼鼓
No.V-68, The Binh Da bronze drum
图 V-69 绞必鼓
No.V-69, The Giao Tat bronze drum
图 V-70 东山 IV 号鼓
No.V-70, The Dong Son IV bronze drum
图 V-71 东山 II 号鼓
No.V-71, The Dong Son II bronze drum

图 V-72 东山 III 号鼓
No.V-72, The Dong Son III bronze drum
图 V-73 鼎乡 IV 号鼓
No.V-73, The Lang Vac IV bronze drum
图 V-74 读创鼓
No.V-74, The Du Sang bronze drum
图 V-75 老街 I 号鼓（采自《1993 年老街发现的一批东山铜鼓的新材料》，下同）（all of the illustrations from the <The new materials of Dong Son drums discovered in Lao Cai in 1993）
No.V-75, The Lao Cai I bronze drum
图 V-76 老街 II 号鼓
No.V-76, The Lao Cai II bronze drum
图 V-77 老街 IV 号鼓
No.V-77, The Lao Cai IV bronze drum
图 V-78 老街 V 号鼓
No.V-78, The Lao Cai V bronze drum
图 V-79 老街 IX 号鼓
No.V-79, The Lao Cai IX bronze drum
图 V-80 老街 XIV 号鼓
No.V-80, The Lao Cai XIV bronze drum
图 V-81 富正 I 号鼓（采自《富正铜鼓》）
No.V-81, Phu Chanh I bronze drum （from the < Phu Chanh bronze drum）

第六章

图 VI-1 石寨山型铜鼓
No.VI-1, Bronze drums
图 VI-2 铜鼓
No.VI-2, Bronze drums

第七章

图 VII-1 莫科鼓（from A. J. B. Kempers, 1988）
No.VII-1, The Moko bronze drum
图 VII-2 翁巴 86 号鼓（from Sorensen Per，下同）
No.VII-2, The Ongbah No.86 bronze drum
图 VII-3 翁巴 87 号鼓
No.VII-3,The Ongbah No. 87 bronze drum
图 VII-4 翁巴 88 号鼓
No.VII-4, The Ongbah No.88 bronze drum
图 VII-5 翁巴 89 号鼓
No.VII-5, The Ongbah No.89 bronze drum
图 VII-6 乌纹鼓（from A. J. B. Kempers，1988）
No.VII-6, The Laos bronze drum
图 VII-7 滕贝林鼓（from A. J. B. Kempers，1988）
No.VII-7, The Tembeling bronze drum
图 VII-8 克朗鼓（from M.W.F.Tweedie，1979）
No.VII-8, The Klang bronze drum
图 VII-9 展玉鼓（from A. J. B. Kempers，1988）
No.VII-9, The Cianjur bronze drum
图 VII-10 三宝垄 I 号鼓（from A.J.B. Kempers, 1988）
No.VII-10, The Semarang I bronze drum

第八章

图 VIII-1 M1: 12 号铜鼓（左）与 M1 出土铜釜（右·倒置）比较图
No.VIII-1, The comparative graph of the M1: 12 bronze drum and the unearthed bronze kettle in the M1 tomb of the Wanjiaba ancient necropolis of Chuxiong city in Yunnan ProVIInce
图 VIII-2 三鼓比较图
No.VIII-2, The comparative graph of the three bronze drums

后 记

金秋十月，丹桂飘香，秋风送爽！在这令人喜悦的收获季节里，这本小书即将问世了！在分享丰收果实之际，首先将本书两作者的写作分工记录如次：

李昆声撰写“前言”、第一章“世界铜鼓研究简史”，第二章“中国万家坝型铜鼓”，第五章“越南东山铜鼓”之第三节、“标准器、年代及其分类中的位置”、第五节“铅同位素检测”，第七章“中国万家坝型铜鼓、石寨山型铜鼓、越南东山铜鼓（A型和B型）以及东南亚其他国家有关铜鼓之间的关系”，“结论”和“后记”。

黄德荣撰写第三章“中国石寨山型铜鼓”，第四章“石寨山型铜鼓的改装及改装后的功能”，第五章“越南东山铜鼓（A型和B型）”之第二节“越南东山铜鼓（A型和B型）的发现和分布”、第四节“金属成分分析”。第六章“东南亚发现的中国石寨山型铜鼓和越南东山铜鼓（A型和B型）”。

感谢我的博士研究生和硕士研究生们为这本小书付出的辛勤劳动：

2006级博士研究生陈果执笔写作了第五章“越南东山铜鼓”之第一节“东山文化”，并承担了本书前言、文字目录、图版及插图目录的英文翻译工作。

2006级硕士研究生张涛承担了本书之绝大多数铜鼓器物图的绘制工作。

2007级硕士研究生文国勋放弃了今年整个暑假休息，为本书查找部分文献资料、制作铜鼓分布地图、部分图表以及打印编排全书文字及配图工作。

感谢云南省文山州博物馆刘永剑馆长提供文山州出土的万家坝型和石寨山型铜鼓彩色图片。

感谢美国伊利诺伊州立大学邱兹慧教授寄赠东南亚部分铜鼓资料！

感谢好友黄懿陆教授对本书的支持与帮助！

感谢越南考古研究院范明玄教授在2004年国际会议上送我《DONG SON DRUMS IN VIET NAM》一书。感谢阮文好教授提供一些越南东山铜鼓的文字和几幅线图。没有这些资料，本书有关越南铜鼓的写作将是十分困难的。虽然本书学术观点和这两位越南考古界的权威学者相左，希望本书的出版不会影响我们之间的友谊，尤其是阮文好教授与我还有校友同学之谊。

本书责编张湘柱先生认真负责的工作态度和敬业精神，在此特表谢忱！

彩色图版来自《考古》《考古学报》《文物》有关各期和《云南晋宁石寨山古墓群发掘报告》《江川李家山第二次发掘》《Dong Son Drums in Vietnam》等专著。

李昆声

2008年10月25日

于云南大学考古研究中心

再版后记

去年春天，云南美术出版社张平慧总编辑向我约稿，撰写有关南方丝绸之路研究的书籍。最后双方商定，由我主编《丝路与文明——南方丝绸之路探秘》一书。在此期间，聊起十年前我和黄德荣研究员所著《中国与东南亚古代铜鼓》一书，由云南美术出版社出版后，颇受学术界及广大读者青睐，早已售罄。遂商议决定再版此书。

因本书研究的是万家坝型和石寨山型铜鼓，在时间上属春秋至东汉初期。因此，将本书定名为《中国与东南亚先秦两汉铜鼓研究》，定位更加精准。本书出版时增加了新的内容“黑格尔I型铜鼓”，此文2万多字，系我与黄德荣研究员于2016年在《考古学报》第二期上发表的《论黑格尔I型铜鼓》一文，此文收入本书后编入第六章，原书之第六章顺延为第七章，原书第七章顺延为第八章。因此，本书再版时增加了一章，共有八章。此外，本书再版时增加了一些新发现的铜鼓资料，如中国云南师宗县黑尔村发现的黑尔I号、黑尔II号鼓，还有越南的一批瑰宝铜鼓。

特别值得一提的是，本书系国家社科基金重大项目《中国——东南亚铜鼓数字化记录与研究》（编号17 ZDA163）研究成果，其学术价值不言而喻。

感谢张湘柱先生担任本书责任编辑！湘柱先生不辞劳累，每次取稿、送稿都亲自登门，送到我家中，其敬业精神可嘉！尊重作者态度可敬！

李昆声

2020年6月8日于昆明